韩丛耀 主编

中国新闻传播技术史

A History of Chinese Journalism and Communication Technology

古代卷

朱永明 编著

南京大学出版社

国家社会科学基金重大招标项目"多卷本《中国新闻传播技术史》"（项目号：14ZDB129）结项成果（结项证书号：2020&j015），获得国家社科基金办部分资助。

首席专家：韩丛耀

子课题负责人

朱永明　于德山　韩　雪

韩丛耀　贾登红　金文中

项目组主要成员

朱永明　于德山　韩　雪　王　灿

李　兰　陈　希　谢建国　许媚媚

贾登红　王　慧　金文中　杨志明

总 序
Preface

在人类社会漫长的文明进程中，科学技术起到了至关重要的作用。其中，信息传播技术，尤其是新闻传播技术，更是有如推进人类文明进程的铲道车。

人类的物质技术是支撑人类文明的有形脊梁，它架构起了人类的精神场域，不仅规范了人类的日常行为，更引导着人类文明发展的可能走向。人类的信息保存与思想传播的媒介，也由口语、文字、图像、印刷、摄影、电影、广播、电视逐步演进至现今的数字网络方式。这些信息保存与传播的方式，并非相互取代之关系，而是互相借鉴、累积，成为今日人类文明的共同记忆与文化遗产。

新闻类信息虽说不如政治、经济、军事对社会发展有直观而显著的影响，在持久影响方面，却隐匿而沉着地决定着人类文明的基本走向。欲行大道，必先辟路，传播技术披坚执锐，一马当先。

一

人类的信息储存与传播技术是由一种被称为"媒介"的物质文明承载的，最初主要由口语传播信息，后来由文字与口语共同传播信息。为了解决文字信息的保存和复制问题，人类又发明了印刷技术。

人类的终极梦想是复制世界，而用于复制文字信息的印刷术是一种针对信息传播文本的复制技术，不能满足人们复制现实的强烈愿望。于是人类在进一步完善视觉书写技术时，尤其是对相似性（类比性）图像倾注了大量的心血，产制了许多描写和叙述现实物象的图像。图像在能指和参照物之间应用了一种质的相似性，它模仿甚或重复了事物的某些视觉特征。为了追求图像对现实物象时间与空间的记录性和视觉形象的指涉性效果，人类不断发展完善视觉传播技术，又先后发明了摄影传播技术，以及以摄影为母体的电影、电视传播技术。现在，人们在数字技术的支撑下将口语传播技术、文字传播技术、图（影）像传播技术融合在一起，通过互联网进行多维传播。

人类社会就是在这一次次的复制技术、技术复制中发展起来的。

迄今为止，这种以语文（语言、文字、抽绎性符号等）为主要载体的线性、历时、逻辑的记述和文本复制的传播方式，以及以图像（图形、图绘、影像、结构性符号等）为主要载体的面性、共时、感性的描绘和现实摹写的传播方式，依然是人类社会信息的主要传播手段和技术程式。

信息传播技术的文明形态可视为人类文明形态构建中纲领性、砥柱性的脊梁，尤其是与人们日常生活紧密相关的新闻传播技术，已经内化为人类文化基因，渗透到现代社会每一个人的思想和文化血液之中。随着今日数字化时代信息与网络技术的成熟，信息传播的内容、工具与服务三者之间，不仅产生了前所未有的交融，而且获得了空前的整合发展机会。新闻传播技术决定了新闻传播内容的呈现方式。

纵观古今中外的新闻传播行业，如果以技术形态为中心视点，整个新闻传播行业无外乎文字传播技术、图像传播技术、摄影传播技术、电影传播技术、广播传播技术、电视传播技术和网络传播技术，人们形象地称其为文、图、声、影、网的新闻传播技术。

就具体的新闻技术而言，可分为采集新闻的技术、编辑新闻的技术和传播新闻的技术。就新闻媒介形式而言，可分为文字新闻传播技术、图（影）像新闻传播技术、电影新闻传播技术、广播新闻传播技术、电视新闻传播技术和网络新闻传播技术。而更深入的研究则要剖析新闻文本的生产技术、构成技术和传播技术，并且要诠释新闻的物质生产形态、技术构成形态和传播技术形态。只有这样，才能全面且深刻地阐明新闻传播的技术基础、媒介形式、社会场域和"历史原境"的重构，新闻传播技术史才能真正地反映新闻传播发展的历史轨迹，成为有"源"可溯的"信史"。

就中国的新闻传播技术而言，信息的摹写和复制技术大约经历了四个阶段：一是手工摹写阶段。手工摹写阶段是信息传播的"原始"时期，持续时间非常长，大致到唐宋版刻印刷技术诞生之前。手工摹写阶段的特点是，信息的采集、构成与传播等阶段均依赖手工，与口语相比，信息尤其是造型式信息具有唯一性、难以复制等特点。由此，限制了信息制作的数量与传播的广度，也影响了信息新闻性的发挥。二是手工复制（刻印）阶段。这一阶段也是我国信息传播的"史前史"时期，大致持续到晚清画报诞生之前。手工刻印是在手工摹写的基础上，将传播的信息翻刻于石砖、木版、金属等材料之上，再将其大量翻印到纸质材料之上。唐宋以来，随着佛、道等宗教文化与商业文化的不断发展，手工刻印技术开始大规模应用于文化、经济、宗教等领域，带动形成了中国古代信息传播的一个个高峰期。三是机械复制阶段。从晚清画报开始，通过引入和使用西方石印、铅印、胶印等现代印刷技术，传播的信息被制作成印刷版面，开始通过印刷机大规模复制印刷。正是通过这一传播技术的发展，中国近代诞生了真正意义上的新闻与新闻媒体。四是数字复制阶段。大约从20世纪70年代开始，数字复制与传播技术被大规模地运用到新闻传播活动之中，并逐渐大众化。目前，数字复制技术的核心内涵为语、图、文的音像信息多媒体再现，涉及跨媒体出版技术、印刷色彩管理技术、泛网络化的数字生产技术、印刷数字资产管理技术和计算机集成印刷与管理技术等关键技术，这也预示了新闻传播的智能化、即时化、个性化、按需化和跨媒体化等发展趋势。

在人类文明发展进程中，人们始终面临着信息处理、信息储存与信息传播的问题。许多科学家与发明家不断投入心血，期盼能提出一种与时俱进、功能周到的信息处理技术方式，协助人们进行庞杂的数据处理工作。如同美国传播学者尼尔·波斯曼所言，技术的变迁所带来的不单是工具数量的增减，而是引发了一种生态性的、整体性的变迁。[①]换言之，当我们看到某一种技术被一个社会普遍接受、使用后，我们看到的并不是"多了一个工具"或是"多了一种做事情的方法"，而是人们身处其中并据以行动的社会环境的整体性转变。

需要警惕的是，人们在复制摹写信息时，不仅瓦解了原作的单一性，也建构起新的"形象"。复制摹写技术带给这个时代、这个社会的最大冲击，是带来了作品的非真实化、事物的非真实化以及复制信息对社会和世界的非真实化。

[①] ［美］尼尔·波斯曼：《技术垄断：文化向技术投降》，何道宽译，北京：北京大学出版社，2007年，第134页。

现代复制摹写技术旋涡似的吸引着人们，没有人能抗拒，也没有人能逃脱。由于复制技术发展迅猛，复制摹写对人类社会的影响也越来越广泛，它已渗透到人类生活的每个领域，从天文到地理，从艺术到科学，从考古到工业，从宏观到微观，无所不在，无所不为。复制摹写技术已成为一种不可或缺的社会生产力，成为一种人们创造性活动的助力，成为推动社会变革的重要工具。就目前状况而言，复制摹写技术以不同的方式渗入不同的文化之中，带来了有形和无形的变革。信息的复制摹写技术造就了一个大众的文明。

二

以媒介技术的本质特征为原点，以各项传播技术的原理及技术流变为基础，结合历史"原境重构"的考察方法，我们可以发现，新闻信息主要通过以下几类应用传播技术实现传播。

文字传播技术。"文字是人类岁月的记忆"[1]，在早期口语传播的年代中，历史只能通过人类的大脑记忆被留存；文字产生后，人类的大脑记忆容量被突破，音形语义成为人类岁月的记忆，文字也成为人类文明产生的重要标志。当文字符号转化为信息与新闻的社会性交流工具时，相应的传播技术就成了文字新闻快速、广泛、有效传播的重要保障。

中国的文字技术发展较为复杂，早期随载体而得名者，有甲骨文、金文、陶文等。一方面，作为记忆的延伸，这些记录的使用对象多以官方、贵族或知识分子为主，这些记录类似政府的文书档案，或是在家族中世代相传，在信息传播的功能上并不突显。另一方面，因为庞大的载体体积与重量，信息水平传播的范围也受到了极大限制。

中国古代四大发明之一的印刷术是中华民族贡献给世界的最伟大的技术发明之一，它开创了人类表征社会的基本技术形态，是媒介信息社会现代性的开端。从纸、笔、刀、版、墨、砚、刷，直至活字印刷的发明与使用，无不凝聚着我国古代

---

[1] Wilbur Schramm. *The Story of Human Communication: Cave Painting to Microchip*. New York: Harper & Row, 1988, 77.

劳动人民的技术智慧和科学理想。从公元前2世纪西汉出现了具备新闻传播功能的机构"邸"，到唐代出现了"敦煌进奏院状"，再到清末现代意义上"新闻报纸"的刊布发行，以文字为主体的中国古代书写、复制传播技术发展同中华文明的发展同步，成为中华文明传播和发展切实可靠的技术保障，甚至可以说，没有中国古代传播技术的发展和进步，就不会有中华文明的辉煌。

本课题对中国近现代新闻传播技术史的考察重点放在清末民初和中华人民共和国成立后两个历史时期，其中又以后者为重。对清末民初阶段的技术史分期，主要以这一时期与新闻传播密切相关的"采、印、发"过程中的几种重要技术（印刷技术、电报技术、交通与新闻等）为核心内容进行概括、梳理和阐述。

图像传播技术。从技术原理上讲，图像与影像（摄影、电影、电视等机械工具生产的图像）的本质区别是，图像对现实物象是"非等比复制"，而影像（机具图像）对现实物象是"等比复制"。图像是一种结构性的视觉传播符码，它是经过作者观念抽绎的选择性物象描写与表征，它的现实指涉性很强。在从古至今的新闻信息传播中，图像传播表现出一种绝对的优势，图像技术的特性决定了信息传播的样态。

图像是人类最古老而又不断绵延更新的文化基因，每一个视觉图式都映现着人类的精神范式。从类人拿起第一根木棒、掷出第一块石头起，它就伴随着人类，表征着人类的情感与其对自然、对世界的认知，记刻着人类走过的所有历程，形成自类人到人类，直至今天的完整的文化基因谱系。人类在地球上已生存了数百万年之久，但人类社会有文字记载的历史只有数千年，并且在这数千年的历程中，人类大部分文明进化形态仍然隐含在视觉书写的图像范式之中未被领悟。

图像形态是一个民族最悠久的文化符码，它不但是一种象征形态，而且是一种相似形态，更是一种迹象形态。它痕迹性地或者说生物性地葆有这个民族的文化基因，它比文字更古老、更直观、更形象。图像天生具有视觉传播的指涉性、象征性、类比性、痕迹性等优势，自然地留存着人类物质文明的和非物质的原生形态，正是其所蕴含的无比丰盈的人类历史文化内核，使人类在面对一场场巨大的自然灾难和历经一次次社会动荡后，仍有复生与崛起的力量。

图像为人类的信息交流提供了基础，也为新闻信息提供了巨大的传播空间，更为我们详尽了解和分析人类在世界中的作用提供了条件。时至今日，图像新闻已渗透到人类社会新闻传播的方方面面，无所不及。世界的"现实"，本质上已不属于物象自身，而是属于人与物之间的关系，属于人们阅读图像新闻后所产生的意义。图像新闻传播已成为现代传播的一种最有效的方式和途径，成为一种不可或缺的社会生产力（如文化建设、新闻宣传、国际传播、信息交流、舆论引导、伦理构建、政治诉求等），成为一种创造性的人类思维活动，成为人类观察自然、社会和自身的有效工具，成为一种文化的力量。

摄影传播技术。摄影术是人类社会近两百年来最伟大的发明之一，它改变了人类的命运，加速了社会现代化的进程，深刻地影响着人们的日常生活和社会的政治地图。它与自然、社会和人的密切程度是任何一种媒介传播技术都无法比拟的，如同水和空气一样融入人类社会的日常生活。

摄影技术可以复制现实时空的神奇功能一旦运用于传播领域，即开辟了新闻信息传播的新天地。摄影融入生活。摄影对信息的传播，改变了千百年来人们认知世界的方式。摄影因为传播而强大，传播因为摄影而改变。人类社会由此开始了真正意义上的从实体社会向信息社会的转变。在传播新闻信息时，新闻影像的现实指涉性很强，表现出一种绝对的传播优势，成为当今媒体传播的最有效的技术手段。新闻摄影的技术特性甚至可以决定新闻传播的实现样态。

我们"从印刷人（Typographic Man）时代走向图像人（Graphic Man）时代的这一步，是由于照相术的发明而迈出的"[①]。维尔纳·卡尔·海森伯认为"技术变革不只是改变生活习惯，而且要改变思维模式和评价模式"[②]。这一点在新的传播环境，尤其在以互联网为主要依托的数字新闻摄影技术中体现得十分明显。数字新闻摄影技术创造了全新的"议程设置"环境，信息的传播者和接收者之间的界限被模糊了，每个人都既是新闻影像信息的传播者，又是新闻影像信息的接收者，并同时具有媒介和内容的双重身份。

电影传播技术。1895年电影技术的发明，就像在天空上点燃了太阳，它的光华

---

① ［加］马歇尔·麦克卢汉：《理解媒介：论人的延伸》，何道宽译，南京：译林出版社，2011年，第219页。
② ［加］马歇尔·麦克卢汉：《理解媒介：论人的延伸》，何道宽译，南京：译林出版社，2011年，第83—84页。

使人眩晕，使人迷恋。它使得人类的传播媒介得到一次超时空的提升，人类真正进入视觉传播时代，传播话语的声音显得格外洪亮。

电影从一开始就在信息传播和历史纪实方面显示出它的独特优势。从默片到有声片，从黑白到彩色，每一次技术改革都对人类社会产生了巨大的影响。电影技术的进步历程记录着人类社会的现实和理想，电影技术真实书写了人类历史的视觉档案。电影传播技术对人类文明所起到的作用是非常独特的。

从本质上来说，电影（胶片电影）与摄影没有什么不同，它们都是一种技术性图像。以摄影为母体的电影是利用了人类的视觉暂留。视觉暂留也被称为视觉记忆，时间一般在50~200毫秒。也就是说，如果我们每秒能给出20格画面的话，那么人类的视觉就分辨不出其中的间隔。电影机的放映速度是每秒24格，在人们看来画面是连贯流畅的，并无间隙。简单地说，即摄影以较慢的速度将图像一幅一幅给我们看，于是我们看到"静止的图像"，而电影（胶片电影）则以小于50毫秒的换幅时间将图像一幅一幅给我们看，于是我们看到了"活动的图像"。

广播传播技术。婴儿的第一声啼哭，意味着一个新生命的诞生，声音被比拟为人类在这个世界上的"第一知觉登记簿"。声音对人类具有生物学上的遗传性、物理学上的定义性、心理学上的依赖性和社会学上的文化性特点。声音是人类最古老的传播媒介，也是最大众化的传播媒介，不管社会、科技、文化如何发展，声音将永远伴随着人类社会，伴随着人类的信息传播，伴随着人类生命的全过程。

就字面意义而言，传播即广播，即广为播散，广为播散就是传播。字面的意义也传递出广播这种专门传播技术的本质和目的。作为传播技术的广播是一种运用声音传递信息的技术。到目前为止，它依然是受众最广、速度最快、效率最高的信息传播技术。

美国学者威尔伯·施拉姆曾言，"历史，是被人记住的话"[①]，直到文字出现前，人类的历史只能靠口耳相传，以说故事、唱诗歌的方式来延续。美国学者罗伯特·默顿强调，在文字发明以前，各民族中历史传承的唯一方法，是通过说故

---

① Wilbur Schramm. *The Story of Human Communication: Cave Painting to Microchip.* New York: Harper & Row, 1988, 77.

事、唱诗歌一代一代延绵下去，默顿特别以"口语公布"（Oral Publication）来说明口语传播的独特性。[①]作家伊林也指出，人本身就是一本活生生的书，它有手有脚，它不是放在书架上，它会说话，还会唱歌。口语传播的实例，有荷马的史诗、基督教的《圣经》、佛教的经典与儒家的《论语》等，口语传播技术在人类历史的知识传承中，占有非常重要的地位并且具有极为深远的影响。人类具备面对面以口语传递和接收信息的能力，只是信息的记载仅能依靠大脑，同时囿于时空的阻隔，面对面口语传播信息的范围是相当有限的。

现代广播技术正向着数字化和网络化方向发展，这意味着更快的传播速度、更好的传播覆盖性和渗透性。广播在满足人们信息需求的同时也缩小了城乡信息差，使人们的文化价值观念产生了持续的潜移默化的改变，直接影响到人们的生活方式。

电视传播技术。电视传播技术已经成为今日人类社会文化构成的一部分，也是国家重要的新闻传播手段。电视技术引领着新闻传播界的技术革新和传播技术的革命，电视传播技术是一个国家科学技术水平的综合反映，电视技术样态的变化直接反映出一个国家科学技术的进步。今天的电视传播已经融合了多种媒体技术，开始出现新的传播信息技术形态。

1926年，电视技术的诞生和应用，宣告了综合运用文字、图像、声音的新传播时代的来临。电视技术的不断完善和发展，造就了传播的划时代格局。在电视发明之前，大众传播媒介传递的信息仅仅限于文字和图像的结合，但有了电视技术之后，格局就不同了。声音与图像、文字可以借助电子设备大量而且极迅速地进行共时传播，全世界真正进入信息共享、历时即时共存的传播时代。电视的普及使得视像成为继文字、声音之后又一信息传播的重要手段。

电视的意义，在于它改变了时空的距离、地域的差异，使人们仿佛生活在地球村里，这就是信息时代的显著特征。信息时代之前不能做的事，甚至是很难想象的事，现在都可以做到了。

需要警惕的是，在电视传播时代，图像不断地以极其强悍的态度侵入极私密化

---

① ［美］罗伯特·默顿：《美国社会学传统》，陈耀祖译，台北：巨流图书公司，1987年，第11—13页。

的家庭，以视觉霸权的手法侵犯人心；电视图像成了一种消费时尚，更重要的是，这种图像会变成一种技术性伪真的手段。

网络传播技术。 网络传播技术开启了信息传播技术的新模式。从通信到媒体，从媒体到自媒体，网络传播技术的发展是催生这种信息传播形态变化的内在动力，同时也是这种信息传播形态变化的技术保障。网络传播技术决定了网络信息的形态，网络信息是完全依靠网络传播技术的发展而发展起来的新的媒体。

19世纪初，英国数学家巴贝奇便首次提出了计算机的构想。而在第二次世界大战期间，美国政府投入大量资源进行计算机的研发。第一部能够执行庞杂运算任务的计算机ENIAC（Electronic Numerical Integrator and Computer）于1946年诞生，并在20年内进入商业领域。到了20世纪70年代，随着微处理器工艺的成熟，个人计算机也就逐渐地进入人们的生活。在技术成熟后，计算机以惊人的速度处理着数量巨大的各类信息。互联网至今也历经了约50年的发展。它于20世纪90年代进入人们的日常生活，串联起世界各地不同的人群与思想。

计算机的出现，促成不同于以往的媒体技术的产生，信息载体的发展相当迅速，信息表达的媒介从文字、符号、图像转换到"0"与"1"，载体的容量更是以无法预测的速度持续增加。计算机的发展带来信息载体的发展，包含以纸为介质的媒体，如打孔卡、打孔纸带等；也包含以磁性物质为介质的媒体，如磁带、卡带、匣带、磁鼓、软盘、硬盘等。数字化传播和储存的精神也只能就此时彼刻来诠释其时代意义，未来的信息传播技术能到达哪里，或许也是无人能预测的。

数字技术下的网络信息几乎融合了所有的媒体形式。技术决定样态，新闻传播也不例外，新闻传播技术决定新闻传播业未来的样态。但同时我们也会记住1939年世界科学技术博览会的口号（"你能想到的，科学技术都能实现"）和1999年世界科学技术博览会的口号（"科学技术实现的，你还没有想到"）。到2059年世界科学技术博览会开展时，它的口号会是什么？

以上简要地描述了几类应用传播技术，必须强调的是，这种分类是论述性的而非定义性的。在现实的社会生活中，所有媒介的技术再现都是异质的，所有媒介的再现技术都是混合的。

三

世界上每一种事物都有其固定不变的物理成分，都有凸显其本质特征的技术因子。当我们将研究的视点锚固在信息生成与传播的技术元素上，通过对传播技术的研究和人类文明进程的分析，就可以找到构成人类文明与传播技术的最大公约数。因为任何社会信息都有其共轭的物象，而共轭关系是可以建模讨论的。

我们知道，最严密的科学研究应是任何人都无法对其自身的特征提出异议，而只能考虑其可能性的。对人类文明与传播技术的研究就是确定信息传播的可能性之极限，在定性的前提下取得定量的表征数据，取精用宏，尽微至广。

在人类文明发展进程中，人类如何看待历史与时间，在不同的文化背景下，有着相当多元的看法。古希腊人认为，人类文明是由传说中的黄金时代、白银时代、青铜时代、英雄时代一路衰退到黑铁时代。这是认为人类文明的演变是由高位向低位衰退，最终将面临毁灭的命运史观。罗马人认为，时间就是一种价值观与传统的延续，因此罗马人尊重传统，慎重地保存过去所留下的种种制度与纪念物。19世纪的欧洲，历经资本主义发展与全球扩张，"进步"成了当时欧洲思维的基调。[①]对技术与文明进程的省思以及伴随而生的各种争论，仍将是历史哲学家们所关注的议题。

对人类文明来说，20世纪是一个重要的转折点。在科技上，石油、原子能与计算机先后成为人类社会运作最重要的动能，给予人类文明在发展上难以衡量的驱动力；在政治上，人类面临两次惨绝人寰的世界大战，死者千万，继而又历经冷战时期。而在社会上，充斥着各种千禧年主义的流言，加上金融危机的推波助澜，似乎人类的命运即将在迈向历史的巅峰之际急转直下，回到石器时代。这种科技与政治上的巨变，是19世纪之前人类未曾面对过的。

然而我们已经看到，20世纪结束了，但是历史并未走向终结，21世纪已安然地来到了第19个年头。以微软窗口操作系统为例，Windows 98、Windows XP、Windows Vista、Windows 7.0、Windows 10.0问世时，大家都认为当时的窗口操作系统已经发展到了最高位。但是事实证明，由于商业趋力与来自市场的实际需求，计

---

① ［英］齐格蒙特·鲍曼：《流动的现代性》，欧阳景根译，上海：上海三联书店，2002年，第172页。

算机产业仍会不停地推陈出新，提供各项新产品与新服务。人类文明的演变也是一样，目前在进行的数字化工作，只是为了让人类文明更快、更好地传递下去。人类不能自我膨胀，认定此刻正在主宰历史的最高点；也不要轻视自己在漫长人类文明发展中所扮演的角色。人类社会如何发展自有它的规律，我们可以认知，但无法主宰。

如果说，早期对新闻传播的技术需求是为满足社会的信息和知识的传播，那么在数字化之后，人类的需求逐渐多元化、精致化，新闻传播的发展环境日趋复杂，早已超出纸张墨水的限制。在社会强力建构的形塑之下，新闻传播技术不断变革以回应变化和需求，高科技成了最受重视的香饽饽，传统技术只能黯然隐退，以往那种"老师傅式"的工作方式也成为高效率的阻碍。从单一技术角度来看，传播技术的发展似乎带给人更多的自由与选择，但是从整个技术系统来看，技术发展带来的是全盘控制与更少的选择。新闻传播行业竞相投资各类高科技机器设备、竞相争抢访问流量的结果，是无可避免地落入雅克·埃吕尔对现代技术自动化与单一性的批评，各家新闻传播行业的数字化产品产出质量差异不大，失去活版印刷时代各家应有的手工技术特色和人文色彩，人的价值隐没在新技术中，技术价值反而无法彰显。而新闻传播业为提高竞争力，以符合高科技设备的工作能量，必须争取更多业绩，降低投资成本，将数字化所结余的流程效益，全数投入移动产品阅读量的竞赛之中。人在技术滚轮中拉扯的力量愈来愈大，到达某一个极致后，在技术与社会互动之下，或许将再度迎来另一个技术发展的新阶段。相信人类可以看到，借由目前的努力，下一个时代的人类也将有机会，通过不断更新的传播技术认识千万年来祖先所经历的演化与冒险。

作为信息传播尤其是新闻传播的介质和载体，传播技术的发展与变化对于人类文明发展具有重要的影响。从社会发展历程来看，任何一种传播技术的出现都会带来一种新的信息传播模式，而新的传播技术形态必将构建一种新的文明形态。传播技术就如同人类文明道路上的铲道车，总是在人类社会文明发展的前夜提前出发，为人类社会的文明发展道路清除阻碍。

我们深知，中国新闻传播技术史的书写应该以新闻传播技术发展史为主线，外延为中国的科学技术史，内涵为中国新闻传播的思想史。在古为今用、洋为中用的现代中国，新闻传播技术决定着媒介的形态，因此在科学技术史学的视野下构建中国新闻传播技术史学的结构动力学框架是学术自觉的必然选择：一是建立中国传播技术史学独特的叙述性结构；二是厘清新闻传播技术与其他传播技术的边界。

一位以色列学者曾经对笔者说：中国人如此注重思想史的书写令人震惊，也产生了令人震惊的理论科学成果；但中国人如此轻视技术史的书写也同样令人震惊，并产生了同样令人遗憾的技术科学成果。他的话至今令我心痛，因为他说得不错，中国历史上的情况确实如此。而传播技术与文明进程的关系研究一天没有列入中国学术研究的必备清单并让相关问题得到切实解决，中国学术研究的科学性就仍要接受国际学术界的质疑。

虽然中国新闻传播技术史的书写是艰难的，但我们仍然执着地寻找书写新闻传播技术史的文化架构——一个属于新闻传播技术自身历史的文化架构，并试图去确定文化架构的核心。因为每个文化架构都有一个神圣的核心，它是文化、社会和政治的汇聚之所，这个神圣的核心有助于社会和政治的定位，有助于社会成员认清自身及自身所处。

韩丛耀

2019年6月6日

目　录
Contents

本卷结语 ………………………………………………… 437
Conclusion

导　论
Introduction

　　中国古代信息、新闻传播技术及其辉煌历史，不仅体现在推动中国乃至世界新闻事业发展的核心成就——雕版与活字印刷的发明，也体现在作为古老信息传播形态与内涵最为丰富的国度之一，既有木铎、旗鼓、烽燧、露布、告示等多样化的信息载体与应用技术，也有信使、驿马、车船等专业化的邮驿传输系统与完善的信息新闻管理运作机制，并最早使用了报状新闻的媒体形式。尤为突出的是，由于纸张、文图印刷技术的突破，以文图符号为核心载体的书籍、报状媒介与技术成为隋唐以后主流的信息及新闻传播模式，迅速引领了人类信息传播文明的发展走向，也推动了近现代新闻传播形态划时代的巨变。

　　中国新闻传播技术史古代卷，以中国古代信息、新闻传播技术发展这一恢宏壮阔的历史过程为主线展开，涉及中国古代文字信息产生前后、以文字为主体的信息新闻传播萌芽到1911年中国古代社会新闻传播技术发展演化的历史。我们希望立足中华文化与历史的大背景，在开阔的全球视野下，深入梳理与探究中国古代信息与新闻传播技术的历史轨迹，探讨中国古代文字产生前后信息、新闻形态及新闻传播萌芽、演变发展，探讨不同历史时期信息、新闻载体、文本与社会传播场域，及其在生产技术、构成技术与传播技术上的伟大成就，以揭示中国古代新闻传播技术发展所内含的科技史、文化史与思想史意义。

　　在人类文明发展史上，信息、媒介与传播技术的进化一直是支撑人类文明发展的核心要素。人类社会性生存的基础首先就是信息的获取与交换。很难想象，如果没有远古先民获取信息的强烈需求与长期实践，没有交流传播的信息实体与媒介，没有信息载体及其制作传播技术的不断创造与革新——今天，我们如何能够生活在一个如此高度发达的媒体信息传播时代，享受着越来越多、越来越优质便捷的新闻和资讯。

与现代社会被狭义化的"传播"与"媒介"概念不同，广义的传播是指借助人力、畜力、水力、机力或电力等特定的能量实现物质、信息相互传递交流的人类活动，而媒介则是能使人流、物流和信息流在传播路径上得以交流传通的一切中介性工具的统称。①这种基于物质世界信息、物质与能量关系的宏观认识，更能揭示人类传播技术的本质与历史。借用麦克卢汉"媒介即人的延伸"泛媒介定义，媒介就是"用来延伸人体器官及其机能的中介性工具"。任何一种技术，只要是人类身体、思想、存在的任何延伸，它就是媒介；媒介的这种延伸，说穿了就是对人的"器官、感官或曰功能的强化和放大"。②这是一种技术的进化，其意义在于它不是纯粹自然的行为，而是人类利用不断获取的经验与智慧实现的技术创造、复制与更新升级，从而获取身体外（器官、感官或曰功能）的繁衍与发展。因为"动物的进化大部分通过器官的改变或新器官的出现来进行。人类的进化大部分通过发展人体或人身之外的新器官进行，生物学家称为'体外地'或'人身外地'进行。这些新器官是工具、武器、机器或房子"③。这就是说，"人造器具的技术进化构成了人的体外进化。在人类进化史上，媒介技术的进化是人的体外进化的一个重要方面，它在人类传播活动中呈现出一种螺旋式上升的态势"④。这一技术转换过程借助于外界的空间与通道从实物的、图文的到复合媒体传播的进化过程，从在场的时空传播向不在场的时空传播过渡。

如果追溯人类信息传播活动的源头，我们首先就会遭遇考古学的基本难题。由于远古信息与新闻活动主要是通过口头的、身体的、原始刻绘的方式逐渐发展起来，这些口头信息与具有新闻性质的传播物证很难保存，几乎都已湮灭在浩瀚的历史沧桑中了。因此，我们仅能通过少量幸存的遗物残迹，通过考古中有限的合理推

---

① 李曦珍、楚雪、胡辰：《传播之"路"上的媒介技术进化与媒介形态演变》，《新闻与传播研究》，2012年，第1期。
② ［加］埃里克·麦克卢汉等：《麦克卢汉精粹》，何道宽译，南京：南京大学出版社，2000年，第277页。
③ ［英］卡尔·波普尔：《客观知识》，舒伟光、单如飞、周柏乔等译，上海：上海译文出版社，1987年，第274页。
④ 李曦珍、楚雪、胡辰：《传播之"路"上的媒介技术进化与媒介形态演变》，《新闻与传播研究》，2012年，第1期。

论，揣测其发展的可能逻辑，甚至不得不借助现代社会中部分封闭环境下原始部落的人类学考察来补充。即便如此，我们仍然无从判定现代人类学关注的"原始"生态的部落人群是否真的始终与世隔绝，以致没有受到任何外来文明的影响和改变，也就难以确认是否可以作为远古人类语言发展比较研究的可靠样本。

声音的、文字的、图画的、实物的信息传播方式是我们考察人类新闻信息产生、发展的重要媒介，也是新闻传播历史研究必然的起点与基础问题。事实上，唯有符号化、技术化的媒介载体才可能被存储并留下物质化的痕迹，人类原始信息活动的历史记述注定只能从文字的、图画的、实物的古代踪迹中发现寻找，而且只在浩瀚史料的缝隙偶尔获得远古信息活动的只言片语，佐证历史中曾经的发生与可能。

与之相对应，由于现代"新闻"观念肇始于西方近现代社会与传播技术发展，且与规模化报纸印刷及社会流通有关，因此，长期以来，"新闻"概念的界定与新闻活动实践被集中表述于这一特定历史阶段以后，西学东渐后的中国学界也基本沿用该主流观点。但时效性的、新近的信息传播形态与传播活动古已有之，甚至存在于普遍的社会化生存活动中，只是当时的新闻性信息形态可能多为声音的、肢体的方式，或者还处于初始图画、刻符信息的幼年阶段。但正是这些原始信息方式及其伴生的技术发明，孕育了时效性信息传播活动的萌芽，影响乃至决定了后来人类信息、新闻传播发展及技术革新的基本趋势。

正是由于自古以来信息及新闻传播技术发展源自人类不断深化的社会实践与探索，对于新闻传播技术史研究而言，信息与新闻传播技术的肇始形态及生发演变的内在机制问题，我们必须小心翼翼且无从回避。唯此，我们才可能深入认识人类自身信息传播活动、新闻信息需求强劲的内生因素与社会动能，进而理解与思考，在漫长的人类历史进程中，我们的先辈是如何通过科技思想的启蒙与创造，持续推进信息与新闻传播技术的伟大变革的。

我们知道，随着人类信息传播范围与需求的扩大，新闻性信息传播日趋丰富与多元，支撑信息交流的载体、信息组织、渠道与传播技术不断改进，也形成不同地域、不同历史时期、不同"新闻"的形态与特征。通常，基于不同的学术背景，研究者会从自身的专业领域或学术视角出发，对新闻形态、演化及其性质形成不同的认知与阐释。为了避免不必要的争议与分歧，在这里，我们特别就"新闻"与"新闻传播技术"的相关问题做部分针对性的梳理、界定与说明。

"新闻"一词，在中国古文献中最早见于唐代。据丁淦林（1932—2011）先生考证，有段成式的《锦里新闻》、尉迟枢的《南楚新闻》。不过他们所说的"新闻"，不一定是指新近发生的事情，一些新奇的习俗和趣事都可称之为"新闻"。但是，"新闻"也同时存在着另一种含义，即最新消息。如唐朝诗人李咸用在《披沙集》的《春日喜逢乡人刘松》中就曾用过"新闻"一词："故人不见五春风，异地相逢岳影中。旧业久抛耕钓侣，新闻多说战争功。"而最早使用"新闻"一语的，据信是初唐神龙年间（705年前后）的孙处玄（一作"孙处立"），有所谓"恨天下无书以广新闻"。他所使用的"新闻"与我们今天所理解的含义十分接近。[1] 到了明清时期，"新闻""消息""音耗""讯息""信息"等词汇已被大量使用，只是没有西方近代新闻事业发展的规模，也没有明晰的界定。

"新闻"在近现代西学语境下有以下三种明确指向：一是指新闻纸（newspaper），也就是欧洲17世纪初逐渐形成的活字印刷报纸称谓，中国近现代媒体将这一概念等同为"报纸"；二是指现代报社、通讯社、广播电视、互联网络等新兴新闻媒介形态每天发布的消息报道；三是指新闻报道的体裁，包括消息、通信、新闻特写、述评等，其中以印刷新闻报纸出现为评判标准的占据主流。如马克斯·韦伯（Max Weber，1864—1920）认为："中国很早就有了印刷术，但专为印刷而设计，并且只有通过印刷才能制成的印刷品，特别是报纸和期刊，最早仅出现于西方。"[2] 陈力丹先生也认为：关于传播信息中的一类——新闻，能够从一般信息传播中分离出来，仅是最近几百年的事情。[3] 正是基于印刷新闻传播发展这一历史事实的界定。哈贝马斯（Jürgen Habermas）所言"直到17世纪末，社会才具备让大众知晓信息的条件，才有真正意义上的新闻"[4] 同样延续着这个基本逻辑。

---

① 丁淦林：《中国新闻事业史新编》，成都：四川人民出版社，1998年，第7页。

② ［德］马克斯·韦伯：《新教伦理与资本主义精神》，彭强，黄晓京译，西安：陕西师范大学出版社，2002年，第13页。

③ 陈力丹：《世界新闻传播史》，上海：上海交通大学，2002年，第1页。

④ ［德］哈贝马斯：《公共领域的结构转型》，曹卫东、王晓钰、刘北城等译，上海：学林出版社，1999年，第16页。

显然，这些新闻领域主流的"新闻"认知与思考，都是着眼于是否出现"新闻的媒介"为基点的，并作出了明确的"专业化媒体"的认定，今天"新闻"的普遍定义也就演绎为"新近发生的事实的报道，有专门的发行机构、规模化渠道与读者"。新闻被视为一种报道、一种记录、一种事实的呈现，是新信息的发布与文本化。在一些研究者看来，古代社会有新闻性信息但没有新闻，到了近现代才在西方首先萌芽与发展出专业化、规模化的新闻传播事业。当然，也有从新闻本质来探讨的，如方汉奇先生特别关注"新闻"本质的追根溯源，将视野投向更久远的古代社会，探寻古代信息传播活动中，新闻性信息与新闻信息的萌生与发展，也为我们深入理解古代新闻信息传播与近现代新闻关系提供了有益的启示。

如果从历史的和语义学视角透析人类新闻活动本质，我们会发现，"新闻"的概念与内涵是随着人类社会传播技术条件与环境的不断变化而动态发展的。"新闻"的本意是新近的消息、信息、见闻。这是与"旧"闻相对应的价值判断，是源于人类不断获得与消费信息资源的本能需求，而且这样的需求是建立在时效性的应用价值基础上，是非个体的社会性信息传播活动，包括各类事件、现象、知识、社会组织系统的通告、政令等。这里，时效性是新闻界定的核心标准，社会性传播是基本条件，而其载体与传播方式的样态并非新闻的必需条件。客观地说，我们不能因为古代社会没有报纸这类载体就认为古代社会没有"新闻"，更不能因为"新闻"的传播不是通过专门发行渠道来完成的，就认为"新闻"传播的载体不存在。

毫无疑问，现代新闻传播事业的发展必然由人类早期新闻性信息传播实践渐进发展而来，是今天新闻传播的基础，其多样化的载体形式与传播方式更直接影响与催生了现代新闻传播事业的走向。新闻的时效性界定，因为不同时期特殊的历史与技术发展条件是有差异的，我们不能苛求古人在极为短暂的时间内就可以获得来自远方的最新的资讯。这样的新闻前史，同样是人类新闻传播技术史所必须关注的重要内容。

古代信息传播活动与今天学术界探讨的"新闻"事业领域，有着怎样的本质差异，它们之间有没有更紧密的共通点与历史脉络关系，是我们需要澄清和思考的。如果新闻必须是"新"闻，那么我们如何合理界定这个新的时效与特性？如果强调新闻事实报道的基本特征，那么古代新闻性信息与现代新闻是不是具有近似的性质与特征？显然，新闻所涉及的是现实事物的，具有公开性和明确的时效性，是人类信息传播活动的特殊形式。

从陆定一（1906—1996）先生的"新闻是新近发生的事情的报道"①到宁树藩（1920—2016）先生的"新闻是一种信息；新闻作品是信息的载体，不是信息"②，我们看到对"新闻"本质的探究逐渐明朗化。许多学者已经有意识地将"新闻"与"新闻作品"区别开来，把新闻与新闻载体区分开，这样，新闻、新闻信息与新闻性信息之间的微妙关系就更清晰了。这恰是相当长历史时期，学界对新闻分歧的关键点，也是人类新闻发展轨迹中重要的观念转换。如果我们从"新闻"的本源与本质出发探讨人类新闻的历史，而不是从现代新闻传播事业阶段性特点或独立新闻媒体出现来确定，不以是否有新闻作品的明确界定来判断③，那么我们就会豁然明朗，因为人类的新闻信息传播活动贯穿于人类社会化生存与活动的整个过程。

源自16世纪的欧洲，具有广泛发行渠道与受众群体的印刷报纸是近现代新闻事业的起点，确实存在必然的专业化与社会化条件，有着巨大的社会贡献和历史意义。但作为新闻传播技术史研究，我们的视界还不能止步于四百年前特定时期人类信息传播的阶段性历史，还需要更宏观的视野透视人类信息与新闻传播的整个文明历程。我们不仅要关注支撑近现代新闻传播事业发展的载体、制作与传播的现代技术发展，还需要关注这种技术萌芽、发展及历史演变，从中寻找人类技术文明产生的深层因素，探寻其文化史与思想史意义的内在动力机制，揭示与启迪我们人类未来传播发展的可能趋势与方向。其中，中国古代新闻传播技术历史独树一帜，也具有特别重要的标杆意义和价值。

在本丛书中，"技术"被明确定义为："人类为满足自身需求和愿望，遵循自

---

① 陆定一：《我们对于新闻学的基本观点》，《解放日报》，1943年9月1日。
② 宁树藩：《新闻定义新探》，《复旦学报（社会科学版）》，1987年，第5期。
③ 正如王润泽先生所言：从口语传播到文字传播，新闻传播只是融合在各种传播活动中，没有分离出来成为独立的事业。自从有了报刊，新闻传播活动才开始有了属于自己的独立载体，逐渐发展成为人类社会不可或缺的信息传播方式。（《中国新闻媒介史》，北京：北京大学出版社，2011年，第3—4页）部分学者，包括新闻行业的从业人员多倾向于这样的观点，将"新闻"作了以印刷报纸为基础，有明确报道的形式，以媒体发布为特征的信息传播方式的界定。

然规律，在长期利用和改造自然的过程中，积累起来的知识、经验、技巧与手段，是人类利用自然改造自然的方法、技能和手段的总和。"这是学界具有广泛影响的概念界定。它既有实体器械，符合科学原理，也有规定能够生产的程序，有使用者劳动熟悉程度的体现，可以称为最简约的工艺，可异地、重复完成。必须承认，在中国古代社会的信息传播活动中，专门的新闻信息技术并不显性，因为基本都是社会化信息传播载体与技术的直接使用，不仅包括新闻信息传播活动直接应用的技术，也包括间接的信息传播技术基础，如信息载体技术、信息制作工具和辅助工具技术、信息形态及其制作技术（技巧）、通路（传播渠道、载体）技术等。纵观古代新闻信息技术与现代新闻技术形态的差别，我们可以看到，这是从同一空间的在场到跨越时空的不在场技术的渐渐转换与变迁，是从个体传播到群体性传播，再到大众传播的技术升级；是从单一信息制作与发布到分工细致、多工种协作综合技术的使用；是从身体技术到物理技术，再到电子、数字与网络信息技术的不断蜕变与超越。

与现代新闻传播活动的规模化、系统性不同，古代信息与新闻活动尚处于萌芽与发展阶段，因为材料技术、制作技术与传播载体技术的局限，在物质载体、信息制作与传播方式，特别是在新闻性信息采集、编辑上都尚且简陋，部分信息传播活动的物质载体与传播渠道是在场的与重叠的，直到复制文本形态与邮驿传输的出现，才真正意义上建构了不在场的信息新闻传播及技术应用系统。不过，正是这些看似简陋的传播思想、方式与基础技术，恰是今天信息与新闻传播的根基。

本卷中，相关"新闻"的概念界定与区分将采取相对广义的方式。考虑近现代"新闻"思想深受欧美近现代新闻事业发展影响的特殊语境，我们在明确"新闻"具有"新近的信息传播"本质的同时，还需要客观分析"新闻"观念上的复杂性与文化形态的差异性，以及演变过程中必然的历史性与发展性。辩证地看待人类信息传播活动与现代新闻形态演变之间深刻的内在关系，这是一个从无到有、从简单到复杂的、系统的不断完善发展的过程。为此，本书将具有新闻性质的信息传播划分为"新闻性"信息与"新闻"信息，并在秦汉以前，慎用"新闻传播"概念，在无确切史料的情况下，用"新闻性的信息传播"或"信息（新闻）传播"等相关概念替代，如果隋唐以后的信息传播形态有类似情况，则类推之。

本卷借助新闻传播学、历史学、科学技术史等基础理论、成果与研究方法，希望通过文献检索、田野调查与史料分析，关注人类新闻从萌芽、形成到发展的漫漫历史轨迹，从新闻传播生产、构成与传播三大场域的建构中探讨隐含其中的技术发展背景史料，清晰勾画出中国古代新闻技术发展的演变脉络，科学、有效地呈现中国古代新闻传播技术发展语境、形态与历史。希望可以系统地还原中国古代新闻独特的媒介方式与历史语境，从中透析新闻传播技术在人类科学史与思想史中的重要意义与深层影响。

需要说明的是，口耳相传的语言信息传递是人类的主要手段，也是群体性社会生活中信息传播的基本状态与需要。只是古代社会言语信息传播转瞬即逝，无法保留，因此对于历史上言语信息传播只能通过有限的文字文献和考古来推测。同时，早期社会的言语传播主要局限于生理性的信息传播形态，也不在本书论述的"技术"范畴。

在古代社会，几乎所有的新闻信息传播技术，都是次生的，都是基于信息传播技术的基础和推动，而信息传播技术之所以得以萌芽和发展，又直接源自人类原始符号语言与工具技术的创造与发展。

本卷着重从以下三个方面展开：一是中国古代信息与新闻传播活动产生的历史背景及其采集、编辑和传播技术演变，不仅要追溯到前文字新闻时期中国古代先民主要信息传播形式与技术，也要论证近现代西方印刷与新闻技术反向渗透与影响对中国现代新闻传播事业的开启与推动作用。二是印刷复制与图文新闻传播技术在古代中国的探索和实践，这是本书的核心内容。特别关注从抄写、拓印、雕版印刷到活字技术流变，重点研究纸、墨、笔、刀、版、机等各类印制工艺技术基础，关注古代道路与邮驿传输技术历史与发展，探讨印刷术对文字新闻传播的深刻影响及其辉煌的技术历史。三是古代文字新闻传播技术的科学史与思想史价值。探讨中国文字新闻技术史是如何作为学术思想史的载体深刻影响，甚至部分建构了中国古代科学技术思想史基础，以及对中国科学思想形成的重要意义。

中国新闻传播技术史古代卷作了原始社会、夏商周、秦汉魏晋南北朝、隋唐、宋元明、清六个历史分期，并将具有原生性的雕版印刷、活字印刷技术独立成章。先秦时期代表中华远古时期信息与新闻传播技术萌芽发展时期，秦汉至南北朝是文字信息形态与载体传播发展的关键时期，隋唐雕版印刷与多样化传播趋于成型，宋元明时期则是中国古代新闻传播成熟发展的阶段，到了清朝演变为东西方信息传播文明碰撞与发展的关键历史转折，在西学东渐影响下完成现代新闻传播技术转型，也成为古代和现代信息与新闻传播技术发展的历史分水岭。

中国新闻传播技术发展历史是世界新闻传播与技术发展的重要标杆，其独特的发展历程及对世界新闻传播事业的突出贡献，足以成为人类新闻传播研究的核心范本与案例之一。中国是世界上最早产生系统文字体系的国家之一，且具有唯一延续至今的古老语言符号体系；汉文字的诞生代表了中华"文"化的符号语言体系建立，而兽骨金石、笔墨纸张是古代文字传播借助的核心载体，成为持续推进中华文明发展的圣火，当印刷术发明并传播到欧洲的时候，它已经成为推进人类科学发展与文化传播的重要助推器，也从根本上改变了人类古代新闻传播的基本模式。

作为社会性的组织结构，自有记录的炎黄时期开始，中国是由古国与王国的分封制到帝国时代郡县制，完成了国家层面的建构、组织与管理，这迅速推进了统治者、统治机构、基层社会的信息与新闻传播需求，中国是最早发明纸张与印刷技术的国家，其载体、制作与传播都依赖于技术的推进与发展。印刷术开创了人类表征社会的基本技术形态，是媒介信息社会的现代性开端。纸、笔、刀、版、墨、砚、字、刷，直到活字印刷的发明与使用，无不凝聚着中华民族的科学智慧和技术理想。随着文字的出现和造纸术的发明，产生了手抄报纸，并通过驿马、车船、信鸽等交通和传输工具进行传播，在印刷术日益发展的情况下，从可以考证的公元2世纪西汉邸报到唐代敦煌进奏院状，再到清初具现代意义的新闻报纸刊行，这一历史过程构成了中国古代新闻传播的重要轨迹。中华古代新闻传播技术几乎伴随着整个中华文明的成长与进步，是值得我们郑重审视并大书特书的中华新闻传播技术发展史。

第一章
中国古代信息、新闻传播与技术

Chapter 1
Communication Technologies of Information and Journalism in Ancient China

据考古研究推测，人类语言的产生大约发生在10万年以前，刻画符号的历史更为久远。这是一个漫长且错综复杂的演化过程，伴随着言语、刻符和图画等符号系统的探索实践与相互作用，最终在新石器时期促成了视、听信息高度融合的文字符号产生，不仅使言语的发音得到精确标注，也使人类通过字符、图像等媒介的刻绘、记录，在信息存储与传播技术上取得根本性突破。人类开始具备信息储存、修改、复制、转换的迭代能力，也形成了承载与交流的社会性传播功能，并更趋严密、系统。它不仅超越了人类自身生理性信息传播的局限，也超越了时间和地域空间的物理限制，极大地拓展了人类的智能与视野，延伸了人类交流传播和发展的维度。

以文字、图像为代表的符号语言及其媒介形态，是对人类自在、自为思维的"外化"与"固化"。因为符号的创制与使用，人类开始运用身体以外的物质媒介来代表事物，还可以指示象征复杂、抽象的概念与意义，甚至可以运用符号模拟进行精密复杂的计算和表达，探寻、演绎宇宙自然无穷无尽的奥秘。人类通过符号认知世界、表征世界，也通过符号相互交流、学习与传播，不断提升探索世界、改变世界的能力。这一过程不仅奠定了社会性群体中人与人互通交流的基本媒介形式，为社会性信息的规范与传播打下了坚实的基础，也通过信息传播必然依托的物质载体、信息形态制作与传播技术的探索，持续推进着信息与新闻传播的发展。

第一节　媒介、符号与信息传播

人类认知世界的知识体系，首先是通过获取信息、处理信息和储存信息进行的。这不是一种纯粹生物性过程，仅仅通过大脑感官经验建构对世界的理解；对于人类而言，更重要的是具有社会性的、超越身体局限的符号化信息的创造行为，及其对人类智能与社会化信息传播所产生的推动作用。

一、信息媒介

"信息"是现代传播与通信的术语，通常被理解为音讯、消息、通信系统传输和处理的情报和信号、新闻和知识及各类数据，体现和反映了事物存在的方式或运动状态，以及这种方式、状态的表述方式。就人的认知主体而言，信息是大脑通过自身感官对物理世界存在事物的感受与认识。其中，听觉与视觉是最重要的手段，几乎占据了全部感官认知的11%与83%。

克劳斯（G. Klaus，1912—1974）指出：什么是信息？纯粹从物理学方面看，信息就是一定方式排列起来的信号序列。但光说这一点还不足以构成一个定义。毋宁说，信息必须有一定的意义，必须是意义的载体。①我国国家标准GB4894-1985《情报与文献工作词汇基本术语》中，结合不同学者与学科领域对信息的理解，对"信息"作了如下定义："Information，物质存在的一种方式、形态或运动状态，也是事物的一种普遍属性，一般指数据、消息中多包含的意义，可以使消息中所描述事件的不确定性减少。"董天策先生也指出：广义的"信息"，是指人类感官所能感知的一切有意义的东西，一切从客观现象提炼出来的各种消息和一切知识的总

---

① ［德］G. 克劳斯：《从哲学看控制论》，梁志学译，北京：中国社会科学出版社，1981 年，第 68 页。

和。可以是现象，可以是经验，也可以是理论。换言之，就是只要是以符号序列的形式出现并用来消除或减少人们对于一切事物不确定性的内容，都是信息。[①]

信息只有被感官捕捉，并经过大脑感知才能辨别其意义；信息的意义只有转换为共同经验的符号编码才更利于在社会群体中交换，实现传播效益的最大化。于是，借助听觉与视觉的言语标注、图画刻符与实物展现，在漫长的模仿、学习和创造过程中开始出现，并被主观地与认知信息意义相连接。这一感官认知的过程，是符号化信息语言的媒介建构过程，是将信息转化为可替代性的符号储存、提取、交流和分析的各类语言符号系统。[②]有了语言信息的物质载体——符号，人类就可以更好地跨越时空的限制相互交流与共享信息，并可以通过共享，进行信息的选择、使用与加工。

正因为符号是信息载体和意义的统一体，是信息符号化的结果，也成为物化语言形态的基本要素与特征。物理对象信息只有通过特定的外在物理形式，如动作、表情、文字、音声、图画、影像及实物等才能显现，它们所表达的意义在社会化传播与约定中逐渐形成了特定指向的"符号"语义。符号作为负载，传送信息的代码，是视觉信息留存和传播的必备要素。

这是因为，信息是具有依附性的，没有物质与能量的载体，其本身不能独立存在。由于信息的留存与传播必须依赖中介，中介化的转化过程也是符号化的过程，并被承载的符号系统组织为不同形式的符号序列，才可能呈现与流通，这样的符号信息具有高度的抽象性，也具有构造的技术指标，可以复制，可以被他者具体地感知、检测、贮存、显示、传递、识别、加工和使用。

这意味着，信息的感知通过技术性的物质转换与创造，可以符号化为语言的中介，在不同物质载体之间转换和替代，并可以从一种状态转换为另一种状态。社会性事件的发生与发展，四季交替变迁的瞬息变化，生命轮回的自然规律等，既可以用肢体、声音表达，也可以用文字叙述，还可以用图像方式来抒发；表现的媒体可以是身体、音响辅助工具，可以是金石纸帛，可以是画布及其他载体，

[①] 董天策：《传播学导论》，成都：四川大学出版社，1995年，第31—32页。
[②] 本书中，没有使用传统语言学研究中语言与非语言的狭义概念分类，而是采用广义符号语言学的观念，以更好地描述信息与新闻传播活动的基本形态与特征。

可以跨越时空的维度，通过中介不在场地实现交流与互动……信息符号语言的可转换性使我们得以运用不同形式的符号媒介与媒体，来进行信息的传播与交流（图1-1）。

图 1-1 螺旋形的信息形态与载体，朱永明 编制

二、信息符号化

信息的符号化，依赖于感官对信息的捕捉、分析和判断，而对信息的感知与解读主要是通过视觉、听觉与触觉等感官方式进行的，是身体性信号向物质性符号的转换与发展。

大脑内在的智能机制，是进化给予我们认知装备的一部分。符号体系的建构与发展，是人类思维功能的模拟与超越，它首先生成于感觉系统的感官机制，也就是类比联想与判断基础上的对象描述模式。在类比中不断形成事物的差异（分类）与相似因素的群化（概念形成），进而因事物特性与差异的确定得以对事物环境进行更充分的描述和判断，形成符合心理认知需要的话语描述模型。[①]这是人类的内生语言机制，是基于大脑思维特点的符号化概念认知与推理，进而通过社会性群体测试、修正与共识化，逐渐形成约定俗成的社会性符号，并在不同的地域与群体中形成多样化的符号语言模式（图1-2）。

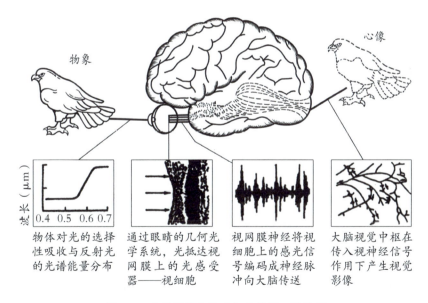

物象　　　　　　　　　　　　　　　　　　　　　　　　心像

波长（μm）

0.4 0.5 0.6 0.7

| 物体对光的选择性吸收与反射光的光谱能量分布 | 通过眼睛的几何光学系统，光抵达视网膜上的光感受器——视细胞 | 视网膜神经将视细胞上的感光信号编码成神经脉冲向大脑传送 | 大脑视觉中枢在传入视神经信号作用下产生视觉影像 |

图 1-2　大脑视觉信息感知示意图，刘畅 制

① 参见朱永明：《视觉语言探析：符号化图像形态与意义》，南京：南京大学出版社，2011年，第67—81页。

人类感知、理解世界的手段包括视、听、嗅、味、触等生物性感官功能，并通过声音与视觉两种形式建构了语言的主体要素。将看到、听到、可以触及的世界景象，经由大脑神经信息系统映射、感知，进而储存与记忆；同时，大脑智能机制被激活启动，通过信息关系的联想、比较与判断，产生事物分类和概念化印记。[①]但是，因为大脑视觉皮层对物理信息的经验认知与概念表征只能自我传播，只能进行有限的社会性交流活动。这里的"信息"还处于生理性的状态，如果没有转化为物质载体形式或具备标注、模拟的可能性，就不能超越生理性条件进行更深入、更广泛的智能探索与社会交流，和具有外部媒介与技术特性的"符号"就有着根本性区别。

当区分外在事物的"概念"贮存于大脑之中时，我们可以称其为生理性的"符号化"阶段，这一阶段人只能在群体性社会生活中通过声带的音变、表情的控制和肢体的动作来进行传递，是除人之外许多生命体都具有的信息沟通和传播能力（与人相比，动物的符号化认知能力仅处于低级阶段）。这种信息传递方式因为只能借助有限的身体条件，难以区分、表达客观世界极其丰富的事物分类和信息内容，信息单纯、直接，体现的是主客体之间意义交换的简单对应关系，我们可称之为"信号"。正如邵培仁先生指出的："信号与表示物之间的关系是一种极其简单的一一对应的关系，事物存在则信号存在，事物消失则信号消失，因而信号具有即时性、单一性和即物性的特点。例如，蜜蜂以美妙的舞姿传递蜜源的信息，萤火虫以节奏欢快的闪光发出求爱的信息。"[②]

卡西尔（Ernst Cassirer，1874—1945）认为："信号和符号属于两个不同的领域：信号是物理的存在世界之一部分；符号则是人类的意义世界之一部分。信号是'操作者'；而符号则是'指称者'。信号即使在被这样理解和运用时，也仍然有着某种物理的或实体性的存在。"[③]在卡西尔看来，信号即物理信息的直接投射与身体的"操作"，而符号则是信息的中介物，能传达关于对象的直接与间接的意义，从而实现对事物本质的判断与理解。

---

① 朱永明：《视觉语言探析：符号化图像形态与意义》，南京：南京大学出版社，2011 年，第 165 页。
② 邵培仁：《传播学》，北京：高等教育出版社，2000 年，第 124 页。
③ ［德］卡西尔：《人论》，上海：上海译文出版社，甘阳译，1985 年，第 41 页。

正因为"符号"的媒介性，必然是以一种事物形态代替另一种事物形态，是可以复制、储存的，可以跨时空学习与传播，它必须经历一个符号载体转换与编码过程才能通过主体与他人交流，例如通过声音的、肢体的和绘写符号的方式。由于声音、肢体的表达是身体的传输，在文字与图符标注和模拟出现以前，其原始交流方式只是信号性的，意义相对简单直接，虽具有符号化的特征，但还不具有符号性，还不具备符号的充分条件。符号必须具有非身体性的中介，必须具有技术性的转换存储方式。

三、语言与符号

所谓"语言"[①]一般意指"以语音为物质外壳，由词汇和语法构成并能表达人类思想的符号系统"，这是欧洲"语音中心主义"（phono-centrism）逻辑传统影响下的定义，文字则被认为是语言的视觉呈现方式，是次生的、第二性的。

不过，人类"语言"形成的内在动力机制实际更复杂。远古的人类最早以声音、肢体动作的方式进行社会交流与沟通活动，并逐渐创造出图画、刻符的信息表述传播方式，在新石器中后期，出现标注声音信息的文字（字母）载体形式；而文字的产生与实物的，尤其是视觉图像的产生与发展密切关联，以至于学界普遍认为，文字在联通言语的同时，经由图像符号的发展演绎而成。

脱离身体束缚的实物、图像与文字符号的产生，客观上促进了人类生物性"言语"介质的标注、调整与完善，也丰富了人类认知与思维的语言表征方式，这是人类自创的"符号"世界对言语渗透的思维世界的影响与改造，不仅预示着超越生物性条件的"语言"萌芽与发展，也持续推进了人类"语言"思维的智能跨越与提

---

① 1916 年，索绪尔在《普通语言学教程》这部影响深远的语言学著作中奠定了现代结构语言学和符号学发展的基本思想，所秉持的就是语音中心主义。他从符号的角度划分了语言符号和非语言符号的基本概念，他认为，语言由两部分组成，即"语言"和"言语"。语言指人类代代传习和沿用的语言系统，包括语法、句法和词汇。此外，"语言"还包括社会的法典、规范、标准等各种约定俗成的方面。"言语"则是指特定情况下个人说话的个别行为，包括说话者可能说的或理解的全部内容。言语因被看作"语言"的基本介质而被赋予了崇高的地位（引自朱永明：《视觉语言探析：符号化图像形态与意义》，南京：南京大学出版社，2011 年，第 153 页）。

升。也因此，"语言"产生的意义远远大于人类第一次直立行走和原始劳动。有了"语言"，人类个体和群体的经验才能得以交流、积累和发展，才能在社会成员共享的情况下又不断丰富和深化，从头脑、心理和行为上加速人的进化。

麦克维尼（Brian MacWhinney）指出，人类语言学习的能力已经演化了600万年。在这期间，进化不仅体现在与语言学习密切相关的大脑结构上，也体现在更普遍的认知能力以及灵长类群体的社会结构上。[①]人类的"语言"机制在社会化条件下经过信息知识建构的漫长演化，通过语音和绘写等物质记录方式显现与改造，逐渐形成今天的言语、文字和视觉图像符号系统。这种语言介质的日益发展，反过来又刺激、推动着人类语言能力的不断提升，对大脑内在结构与智能进化影响深远。正如麦克卢汉所指出的，我们塑造了工具，此后工具又塑造了我们。我们自身变成我们所观察的东西。

语言是大脑认知机制和思维活动对于外部物理世界刺激逐渐符号化和逻辑化的结果，并由于符号化和逻辑化过程的反作用形成复杂的信息接受和反馈机制。这种机制导致人类在与肢体、言语和形象（实物、表情、动态）对应的"信号性"信息转换上不断拓展身体之外的媒介方式，形成以言语、文字、图像为主导的连接和表述，并由于自身可以被标注规范，而具有了物质性的储存、记录和异地异时传播的可能。例如，原始人会根据所在地的自然物象与经验，赋予特定对象以超自然的神性力量，会模仿它们的外貌与姿势，甚至转化为族群的图腾加以礼拜，期望借此获得护佑（图1-3）；他们还会通过音调的变化与音节的组合表达情绪和情感，标注各类不同的视觉对象和行为，甚至开始建构起数的概念。一旦声音所对应的对象、行为和情感得到群体性社会的认同，就出现了语音符号体系，也更便于人与人之间信息的交流与扩散。

由于语言信息的符号化，人类认知能力得以走向更宽广的空间与层次。信息可以更好地为传播者和接受者共同使用与分享。在整个自然界，唯有人通过符号的创造，建构了信息的物理存储与传播方式，推进了自身的全面发展。

人类所有的符号语系中，声音的言语与人的大脑思维联系最紧密，其不可思议

[①] ［美］罗伯特·西格勒、玛莎·阿利巴利：《儿童思维发展》，刘电芝译，北京：世界图书出版公司，2006年，第198页。

图 1-3　毛利人首领脸部绘饰、巴布亚新几内亚的萨摩亚人装饰与自然环境中动物羽毛纹饰的比较

的对思维的渗透与联接，是我们今天的科学尚难以解释的，而视觉的识读与经验更是人类认知世界的基本条件。毫无疑问，言语已经成为人类思维与语言形态的核心组成部分，而图像的表征与创造构成了另一个重要的思维认知要件。它如同大脑思维和外部事物的桥梁，搭建了思维与其他物化符号语言体系的互通平台，也为文字的产生奠定了重要的生物学基础。

　　言语是一种介于思维活动与物质之间的特殊介质，一旦离开身体接触的范围，或者因身体的变故，知识与信息的传递就可能失效或终止。言语传播条件下的经验是通过人与人之间的口耳相传、脑记心存而延续，但难以跨越更广阔的时空界限，更缺少物化的记录保证不至于在难以预料的天灾人祸中失传，在传承的过程中亦不能保证信息不被扭曲、变形或丢失。当语音与肢体不能满足人类对世界的认识需要，不能满足日益增长的社会活动、交往的需求时，人类就必须学习和尝试其他可能的媒介方式，并用技术的方式创造出来——实物展现、结绳记事、文身、舞蹈、涂饰和描画等人类的社会实践不断探索着言语所不具有的信息交流方法。信息媒介在人类认识世界和改造世界的长期社会实践中不断拓展，并通过形象识别、言语标注向图像和文字方向演变（图1-4）。

图1-4 原始人类的狩猎壁画①

在近5000年至1万年的人类历史阶段，由于制作技术、媒介条件的推进，以及复杂信息交流的需要，图像与便于书写和精确表意的文字系统逐渐成熟。接着，图绘式图像符号表意价值逐渐让位于同样是视觉性的文字表意注音体系，线性视觉符号——文字的优势开始突显，并在后来的人类交流与传播中与言语一起扮演起核心角色。②

可记录、留存的视觉符号的出现，是人类信息与语言发展史上重要的里程碑。特别是文字语言经过了数千年的演变，由原初的声音和图画的结合过渡到今天的表意言语系统，音、义、形合而一统，并趋于线条化、规范化、抽象化③，它与口传信息、图像性信息一起成为古代社会新闻信息传播的主力军，并在书写与印刷时代成为核心的信息载体。而信息载体、制作与传播技术的探索变革同样决定性地推进了新闻信息传播的不断进步和发展。

① 引自超凡：《世界通史》（彩图版），长春：北方妇女儿童出版社，2001年，第54页。
② 朱永明：《视觉语言探析：符号化图像形态与意义》，南京：南京大学出版社，2011年，第2页。
③ 朱永明：《视觉语言探析：符号化图像形态与意义》，南京：南京大学出版社，2011年，第179页。

中国历史上以传说中的黄帝为人文始祖，也多把文字的发明归诸黄帝时代，流传很广的仓颉造字的传说也是发生在黄帝时期。东汉许慎（约58—约147）《说文解字·叙》中记述："黄帝之史仓颉，见鸟兽蹄迒之迹，知分理之可相别异也，初造书契。仓颉之初作书，盖依类象形，故谓之文。其后形声相益，即谓之字。文者，物象之本；字者，言孳乳而浸多也。著于竹帛谓之书。"不仅指出了文字初创的基本依据与原理，也揭示出文字的产生之初史已有"百官"制度的黄帝时代（图1-5）。

图 1-5　仓颉图，《历代古人像赞》弘治十一年刻本

汉字为中国历代主要的官方文字，还长期充当了东亚地区唯一共通的交流文字，20世纪前也是日本、朝鲜半岛、越南等国家和地区的官方文字。汉文字的形态不同于字母注音文字，因为源自拟物象形的视觉造化传统，从形象性向线性抽象的图式转化走过了漫长的历史过程，这构成含文字信息音、形、意高度融合的信息特征。当先民图像刻绘仍然处于初级阶段时，一方面是复现图像的能力有限，另一方面为了使用的便捷，促进了象形的图像逐渐简化与规范化，并与言语紧密结合，包括组合图像符号与会意、形声技巧的造字手段不断产生，线性的图形进而转向抽象化、典型化表意符号，文字的雏形也就产生了。

人类在至少1万年以前就已经把所见、所想、所愿的图像记录下来，这种理解世界的能力，比文字符号更古老。拓展人的能力的第一步就是"看"，即信息意义的图像描述。汉字文图结合的历史渊源就是人类语言文化之源。以形绘图、以图表像、以像表意，是人类视觉文明一脉相承的历史，造就了中华独有的"图"文化传统。汉文字就是音、文、图之集大成者。

显而易见，人类信息的表述与传递，广泛存在于包括言语在内的广阔领域。文字与言语、图像相辅相成，不仅是信息传达的工具，也是意义生产、创造的场所，它们在共同作用中建构我们的意义世界，并反过来影响创造，影响我们的思想，建构社会的意识与价值。

四、载体与技术

一般而言，身体性的信息传播方式，如言语的和肢体的传送多属于生理性能力，但也有特殊情况。例如，如果声音的语言经过系统性训练，具有通行的专业技巧和方法，就具有了技术性指标；如果声音的语言通过人造的器械、设备进行传递，那么这样的传播方式就具备了技术的基本特征。

除了身体性的信息表达，实物的、文字的、图像的、音响的新方式，必须借助物质载体、制作工具、组织方式以及传播手段等因素，因此就会形成生产与制作的基本要求，成为具有技术性条件的信息传播方式。例如，文字发明与使用就是从契刻涂绘的原始图符开始，到书写、镂刻、拓印与规模化复制，不仅推进了人类文化传播的形态和发展的可能性，也造就了不断推陈出新的文字复制与传播技术的革新发展。相对于言语传播的即时性与不可留存的特点，在古代社会的新闻传播的研究中，留存的文字、图像等新闻传播历史、技术与发展，成为研究的核心内容。

信息传播是指社会关系中的个人、集体或组织，通过声音、文字、图像等符号系统，借助特定的载体与渠道传送到特定对象的活动。它通常有五个核心要素：信源、信道、信宿，以及信息编码和信息解码过程。信源即信息传播的主体，他可能是发布者本身，也可能有隐藏其后的主导者，他们需要将特定的意图通过信息编码组织，转化为共通的社会性符号，如文字、言语或图像等通过信道（信息传播渠道）传播给信宿的传播对象。新闻传播是信息传播的基本形式之一。

　　人类的信息传播活动从个体的、生理性的传播活动，逐渐走向借助辅助工具与符号载体的传播模式。例如，言语用声音来传递，文字用书写符号来表达，图像用图式的组织来展现。自古以来，言语、音响、文字、图符是人类信息传播活动的核心媒介，从最原始的口语、肢体语言、实物与符号到今天现代化的信息传播手段，除了载体、制作与传播技术的不断革新与发展，基础形式没有发生根本性改变。

　　在此基础上，人类信息传播活动可由不同的视角出发，分为多个不同的类型。如以"语言"性特征分类的语言传播和非语言传播，以个体与社会关系为视角的社会传播（组织传播、大众传播）和个体传播（自我传播、个人传播），以承载媒介为视角的人际传播与媒体传播，等等。

　　相对于人际的身体传播，媒体传播是借助信息资讯的载体进行。其传播信息载体在古代社会主要是文字与图像符号系统，通过公开发布传阅的公告、报状、露布等渠道进行；近现代社会则发展到报纸杂志、电台广播、影视、网络、手机等不断创新的新媒体。在古代，最有影响的规模化媒体传播是雕版及活字印刷催生的印刷媒体。

　　在社会性传播中，人际传播多是个体的或群体性的，且多以言语传播为主，是具有社会性的交流活动，通常在两者或多者之间面对面进行；同时，还有更多的信息传播史通过载体，即不同媒介的方式来实现，如凭借书信或者现代传播工具完成点对点的文、图信息交流。在组织传播中，因为是群体性的交流互动，信息传递与接收方式更加丰富。例如，言语传播不仅可以通过音量与声调来控制，还可借用木铎、钟鼓、扩音设备等强化，而文字与图像符号也是组织传播中的重要媒介，公文、榜文、露布和旗报等都是古代社会的有效手段，到了现代，因为传播技术的迅速发展，演化出大众传媒形式。社会性的组织传播、大众传播与人际传播共同构成了多元化的社会信息网络。

　　从人际传播到大众传播，是传播技术发展的助力。梅尔义·德福勒（Defleur, M. L.）和E. 丹尼斯（Dennis, E. D.）指出："在这个过程中，职业传播者利用机械媒介广泛、迅速、持续不断地发出讯息，目的是使人数众多、成分复杂的受众分享传播者要表达的含义，并试图以各种方式影响他们。"[①]其中，机械媒介作为一

---

① ［美］梅尔文·德福勒、丹尼斯：《大众传播通论》，颜建军等译，北京：华夏出版社，1989 年，第 12 页。

种技术的载体形态，持续影响着公众传播的方式、过程和效果。这是一种扩散式信息的传送过程，在古代除了群体性聚集的言语传播，还有通过文字、图像的抄写、绘制与印刷复制传播等来实现。当然，这一传播效应的最大化更多地体现在现代报刊、影视媒体发展后，体现了媒体技术发展给人类信息活动带来的革命性变化。

第二节　信息生产与传播技术

信息传播技术涉及信息的物理载体、材料、工具、信息文本构成，以及其传播中的物质生产形态、媒介构成形态和社会传播形态。

除了身体，几乎所有的媒体信息传播都依赖于物质载体与传播技术支持。信息生成与传播技术，主要是指符号化信息的物质载体、构成制作和传播的技能与方法。这些技术最初都相对稚拙简单，甚至杂糅在一起，互为彼此，还没有形成采集、编辑与传播的清晰脉络，只有到了近现代，才随着信息生成与传播载体技术的成熟与细分，逐渐系统化。

信息生产技术包括信息载体技术、信息生产的工具技术与信息文本的构成技术，信息的传播以此为基础得以通过特定的媒体与渠道实现。这是信息符号化的物质基础与社会价值。

一、信息载体

在中国古代，信息生成首先是通过刻绘的图符与实物媒介开始的，进而出现标注语音的文字信息与模仿外物形貌的图像信息两大媒介技术手段，这是中国古代信息与新闻传播的核心手段。

信息的符号化与媒介化必然涉及信息符号的载体与制作技术问题。通常，信息的物质载体是指可以脱离人的身体条件的符号承载物，如古代社会惯常使用的洞穴岩石、兽骨龟甲，还有在不断的技术进步中发明的泥板、陶器、墙体、竹帛、木牍、纸绢等。

一些原始的信息载体，如洞穴岩石、兽骨龟甲上的刻绘，技术要求相对较低，主要是选择相对平整的、符合信息容量和展示需要的，或者具有特殊意涵的位置，只需部分修整，这是从旧石器时代就已经出现的原始信息载体；而从甲金时期再到竹木绢帛时期的青铜、玉石、竹简、刻木、丝帛、纸张等载体，则需要专门的技术加工或专门的工艺技术流程制造，已经形成专门的信息载体材料、工具与制作技术（图1-6至图1-10）。

图 1-6　殷墟甲骨文正面（编号 Y0716），国家博物馆藏

图 1-7　西周追簋铭文，故宫博物院藏

信息载体技术的不断革新、应用领域的不断延伸，持续推进着人类信息交流与传播的拓展。当自然、固定的洞穴岩石的壁面不能满足移动中的信息需求时，兽骨龟甲的信息载体就得到开发与广泛应用；由火的应用所启示的陶器发明，增加了移动信息载体的选择，并因为更便捷、稳定而成为远古人类重要的信息载体选择。

这种信息载体的持续改变与发展，隐含的是相关技术的不断获得与突破。从火的使用到金属技术的利用，推进的是材料技术的快速发展与新信息载体的不断出现与交替。青铜铭文、石碑镌刻、竹简木牍，乃至绢帛纸张的普及推广，正是

图1-8　秦石鼓，高约90厘米，直径约60厘米，故宫博物院藏

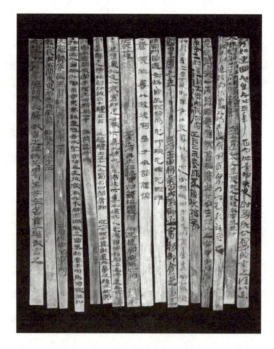

图1-9　汉代简牍，1979年甘肃敦煌西部马圈湾烽燧出土①

---

① 引自王仁波：《秦汉文化》，上海：上海科技教育出版社，2001年，第109页。

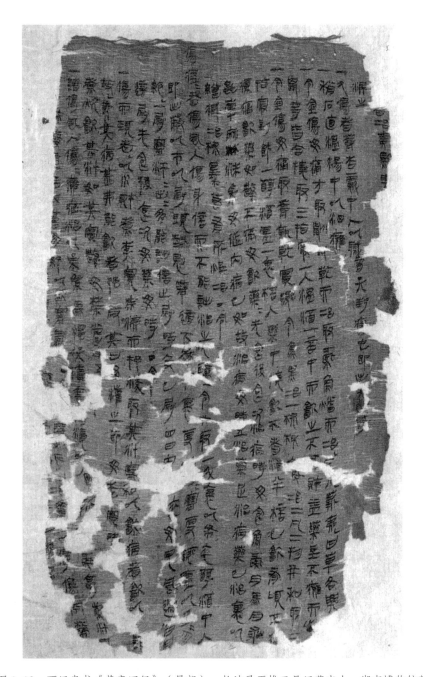

图1-10　西汉帛书《黄帝四经》（局部），长沙马王堆三号汉墓出土，湖南博物馆藏

验证这一信息载体技术发展的主线。

二、生产工具

如果说原始时期的天然信息载体依靠的是修整的坚石或动物骨骼来编辑信息，那么青铜、铁器的使用，使金石铭文编辑制作技术获得空前的发展。随后，软性的竹简纸帛推动了书写工具的改进和完善，进而形成独具特色的笔墨书写与绘画语言。同样，纸张的发明，促成本已成熟的模具陶范、金石铭文与玺印图章所代表的复制技术获得突破性进展，催生了雕版刻印技术的发明与使用，从而使大规模的信息复制走上人类历史的舞台。

刻与绘是古代信息制作的基本技术。岩画、陶文都是以刻或绘的方式制作的。实物也是重要的信息手段，如火把、烽燧和声响，还有兽骨的摆放形式、原始巫术中的贡品等，都是以特殊的方式表达特定的意义。

最早的刻绘工具可以追溯到旧石器时期，材料极为简陋，多为粗糙的石器、坚果、兽骨以及动物毛发、茅草植物等。它们被用于崖壁洞穴或平整的兽骨龟甲上凿刻和绘制图画、符号；随着新石器时代金属工具的使用，青铜、铁器逐渐成为契刻的主力，简牍成为信息刻绘和存储的重要载体。由于竹简木牍相对平整、易于绘制的载体特性，笔墨工具得以广泛使用。从竹简、绢帛的普及到笔墨书写大发展的纸绢时代，"笔墨"技术从石器、兽骨、金属器到毛笔，从矿物颜料到植物颜料不断改良。

竹简木牍与绢帛纸张的发明与使用，带来了笔墨书写的工具技术与制作方法，纸张的多样化又促进了书写技术的飞速发展。在汉末魏晋短短的一百年间，楷、行、草三种汉字主要书体形式已经成型，这与纸张的大量使用密不可分（图1-11）。

笔、墨、纸、砚是书写工具的核心组成部分，构成了纸绢发明后最流行的信息制作工具。运用笔墨纸砚抄写文本一度是中国古代信息复制的重要手段，也是新闻信息传播的主体方式。隋唐之际佛教的传入，促进了写经的迅速发展，加之政府与民间的部分文本的复制需求，在特定时间，尤其是少量复制需求的信息形态，都是

图 1-11　隋写经残片，敦煌藏经洞出土[1]

通过抄写实现的。

　　陶文是刻绘在人工陶土器物上的，它的制作技术包括雕刻与涂绘，还有印模制作、拍印，为手工雕刻和转印复制术的初期形式，这一般被视为复制手法的原始形态。作为后来的发展，殷商时期许多青铜器器型、纹饰，也是以范铸制成。铸刻铭文有直接雕刻，也有先制字范后铸造，还有一字一范或数字一范。刻制的字范为反体，同时需要深浅适度，单字字范还需拼排后方可铸造。与此类似，玺印与封泥、印花与漏印都是在不断实践中形成的转印复制技术，为雕版印刷奠定了重要基础。（图1-12）

　　雕版印刷技术首先是雕刻，然后是印刷，也就是在平整的木料上雕刻文字或图像的反像，然后用油墨刷印的方式将其反复转印到纸张上，这与玺印颇为相似。雕版印刷与碑石复制中的捶拓技术也有近似之处，捶拓是把纸覆盖在坚硬的碑面，然后上墨均匀捶打，使图文内容拓印下来，而印刷中的复制是在版上施墨刷印。印刷术的发明，以及活字印刷技术的推广是中国古代社会最伟大的信息传播科技成就。

----

① 引自陈全方：《商周文化》，上海：上海科技教育出版社，2008 年，第 63 页。

图 1-12　东周时期青铜陶范，侯马牛村古城南出土

三、文本构成

图文信息构成与表现属于信息符号化的文本问题，也是古代社会信息传播的基本形式。

汉字书写从原始岩画、陶器图符、甲骨金文，再到笔墨书法，经历了漫长的演化过程。特别是商后期到秦始皇统一中国，文字结体演变的总趋势是去繁入简。西周晚期，因为铸造的工艺需要与影响，金文线条开始更为简化和规整化；秦汉时期文字则由古籀文（大篆）向小篆以及更便于书写的古隶、行草和真书发展，并在竹简帛书上开创了笔墨营造的书写文化（图1-13）。

汉字书体的生成及发展有一条明确的主线，就是长期处于统治者和文人阶层的垄断与控制之下。早在西周，"书"即被列为"六艺"之一。因为学习与使用文字的特权，文字的书写不仅成为社会重要的职业能力和社会身份的象征，也造就了书写文化的精英历史与传统。

早期文字书写，多是基于交流和礼尚往来的功用。随着社会发展，文字从精英阶层走向世俗社会，应用领域越来越广泛。作为政府治理的需要，诏书圣旨、敕令文告、册封钦赐，各个官府机构的公文政令、文史档案，文人学者的注经解经、论述、诗词歌赋、随笔散记，人与人交往中的往来信函、诗歌吟唱、赠序题跋，经济

甲骨文	小篆	隶书	楷书	宋体繁	宋体简
		象	象	象	象
		豕	豕	豕	豕
		馬	馬	馬	马
		魚	魚	魚	鱼

图1-13 汉字形态结构演变图 吴旦 制

交往中的地券文书、官税民贷，社会关系中的契约、符箓、族谱方志、匾额楹联、墓碑墓志……

汉字书写与雕版印刷字体构成文字信息制作的基本形式，与此相类似，图像的绘制与雕刻也是图像文本的基本形态。古往今来，文字的刻写、编排构成是信息编辑与制作的重要技术，也成就了汉文字和图像信息形态实用性与艺术化的发展道路。

四、媒介与交通传播

由身体媒介的口耳相传，到借助载体、符号和工具技术辅助的多元媒介传播是人类信息与新闻传播发展的分水岭，也是新闻传播技术萌芽与发展的源头。

信息传播技术，主要是指传播媒介与渠道的技术，在古代社会，一些初始的传播手段既是信息载体本身，也是传播的媒介与渠道，主要表现为在场的刻绘、书写和展示，如原始的岩画、府院的公告环境，以及言语的传播空间等。随着传播基础设施与条件的拓展和改变，如道路的延伸、运输工具的发展、传播载体的多元性和可流动性，逐渐将跨越时空的、不在场的信息传播扩大并且推进到更广阔的世界。

在不同历史时期，由于媒介技术进化水平的高低不同，信息传播渠道呈现出不同的形态。中国古代信息渠道，有在场与异地之分，在场就是现场的信息发布渠道，在重要公共环境张贴信息，如公告、宫门抄；还有在行进过程中的传播，如露布、旗报；有通过声光信号传播的集会、烽燧，还有木铎、钟鼓、旗语等辅助性传播工具强化在场传播的实效，还有实物摆设、诱敌记号等。

异地的信息传播具有地域空间跨度大的特点，这得益于传播载体的传输功能。为了提升信息传播和交换的效率，中国古代就有动物传信，如飞鸽传书、鸿雁传书；还有通过点燃烟火向远方的人通报信息，如烽火、狼烟、孔明灯等。特殊的音响也可以成为除口传外的信息传播方式，如鸣钟、击鼓、放鞭炮等。战时的烽火、信鸽，或者可以通过接力的燃放，或者通过动物身体的空间移动来实现信息异地传播，而道路、水运交通的不断开拓，也为人力、车马等异地传送提供了更为便捷的可能。

今天，与道路运输相关的"交通"一词，最早可追溯到《易经》"天地交而万物通"，古语即有交集与会通之意，今天也寓意交流、交往、通达。而英文communication，亦包含交通、沟通之意。陈鸿彝先生一针见血地指出："交通，说到底，就是人员、物资与信息的交换与流通。"[1]可见，交通本义是与沟通、交流紧密联系在一起，具有更深刻的传播与社会文化意义。

孙宝国先生认为，对古人来说，交通是信息得以流通传播的唯一通用形式。[2]正是信息形态的符号化与媒介化，使不在场的传播活动不断拓展。我们不仅可以通过信息传播载体大量生产、复制，还可以通过各类信息渠道广泛传播。例如，四通八达的道路延伸，江河湖海的漕运开拓，带来了车马船舶运输的迅猛发展。古代信息传播渠道最重要的系统，就是邮驿传送。

超越在场的一个先决条件，就是使跨时空的信息传递成为可能。如果说烽燧、旗鼓还可能在遥视与传声的范围之内，那么通过四通八达的水陆交通及其运输工

① 陈鸿彝：《中华交通史话》，北京：中华书局，1992年，第44页。
② 孙宝国：《古代罗马社会新闻史简论》，《东北师范大学学报》（哲学社会科学版），2004年，第3期。

具，就将不在场的远程信息传播变为现实。

因此，道路开通是部落、城邦到国家机器优先考虑的基础建设，道路延伸之处也意味着信息所及的范围。早在3000多年前的商代，信息传递就已见诸记载。驿站传送就是这样一种有组织、规模化的信息传送方式。西周已有基础的邮驿传播系统，春秋战国时期邮驿传输逐渐完备，到了秦汉时期，已经形成了一整套驿传制度，特别是汉代，各类文书由专人、专马按规定次序、时间传递，登记注册，严格管理，到了唐代更是达到很大的规模。

驿站在我国古代信息传播与交流中有着重要的地位和作用，担负了各种政治、经济、文化、军事等方面的信息传递任务。我国古代驿站组织严密，运输信息系统的覆盖网络化、技术化程度高，成为古代社会最重要，也是最有效的信息传播渠道与方式。

第三节　古代信息与新闻传播技术场域

远古时期人类传递信息主要是在场的言传耳听与肢体的信号，随着刻绘符号的出现，产生了可以超越身体限制的跨越时间与空间条件的信息交流与传播，并具有了载体的、工具的以及传播的"技术"属性。信息生产与传播技术的不断革新，持续推动人类社会信息与新闻传播活动的发展。

一、生产及其技术基础

人的身体本就是一种高度复合的能动媒介，对信息具有发布、存储和传播的功能。身体之间口耳相传的语音交流，是最古老有效的信息交流方式，也是至今为止最重要的信息、新闻传播方法之一。世界史上著名的一次口头新闻传播是古希腊马拉松大捷，公元前490年9月，希腊人以弱胜强，大败波斯军队，取得了辉煌的战绩。信使菲迪皮季斯（Pheidippides）奉命从40多公里以外的马拉松战场以最快速度冲回雅典城，通报胜利的消息后，筋疲力尽而亡。当然，这种声带发音的信息传送，尽管有身体性的素养与发声的技能，但还不属于我们讨论的技术的范畴。

口耳相传以及辅助扩音工具所传播的空间是有限的。能够突破自身身体局限性而创造的媒介载体、媒介符号与媒介渠道，都是具有技术性的信息传播形态。在旧石器时期已经出现符号化信息传播的基本形态与手段。符号化的信息传播主要是刻绘的图画、抽象的刻符，还有实物标记，这些都是通过原始的辅助工具完成的。

原始信息生产的辅助工具最初是在自然中随机采集的。作为刻制的工具来自坚硬的石块、兽骨，绘制的器具多来自动物毛发、草被，以及矿物颜料。人类最早具有物质基础和技术条件的刻绘信息活动，至少可以追溯至旧石器时代晚期到新石器时代。在考古学上，人类打制石器为标志的"旧石器时期"，其地质年代大约从260万年前开始至1万年前。而新石器时期以磨制石器为典型特征，约1万年前开始，基本上是以原始群居形态下狩猎、农耕、畜牧与定居生活为特点，已经出现制陶、磨制石器及钻孔等工具技术，也是各地区图像、文字媒介出现的关键时期。

旧石器时代的人类已经学会在洞穴、岩石、动物的骨头上刻画各种图符，考古研究发现，在新石器时期，更多人造器物中有刻符画痕。面对这些或抽象或形象的刻痕画迹，学界有多种的推测与讨论。共识是，这种符号化行为本身是社会性群居者信息沟通与交流的重要方式。由于原始刻绘多是图画和记号，直接源于对自然事物典型特征的再现、模仿、想象和高度概括，成为人类符号语言的最初开端。

因为历史沧桑变迁，远古的图符遗迹多已损毁，烟消云散，为数不多的痕迹主要集中于岩画、石刻、陶器或骨刻等易于保存或固化的遗物中。人类刻绘符号信息的历史，从旧石器时代遗存来推断，至少可以追溯到约3万年前的莫斯特（Mousterian）和奥瑞纳文化（Aurignacian）时期，研究者甚至在43万—54万年前爪哇岛特里尼尔的直立人考古中，发现一枚淡水贝壳上雕刻的锯齿状图案。

在物竞天择的残酷竞争中，古人不断开疆扩土，将自己的世界向外部拓展，其主要方式是陆路的道路修建与水路舟船航道的使用。这是生存空间的通路，也是信息传播的通路。

"通路"的本意是道路的通达，或者开通道路，也称为"交通"。王子今先生指出：狭义的交通，指有意识地完成的人与物的空间位置的转移。广义的交通则除此之外，又包括通信等信息传递方式的运用。这实际上涉及一般所谓"交通"的更宽广层面的社会文化意义。①在传播学研究中，这一概念已经拓展到信息传播渠道这一层面。对于人类而言，道路的通达本身，就是信息渠道的开通。

古人在恶劣的自然环境与生存斗争中很早就开始对外修建与扩展通道。到了殷商时期，不仅车马、舟船等交通工具齐备，而且建立了"驲传"制度，进行有组织的信息传递活动，并由烽燧旗号、驿马骆驼和飞鸿传书，转向人力机械的水陆邮驿，伴随而来的还有大规模的陆路、水路的拓展与延伸，形成四通八达的交通网络。到了秦汉时期，全国已经形成水陆一体的交通网络，张骞出使西域，还打通了通向西亚、欧洲的著名的丝绸之路。秦代灵渠和隋朝京杭大运河的修建、明代的郑和下西洋都是通路拓展重要的历史事件。

这种"不断更新换代和自我繁殖的进化之道，增强了工具和机器的威力。就交通工具而言，人类先造独轮车，再造双轮车，后来是三轮车、四轮车；开始是人力车、畜力车，后来是蒸汽机车，再后来是内燃机车……"②因为传播技术的不断演进，曾经泥泞坎坷的陆路水道，已经发展为星罗棋布的网络；而曾经的口耳相传，也逐渐转换为工具的、媒介的信息传播方式。

如前文所言，这些不断累积发展的物质基础与技术不断改变着人类自身的信息环境与新传播条件，同时，每一次的技术探索和革新又会带来新的社会发展与突破。笔墨纸张、印刷复制技术的重大革命，为古代信息与新闻传播的持续发展提供了巨大的推动力。

二、信息传播形态

人类蒙昧开智之初，新闻的需求就普遍存在，这是人们社会性生存的基本方式。只是此时的"新闻"已经无法获得实物类的证据，它不同于今天新闻丰富多元的样态，更有异于现代意义上新闻要素的严格界定。有学者认为，因其"新近消息"交换的必然存在与传播的本质特征，应赞同其为新闻发展历史中的最早形

---

① 王子今：《秦汉交通史稿》，北京：中国人民大学出版社，2013 年，第 4 页。
② 李曦珍、楚雪、胡辰：《传播之"路"上的媒介技术进化与媒介形态演变》，《新闻与传播研究》，2012 年，第 1 期。

态；也有学者基于现代专业机构与媒体发布的新闻要素界定，认为只是"新闻性信息"。它通常隐含于社会群体关系的日常信息交互传播之中，是自然的新闻需求导致的信息交换活动向明确的新闻信息传播的渐进发展与演变，远没有形成近现代专业性的社会职业与媒体传播活动。

本书专注中国古代新闻技术的起源、历史与发展脉络，故不会就人类原始社会的消息交换与传播的本质究竟是新闻还是新闻性信息做更多论述，但推崇宏观包容的人类信息与新闻发展史观，认同古代社会生活中必然存在新闻的需求与事实，为避免观点分歧，笔者倾向于将其称为"新闻性信息"。中国古代新闻性信息传播经历了三大阶段：口语实物阶段、文图刻写阶段与复制印刷阶段。最初的新闻性信息只能存在于社会性群体间的口耳相传，相关新闻信息不能超越身体的局限，受限于传播者身体的生理条件，受限于在场的时间与空间。随着实物、刻符、图画和文字的出现，信息传播的可能性开始发生根本性变化。

这是信息文明发展及其技术创造不断推动的结果。当信息技术发展到一定程度的时候，信息的流通方式就变得更加便捷，具有时效性的新近的事件与信息内容才可以超越身体的局限性，以达到更广泛的使用。信息，包括新闻信息的传播必须有以下几个基本条件：信源、信道、信宿和信息。其中除了信源和信宿属于人的因素外，信息编解码与信道的构成都涉及信息技术问题。

从文图刻写到复制印刷阶段，是新闻性信息社会化传播的大发展时期。因社会生存活动自然产生的新闻信息交换逐渐转换为有组织、媒介化的公众性新闻信息传播活动。政府乃至民间社会对新闻信息的大量需求，催生了各种形式的信息与新闻传送载体，如木铎、旗鼓、烽燧、露布、告示等，还有信使、驿马、车船等专业化的邮驿传输技术系统与完善的管理运作机制，特别是纸张、图文印刷技术的发明与使用，以文图符号为核心信息的书籍、报状等媒体形式成为隋唐以后中国古代信息与新闻传播的主流模式。

三、传播途径与方式

"需要是发明之母"。无论是口语还是文字传播，都是在人们的现实需求中产生的。新闻传播媒介是根据人类交往的新的需要而发明演变的。[①]人类信息传播活动经历了口头、实物、声光、图文刻写、印刷复制几个阶段，在现代社会进一步走向电子、数字化传播的综合模式。

1. 口耳相传

远古时期，由古猿进化到人类，其社会性群体关系更紧密，认知世界的智能不断提高，也因此越来越需要有目的的合作与信息交换。口语与身体语言就是人类最原始的信息传播和交流方式，因为当时认知能力与物质条件的局限性，只能依靠身体性的工具来传送，如呼叫和变换身体的姿势。言语传播，就是指传播者（说话人）通过口腔发声并运用特定的语词、语法结构及各种辅助手段向受传者（听话人）进行的一种信息交流。在漫长的人类进化史上，声音的言语传播是历时最久的，长达几百万年。

西汉刘向（公元前77—公元前6）编订的《战国策·燕策》记载有"千金买骨"的故事，说的是一位君主悬赏千金买马，三年而不得，后来用五百金买下一具千里马的尸骨，以表达求马急切的心情，此事迅速流传至民间，不到一年君主就买到三匹千里马。而历史上"重赏之下必有勇夫"的激励机制，则说明丰厚回报成为招募人才的重要新闻传播手段。再如曾参杀人、三人成虎、闻风丧胆等成语，以及子产不毁乡校、厉王弭谤所代表的古代君主对于言论传播影响的不同态度，都是古人感受新闻性信息传播效力的明证。

必不可少的另一个线索是，言语发音的技巧性也是毋庸置疑的。字正腔圆、节奏紧凑、抑扬顿挫、铿锵有力、具有美感的声音更有打动人心的效果，这带动了行吟、唱经、歌颂等口语修辞技巧与能力的不断提升，言语传送品质和传播效力不断强化。歌谣、吟诵与谚语成为民间口耳相传的重要信息传播手段。林语堂先生认为，与所有国家一样，"中国在没有文字新闻之前，就有了'口头新闻'，如果把'口头新闻'也算作'新闻'的话，那我们要说，中国的新闻事业产生于歌谣……这些以讽刺诗和民谣形式出现的歌谣，记录了时人对重大问题的看法，很

多保存到今天"①。中国古代王朝常常将采集民风歌谣作为把握民意舆情的重要手段。

言语的传播效果还深受音质、音量和环境因素影响，通常采取声音信息跨空间接力传送的方式解决这一问题。例如，公元前500多年，古代波斯帝国国王大流士一世（Darius I the Great）曾经在国内许多山头上派驻家臣，通过高声呼喊、语音接力，向各地传达命令；雅典著名的马拉松战役中，奔跑40多公里传递胜利喜讯的年轻战士菲迪皮季斯（Pheidippides）也是通过言语传播的方式完成了使命。

2. 实物信息

实物表意也是古老的信息传播方式。信息需要编码与制作，信道则是抵达受众的信息传送渠道与方法。人类的传播载体是由人与人之间口传耳听、肢体语言的相互默契发展到组织化、社会性的群体传播。这时候，实物的中介信息传播就应运而生了。

实物信息传播最典型的形态是交易市场的实物展示，在纷繁热闹的货物交易中，人们根据交易者展示的物品各取所需。另外，在特定的社会群体及其约定俗成的规则中，会在建筑、服饰、物品以及各种仪式中形成模式化的稳固的规制，这些规制的执行也会成为具有实物功能的信息识别规则，起到明确的信息传播的功效。

3. 声光信息

需求推动传播技术的产生与突破，也不断催生新的信息传播媒介。由于声音的言语是依靠声带发音，有着先天生理条件的局限，只能在一定空间与距离内完成信息的传递。因此，言语的传播必须依靠在场的空间环境与条件来实现。例如，个体传播需要保持身体间信息传递的有效距离，成为言语传播最普通的方式，而群体性的传播，则需要相对安静的环境，或者依靠喇叭、木铎、号，乃至引发注意的钟鼓等辅助工具来强化声音专注度与传递的效果。

在古代中国，一旦边境有敌人进犯，守卫者即举火燔烟报警。白天放烟叫"燧"，夜间举火叫"烽"，这是始于商周传递军情的通信方法。烽火是一种原始的声光信息传播方式，至于旗语、招牌以及实物置放等信息传播也是早期社会活动

---

① 林语堂：《中国新闻舆论史》，刘小磊译，上海：上海人民出版社，2008年，第14—15页。

的普遍方式，在日常生活、政治、经济与军事活动中，都是重要的辅助信息传播的手段。

4. 文字与图像

言语的声音信息在传播中转瞬即逝，受到空间和时间的巨大限制，其信息的保存和积累只能依赖于大脑的记忆，也仰仗群体性教习的经验传承。一旦有不可抗逆的天灾人祸，就可能导致传承链条的中断。文字、图像传播时代克服了音声语言转瞬即逝、难以留存的局限，使人类的知识、经验的积累、储存可以通过信息物质化、符号化方式得以长久保存，而不再单纯依赖人脑的有限记忆力，不仅摆脱了时间的束缚将知识、经验代代相传，也能把信息传递到更遥远的地域，这极大地扩展了人类交流和社会活动的空间。

文字的出现使声音的语言可以被记录与不断进化，也使人类知识经验的传承可以通过"文"化的方式实现。在文"言"互动发展中，人类对自身知识经验的记录、表达不断增强。同时，文字的产生使人类传播行为突破了时空限制，极大地推进了人类社会的交流和融合。

在以竹简木牍、绢帛纸张为载体的传播形式中，雕刻或者手抄文书都是基本的媒介方式。文字的出现被视为人类文明开端的重要标志，它把原始时期依赖听觉的口头传播，转变为视觉的书写传播，可以超越有限个体，追求无限的转换空间。由于文字传播的推动，极大地激发了相应的社会需求，并形成新的传播手段与传播模式。

文字传播的最初形态是刀刻手写，随着竹木泥材料与纸张的发明，人工书写与抄录成为基本形态。例如，古埃及尼罗河流域的莎草纸，欧洲中世纪的羊皮纸作坊与誊抄室。中国古代的书写同样源远流长，3000年前的甲骨文中就有朱笔绘写的考古发现，从竹简木牍到绢帛纸张更是中国信息书写、复制与传播的重要历史阶段。

文字的发明与使用，从根本上改变了信息与新闻的记录方式，也扩展了信息与新闻的传播途径。公元前400年左右，《墨子·明鬼篇》就通过文字记载了周宣王杜伯箭射、庄子仪杖杀燕简公等灵异事件，还详细记述了当时在民众中传播的情况：当是之时，周人或燕人从者莫不见，远者莫不闻。[1]欧洲最早的文字新闻传播，据信是公元前59年，古罗马帝国执政官凯撒，创办了手抄元老院公告（Acta Senatus）也称《每日纪闻》（Acta Diurna），公告栏为竖立在当时罗马议事厅外一块涂有石膏的特制木板上，每天由专人抄写元老院议事内容，被称为Album，即公告板。

在中文中，"告"的甲骨字形为 𠎀，上从"牛"，下从"口"，《说文解字》："告，牛触人，角箸横木，所以告人也。从口，从牛。"《尔雅·释言》："告，请也。"《广雅·释诂》："告，语也。"这是"告"的本义，是报告、上报之意。后来引申为布告、告示。"告示"作为一种应用文的文体，是古代官府公开告知下属或民众的文书形式。

图像作为信息传播的重要媒介，在古代新闻性信息生产与传播中也占据重要的地位。只是因为图像制作技术要求和成本相对较高，古代图像新闻信息的使用与传播远未如文字信息传播应用普遍，更难以企及现代社会图像新闻传播的程度。但是，古代社会图像信息承担了重要的新闻性信息的传播功能，是文字所无法替代的。根据史料记载，具有典型意义的是画像通缉公告，还有具有新闻性特征的商业性图像信息广告与促销活动。古代社会没有即时性的场景记录设备或有效的手段，即时性新闻图像罕见，多采用事后记录的图像制作模式。但这并不意味着当时的社会不重视现实生活事件和新闻记录。自唐宋以来，重大政治、军事事件，乃至帝王宫廷生活的记录，多会在府院与公开场合展示，实际也是承载了纪实性的"新闻"信息传播的意义。

《明史》第一百三十七卷中，讲述了朱元璋利用图像对国子祭酒宋讷监控的案例。朱元璋生性多疑，常用宫廷画工监视手下的日常活动。他曾任用画工"瞷讷图其像"，一天，宋讷危坐一处生气，面有怒色被记录。第二天朝见时，"帝问昨何怒。讷惊对曰：'诸生有趋蹐者，碎茶器，臣愧失教，故自讼耳。且陛下何自知之？'帝出图，讷唯叩首敬服"。[2]可见，明代宫廷已经通过图像记录的方式来获取重要证据。

---

① 吴毓江：《墨子校注》，北京：中华书局，1993年，第337页。
② （明）王廷玉等撰：《明史》，北京：中华书局，1976年，第3952页。

"宣物莫大于言，存形莫善于画"。图像对于历史的记录是多方位的。晚明时期，由于城市市民阶层的崛起，周边新闻、事件开始成为市民生活的重要内容，从"街谈巷议"到兼指重大时事，成为生活中的热点。反映在世俗文化创作中，与最新产生的信息相关的内容增多，如大量出现专门的时事小说、戏曲与图画故事，到崇祯年间更是为之一变，以致魏忠贤刚刚倒台，就有大批纪实小说、戏曲及图像作品出现在市井街头。这时候，民众已经将当时重大政治事件视作"近日的新闻"。市民文人乐于传播并创作此类题材的作品；反映出普通市民对社会重大事件的知晓愿望和需求心理。这种事后"新闻"，在古代尚不发达的传播环境下，也就是重要的"新闻"常态。

5. 复制与印刷

具有复制性的信息与新闻传播是人类文明发展的重大革命。复制性信息与新闻文本，使跨越时空维度的信息传播得以规模化、加速度地实现，极大地拓展了人类认识世界、交流发展的能力。

规模化的信息传播必然建立在一定的物质基础和技术条件基础之上。正是造纸与印刷术的发明和普及，交通邮驿的日益成熟，才催生出大规模的信息交流传送活动。当然，在中国古代主要表现为抄写报状与印刷报纸。汉唐以后出现的官报与民间新闻信息传送多是以手抄书写为主，主要是因为当时的官报受众群少，而民间新闻信息又受到官府的严格限制。但一些重要的宗教、政治与文化典籍得到政府的支持和默许，在民间也受到广泛欢迎，他们越来越多地使用复制印刷来生产和传播。因为人工手抄信息的传送形式显然很难形成规模化的传播，满足跨区域、广泛性的社会需要。因此，印刷术的发明被视为信息传播史上重要的里程碑。只是最早发明印刷术的中国，长期维持着手工作坊式的生产技术条件，也缺少政府与民间层面的推动力量，最终被欧洲超越，并在西学东渐的19世纪中后期西方印刷技术与理念的冲击下，完成了向现代印刷技术变革的转型。

麦克卢汉认为，印刷术加速了视觉的发展使之达到相当的高度。而旧的手稿形式不是技术力量很强大的工具，不足以造成印刷术所造就的那种公众——统一的、同质的阅读的公众。[①]抄写是复制新闻传播的初始，也是传播规模不断扩展的阶段性发展。版刻复制时代逐渐克服了抄写传送成本高、总量小的局限性，为规模化媒体传播创造了条件，也为世界文明和人类传播的发展做出了重大贡献。遗憾的是，近千年来，中国政治、经济、文化与科技发展趋于保守，导致社会长期停滞于作坊式手工环境与条件，在技术上没有新的推进，也没有再产生革命性的变革与影响。在印刷术的推进下，新闻传播事业最终在德国萌芽，并形成巨大的社会变革力量。

6. 电子与影像媒体传播

晚清时期，信息与新闻传播领域已经出现两大重要的技术革新：一是1844年电报电信技术的使用；二是摄影技术发明促成的影像信息获取方式的出现。这是新闻信息传播的重大突破，不仅远程新闻信息的快速传输问题得到解决，真实生动的即时影像也迅速成为图像新闻传播的重要手段。

印刷术的发明标志着人类已经掌握批量信息生产的观念与方法。从历史的维度看，活字与机械印刷使图文信息的规模化生产和大量复制成为可能，并带来了社会政治、经济与文化领域的巨大变革，影响深远。进入现代社会以后，光电的、数字的、网络化的传播技术迅猛发展，有效实现了信息的远距、快速传播，信息传播的形式与内容更丰富，交互性更强，信息更直观强烈。这意味着，人类已经进入了全新的、前所未有的信息社会，信息、新闻传播技术不断拓展与改变着人类的生存与发展环境。

小　结

在本章中，我们试图追溯人类信息传播的源头，并讨论了信息、符号与媒介，语言、图像与符号的关系。对于信息传播的基本类型，我们希望侧重于信息载体、构成与技术层面的思考，也特别就中国古代的新闻传播技术相关概念及特征进行界

---

① ［加］马歇尔·马克卢汉：《麦克卢汉如是说：理解我》，［加］斯蒂芬妮·麦克卢汉、戴维·斯坦斯编，何道宽译，北京：中国人民大学出版社，2006年，第41页。

定与分析。希望可以宏观概述人类文字、图像信息产生前后，文字、文字新闻传播形态的演变与发展，也希望在三大场域（生产场域、构成场域和传播场域）与三种形态（技术性、文本性和社会性）的历史语境下，思考中国古代信息技术发展对文字、非文字新闻传播的推进，整体呈现中国古代"新闻传播技术"的历史形态、脉络与过程。

中国新闻信息传播经历了漫长的萌芽、产生与发展的历史，且最早孕育和产生了多样化的新闻信息载体、制作技术与传播手段，为人类新闻事业探索与发展做出了杰出的贡献。中国古代的新闻传播技术最辉煌的成就，即造纸术与印刷术的发明孕育了近现代全球印刷新闻产业的繁荣。尽管历史上中国古代新闻形态及相关技术形态相对单一，且采集、编辑与发行的形态、技术和成本都与日常文书的产制近似，但其也拥有众多闪光的技术发明与创造，例如，印刷技术的产生、雕版文字的刻制与邮驿传输的系统化，以及最早的报状新闻投送，都是人类新闻传播史上不可磨灭的重大成就，其意义不仅在于不同历史时期的突破性技术革新，更在于对人类世界文明进程的重大影响。

第二章
原始社会信息传播与技术

Chapter 2
Information Communication and Its Technologies in Primitive Society

　　追溯中国古代社会的信息传播形态与发展历史，首先需要了解远古时代信息生产、构成形态，信息的载体，以及载体在当时社会所面向的受众群体。这是古代人类信息与新闻传播的源头，也是认识与理解古代社会新闻传播技术形态与发展的基本路径。

　　我们对中国历史的追溯主要是从中国境内可考据的最久远的古人类活动开始。随着古人类学、考古学研究的发展，中国历史的开端也因为新的考占发现而一再向前延伸，可以追溯的信息传播活动与信息传播技术萌芽也不断得以挖掘，使我们可以更宏观地认识远古时期中国土地上信息与新闻性信息传播形态与技术萌芽的历史生态。

第一节　历史背景

人类进化起源于类人猿，是由猿人、能人、直立人、智人发展而来，古人类学把最早的人类称为直立人（Homoerectus）。迄今为止，中国境内发现的最早的直立人化石是"巫山人"，距今约201万—204万年，比"巫山人"稍晚的有"元谋人""蓝田人""郧县人"等。在数百万年的漫长历史时期，在与大自然艰难的生存搏斗中，他们不断尝试制造工具，狩猎农耕，艰难地开拓发展，从智人到人类逐渐形成社会性群居生活。

新华社2018年7月14日西安电（记者杨一苗）：由中英两国科学家共同组成的研究团队，在陕西省西安市蓝田县，发现一处古人类活动遗址——上陈旧石器遗址。研究显示，该遗址出土的旧石器工具可追溯到约212万年前。英国《自然》杂志在线发表论文公布这一研究成果。论文第一作者朱照宇指出："这一结果将蓝田地区古人类活动遗迹的年代再次向前推进了约50万年，从而使上陈遗址成为目前所知非洲以外最古老的古人类遗迹点之一。"

远古时期，人类都是小规模群居于各种自然环境中，或者山野狩猎，或者水边鱼作。在难以预测的凶险的自然环境与生存压力下，即使还没有出现现代意义的"语言"，人们也迫切需要通过不同的声音与肢体神态来相互传递信息、分享经验，包括最新的外界变化与事情，这是社会性群体生存的基本需要，也是生存与合作的必然要求。一旦一个地区的资源不足，人们就需要迁移到新的地域，保障自己的生存空间与利益。

正因为生存压力下信息的交流与需要，不断推进着人类智能发展与社会进步。原始先民的生活共同体大致经历了"农耕聚落—中心聚落—都邑国家形态"三个演变阶段。距今4000多年前，历史进入"都邑国家形态"时期。此时，在黄河中下游地区，涌现出许多带有城垣的都邑遗址。从众多的考古遗址分布来看，地域不限于中原，而是遍布今天中国版图下的各个地域。在距今四五千年前，中华大地文明已如满天星斗，其中处于黄河中游的中原地区是当时部落迁移、分合、冲突最集中、最突出的地区，也是中华文化起源的核心地区。

这些具有文明因素的文化形态，学者称其为古国或方国，古国还处于原始的国家过渡状态，之后的方国，则是比较成熟、比较发达的国家形态。数量众多的古国或方国的存在，正与先秦文献中的"古有万国""天下万国"的记载相吻合。

"三皇五帝"是夏朝以前传说中的"帝王"。"三皇"为伏羲（太昊）、神农（炎帝）、轩辕（黄帝，亦称有熊氏）；"五帝"为少昊金天氏、颛顼高阳氏、帝喾高辛氏、帝尧陶唐氏及帝舜有虞氏。这一时期，中华土地已经形成部落、都邑与国家形态。传说中的炎、黄二帝是4000多年前两大部落联盟首领，后来，他们结盟战胜蚩尤，在黄河流域共同生活、繁衍与发展，构成了华夏民族的主干。这一时代是战争日益频繁、激烈的时代，如炎帝与蚩尤的战争，黄帝、炎帝与蚩尤的战争，颛顼、帝喾与共工的战争，等等。随着社会性治理、农业经济的形成和财富的增长，以及战争频率和强度的增加，首领的角色愈发重要和突出，也导致他们更需要有效控制社会的人力、物力资源。首领地位、职责的神圣化，使得一个凌驾于整个社会之上的政治实体——国家渐成雏形。

中华文明的遗迹分布并不仅存于黄河流域。考古发现，浙江余杭良渚古城遗址从内而外有宫城、王城、外郭等完整的都城结构，2015年发现，外围已经有规模宏大的水利工程，距今5000年，也是迄今所知世界上最早的拦洪水利系统。

从社会性结伴群到规模化的部落氏族，再到城邑与王国，社会化的交往与组织管理不断推动着人类语言与信息交流的迅速发展。最突出的表现就是除了出现声音与身体姿态所传递的社会性意义表达系统，也开始出现刻画符号与象形图画的符号形态。这些刻绘的信息形态，不同于转瞬即逝的身体语言，可以因为刻画遗存的历史考古在现代社会被重新发现与认识。

以雕刻手段进行线条和图形表现的纹饰，与以绘制为手段的线条和图形表现几乎是并行发展的一种文化现象。刻绘的纹饰通常包括植物纹、动物纹、人物纹、几何纹，以及各种抽象难解的符号样态。据目前的考古资料，中国境内不仅分布着广大的岩壁洞穴原始岩画，在仰韶文化或相当于仰韶文化时代的其他地方文化中，如西安半坡、青海乐都柳湾、临潼姜寨、甘肃半山和马厂、郑州大河村等遗址中，也都发现陶器图像上或绘写或刻画的多种符号，其他不少同时代遗址也或多或少地分布着刻画的符号。这些图画和符号孕育了后来的图画文字、象形文字的发展，成为人类信息传播活动最古老，也是最核心的信息传播手段与方式（图2-1）。

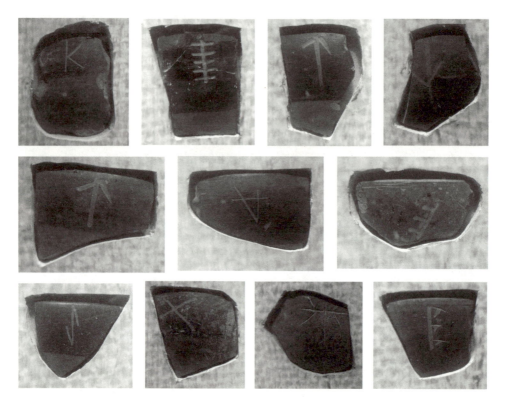

图 2-1　西安半坡陶文，西安半坡博物馆藏

　　人类历史至少有300万—400万年，其中绝大多数岁月是在旧石器时代渡过的。旧石器时代止于15000年前，旧石器时代中晚期以前人类基本生活在热带和温带地区，但自从发明了人工取火，有了弓箭和投石索之后，人类可以向寒冷地区迁徙，这是旧石器时代晚期遗址广为分布的原因之一。亚洲旧石器文化起源于华北，后经东北、西伯利亚，传到美洲，就是迁徙的结果。

　　旧石器时代人类手工生产已经有了重要的发展。其中，因为掌握了原始石器打制技术，已经可以制作简单的石制生产工具。到了新石器时代，原始人更精于选用石材，并会在特定用途的器形基础上，采取磨制的手段加工成精细的石器。

　　距今1万年左右，人类历史已经进入新石器时代。这一时期，社会性氏族部落广泛分布于中国各个区域，许多部落开始构建自己的防御性堡垒，以保护族群的安全。例如，距今7000—5000年前，西安半坡氏族部落已经能够围绕自己的住地修建防护的壕沟；同一时期，临潼姜寨氏族部落，由天然河道和人工挖掘的壕沟围起，壕沟截断处设有寨门，内侧有哨所，也有了各种功能的建筑设施。这是一种新型的社会生存方式。研究表明，中国新石器时代的文化发祥地已经呈现出多元化、多样化的特征。

游牧、迁徙活动依然存在，部落为了生存会不断寻找与改善自己的生存环境，放牧养殖家畜，开垦土地，种植粮食，部落之间的人口迁移与接触，增加了信息跨部落、跨地区的交流，也出现更激烈的战争与掠夺，氏族界限在不断的冲突与融合中，形成更大规模的社会群体。

这时候，社会分工已经开始，手工业初具规模，物质产品交换出现。先是以物易物，后来有定期交易，随着部落、城邦与国家的发展，出现"日中为市，致天下之民，聚天下之货，交易而退，各得其所"（《周易·系辞下》）的繁荣景象，"城市"的雏形已经出现。可交易商品的出现与流通，必然带动信息更加广泛地交互与流通；市场交易的日趋活跃，意味着信息传播需求的不断强化。王城、侯国、部落与边远区域的道路交通设施也得到大力开发，交易通过人与人、群与群的接触，促进了信息的传播，传播手段、渠道与技术不断发展。

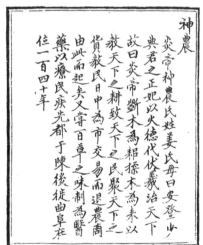

图 2-2　神农图，《历代古人像赞》明成化十一年刊本[1]

---

[1] 引自郑振铎：《中国古代版画丛刊（一）》，上海：上海古籍出版社，1988 年，第 399 页。

新石器时期原始农业与畜牧业经济逐渐形成，部落化的社会生活形态逐渐建立起来。这一时期，正是神话传说中神农氏遍尝百草，教人种植五谷、豢养家畜的历史时期（图2-2）。考古研究发现，距今6000—7000年前，黄河、长江流域进入新石器时代的全盛时期，除了古老的穴居和兽骨、石块堆砌的建筑，已经出现"构木为巢"的木结构房屋。由穴居、巢居到土木建筑的出现，人类新型生产形态不断出现，人类社会进入工具制造与使用的新时代。

据2020年5月《光明日报》报道，经考古勘探发掘和科学测年确认，距今5300年前后的仰韶文化中晚期巨型聚落遗址河南巩义河洛镇双槐树遗址，发现有仰韶文化中晚阶段三重大型环壕、具有最早瓮城结构的围墙、封闭式排状布局的大型中心居址、大型夯土基址、采用版筑法夯筑而成的大型连片块状夯土遗迹、3处共1700余座经过严格规划的大型公共墓地、3处夯土祭祀台遗迹、围绕中心夯土祭台周边的大型墓葬、与重要人物居住的大型建筑融合的用9个陶罐模拟的北斗九星天文遗迹、与丝绸起源有重要关联的最早家蚕牙雕艺术品、20多处人祭或动物祭的礼祀遗迹，以及制陶作坊区、储水区、道路系统等。[1]这意味着在这一历史时期，中原河洛地区已经出现较高的文明形态。

在黄河流域的大地湾文化、裴李岗文化、仰韶文化、马家窑文化、大汶口文化、龙山文化，长江流域的大溪文化、屈家岭文化、河姆渡文化、崧泽文化、良渚文化和北方的红山文化，以及东南沿海地区的新石器遗址的陶器、玉器上的各类刻绘符号。而在其后的青铜时代，早期的夏、商文化遗址中的陶器上，刻绘符号更为丰富。

从石器的制作过程来看，河姆渡先民已经可以根据质料和用途，熟练地应用打琢、磨砺、线切割、钻孔、刻画等技术加工石器了。[2]生产工具的大量使用，促进了各种器物用品的发展，各类刻绘图式与符号也迅速增多。就现有考古文献看，新石器时代刻绘媒材，涉及玉、石、牙、骨、角、木、陶等多种材料。原始实物、记号与图像就是在岩石、黏土、兽骨、器具、竹木上的刻画记录，这是各类原始符号

---

① 王胜昔、王羿：《揭开五千年前"河洛古国"神秘面纱》，《光明日报》，2020年5月8日第1版。
② 王慕民、管敏义：《河姆渡文化新论》，北京：海洋出版社，2002年，第72—78页。

与古老文字记录的共同特征，它们的制作方式可分为两大类：一类是线刻、锥刺和镶嵌，包括敲击、磨制，如岩画及石器、骨器和陶器上刻绘的图像；另一类是涂绘，如在彩陶、岩壁、兽骨等自然物材中进行色彩填涂与描画。

史前考古的区域类型呈现出多样性，而在各个考古文化的连接处会出现形形色色的文化渗透现象，说明信息在互相影响，也说明了信息的传播价值。我们往往可以看到，多地文化相近的现象是很普遍的，这一方面是各自发展的结果，另一方面也是信息传播的产物。越来越多的考古发现证明，原始人类的刻绘活动与我们今天广泛使用的文字有着密切的联系，中华文字的发展与这种刻绘活动的联系更具特殊意义。如果说甲骨文是目前可考证的体系化、通用化的文字，那么在甲骨文之前漫长的演化中，那些远古的稚拙图像与符号直接孕育了文字的基础。伴随着这些符号系统的创造与应用，人类大规模的信息生产技术、传播技术也得到不断的发展。

第二节　信息传播技术基础

人类信息传播的革命性转折，是突破生物性信息表达与传播的能力局限，通过非身体的物质媒介，以及可以承载其中符号信息的工具才得以实现。这也是卡西尔"人是符号的动物"与麦克卢汉"媒介是人的延伸"所内含的真义。远古社会漫长的信息符号创造与信息载体的不断尝试与使用，构成了人类早期信息传播活动发展的基本轨迹。

不论是符号信息创制必然的载体，还是刻绘保留信息的制作生产，都需要相关工具与技术支持。首先是学会制作与使用工具，人类才可能学会借助物质的设备与技术延伸自己的信息传播手段，这构成了原始社会信息传播发展的基础技术条件；其次是道路交通的拓展与建设，这意味着人类信息可以跨越更广阔的空间进行交流传递。交通条件决定着个体社会化生活的空间维度，决定着群体化的部落氏族与国家的疆域，以及征战防御、行政管理的效能，也决定着各类信息传播的效率与规模，影响不同地域与文化环境之间的相互联系。特别值得一提的是，摩擦取火技术催生了人类陶器、冶金等技术支持下的信息载体的出现。

一、人工取火

人工取火的发明与应用是对人类进化与社会发展具有决定意义的技术成果，也推进了此后一系列制作材料、工具的技术进步。人类用火的历史可以追溯到旧石器早期。西侯度遗址出现过烧骨，元谋大那乌出土过烧骨和大量炭屑，炭屑最大直径15毫米，最小1毫米左右，多和哺乳动物化石并存于黏土中，说明先辈的用火历史至少在180万年以上。

我国关于人工取火的记载，主要方式有钻木、错木（竹）和击石等，都是摩擦取火技术，即通过把摩擦的机械能转换为热能，当热量集中达到着火点后，就会喷发出火花，直至点燃周边的碎屑（图2-3）。古代取火的工具称为"燧"。相传，在上古洪荒时期，"三皇"之首的遂皇（即燧人氏）创造钻木取火方法。后来的弓钻取火，则是在直接用手钻木的基础上发展起来的。

图2-3 钻木取火图，马俊伟 绘

学会了取火，人类多了一种耐寒取暖、驱暗照明的能力，也获得了震慑猛兽、熟食猎物的办法，结束了茹毛饮血的时代，开创了人类文明的新纪元。正是由于对火的利用，在新石器时期出现人类符号信息传播的重要载体陶器，并在冶金类铜、铁技术的推进下，催生了文字的出现与发展。可以说，许多重要信息载体与制作技术都与火的利用密切相关。

二、工具生产

在旧石器时代，人类的生产活动主要是狩猎与采集果实，主要生产生活工具是从自然生态中获取的石、木、骨类材料加工的器具，例如，北京人遗址发掘出的尖状器和雕刻器、蓝田人遗址发掘出的大尖状器与西侯度遗址发掘出的三棱大尖状器、砍砸器、刮削器等，虽然粗陋简单，但正是这些尖状、刀斧状、锯状的工具开启了人类生产工具与生产技术的序幕（图2-4）。

旧石器时代已经掌握了原始的石器打制技术，发明了工具装柄、石器骨器的磨光和穿孔技术等。这些技术是除身体信息传播以外，媒介化物质信息的重要基础技

图2-4　北京人遗址尖状器和雕刻器、蓝田人遗址大尖状器与西侯度遗址三棱大尖状器[1]

---

[1] 中国历史博物馆：《中国古代史·参考图录：原始社会》，上海：上海教育出版社，1989年，第3页、第9页、第20页。

术。1999年10月25日《人民日报》报道：我国科学家在安徽繁昌"人字洞"发现了一批距今200多万年的石制品，其中一件石刀，经专家鉴定后认为，这不仅是我国境内迄今发现的第一把"石刀"，也是已知欧亚大陆上最古老的文化遗物，从而把人类在我国境内生活的历史向前延伸了30多万年。

打制石器需要一定的知识经验与技巧。首先，要善于选择易于加工且坚固耐用的石材；其次，要具有不断练习的打制技巧。原始人制作石器，需要在石块上先加工出一个平面，考古学称之为"台面"，然后沿着"台面"的周边打下薄而长的石片。[①]这些石器多是因地制宜地在周边地区采集，包括砍砸器、刮削器、尖状器、雕刻器，还有石锯、石钻等。这就为狩猎、农耕、建筑和生活器物的制作创造了条件，也使刻绘符号与图画成为可能。最初的石器制作极为简陋，除了直接取自天然形状的石材，如自然成型的鹅卵石、块状石等，其他主要用摔砸、锤击、打制等方法获得。一是直接打制法。如用砸击法制作两极石核、两极石叶等。二是间接打制法。即用一根棒状物，将其尖端对准石面边缘，用石锤敲打棒状物的另一端，通过力的传递作用打击出薄而窄长的石片，以制作细小石器，如楔形小石核。如果没有达到要求还可以二次加工，用更精细的敲、锤、砸、压方式获得。山西襄汾丁村遗址已经发现2000多件石器，多半用碰砧法和投击法产生，也有一定数量的石片是用石锤直接打制，其中三棱大尖状器用薄石片制成，有的刃缘打制得极为平齐。山西峙峪文化遗址也出土了一件骨制尖状器物和一些骨片，已经发现被刻意刻绘的线条纹饰；距今13000年前的河北兴隆燕山，出土了一件雕刻角器柄残段，大部分位置都阴刻有几何形纹。它们由三部分组成，中部刻纹由直线、斜线和连弧线组成，内外侧的组合分别为4—7条刻纹组成的波浪和8字形纹。[②]为了更便于使用，旧石器时代晚期还出现了装柄的石器工具。例如，1963年，在峙峪遗址出土一件斧形小石刀，外形酷似斧头，用半透明水晶制成，弧形刃口宽约3厘米，两平肩之间有短柄突出，应是镶嵌在木柄或骨柄上制成复合工具来使用，具有刃口锋利、轻便灵活等特点。[③]

---

① 徐朝旭：《中国古代科技伦理思想》，北京：科学出版社，2010年，第3页。
② 引自尤玉柱：《旧石器时代的艺术》，《文物天地》，1989年，第5期。
③ 引自何堂坤：《中国古代手工工程技术史》，太原：山西教育出版社，2012年，第18—19页。

骨角器的使用也是旧石器时代的重要突破，北京人遗址已有明显的骨角器出土，包括刀状或尖状器、骨锤、角锤等（图2-5）。许家窑遗址也出土过尖状器、刮削器等。这些骨角器坚硬、锋利，制作精良，旧石器时代晚期已经出现磨制的技术，使用广泛，是当时重要的生产、加工工具，也是当时重要的装饰品。

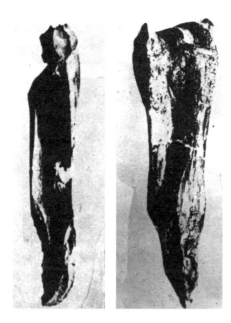

图 2-5　北京人遗址骨尖状器[1]

新石器时代在石材选择、技术加工、生产规模等方面都有了进一步提高，磨制石器和穿孔技术都有了新的突破。磨制石器较精细，技术要求更高，磨制石器首先要将石材初步加工，敲打或琢成适合的形状，然后再在砺石上研磨加工而成。这一时期已经出现专门的、成套的工具，如常见的斧、刀、凿、镰、矛、犁、镞等（图2-6）。夏商以后，乃至周朝相当长的时期里，石器仍是重要的使用工具，在金属器具出现以后，其形制也深受磨制石器的影响。

制玉工艺与习俗大约出现在新石器中期，需要更高的技术条件，它的方法源于石器工艺。完成一件玉制品，要经过更精细的锯截、琢磨、穿孔、雕刻和抛光等工

图 2-6　新石器早期裴李岗遗址出土的石斧与石镰[1]

序，这就需要使用更精细的石器工具和手工琢磨工艺。线切割技术、锥状与管状钻孔工具已经使用，工具技术的改进，使玉器制作更精良，得以雕刻更精美的刻线与图形。这些技术上的改进与突破，使人类在玉石、金属等坚硬载体上的凿刻技能不断提升。器具制造及其技能的探索习得是旧石器时代岩画与器物刻绘的重要技术基础（图2-7、图2-8）。席永杰先生认为，加工玉器的前提条件是具备以解玉砂为介质的碾琢工艺，而这种工艺的掌握和运用则涉及一系列复杂的工艺程序。可以说，玉器的生产与当时社会的生产、科技水平及社会总体发展状况密切相关。研究古代制玉工艺，就是破解古代生产工具、生产力发展水平的一把钥匙。[2]

我国陶器制作技术距今已有8000—10000年历史。陶器的出现与农业经济发展关系密切，由于谷物等颗粒状食物很难在火上直接烧烤，需要新的辅助器物完成。同时，人类在长期生产实践中，逐渐了解了黏土的性能，知道黏土和水后有可塑性，尤其是经过火烧后所具有的坚硬、不渗漏特点，适合替代过去的天然容器或编

---

[1] 引自中国历史博物馆：《中国古代史参考图录·原始社会》，上海：上海教育出版社，1989年，第62页。
[2] 席永杰、张国强：《红山文化玉器线切割、钻孔技术实验报告》，《北方文物》，2009年，第1期。

图 2-7　良渚文化玉璧，直径 26.7 厘米，厚 1 厘米，江苏省武进县寺墩墓葬出土，南京市博物馆藏

图 2-8　红山文化，外方内圆形玉器，宽 10.5—12.5 厘米，厚 0.3 厘米，辽宁省凌源县三官甸子墓葬出土，辽宁省博物馆藏

织物，于是，模仿原先使用的器皿形状烧制出最原始的陶器。

陶器的制作经历了由低级到高级的发展过程。早期的陶器制作是用手捏成坯，或用泥条旋转盘筑成形，这需要塑形的基本知识与技巧，也孕育了早期的造型审美能力与意识。陶坯最初在露天烧制，由于火温低，受热不均匀，烧出来的陶器表面呈褐色。后来出现了陶轮制作技术，采用快轮制坯，以自身的体力为动力，通过手脚的协调运作推动轮盘的轮轴快速转动，由此形成的离心力，可以使双手通过不同技巧的选择塑造不同形状的陶坯。陶坯的制作已经具有一定的工艺技术要求，尤其是支点与重心的选择，是陶坯成败的关键，不仅生产效率成倍提高，而且陶坯形制更加均匀、规整和优美（图2-9）。

陶器的烧造技术最后发展为陶窑烧制。窑内温度可达1000摄氏度左右，由于火温高，烧制的陶器质地较坚硬。人们还掌握了用氧化焰、还原焰和渗碳法等不同的化学方法，制作红陶、灰陶和黑陶。[1]例如，半坡仰韶文化的陶器制作已经相当发达。徐元邦（1930—2020）先生认为，这里的陶窑设备科由窑室、火膛、火口、火道、窑箅和火眼等组成，"所谓窑室，是指放置陶器坯胎的穴室。所谓火膛，是指放置燃料的穴室。所谓火口，是指燃料投放的入口。所谓火道，是指燃料点燃

---

[1] 宋兆麟、黎家芳、杜耀西：《中国原始社会史》，北京：文物出版社，1983 年，第 442 页。

图 2-9　泥条盘筑法与慢轮制陶图，马俊伟 绘

后，将火力送入窑室并加以扩散燃烧的渠道。所谓窑箅，是指将火膛与窑室分隔为上下两层的土箅子"①。仰韶文化的一处陶窑群共有七座陶窑，可见已经达到可观的规模（图2-10）。

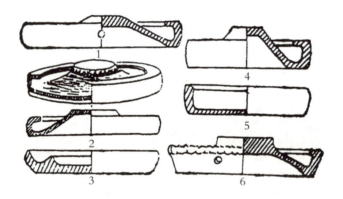

图 2-10　仰韶文化遗址出土的陶转盘，1、4 出土于铜川李家沟，2 出土于西安半坡，3、5 出土于宁县阳坬，6 出土于长安马王村②

① 杨洋：《关于早期陶窑命名的讨论》，《中国文物报》，2013 年 3 月 29 日。
② 引自何堂坤：《中国古代手工业工程技术史》，太原：山西教育出版社，2012 年，第 45 页。

三、交通运输

交通是道路设施与运输工具的集合体，道路是伴随着人类自然生存活动产生的。东汉训诂书《释名》曰："道，蹈也，路，露也，人所践蹈而露见也。"可考据的最早的交通发展是在新石器时期，那时候车船建造已经出现，人类逐渐改变洞穴野生状态，转向多样化的群居生活与生产，多选择依山傍水的环境开山辟路、休养生息，以方便狩猎、采集、耕种及扩大生存空间。随着生存空间的拓展，他们又四处扩疆征战，史记记载黄帝时期，"天下有不顺者，黄帝从而征之，平者去之，披山通道，未尝宁居"，甚至"迁徙往来无常处"[①]。

距今4000年前的新石器晚期，中国已有记载役使牛马为人类运输而形成的驮运道，并出现了原始的临时性桥梁。[②]《淮南子·山训》有关于黄帝见"飞蓬转而知为车"的记载，以"横木为轩，直木为辕"（《路史·轩辕氏》卷七）制造出车辆；据《古史考》记载："黄帝作车，任重致远。少昊时略加牛，禹时奚仲驾马。"黄帝号"轩辕氏"，也称"轩皇""轩帝"。"轩辕"的原意是车辕，人类对车马的使用是随着道路的开拓与使用而产生的。又有"见窾木浮而知为舟"之说，可见当时水上已经有原始的船只作为交通工具。

史传舜曾任命"垂、益、龙、禹"等分别主管制舟、制车与其他手工业制作，管理山川湖泊及驯养牛马；接待远方宾客；兴修水利，平整道路。《周易·系辞下》有："黄帝、尧、舜垂衣裳而天下治……刳木为舟，剡木为楫，舟楫之利，以济不通，致远以利天下。"舜为了"明通四方耳目"，又设置了22名"纳言"官，"夙夜出入"以打听各方信息。[③]（图2-11）

《尚书·舜典》记载：尧将帝位禅让给舜。舜登位后就"询于四岳，辟四门，明四目，达四聪"[④]；而大禹治水，十三年"三过家门而不入"，"随山刊木，奠高山大川"（《尚书·禹贡》），"陆行乘车，水行乘舟，泥行乘橇，山行乘檋"

---

① （汉）司马迁：《史记·五帝本纪》，北京：中华书局，1959年，第3—6页。
② 徐燕秋：《道路权利的冲突与互利》，《前沿》，2013年，第19期。
③ 引自（汉）司马迁：《史记·五帝本纪》，北京：中华书局，1959年，第38—39页。
④ （汉）孔安国：《尚书》，《四部备要汉魏古注十三经》，北京：中华书局，1998年，第5—6页。

图 2-11　仰韶时期河南郑州西山遗址西北角城墙及城壕道路①

（《史记·夏本纪》），一年四季"以开九州，通九道，陂九泽，度九山"②。《周易．系辞下》中有"刳木为舟，剡木为楫"，孔颖达疏："舟必用大木刳凿其中，故云刳木也。"也就是说，中国古代早期的舟是刳木而成的独木舟。河姆渡遗址中发现的木质船桨，即文献中的楫（图2-12）。

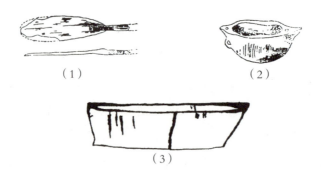

（1）

（2）

（3）

图 2-12　新石器时代的木桨、木舵及舟形陶器图③，（1）为河姆渡遗址出土的木桨与木舵；（2）为河姆渡遗址采集的舟形陶器；（3）为大连郭家村出土的仿舟陶器。

① 引自许虹、范大鹏：《最新中国考古大发现——中国最近20年32次考古新发现》，济南：山东画报出版社，2002年，第21页。

② （汉）司马迁：《史记·夏本纪》，北京：中华书局，1959年，第51页。

③ 引自郑若葵：《交通工具史话》，北京：社会科学文献出版社，2012年，第10页。

道路交通建设是人类社会生存能力不断扩张的标志，也是氏族部落、城邑、王国统治的基础，极大地推进了人类探索世界、开拓世界的空间与维度，也延伸了人类信息传播的深度与广度，为人类社会化、信息化生存与发展提供了重要保障。

第三节　原始社会信息载体与传播技术

原始社会信息形态包括群体性生活中的身体言语与姿态所传递的信息，以及脱离身体条件产生的符号化信息形态。脱离身体的信息传播形态，是符号性的，涉及载体、工具、构成与传播的各类技术。正如傅修延先生所指出的，在未摸索出用文字记事之前，"为了突破时空的限制，古人尝试过用击鼓、燃烟、举火或实物传递等方式，将表示某一事件的信号'传于异地'；发明过结绳、掘穴、编贝、刻契和图画等手段，将含事的信息'留于异时'"[1]。

我国远古岩画、陶纹的绘写已经有了线条浓淡与粗细转折的变化，凿刻、雕琢的技巧同样有了轻重缓急的力度与经验。随着文字制作技术的改进和载体的演变，中国古文字除了被刻写在甲骨上，也拓展到竹片木板制成的简牍、缯帛、玉石、货币，以及各类金属、陶土器具上，为秦汉以后篆体文字变革奠定了重要的物质与技术基础，也为雕版与活字印刷发明提供了物质与技术的前期准备。

一、物质载体

原始社会信息交流与传播主要是通过身体的媒介，除了口耳相传的声音，还有肢体的动作与表情，另外就是身体特殊部位的指示。但声音的、肢体的语言信息毕竟有其难以克服的生理的和物理的局限性，转瞬即逝，难以跨越时空的障碍。因此，先民们开始寻找可以借助身体外媒介进行交流、传播信息的方式，并最终催生出文字符号的发明与使用。

关于汉文字的起源有多种角度的探讨，例如，巫术说、契刻说、图画说、符号

---

① 傅修延：《先秦叙事研究——关于中国叙事传统的形成》，北京：东方出版社，1999年，第16页。

说等等，实质都是文字形成前，有关实物、标记与图画等符号信息及其载体的早期传说。综合来看，主要集中于实物记事、契木为文与仓颉造字这几个方面。1972年，郭沫若（1892—1978）先生在《古代文字之辩证发展》一文中提出："中国文字的起源应当归纳为指事与象形两个系统。"这里的指事系统也称为刻绘系统，契刻是其重要手段。汪宁生（1930—2014）先生认为："人类幼年时代就出现三类记事方法——物件记事、符号记事和图画记事，都是帮助记忆、表达思想和交流意见的。物件记事是'以实物来记录数字，或表达意见与感情'；符号记事是'以物件为标志或在物件上做出一些符号，来表达思想和记录事情'，包括标记、结绳、木刻三种；图画记事是以摹绘事物的形象来记录事情或表达某种意思和愿望。"①其中物件记事，实际就是实物符号；符号记事主要是指已经规律化的抽象的线条与纹饰；图画记事，也就是图像的符号。抽象形态与形象记事可以视为文字产生的重要源头，它们共同的表征都是刻绘的视觉造型。

远古时代刻绘类的信息载体，主要有洞穴、山石、岩壁、木材以及动物类的龟甲兽骨等。这些自然中筛选的载体，通过刻绘的工具技术，实现了符号信息的视觉塑造与物化的生成。在还没有发明文字的时候，先民会选择用实物记事的方法，来记录重要事情，进行信息交流。这种手段有很多种，从考古学及现代人类学的调查研究看，包括结绳、结珠、结豆、结贝、讯木、堆土等方法。结绳记事、刻木记事、积豆记事都是以不同的小件物品表示不同的事和数（图2-13）。

在古籍中有许多关于结绳记事、刻木记事的记述。据《纲鉴易知录·三皇记》记载，燧人氏"时未有文字，燧人氏始作结绳之政，立传教之台，兴交易之道，人情以遂"；《周易·系辞》有"上古结绳而治，后世圣人易之以书契"；《周易集解》引虞郑《九家易》言"古者无文字，其有约誓之事，事大，大结其绳；事小，小结其绳。结之多少，随物众寡，各执以相考"；《北史》卷九九有"刻木为数，并以金镞箭蜡封印之，以为信契"；《新唐书》卷二一六上有"（吐蕃）其吏治无文字，结绳凿木为约"；清代张庆长《黎岐纪闻》记录了海南黎族地区物品交易方式："生黎地不属官，亦各有主，间有典卖授受者，以竹片为券，盖黎内无

---

① 汪宁生：《从原始记事到文字发明》，《考古学报》，1981年，第1期。

图 2-13　结绳记事图，马俊伟 绘

文字，用竹批为三，计丘段价值，划文其上，两家及中人各执，云以为信，无敢欺者。"[1]这些记载表明，无文字时期的信息记载有多样化的方式，不仅有结绳、刻木，还以其他物件记事的信息表达方法。

在旧石器时代晚期，人类已经创造出刻与绘的符号制作手段，由于生产环境与技术条件的限制，人类刻绘载体最初被限制在岩石洞壁、陶土、甲骨兽骨等自然、粗陋的媒材上。契刻与涂绘最终演化为文字与图像两大符号系统，它们的物质载体也由洞穴、岩石、龟甲兽骨等自然载体，转向人工器物与材料。

14000—15000年前，陶器在旧石器时代晚期已经出现，并兴盛于新石器时期。火的使用是陶器产生的根本原因。我国就有距今1万年前陶器制作技术的考古发现，陶器的出现与普及反映出当时手工业发展迅速，对于促进当时农业生产、生活条件改善都有着重要的作用（图2-14）。

彩陶最早出现于大地湾文化（前6220　前5360），主要分布在渭河流域，[2]是迄今已知年代最久远的彩陶。彩陶也是距今五六千年前仰韶文化的重要成果，以半坡和庙底沟型为代表，大汶口文化、马家窑文化、齐家文化、辛店文化等都发现有彩陶。长江流域从中上游分布于川西、鄂西、湘北的大溪文化，到中游石门皂市

---

[1]（清）张庆长：《黎岐纪闻》，广州：广东高等教育出版社，1992年，第171页。
[2] 中国社会科学院考古研究所：《中国考古学·新石器时代卷》，北京：中国社会科学出版社，2010年，第123页。

图 2-14　1 万多年前的原始陶罐，江西万年仙人洞出土，国家博物馆藏

镇遗址、屈家岭文化、城背溪文化，再到下游环太湖地区马家浜—崧泽—良渚文化，跨湖桥文化、河姆渡文化等，都挖掘出过彩陶。这一时期，彩陶以红陶为主，还有灰陶、黑陶等，黏土是其主要原料，部分器物会掺杂少量的沙粒。

陶器的出现，成为图画与符号信息的最早的人工试验场，它与青铜器一起，已经成为我们今天可以确证的人类最早的信息传播载体。当然，因为工具技术的发展，更多适合信息传播的工具材料可以被改造与制作，竹简木牍等物质材料在商周时期也成为信息载体的重要组成部分。

二、刻绘符号

远古时期信息生成与复制技术经历了漫长的演进过程，到夏商周时期逐渐形成相对成熟稳定的生产、制作条件与技术。

刻绘符号是人们在特定的物体上刻绘或书写一定符号，用于记事，它是在节省科目记事的基础上产生的。在仰韶文化遗址中，已经发现7处彩陶盆上的刻绘符号。其中半坡遗址有100多件，32种之多，在临潼姜寨遗址也发现100多件，40多种。[①]关中地区东西长300公里，南北宽100公里，在这么大范围内流行刻绘符号，

---

① 陈文华：《中国新石器时代文化艺术的萌芽》，《农业考古》，2003 年，第 3 期。

有些符号还趋向规范化，说明当地居民在文化交流上有密切的联系。这些符号有的是数字信息，有的是方位信息，还有的是占有信息。这些信息有一个特点，即可以传播。道理很简单：信息会随着人群的移动而流通，不同的族群又有相互融合的交往，因而信息在空间上是流动的、不断拓展的，这种拓展的远近取决于信息具有的价值（图2-15）。

图 2-15 仰韶文化遗址临潼县姜寨出土的刻符陶钵

在仰韶文化或相当于仰韶文化时代的其他地方考古文化中，如西安半坡、青海乐都柳湾、临潼姜寨、甘肃半山和马厂、郑州大河村等遗址中，都发现陶器上或刻画或绘写的多种符号，其他同时代遗址也或多或少都有发现。

刻绘符号中抽象的线条一度被认为是更接近原始文字的符号形态，因为线性具有高度抽象性，而绘画符号多有勾勒的简单形象，它一方面被视为图像艺术的开端，另一方面也被视为文字产生的重要源头。它的表意性明确，可辨识度高，但尚没有证据可以证实与语音的关系，也就是它们基本是图画，不是一图一音，因此还不具备文字的性质。

图画符号的发明意义是深远的，它不仅成为图像的源头，也为文字的产生奠定了重要基础。当远古的先民试图表达某一事物的时候，直接描绘出对象典型的视觉特征是最便捷有效的方式。因此，文字的最初的尝试除了刻画的指示符号，就是单纯概括的形象记录。新石器时代刻绘载体涉及玉、石、牙、骨、角、木、陶等多种材料。原始实物、记号与图像就是在岩石、黏土、兽骨、器具、竹木上的刻绘记录，这是各类原始符号记录的共同特征。它们的制作方式可分为两大类：一类是线刻、锥刺与镶嵌，包括敲击、磨制，如岩画及石器、骨器和陶器上刻画的形态；另一类是涂绘，如在彩陶、岩壁、兽骨等自然物材中进行色彩填涂与描画（图2-16、图2-17）。

图 2-16　仰韶文化彩陶盆，河南南陕县庙底沟出土，国家博物馆藏　　图 2-17　宁夏贺兰县金山乡金山村贺兰口人面像岩画[①]

以雕刻手段表现线条与图形，与以绘制为手段的线条与图形表现几乎是并行的。刻绘的纹饰通常包括植物纹、动物纹、人物纹、几何纹，以及各种奇异难解的抽象符号。在文字产生以前，远古刻绘技术已经基本成熟，其刻绘图符的载体主要包括自然环境的石材、兽骨、竹木和人工环境的器物。

生产工具的大量使用，促进了各种器物的发展。距今8000—7500年，河北武安磁山、新郑裴李岗、密县莪沟北岗遗址出土陶塑人头、猪头与羊头，燕山南北地区新乐下层文化遗址出土鸟形木雕。距今7500—5000年前，黄河中上游地区人物雕刻数量剧增，造型更丰富。北方、西部地区与长江中下游地区人物、动物的造型也越来越生动别致，运用了浮雕、阴刻、彩绘、捏塑、堆塑、透雕、镶嵌等多样化

---

① 引自《中国美术分类全集》编委会：《中国岩画全集2 西部岩画（一）》，沈阳：辽宁美术出版社，2007年，第59页。

的手法。

　　原始器物通过雕、塑的方式被创造出来的同时，刻绘的能力也不断提升。人类史前遗存多为硬度较高的自然物质，如石、木、骨、牙、玉，或人造物质陶。在仰韶文化遗址、大汶口文化遗址、河姆渡文化遗址、良渚文化遗址等考古发掘中均发现大量刻绘符号的陶器、玉器和其他骨器等制品。

　　旧石器时期的刻绘遗存少，且较简单粗陋，是符号文化的萌芽阶段。到了新石器时代，刻绘图式与符号迅速增多，刻绘形态丰富多彩。最初的岩画、器物雕刻大都是用硬质工具刻制的，有敲凿、磨刻和线刻形象等几种基础方法，所饰的形态与结构已非常丰富。如以龙山文化为代表的素陶已经具备了高超的工艺水平，可以运用塑纹、刻画纹、镂空等手法装饰器物（图2-18）。

图 2-18　新石器时代早期黑陶钵猪纹，器高 11.7 厘米，
口径 17.5—21.7 厘米，浙江省博物馆藏

　　中国境内共有15个省区的70多个县发现岩画遗址，其分布"东起大海之滨，西达昆仑山口，北至大兴安岭，南至左江沿岸，包括二十个省、区，遍及一百个以上的县、旗"[①]。中国北方岩画大多是刻制，主要分布在内蒙古、甘肃、宁夏、新疆以及青海、西藏等地区。主要手法有三种：第一种是刻绘法，即借助坚硬的锐器（石器或金属器）刻画出线条，构成形象的轮廓；第二种是敲凿法，使用坚硬的锐器敲击凿出需要表现的形象；第三种方法是磨刻法，先凿刻出图像的轮廓，再用坚

---

① 陈兆复：《古代岩画》，北京：文物出版社，2002 年，第 51 页。

硬的器物打磨，形成槽状平滑的粗轮廓线条（图2-19）。

江苏金坛三星村遗址距今6500—5500年，是新石器时期的重要遗存。遗址中的骨角牙蚌器等出土数量很多，有些骨器明显经过精细钻刻工艺或抛光处理，制作精良。这些骨器的常见器型有刀、锥、匕、环、簪、针和针筒、匙、刻纹板状器等，骨刀利用动物肢骨削磨加工而成，端刃锋利，把手处圆滑且钻有孔眼便于系佩。其中，刻纹板状骨器由四片组成，上下两层叠压。每层两片，每片上正反两面均钻刻有精细的花纹，片与片之间的花纹还存在相互的内在联系和对称关系[1]（图2-20），显示出远古先人出色的雕刻塑型技术与审美经验。

图 2-19 河南新郑具茨山多组双排圆穴、沟槽组合岩画[2]

图 2-20 新石器时期江苏金坛三星村遗址刻纹板状器[3]

涂绘的表现手法与凿刻一样历史悠久。在洞穴壁画、山石岩画与陶土器物上都有丰富的遗存。尽管北方岩画多刻制，但也有彩绘的案例，如贺兰山白芨沟彩绘岩画。另外，目前尚未有证据可以证明，现今留存的刻制的岩画样态，在当时没有色彩的涂绘，更大的可能是许多植物与矿物颜料历经千万年风吹雨打、自然风化侵蚀已经蜕化消失了。有一个来自意大利北部伦巴第大区的梵尔卡莫尼卡岩刻的例子，

① 引自许虹、范大鹏：《最新中国考古大发现——中国最近20年32次考古新发现》，济南：山东画报出版社，2002年，第14页。
② 引自刘五一：《中原岩画》，郑州：中州古籍出版社，2012年，第55页。
③ 引自许虹、范大鹏：《最新中国考古大发现——中国最近20年32次考古新发现》，济南：山东画报出版社，2002年，第14页。

尽管大量的岩刻还没有被发现色彩涂绘的痕迹，但在部分岩画上有色彩的痕迹，在一些岩画附近也发掘出研制过的色料。

新旧石器时期的图绘材料主要为矿物颜料。从考古实物推测，旧石器时代晚期已流行红色，例如，山顶洞遗址的尸骨附近撒有赤铁矿粉末，在洛阳王湾、青海柳湾、山东西夏侯墓地以及齐家文化墓地，都发现在死者头骨上的赤铁矿粉末。这些特定色彩粉末的使用，很可能是远古先民的丧葬习俗。

距今5600—6700年的半坡纹彩符号以红底黑花为主，涂绘材料为赤铁矿，经研磨器磨成粉末后以液体的形态均匀地涂绘在器物上。据新华网2006年6月12日报道，在西安半坡遗址大厅改造和发掘过程中，一件打磨痕迹明显的研磨器引起考古人员的兴趣，这件石制研磨器长51厘米、宽26厘米、厚约5厘米，有横向与竖向两个近椭圆形的砚池，并附着少量的红色颜料。说明当时的半坡人作图时，已经配备了软头画笔、颜料研磨器等。甘肃兰州白道沟坪遗址出土一件陶制调色碟，中间有一个隔梁，说明已可以同时调两种颜料。云南文山岩画遗址地层中也发现过石质调色盆（图2-21）。当时也可能利用竹筒、葫芦、人头壳、蚌壳调颜料。笔应该是天然材质的，如鸡毛、兽毛、竹签等，因而难以保存至今。

从图2-22马家窑文化半山类型人头形陶器盖，以及图2-23半坡类型彩陶船形壶的图绘看，当时绘制的线条已经非常娴熟老道，具有较高的造型能力与审美表现力。

南方岩画主要分布在广西左江、江苏连云港、云南沧源等地区，以岩绘为主要特征，有平涂和线描两种。以红色为基调，用黑、白增加视觉效果。现存的南方涂绘岩画几乎都是红色的。例如，云南沧源崖画就是使用了红色矿物颜料，在其中几处岩画的附近，考古人员发现了赤铁矿坑遗迹。汪宁生先生据民族学的资料分析认为，调和颜料的黏合剂可能是牛血。20世纪50年代，当地佤族画师为头人的"大房子"作画时，就用牛血来调色，用手指头作画，只有需要大片涂抹时才用毛笔。在第五岩画点，还能辨出毛笔作画的痕迹。毛笔的原料，可以是野兽的皮毛，也可以是植物的纤维。[1]

---

[1] 汪宁生：《云南沧源崖画的发现与研究》，北京：文物出版社，1985年，第16—18页。

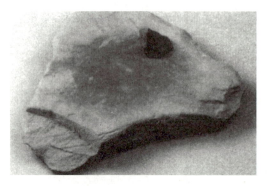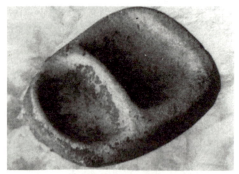

图 2-21　新石器时期仰韶文化石研磨盘与双格石研磨盘，陕西宝鸡北首岭出土①

图 2-22　新石器时期马家窑文
化半山类型人头形陶器盖

图 2-23　新石器时期半坡类型彩陶船形壶，
陕西省宝鸡北首岭出土，国家博物馆藏

　　广西左江崖壁画，也是使用鲜艳的红色。经中国文物研究所采用湿法化学分析表明，颜料的主要成分是氧化铁（Fe_2O_3），也称土红、铁红。铁系矿物颜料虽然具有较高的耐火、耐热、耐溶和化学稳定性，但缺乏黏性。广西化工研究所对左江流域岩画颜料进行了红外光谱分析，认为其属于动物蛋白质，即利用动物乳汁、血液、皮胶作黏合剂，具有极好的黏合性。我国南方绘制岩画的崖壁也具有良好的吸附颜料特性。广西壮族自治区博物馆与中国科学技术大学合作，对花山岩画颜料黏合剂应用紫外吸收光谱法和红外吸收光谱法的分析结果表明，颜料黏合剂采用的是新鲜植物树液，经过漫长的变化，树液中的松柏醇转变为现在的木质素。木质素不

---

① 引自曲德森：《中国印刷发展史图鉴》，太原：山西教育出版社，2013年，第28页。

溶于水，使得岩画能够保存至今（图2-24、图2-25）。[1]

图 2-24　新石器时期至青铜时期沧源岩画舞蹈放牧战争图（局部）

图 2-25　战国至东汉时期花山岩画祭神舞蹈图（局部），纵 40 余米，横 221.5 米

　　单纯的红色在南部云南地区岩画中大量出现，一方面可能是因为这种天然矿物颜料易找，不必烦琐加工便可使用；另一方面就是该色经久不变。敦煌研究院李最雄博士经过多项实验后提到"土红"是红色颜料中最稳定的颜料，光照湿度变化及 CO_2 等因素都不会促进 Fe_2O_3 变色。[2]还有就是红色耐久醒目，效果强烈，应是当时的族群为了传播效果，经过不断实践与尝试的刻意选择。

三、音响器具

　　越来越多的考古成果证实，在遥远的原始社会已经出现多种形式的音响器具。

① 黄槐武、唐剑玲、郭宏：《广西左江岩画及其保护研究》，《文博》，2009 年，第 6 期。邱钟仑等的《花山岩画颜料和黏合剂初探》认为："花山岩画的颜料为矿物颜料，其主要组成为：赤铁矿、方解石、高岭土和石英，颜料的黏合剂应为木质素，是树液中的松柏醇转变而成的，矿物颜料调入新树液后在峭壁上绘制而成。"（《文物》，1990 年，第 1 期）。
② 李最雄：《李最雄石窟保护论文集》，兰州：甘肃民族出版社，1994 年，第 160 页。

这些器具常常被视为远古的乐器，但同样不可否认的是，这些器具也是远古时期声音信息传播的重要的辅助工具，如鼓、铃、磬、哨、角等。在远古社会，为了更好地传递信息，这些器具会成为有效的听觉传播工具，通过高低、缓急不同的声音，或声音的组合变化，形成特殊的意义信号系统。

皮膜鼓是最常见的一种器具。1981年，在距今约4000年的二里头遗址五区圪垱头村4号墓，发掘出木鼓的残物。器具已经损毁，从尚存的漆皮情况可以看出其形状为长筒形，束腰，鼓外壁髹朱红漆，长约54厘米。[1]在郑州大河村遗址出土的仰韶文化陶鼓，颈部有鹰嘴钩，起固定鼓皮的作用，陶鼓上有圆孔，应为击鼓时空气流动的出音孔（图2-26）。山西襄汾陶寺M3022鼍鼓，用鼍皮蒙的鼓，形制近似圆柱，上细下粗，其声亦如鼍鸣。在这件文物的鼓腔内发现有细碎的鳄鱼骨板残块，还有黑褐色圆锥状调音物16枚（图2-27）。[2]

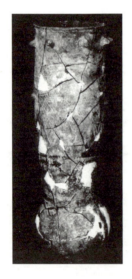

图 2-26　河南郑州大河村陶鼓 [3]

图 2-27　山西襄汾陶寺 M3022 鼍鼓 [4]

[1] 中国社科院考古研究所二里头工作队：《1981年河南偃师二里头墓葬发掘简报》，《考古》，1984年，第1期。
[2] 刘峻骧：《中国艺术通史·原始卷》，北京：北京师范大学出版社，2006年，第48页。
[3] 引自刘峻骧：《中国艺术通史·原始卷》，北京：北京师范大学出版社，2006年，第48页。
[4] 引自刘峻骧：《中国艺术通史·原始卷》，北京：北京师范大学出版社，2006年，第49页。

乐器可能起源于引诱禽兽的拟声工具，或者是男女交往中的口哨。据考古发现，在我国古人使用的乐器中，有部分也起到了信息传播的作用。例如，除在史前考古中发现过牛角号，山西华县井家堡仰韶文化遗址出土过一件陶角号，用泥质粗灰陶手工制作，状如削去尖端的牛角（图2-28）。多地发现的陶角号都是由牛角号演变而来，可以推想当时角号的流行程度（图2-29）。在距今约9000年的河南贾湖新石器时代裴李岗文化遗址发掘骨笛25件，是用截去两端骨关节的丹顶鹤尺骨制作。利用肢骨自然性状，中段稍细而两端渐粗，在中段一侧钻上音孔而成，形制已较固定（图2-30）。在河姆渡遗址发掘出43件骨哨，它们是截取鸟类肢骨的一段为材料，在同一侧的两端各刻一圆孔，少者一至二孔，多者达四孔，其中有一件哨腔内插一骨牌，上下移动可发出不同声音，在西安半坡、临潼姜寨仰韶文化遗址还出土有陶哨。唿哨，又称胡哨，即以手指放在嘴里吹出高尖音，作为共同行动或招呼同伙的信号；吹叶，指以树叶、草叶放在嘴里吹奏的古老技巧；等等。这些吹奏方式，都是早期人们互相传播信息的重要手段。

出土于河南舞阳贾湖遗址的龟甲摇响器，距今7000—5800年，属中原地区裴李岗文化贾湖类型。这类摇响器有数十件，往往6或8个一组置于墓葬中，多数出土时背甲与腹甲扣合，上下甲结合部位多钻有若干个缀合孔，甲内装有颜色、数量不

图2-28　陕西华县井家堡仰韶文化遗址出土的陶角[1]

图2-29　山东莒县大米村出土的陶号角[2]

① 引自刘峻骧：《中国艺术通史·原始卷》，北京：北京师范大学出版社，2006年，第61页。
② 引自《中华文明史》编纂工作委员会：《中华文明史·第一卷》，石家庄：河北教育出版社，1989年，彩页。

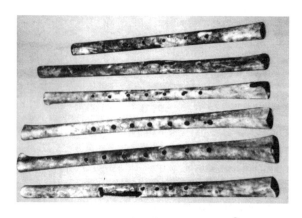

图 2-30　河南贾湖 M78：1 骨笛[1]

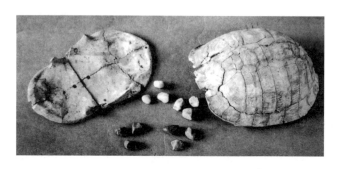

图 2-31　河南舞阳贾湖龟甲摇响器[2]

图 2-32　陕西临潼姜寨摇响器[3]

等的小石子，可以摇动发响。[4]新石器时期这类摇响器多有考古挖掘，多为球形或半球形，中空的构造，可以装载石粒或陶丸（图2-31、图2-32）。有研究认为，这些摇响器可能是当时的乐器，也可能兼具巫术法器的功能。[5]当然，因为特殊的声响作用，这类响声器成为当时信息传播的辅助工具。

　　陶铃的起源，可上溯至仰韶时代的黄河和长江"大两河流域"的广大区域，距今6000年左右。如图2-33河南陕县庙底沟陶铃，为细泥红陶捏制，圆纽，铃体圆长，体内上实下空，平口。肩两侧均开有直通体腔的斜孔，当为悬铃舌所

① 引自刘峻骧：《中国艺术通史·原始卷》，北京：北京师范大学出版社，2006年，第57页。
② 引自刘峻骧：《中国艺术通史·原始卷》，北京：北京师范大学出版社，2006年，第50页。
③ 引自刘峻骧：《中国艺术通史·原始卷》，北京：北京师范大学出版社，2006年，第51页。
④ 参见刘峻骧：《中国艺术通史·原始卷》，北京：北京师范大学出版社，2006年，第50页。
⑤ 参见刘峻骧：《中国艺术通史·原始卷》，北京：北京师范大学出版社，2006年，第52—53页。

用。[①]1986年，在被称为"中华文明的肇始"的山西襄汾陶寺遗址出土一件精巧的红铜铸件铜铃，属龙山时期，已经掌握了比较复杂的复合模范铸造金属工艺，是中国历史上迄今可见的最早金属乐器。

以石块制成的磬是一种非常古老的打击器。《吕氏春秋·仲夏纪·古乐》记载"帝尧立，乃命质为乐。质乃效山林溪谷之音以作歌，乃以麋輅置缶而鼓之，乃拊石击石，以象上帝玉磬之音"。磬的选择，一般是以能否发出响亮悦耳之音为准，早期多为自然石材的简单砸割雕琢，后来为了便于敲击，也是为改进音量和音质，用钻孔将磬悬挂起来，成为如今识别古磬的重要标志。山西襄汾陶寺出土的M3002特磬，为角页岩石材，尽管表面还是粗糙不平，但造型已经趋于规整，钻孔技术也较为娴熟（图2-34）。

图2-33　河南陕县庙底沟陶铃　　　　图2-34　山西陶寺M3002特磬[②]

四、信息与新闻传播

原始社会的信息传播主体是口耳相传的声音语言。符号信息系统发明后，借助

① 刘峻骧：《中国艺术通史·原始卷》，北京：北京师范大学出版社，2006年，第53页。
② 引自吴诗池：《中古原始艺术》，北京：紫禁城出版社，1996年，彩版第30图。

岩画、陶文乃至龟甲兽骨的信息载体出现。这些符号形态的使用说明，族群、城邑、王国内信息的传播方式获得了普遍的约定与规范，成为交流与共享信息的重要模式。也就是说，利用符号信息语言进行学习与流通，成为当时群体社会的基本需要。从考古实物看，我们考证的还仅是能够经受岁月沧桑的坚硬的自然载体形式。借助自然山体的洞穴、露天岩石刻绘，通常都是建立在群居生活的核心区域，都是静态的信息传播模式，而镌刻在木、陶、骨等便于携带的载体信息，已经具有流动性特征，并随着各种道路交通的拓展被传播到更远的地区。

原始社会是否存在新闻信息传播或存在普遍意义的新闻传播活动，似乎一直是有争议的。这样的争议一方面是因为对"新闻"概念的不同认知而导致的不同理解，另一方面也确实存在考古证据缺失的无可奈何。

正如导论与前一章节所论述的，摆脱混沌，走向文明形态的人类社会，即便是远古蛮荒时代，只要拥有一定数量的人群，只要具备相互沟通与交流的基本能力，不管这样的能力体现在身体语言，还是在不同的符号文化发展阶段，本质上都必然有着对新近事件与消息的本能好奇与需求，这也是社会化群体、组织与国家形态的基本生存状态。很难设想，在一个有着广泛社会活动的人群中可以没有对新近事物了解的需要，可以生活在无法应对各种突发事件的封闭的社会环境，这是不符合人类生存基本要求与法则的。

也因此，对于原始社会信息及新闻传播的研究，我们应更多着眼于如何分析界定其特定历史时期的特殊形态与性质，思考信息、新闻性信息与新闻的基本内涵和界限，以及通过对其历史环境与背景尽可能的还原，推测其在已有社会基础与技术条件下的可能样态。

我们至少可以推论，原始社会新闻传播活动之所以萌芽与发展，可以归结为具有革命性的起点：一是信息符号的发明；二是符号载体及技术的使用。这是人类突破身体局限性的历史转折，也是波澜壮阔的人类文明史的开端。

小　结

　　追溯夏商周前更久远的社会信息传播形态，是为了宏观认识人类信息传播历史，特别是新闻性信息传播的原始形态与萌芽，这是中国古代新闻传播技术史的源头。可以帮助我们深入理解人类社会信息传播的原始需要与动力，思考技术发明与进步如何不断拓展人类信息交流与传播的空间与维度，促进人类文明社会的持续前进。

　　远古时期，中华先民从原始的散落群居到部落乃至王国社会形态，这延续了近万年的社会形态都是建立在不断发展的社会性信息传播与交流基础之上。因为生存的迫切需要，在漫长的历史进程中，先民们克服重重困难，不断突破原始信息交流与传播的局限，创造了符号化的图符信息表达方式，并通过刻绘载体传播实践，不断探索可替代的交流工具与媒材，不断改进传播技术与方法，为后来人类信息交流，包括新闻性信息传播发展奠定了坚实的基础。

Chapter 3
Technologies of Information and Journalism Communication in the Dynasties of Xia, Shang, and Zhou

夏商周是由原始社会向奴隶社会与封建社会发展的过渡时期，政治、经济与社会、文化蓬勃发展，是中华文明萌生的重要历史阶段。中华先民的思想意识、物质生产、生活形态与信息传播在这一时期得到稳固且迅速的发展。文字的产生、规制与系统化应用，图像技艺以及基础信息载体与传播技术都是在这一时期得到全面发展。

第一节　历史背景

夏商周时期是指秦朝以前，从传说中的二皇五帝到春秋战国时期，公元前2070至公元前256年。在长达1800多年的历史中，已经出现了城市与国家形态，文字更加成熟并得到系统化应用，还有复杂的礼仪与社会管理，都在不断推进着信息传播活动的发展。其中，夏商时期的甲骨文、殷商的青铜时代、春秋战国时期的百家争鸣文艺繁荣都是人类文明发展的历史标志。这一时期也是文图信息与新闻传播萌芽的发展阶段，奠定了中国信息与新闻传播技术发展的重要基础。

一、历史与文化社会环境

夏朝被视为中国历史上第一个朝代，最早在周人留存的文献中有零星、简略的记载。一般认为，河南偃师二里头文化遗址为夏文化考古的重要依据。在夏代纪年的同时，我国各地还同时存在着许多各具特色的古代文化，说明文献中的夏代还处在一个"多中心"的时代，各部族发展不甚平衡，中原地区的文化优势尚不十分明显。

夏商周时期，社会形态在国家治理下持续发展。在商灭夏之前，商部族已有很悠久的历史。公元前1600年，汤灭夏，建立了商朝，其后，汤四处征伐，灭掉了许多方邦部族，版图也随之不断扩张。商王朝直接统治的王畿及其附近地区称为中土，包括今河南北部、河北南部和山东西部。远离王畿的地方，分为东土、西土、南土和北土四个区域，分封给诸侯进行间接控制。因此，在黄河流域的其他地方，在南方遥远的长江流域都深受商文化的影响。商代已进入历史上青铜时代的全盛时代，青铜器的铸造和使用成为商文化的时代性的标志，尤其是盘庚迁殷后，王都殷墟集中了大量的作坊，成为当时青铜铸造业的中心。在江西新干县的大洋洲、四川广汉县的三星堆都有了不起的青铜文明发现。那里的青铜器既有明显的地方特色，也有许多青铜器与殷商青铜器风格神似，都可能受到了商文明的影响。①商文化的另一个时代性标志是甲骨文的创制，甲骨文是古汉字的一种书体名称，因写刻在龟甲、兽骨上而得名。

西周开始于公元前1046年，终于公元前771年。"封邦建国"的分封制，以血缘关系为基础、嫡长子继承制为核心的宗法制，以及"普天之下，莫非王土"的井田制，是西周制度建设的三大支柱。周朝建立后，即"分封建邦，以藩屏周"。周王自称天子，为天下共主。宗法制、分封制、井田制构成了西周社会三足鼎立的制度主干，由此形成了以血缘关系来辨亲疏、定身份的社会等级结构。

公元前770年，周平王东迁，开始进入动荡纷争的春秋、战国时期。春秋以

---

① 李万福、杨海明：《图说文字起源》，重庆：重庆出版社，2002年，第40页。

后，周王室表面上虽保留有"天下共主"的名义，实际上已丧失了对地方政府的控制，诸侯纷起，王室衰微，历史进入一个大动荡、大变革的时代。春秋战国时期，列国爆发了多次战争，处于大国周边的许多小国相继被灭，大国的称霸和兼并拓展了古代中国的疆域，完成了区域性的统一。经济上，铁工具的使用提高了生产力，提升了农业、手工业生产；诸侯各国合纵连横，群雄争霸，造成激烈动荡的社会形势，却促进了文化的繁荣活跃，出现百家争鸣的局面。

春秋战国是中国思想史上群星璀璨、人才辈出的年代，在短短的六百年间，即公元前8世纪至前2世纪间，出现了老子、孔子、墨子、庄子、荀子、韩非子等一大批伟大的思想家，他们提出的思想观点都与此前的文化传统不同。他们已经开始对人类自身在茫茫世界中的位置与历史处境感到困惑，从而对一系列根本性的问题进行系统性、超越性和批评性的反省，由此形成新的思想形态与文化思考，包括关于科技的思想与实践，并一直影响着后来乃至今天的人类生活。

二、信息传播基础环境

夏商周时期是文字萌芽与形成时期，是前文字信息新闻产生与文字信息（新闻）形成的重要演变时期。这一时期，已经出现成熟的图画文字与图像信息，并可以借助各类载体工具进行广泛的信息交流与传播。以甲骨文、金石铭文与竹简帛书为核心载体的文字信息逐渐发展成熟，具有新闻性的文字信息传播样态渐具雏形，非文字新闻信息传播逐渐增多。

语言文字的基本形态是以字、词和句段组成的，并通过音节和字词来表达思维活动。经过漫长的进化演变、锤炼，大概在几十万年前产生了音节语言。从此以后，口头的语言成为人类主要的传播形式，也是联系社会成员的基本纽带。

同其他古老文明一样，商代以发达的农业为整个文明大厦的基石。当时出现了养鱼和犁耕，掌握了养蚕和纺织丝绸的技术，农业有黍、稻、大麦、小麦、小米等粮食品种，种植桑、麻以及桃、李、枣等果树。石器、骨器和蚌器为主要生产工具，如铲、锄、斧、锛、镰、刀等，青铜农具虽不多见，但青铜技术已经逐渐成熟。王畿之内有较好的灌溉条件，并有数十人甚至上百人的集体耕种，剩余的粮食不仅可以酿酒供王族享用，而且让许多人有条件从事各种手工业劳动。

夏商周时期，市场的交易日趋繁荣。个体生产者在村落、城邦人员集中区域的交易经常化，"日中而市""因井设市"开始出现。所谓"古之为市也，以其所有易其所无者"（《孟子·公孙丑下》），"致天下之民，聚天下之货，交易而退，各得其所"（《易·系辞》）。这就是当时的"肆"。

商周时期的青铜技术对手工业发展有重要的推动作用。其中，玉器制作的成就非常突出，工匠已经能够根据玉石材料、质地、大小与色泽的不同制成不同的装饰品。商朝妇好墓中随葬玉器多达755件，涉及各种礼器、生活器具与装饰物品，工艺技术已经达到很高的水平。在陶器、漆器、骨器、牙器和角器的制作方面，商周时期也有卓越的成就。

夏商周时期已经出现扩音的辅助设备与音响器具，木铎、器乐、击鼓等都是先秦时期重要的音响辅助传播工具。语言和身体受时间和空间的限制，话语言出即逝，身体只能局限在有限的现场空间，随着社会的进步，已经不能满足人类的生活需要，需要新的超越身体局限的物质媒介来辅助人类的信息传播活动。

图画与文字的发明就是早期人类信息传达活动的关键性突破，文字从绘画向线性的图式转化走过了漫长的历史过程。当人类的图像刻绘仍然处于初级阶段，一方面是模拟现实的图像能力有限，另一方面是为了使用的便捷，促进了象形的图像逐渐简化与规范化，并与言语紧密结合，使用了包括组合图像符号与会意、形声技巧的造字手段。

汉文字演化现存最早的证据就是殷商甲骨文，以及稍后的金文、石鼓文等，经过商周时期石鼓、青铜铭文等篆书文字的演变，并通过简牍帛书到纸张的发展，经由小篆、隶书、草书、行书、真书等阶段，依次演进。不同时期所形成的文字都有着各自鲜明的书体特征，成为信息传播的重要媒介与载体。

除了言语、文字，夏商周时期还有实物、旗鼓、烽燧等信息载体与传播形式。实物信息在市场交易中最常见，也会有一些约定俗成的物体象征某类事物或对象，都是信息传播的重要方法。信息与新闻传播的媒介，由身体的信息传递到物质化的符号形态转变，意味着同时产生了信息媒介的载体与传播方式问题。这种社会性的信息交流与传播，反映了特定时代的人类历史与文化发展的基本生态。

三、信息传播基础条件

夏商周时期与信息新闻传播活动相关的领域，如陆路与水运交通运输，多样化交通工具都有了巨大发展。各种新的信息载体使用，都涉及材料工具技术、制作技术与传播技术的新发展。

古人无笔砚纸墨之便，往往铸金刻石，始传久远。[①]铸金刻石是指简帛纸张发明之前的社会信息传播形式，这主要归功于金属工具使用与手工业技术的大发展。夏商周时期，手工业已从农业中分离出来。例如，夏代二里头遗址南部挖掘出青铜冶铸作坊，出土有坩埚残片、陶范、铜渣和进行冶铸操作的工作面，遗址西北有陶窑，北面和东面出土有骨料和骨质的半成品、磨石，到了商代社会，已经形成许多独立的生产部门。《左传·定公四年》载：周曾分股商遗民六族给鲁公鲁国，七族给康叔卫国，其中多数遗民部族就是从事手工业。例如，给鲁公的绳工（索氏）、青铜酒器工（长勺氏、尾勺氏），给康叔的陶工（陶氏）、制旗工（施氏）、马缨工（繁氏）、锉刀工或斧工（锜氏）、樊氏（篱笆工）、椎工（终葵氏），可见分工之细，工种之多。

周朝已经进入青铜时代，而至少在春秋时期，已经进入铁器时代，到了战国中期，农业领域的铁制器具已经普遍使用，对于推进农业开垦与耕作技术的进步具有划时代的意义。由于铁器更加坚韧锋利，对于信息符号的刻制技术也有重要的贡献。

1. 金属生产工具技术

夏商周时期是古代采矿技术蓬勃发展的时期，金属、非金属矿，包括铜矿、锡矿、铅矿、铁矿、金银矿、玉石等开采技术迅速发展。《山海经》中记载了73种矿物，其中金属矿物就有铁、铜、锡、金、银5种。商朝的地下开采已经可以有效采用竖井、斜井、盲井、平巷相结合的开采技术，初步解决了井巷支护、采掘、运输、提升、通风、排水、照明灯一系列复杂的工程技术问题。

---

① （清）阮元：《揅经室集》，北京：中华书局，1993年，第605页。

　　夏商周时期，最突出的成就是青铜技术。据考古发现，出土的铜器最早可追溯至公元前4000年西亚伊朗、叙利亚以及北非埃及等地区，欧洲也有发现。但最辉煌的青铜时代则是出现在中国。在中国陕西临潼的姜寨，已经出土了公元前约4700年的人工冶炼的原始黄铜残片和黄铜管。1975年，甘肃东乡林家马家窑文化遗址就出土了一件距今5000年的青铜刀。青海互助土族自治县总寨出土的骨柄铜刀，双面开刃，一端镶入兽骨制成的柄内。当时的铜器制造主要有冷锻法和范铸法两种，与原始时期的石制、骨制、陶制等不同材料刀具相比，总寨铜刀质地更坚硬锋利（图3-1）。到了二里头文化时期，也就是夏代晚期至商代早期，已经广泛使用青铜器，到了西周，青铜冶炼与铸造技术达到相当成熟的阶段。

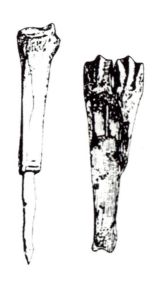

图 3-1　总寨骨柄铜锥和骨柄铜刀 [1]

　　我国青铜冶炼技术到了商代晚期已经达到较高水平。这时候的冶炼设备由坩埚发展到竖炉，无论是耐火材料、矿物冶炼还是鼓风技术都逐渐成熟。商代晚期以后，青铜铸造技术有了很大的发展。铸造技术的主要成就包括：二里岗时期发明了分段造型和"先铸器体，后铸附件"的分铸法；商代晚期发明了"先铸附件，后铸器体"的分铸法；春秋时期发明了层叠铸造、出蜡铸造和金型铸造。

---

[1] 引自何堂坤：《中国古代手工业工程技术史》，太原：山西教育出版社，2012年，第89页。

青铜铸造的过程首先是塑出实物模型，模的形状是根据制范的需要设计的。如果是较大的器物，模型一般需要按照不同的部位分别制作。然后，依据模型制范与芯。范构成器物的外部形象，芯则是形成器物的内腔、孔及某些中空部分。最后合范浇铸。若器形简单，模型只需一次完成，若器形复杂，或同一器形的产品数量较多，模型就需要制作多次才能完成。模型常以泥为原料，后烧造成陶质体，模上的纹理可用堆、削、雕、刻等方式做出。这是模型复制技术的重要手法，与雕版印刷原理类似，是催生印刷复制技术发明重要的技术准备。

2. 钢铁工具技术

公元前1000多年，世界各地已经出现人工冶铁技术。我国利用陨铁晚于西亚，人工块炼铁也晚于西方，但是生铁技术和在生铁基础上的铸铁柔化与炼钢技术大大早于西方，是世界上最早发明冶铁技术的国家。人类利用金属铁的历史，是先利用陨铁，再用人工块炼铁，还有就是通过人工冶炼铁矿石锻打或者浇铸的器具。我国人工冶铁的产品最早出现在约公元前14世纪的西北地区（甘肃临潭磨沟寺洼文化墓葬）。1990—1991年在三门峡虢国墓出土玉柄铜芯铁剑、铜内铁援戈、铜骹铁叶矛各一件，皆铜铁合制，前轴与后者都定成了块铁渗碳钢，次者为块练铁。[1]这是中原文化区迄今最早的钢铁器（图3-2）。

图3-2　西周晚期玉柄铁剑，1990年河南三门峡虢国墓2001号墓出土，河南博物院藏

春秋以后，以礼乐器为中心的青铜业逐渐衰退。战国时期，生铁技术兴起，我国古代金属技术又进入一个新的阶段。这是人类金属文化史上至为光辉灿烂的时

---

① 河南省文物考古研究所等：《三门峡虢国墓》，北京：文物出版社，1999年，第559—573页。

代，人们在金属冶炼、铸造，以及合金技术、加工技术、热处理与表面处理技术等方面，都取得了伟大的成就，这是古代世界任何一个地区、任何一个民族都不可与之比拟的。[①]

冶铁技术的发展，使铁农具在农业、畜牧业上得到广泛运用。春秋时期，钢和铁的使用量越来越大，已能锻造铁工具。据有关统计数据，由西周晚期到春秋晚期，从中原到云南江川，出土过钢铁器具的地方有20余处，有生铁、熟铁、钢和可锻铸铁。由于农业的发展，有了较多剩余劳动力，促进了手工业及其各领域技术的不断进步。战国中晚期，钢铁技术大发展，铁器在全国迅速推广，在手工业中已经替代了木石器和青铜器，并逐渐占据主导地位。

铁制工具的出现，推动了器物制造的精细化发展，对道路交通建设与车船器物制造影响深远。这一时期还是竹简木牍的大发展时期，更加锋利坚韧的铁器工具，便于竹简、木牍的制作与规模化生产，在金石铭文载体上，也更易做精细的雕刻与打磨，还推进了此后石刻的广泛应用。

3. 制陶载体与技术

夏商周时期的制陶技术选择了含硅较高的瓷土为原料，发明和发展了石灰釉，泥条筑成法和拉坯技术更娴熟。这一时期南北方都出现了规模较大的制陶作坊。陶瓷制品主要是灰陶，也有部分白陶与原始瓷。印纹硬陶在南方相当发达。陶模陶范含硅量比灰陶稍高，其成分是有差异的，因为石英加热时膨胀系数较大，减少了泥料因加热收缩而引起变形与开裂。建筑用陶主要成分与灰陶基本一致，文字与图像信息从商周到汉代已经广泛应用于瓦当、砖石等制陶器具中（图3-3）。

4. 木材加工与制作技术

中国古代木材加工与制造技术发展历史久远。先人们在社会化劳动中逐渐学会对不同木材器具的简单加工，还开始尝试房舍建筑的土木营造。所谓有巢氏构木为巢，燧人氏钻木取火；神农氏斫木为耜，揉木为耒，黄帝轩辕开山通道，作宫室，判弓矢，造舟车，开辟了木材的广泛用途。在中国古代器物用具历史上，除了加工木材的切削转磨工具外，大多数工具和器具都是木制的，包括古代交通信息传

---

① 何堂坤：《中国古代手工业工程技术史》，太原：山西教育出版社，2012年，第131页。

图 3-3　西周早期刻有陶文的陶簋，陕西扶风召陈西周中期宫室遗址出土 [①]

输中涉及的车船，作为文字载体的竹简木牍、印刷版材器具等与木工技术发展紧密相连。先秦时期，木材加工与制作技术得到迅速发展。《考工记》是春秋末期齐国人记录手工业技术的重要著作。书中将工匠分为木工、金工、皮革工、设色工、玉工、陶工6种，且木工又分为7类：轮人造车轮和车盖、舆人造车箱、车人造兵车乘车和田车、庐人造兵器之柄、匠人造宗庙明堂、弓人造弓箭、梓人造乐器架。书中详细记载了当时的木材加工技术，提出了"天有时，地有气，材有美，工有巧，合此四者，然后可以为良"的重要论点。春秋战国时期，锯子、刨子、钻子等木工器械都是这一时期发明的，还有木结构的榫卯技术，如银锭榫、凸凹榫、格角榫和燕尾榫等制作技术，为推动车船等交通运输与传播工具发展奠定了重要的技术基础。

　　鲁班（前507—前444）是先秦时期木作技术的杰出代表。鲁班，春秋时期鲁国人，姬姓，公输氏，字依智，名班，人称公输盘、公输般、班输，也有尊称公输子，又称鲁盘或鲁般。他出身于工匠世家，据《事物绀珠》《物原》《古史考》等古籍记载，许多今天木工使用的工具器械都是由他创造的，如曲尺（也叫矩或鲁班尺）、墨斗、刨子、钻子、锯子等工具，传说也都是鲁班发明的。《墨子》记载："公输子削竹木以为鹊，成而飞之，三日不下。"可见其高超的技艺，后来被奉为土木工匠的祖师爷。

---

① 引自陈全方：《商周文化》，上海：上海科技教育出版社，2008 年，第 156 页。

5. 织物载体与技术

夏商周时期是古代纺织机械技术的初步形成期，从原料培育、加工到缫、纺、织、染，各项技术都发展迅速。纺织原料已经逐步过渡到以人工培育为主的阶段。丝织品组织复杂，色彩鲜艳，麻纺织与毛织技术都有了较大进展。

西周时期，纺织已经成为社会生产的基础产业，国家对纺织技术，从原料征集到纺、织、漂、染，都设置了专门的管理机构，并建立了严格的制度。这一时期已经发明和使用了手摇纺车，织机有了传动机制，印花技术也被发明，出现了斜纹、经二重、纬二重和大提花等复杂组织，织出了绮、锦等绚丽的作品。

我国是世界上最早饲养家蚕和织造丝绸的国家，在甲骨文中已经有"丝""帛"和"桑"等字。"帛"本意为本色的初级丝织物，帛书就是写在绢帛上的文书，也叫缯书。帛的种类繁多，一般的白帛称为"素"，以生丝造成，不经漂染，最常用来书写；粗丝织成的为"缯"，质地较厚、色泽相对较暗，但经久耐用；双丝织成的为"缣"，色黄，但精美精致，不透水，价格昂贵。帛柔软轻便，可以随意折叠或卷起，阅读、携带、保存都很方便。

纺织印花技术是对信息传播技术的一大贡献。器物表面复制图纹工艺已经较普遍，因为技术思想的相通性，印花技术也采用了模具铸型加工，成为雕版印刷之前重要的复制技术的实践。

6. 交通运输技术

夏商周时期，城镇村落崛起，政治、经济、军事活动频繁，地域性联系与交流不断加强。原始的陆路、水运开始发展为真正意义上的交通道路。

古代道路修建首先是夯实地基的技术，也有用火炒的熟土铺路，利用石灰稳定土壤，还有使用地砖、石头、灰浆技术等。另外，由于道路通行涉及运力，需要使用车马等交通工具，故需要一定的宽度。路基也需要专门人工铺垫与夯实，工程量巨大。

据文献记载，夏朝已经出现国家形态，拥有广大的土地。二里头遗址考古发现，夏都斟鄩坐落在伊洛平原地区，距今有4000多年的历史，总面积为3.75平方千米，内有大型宫殿遗址，分割出不同的功能区。制造贵族奢侈品的官营手工业作坊区位于宫殿区的近旁；祭祀区、贵族聚居区都拱卫在其周围。[1]主干道网位于宫殿区的外围。城内道路纵横，大路共有东西向5条，南北向6条，路面一般宽度为6米，最宽则达10米，路和城门方位相对应，形成棋盘式城区交通网络[2]。城中道路主次相配，主干道宽敞平直，路土坚硬平密，土质纯净，厚度约半米，路面中间稍鼓，两侧稍低，方便去水。干道直伸城外，城门路下，铺有木板盖顶的石垒排水沟，沟底以石板铺砌，内高外低，依次呈鱼鳞叠压状，顺序与水流方向一致。干道出城后，和沿城外侧所筑宽约4.5米的顺城路衔接；城内另有与干道相连的斜坡状马道，可以直登城墙。[3]架桥修路技术在夏代已能因应气候季节而施工。《国语·周语》曾引《夏令》说，"九月除道，十月成梁"，"雨毕而除道，水涸而成梁"。

因为夏朝的国家与城市发展，城市街巷、都城内外、王国与各诸侯国之间都铺设各类宽阔的道路，才能维持节日与社会的基本运行。商朝已经能够使用石灰稳固地基，夯土筑路。从殷墟的考古发现看，位于殷墟腹地的两纵三横路网连接了密集的居民点、手工业作坊，道路之间相互连通，路面宽阔，车马痕迹纵横[4]。这里不仅有石板的路面，还出现土渣、碎陶片和砾石路面。[5]"树枝状"水系已经颇具规模，殷墟的水网遗存工程浩大，其干渠长达2500余米，殷墟的枝状水系几乎流经半个殷墟，并出现了大型的木桥，一座考古发现的木桥位于殷墟安钢大道南的刘家庄北地，南北向道路桥梁跨度约5米、宽约20米，由木桥桩和桥面原木组成。桥桩有大小两种，直径约20厘米的桥桩有20余个，分列南、北两排，其间杂有10余个直径约10厘米的小木桩。[6]

《诗经·商颂》比喻商都"商邑翼翼，四方之极"，以形容其王邑内道路规模之大。商代王邑时有迁徙，使交通路线多有变更。大抵商都迁殷之后，以此为中心

① 中国社会科学院考古研究所二里头工作队：《河南偃师市二里头遗址宫城及宫殿区外围道路的勘察与发掘》，《考古》，2004年，第11期。

② 史怀秦：《尸乡沟商城遗址》，《中原文物》，1988年，第4期。

③ 赵芝荃：《偃师尸乡沟商城的发现与研究》，《中国古都研究》，杭州：浙江人民出版社，1987年，第3辑。

④ 唐际根等：《洹北商城与殷墟的路网水网》，《考古学报》，2016年，第3期。

⑤ 参见中国社会科学院考古研究所：《殷墟发掘报告（1958—1961）》，北京：文物出版社，1987年，第94—99页。

⑥ 唐际根等：《洹北商城与殷墟的路网水网》，《考古学报》，2016年，第3期。

点辐射国家大道于四方。据商代遗址分布和甲骨文材料来看，殷商从这一中心放射的大道有6条。根据甲骨文记录的信息，商王都通往各地的道路中，包括一条通往徐淮地区，一条通往湖南、江西，另两条一达西边的渭水流域，一达西北陕北甘肃一带。这几条被称为"王道"的通路，既宽广，又平坦，道路笔直，十分便利于车马行进。[1]江西清江吴城商代遗址有一条长约百米，宽3—6米的路，和另一残长39米，宽1—2米的长廊路相衔接，路面铺的类似三合土，且有排列有序的柱洞，柱可能为走廊建筑物的柱子。

周王朝在各地分封诸侯，为了更好地控制国家，需要建置有效的军政制度，故以车兵为军队主力，并在各地配置相应的交通道路。西周青铜器铭文和当时的文献记载，周王朝在国都镐京和东都洛邑之间，就修建了一条连通各地的交通干道。按照周制，京都的王道，应宽九轨。一轨为1.8米，九轨约合16.3米。《诗经·小雅·大东》中说"周道如砥，其直如矢"，即形容周朝的道路就像磨刀石般平整，像射出的箭一样笔直。

周朝的交通网络可以分为城市的"经、纬、环王畿规划与城外的田野道路"。《周礼·匠人》中记载："国中九经九纬，经涂九轨。"就是说，都城中有九经九纬，围绕城市环形布局，出城为野。规定有不同的宽度（单位是轨，每轨宽八周尺，每周尺约合0.2米），"经涂九轨，环涂七轨，野涂五轨"。而田野道路分为径、畛、涂、道、路，所谓"凡治野，夫间有遂，遂上有径；十夫有沟，沟上有畛；百夫有洫，洫上有涂；千夫有浍，浍上有道；万夫有川，川上有路，以达于畿"（《周礼·地官·遂人》）。

周朝专设"司空"负责路政，掌管水利、土木与交通道路建设等，包括日常管理维护，如春秋战国时期佚名的《单子知陈必亡》所述"雨毕而除道，水涸而成梁"，"列树以表道，立鄙食以守路"本是先王之制，进而指出："道路若塞，野场若弃，泽不陂障，川无舟梁，是废先王之教也。"

春秋时期陆路交通有很大发展，已有"国中之道"和"野鄙之道"之分。如上文所述，"国中之道"已有"九经九纬，经涂九轨"，是国家的交通主干，往往

---

[1] 臧嵘：《中国古代驿站与邮传》，北京：商务印书馆，2007年，第10—11页。

可以供5—7辆马车并行。出城为野，其中 "径"是乡间小道，"畛"可以通过牛车，"途"已经可行走一辆马车，而"路"能三车并行，已经比较宽阔。

春秋战国还有许多艰难险峻的道路工程。如始建于商朝的褒斜道栈道，是中原王朝进入西南地区的咽喉。这条栈道自秦岭北麓斜水谷，到秦岭南麓褒水河谷。秦为夺取汉中与巴蜀地区，加强对大西南的统治，不仅将褒斜道、金牛道升格为官驿大道，而且大修栈道，使褒斜道成为通向大西南的高速公路。[①]《史记·蔡泽列传》有云："栈道千里，通于蜀汉，使天下皆畏秦。"这些栈道都是人们首先采用古老原始的"火焚水激"的方法开山破石，然后在崖壁上凿成30厘米见方、50厘米深的空洞，分上、中、下三排，均插入木桩。接着在上排木桩上搭遮雨棚，中排木桩上铺板成路，下排木桩上支木为架，[②]形成壮观的空中走廊。

夏朝尚未有车马实物的考古发现，商周时期甲骨文、青铜器铭文中已有表示车的象形字。殷墟卜辞中已经多见象车之形的"车"字，结构多有不同，说明车早已出现，并反映出当时的车已有辕和可供乘坐的车厢，是一种独辀两轮、横长方舆箱、后开门的木质结构；《尚书·酒诰》中有"肇牵车牛，远服贾用"，说明当时人们已使用牛车进行运输与贸易活动。除了畜力牵引的车，人力车有辇与辇两种，辇是双人挽拉，而辇是独轮手推车。周灭商时，武王动用战车300乘。从出仕战车遗存来看，当时车宽约3米，驾上马，全长约3米，由此可以推出，商代干道宽度至少在3米以上，且平坦坚实，否则不足以承受商、周战车之来往（图3-4）。

商周时期诸侯世族阶层大量使用马车，并有用马车殉葬的习俗。周大型墓葬多有车马坑并随葬车马器（图3-5、图3-6）。车马不仅是当时军队的重要军事装备，也是国家治理、民生运输与信息传播的重要手段。

---

① 梁中效：《古褒城在褒斜道交通史上的地位述论》，《安康学院学报》，2017年，第4期。
② 秦筑：《秦代陆路交通初探》，《黑龙江科技信息》，2009年，第25期。

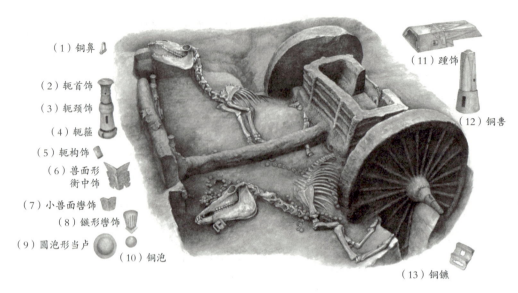

（1）铜鼻　（11）踵饰

（2）軛首饰　（12）铜書

（3）軛颈饰

（4）軛箍

（5）軛构饰

（6）兽面形
　　衡中饰

（7）小兽面辔饰

（8）镞形辔饰

（9）圆泡形当卢

（10）铜泡

（13）铜鑣

图 3-4　河南安阳殷墟孝民屯南地 M7 号车马坑发掘现场图及车马坑内的铜饰物①

图 3-5　西周沣马西车坑，西安长安县马
王镇张家坡出土，陕西历史博物馆藏

图 3-6　人物车马出行漆画，湖北荆门战国楚墓包
山大冢出土，湖北省博物馆藏

　　商周时期造船和航运已经兴起，木船被普遍使用。人们不仅利用天然内河、湖、海开展航运，还开挖人工运河，连接天然河道湖泊，不断扩大水运的范围。在中原黄河地区，长江和珠江流域已有较大规模的船运。成书于春秋战国时期的

---

① 引自刘永华：《中国古代车舆马具》，北京：清华大学出版社，2013 年，第 11 页。

《尚书·夏书·禹贡》记述了黄河中下游、长江中下游，西达到渭水和汉水上游的河道疏通与地理情况，以及各地物产贡输道路，说明当时水陆交通运输能力已初具规模。

《左传·哀公九年》记载，鲁哀公九年秋，吴国在"邗"开凿沟渠来"沟通江、淮"，连接南北水上交通。后来，吴王夫差为称霸中原，还将邗沟向北延伸，联通了淮河以北的水路。魏惠王十年（前360），鸿沟被开通，进一步融合了黄河水系和淮河水系，推进了南北往来。

在甲骨文中，"舟"字有多种不同的结构造型，说明当时的木船已经有多种形制。还有卜辞中的"凡"字，为"帆"的象形，说明利用风力推动航行的水运方式已经出现。到了春秋战国时期，安徽寿县出土的战国时期楚王颁发给鄂君启的免税凭证错金铜节，铭文中详细规定了水路、陆路交通路线，包括车节经过的9个城邑，舟节经过的11个城邑，以及以长江、汉水水系为主的水上线路（图3-7）。

春秋战国时期，已有齐景公"游于海上而乐之，六月不归"（西汉刘向《说

图3-7　战国时期错金"鄂君启"铜节，国家博物馆藏

苑·正谏》）的传说。《论语·公冶长第五》记载孔子欲乘筏从海道前往他处，"道不行，乘桴浮于海"，可见沿海交通已经非常便利。楚国的屈原在《楚辞·九章》中有"乘舲船余上沅兮"，这种舲船是一种有棚有窗的小船。当时的吴越两国造船业发达，《太平御览》卷一《吴志》载，"诸葛恪出征东兴，有虹见其船。又曰：吴人以舟楫为舆马，以巨海为夷庚也"。《越绝书·越绝外传·记地传》第十记载，越人"水行而山处，以船为车，以楫为马，往若飘风，去则难从"。越国设立了"舟室"，所谓"舟室者，勾践船宫也，去县五十里"。"舟室"也就是造船工场，规模很大，内有经验丰富的造船工匠。舟室可以制造各种船型，其中的"楼船"是指两层或多层建筑的战船。《越绝书》中记载吴王阖闾见伍子胥，询问船运装备何如，对曰："船名大翼、小翼、突冒、楼船、桥船。今船军之教，比陵军之法，乃可用之。大翼者，当陵军之车；小翼者，当陵军之轻车；突冒者，当陵军之冲车；楼船者，当陵军之行楼车也；桥船者，当陵军之轻足骠骑也。"越灭吴后，公元前468年，越王由会稽迁往琅琊，随行有"死士八千，戈船三百艘"。沿长江而居的巴蜀地区造船也有很大成就。《史记·张仪列传》第十记载，"秦西有巴蜀，大船积粟，起于汶山，浮江以下，至楚三千余里。舫船载卒，一舫载五十人与三月之食，下水而浮，一日行三百余里，里数虽多，然而不费牛马之力"。1935年河南汲县山彪镇1号墓出土的嵌错水陆攻战纹铜鉴（图3-8），中有两层船仓作战的场景，图中有手持兵器的战士与划桨手等人物292名。这样的文献记录还有台北"故宫博物院"藏"宴乐渔猎攻战纹青铜壶"与中国航海博物馆收藏的"嵌错水陆攻战纹铜壶"等，展现了战国早期造船技术与船运能力。

图3-8 河南汲县山彪镇1号墓嵌错水陆攻战纹铜鉴中的楼船，台北"故宫博物院"藏

春秋时期河运与航海实践，得益于天文学与地理知识的发展。当时的人们已经较细致地掌握山川水系的地理分布，区分海洋的不同区域，了解陆地与海洋气候。在天文学上，源自"天垂象，见吉凶"目的的天象观察，带动了天文研究的发展。《晋书·天文志上》载，黄帝曾研究《河图》，以明了吉凶善恶，到了颛顼时代，任命南正重主管天文，北正黎主管地理。帝喾当政时仍然关注日月星辰的规律次序，唐虞时代是羲氏、和氏接继了他的法则，有夏时代是昆吾承继了以往的规矩。不过年代都已久远，文献典籍没有流传下来。到了春秋战国时期，"鲁有梓慎，晋有卜偃，郑有裨谌，宋有了韦，齐（一说是楚或鲁）有甘德，楚有唐眜，赵有尹皋，魏有石申夫，皆掌著天文，各论图经"。其中，甘德《天文星占》与石申夫《天文》合称《甘石星经》，他们曾系统地观察了金、木、水、火、土五大行星的运行，记录了800个恒星，测定了其中121颗的方位，比希腊天文学家伊巴谷测编的恒星表还早约200年。这些天文学的发展为春秋战国时期及后来河运与航海的进步起到了重要的作用。

第二节　信息生成与制作技术

随着文字、图像信息的产生与使用，以及信息载体与制作技术的突破，夏商周时期，除了龟甲兽骨的刻绘，信息的生产也拓展到简牍、缯帛、玉石、货币，以及各类金属、陶土器具上，为秦汉以后信息载体与形式的变革奠定了重要的物质与技术基础，也为雕版与活字印刷发明提供了前期的基础准备。

一、信息生产

夏商周时期，已经有符号信息的基本形态与载体，如在商周时期系统化的甲骨文与金文，还有石鼓文及简牍帛书的信息载体，形成相对成熟的生产、制作信息的基本技术和条件。

1. 龟甲兽骨

从考古史料看，甲骨文集中发现于2000多年以前人类农业文明最早的发祥地之一黄河流域,这也是文献记载中夏商王朝存在的时期。出土甲骨文的殷墟是商朝最后一个都城。从公元前14世纪商王盘庚迁都于殷到周武王灭商,殷作为商朝首都达273年之久。殷墟遗址位于黄河支流洹河两岸,东西长约6千米,南北宽约4千米,总面积约24平方千米,四周尚未发现城垣。遗址内发现许多宫室、宗庙基址,其中最大的超过1000平方米。宫殿周围分布有铸铜、制骨、制陶的手工作坊。

殷墟因其出土的古文字文明而名震四方,特别是甲骨文的发现,震惊世界。严一萍(1912—1987)先生指出:"甲骨文研究的对象是'甲'与'骨'。甲是龟甲,骨是兽骨。"龟甲包括乌龟的腹甲与背甲,而兽骨则包括牛骨、羊骨、虎骨、鹿骨,甚至人骨等。尽管甲骨文字出土地域广泛,包括河南、河北、陕西、安徽等广大地区,经历的时间也从新石器时代延续到春秋战国,但唯有殷墟甲骨最为出名。[①]

殷墟甲骨文已是体系化的汉字系统,其形成期约在商代的后期,即公元前14至前11世纪期间。郑州商代遗址二里岗文化的发现,则将甲骨文应用提早了三百年,为公元前1750年至前1350年间。再后,山东大汶口文化遗址也陆续发现有刻绘符号的陶器和残片,这些刻绘符号和甲骨文与早期的金文很接近,明显具有相承的关系(图3-9)。

经学者推演研究认为,殷墟的甲骨时代自盘庚迁殷到帝辛(纣)之灭亡,经过八世十二王,273年。所谓"殷代人的刀笔文字"实际为殷商王室贵族利用龟甲兽骨进行占卜的一种卜辞。商朝有一支数量可观的神职人员,包括史官、贞人与巫师,他们祈求通过甲骨占卜征询神意,获取护佑。

从已有统计看,安阳殷墟出土的甲骨刻辞是商代后期的遗物,据不完全统计,其数量约15万片,涉及国内外十几个国家与地区,发现单字5000多个,可解读的有4000多个,所记录的内容多数与占卜有关。商代盛行占卜,大事小事一律要求神问卜,内容涉及祭祀、征伐、方国、农业、气象、旬夕、田猎、疾病、生育等。

[①] 引自沈之瑜:《甲骨学基础讲义》,上海:上海古籍出版社,2011年,第13页。

图 3-9　祭祀狩猎涂朱牛骨刻辞，长 32.2 厘米，宽 19.8 厘米，河南安阳出土，国家博物馆藏

　　甲骨文是占卜祭祀用刀刻上去的，并不是商代人们日常生活中使用的文字，更多的应用应该是用竹简或其他媒材。从甲骨文字形的字体风格可以推断，首先甲骨文字形修长，与竹简书写形式相吻合；其次，甲骨卜辞中都是自上而下刻写，而不是左右书写，这也与竹简记录相吻合。商代已经开始用笔，虽没有出土的实证，但甲骨卜辞上的朱书和墨书文字无疑就是商代有笔的铁证，而且甲骨文"史"和"尹"等字形都像人手持笔一样（图3-10、图3-11）。

　　浇铸在青铜器上的金文，是与甲骨文同时期的文字。在周原遗址出土的大量青铜器上的铭文，同样能够说明成熟于商的汉字已经从黄河的中游，也就是今天的河南安阳一带延伸到了它的上游陕西的渭河平原。除了殷墟和周原之外，大辛庄商代遗址刻有文字的甲骨和殷墟甲骨文与金文如出一辙，看不出丝毫的地方特色。[1]

---

[1] 引自《汉字五千年》编委会：《汉字五千年》，北京：新星出版社，2009 年，第 58—61 页。

图 3-10　龟甲上用毛笔书写的文字①

图 3-11　龟甲正背面（编号 Y1954），国家博物馆藏

---

① 引自曲德森：《中国印刷发展史图鉴》，太原：山西教育出版社，2013 年，第 8 页。

在远古先辈看来，用龟甲与兽骨作为占卜用物，具有通灵的神性。其制作不仅有庄重的仪式与流程，也有严格的规范要求。它通常是由被称为"贞人"的专职人员负责，首先是选料，占卜的材料包括龟甲、牛肩胛骨、肋骨和臀骨等，骨面必须平整，便于刻写；其次，刻写前需要脱脂，方法多是将土碱和骨材放入水中煮泡。

范毓周先生指出，经过上述处理后，龟甲和牛肩胛骨"还要进一步刮削和磨光，然后在它们的反面挖和钻制出圆形和长椭形梭状的巢槽，以便在占卜时用火在这些巢槽内烧灼，使正面相应的部位出现裂纹。长椭形梭状的巢槽叫作凿，一般长约1厘米，口宽底窄，呈梭状斜槽。圆形的巢槽叫作钻，一般紧靠凿边正中部位钻出，是比凿稍小的圆形洞穴，一般都在凿的内侧。凿和钻都只做到距离正面极薄的地方，但不能穿透骨面。凿和钻的排列和分布也有一定的规律，其数目则根据龟甲和牛骨的大小而定"[①]。

龟腹部的甲壳被选为占卜的材料。龟背甲被弃用的主要原因可能是甲体过于坚硬，不便刻画，也不易在占卜活动中引发兆纹（龟裂）的出现。正因为如此，甲骨还需要钻凿出坑穴的工序，就是为了更利于烧灼后产生兆纹。每块甲骨钻凿的数量视甲骨具体形状与厚度而定（图3-11），经初步加工的甲骨可贮藏备用。在安阳殷墟小屯曾经发现一龟甲原料窖藏，大小数百只，均为完整之腹甲，还有已经刮削过的肩胛骨料。1973年发现有集中层层叠放的骨料窖穴，多片已经过凿、钻，其他骨料虽经整治，但尚未加工。

占卜活动正式开始的标志是，"贞人"将烧红的炭块或圆木在钻凿的坑穴中旋转烫灼，经过高温烫灼，龟甲正面会产生龟裂的"兆纹"，然后根据兆纹开裂的不同形态和方位解读占卜之事的吉凶祸福。

刻写卜辞是占卜的最后程式。从考古挖掘现场甲骨集中、有序堆放的分布看，卜辞刻写后会被归类整理与存放。现有甲骨文遗物绝大多数为刀刻，应是刀刻痕迹易于保留的原因，但也留下少量墨迹或朱砂书写的甲骨，有的是刻好形体再填以朱砂的。甲骨卜辞可能是直接刻写完成，也有可能是先写后刻，在考古发掘中，已发现出土甲骨上的书写文字有的只刻完了部分。

[①] 范毓周：《甲骨文》，北京：人民出版社，1986年，第7页。

因为龟甲兽骨坚硬，契刻在甲骨上的笔画不论是尖细还是后来的粗重，多为直笔处理，折笔常以两刀刻成，几乎没有弯转圆滑的形态。日本学者藤枝晃（1911—1998）先生推测，刻写工具既不是现在制作印章时使用的单刃刀，也不是篆刻家使用的双刃刀，而是与手工用的三角凿属于同一类型的工具，刀刃非常锋利。董作宾（1895—1963）先生认为，甲骨文中许多细如毛发的字形是以刀尖"单锋"刻画而成，"双锋"则两面皆有刻画痕迹，这是两次运刀的效果，大字是以"平锋"，字划的底部似凿成。笔顺先直后横，斜笔则同于纸且一次书成。他还推断殷人书刻工具已经有毛笔和刀，殷墟第一、二次挖掘发现3块牛胛骨版上有"毛笔书写之字，墨色因年久而又经洗刷泥土之故，业已淡黄了，但又侵入骨里，永久不退"。他还谈道，在第三次发掘大连坑附近大龟四版出土之地时"曾发现一把小的铜刀，甚似现世刻字者所用，这大概就是殷人契刻文字的工具"。他根据一些卜辞只刻纵笔而缺刻横笔等现象推测，卜辞有仅用毛笔书写而未刻的，又有全体仅刻直画的，可见是先书后刻。卜辞既经写过，就一手执版，一手提刀，为的版是向着自己的，所以就先刻纵笔及斜笔，刻完了，横转过来，再一一补足横画。如果不写而刻，那么在每一个字的结构上，稍繁的便不容易刻，何况每一笔画，又须刻两面刀锋。一个字犹难先直后横，何况全行？何况全版？①

董作宾先生认为甲骨文先书后刻，胡厚宣（1911—1995）先生虽认同甲骨文先写后刻，但又认为有熟手不写而直接契刻的。陈梦家（1911—1966）先生提出甲骨文是直接契刻而成，他认为："刻辞有小如蝇头的，不容易先书后刻，况且卜辞所常用的字并不多，刻惯了自然先直后横，本无须乎先写了作底子。"②估计一般不必书写起稿，而是依靠熟练的技术，以刀为笔信手刻来而成的。另一位赞同直接契刻的学者郭沫若举例"习刻"甲骨为证，指出当时刻字者有着高超技巧，是经过长期艰苦联系获得的。③当然，也有学者认为大字先书后刻，小字直接契刻。甲骨文多蝇头小字，不易先书后刻，不如直接契刻，这也是为什么字越大笔味越轻，

① 董作宾：《甲骨文断代研究例》，《中央研究院历史语言研究所集刊》外编第1种《庆祝蔡元培先生六十五岁论文集》（上册），南京：国立中央研究院，1933年，第418—419页。
② 陈梦家：《殷墟卜辞综述》，北京：科学出版社，1956年，第15页。
③ 郭沫若：《古文字之辩证的发展》，《考古》，1972年，第3期。

字越小笔味越重的缘故。

从殷商时期龟甲、兽骨之上文字雕刻技术看，已经达到了很高的水准。因为是以利器掘刻而成，故文字字形刚健，笔画多直线，但运笔已含蓄有力，轻重疾缓有致，笔画粗细、转折圆润自然，显示出手工雕刻技术的高度成熟。在周原甲骨刻辞中，有一些文字细若米粒，要借助放大镜才能看清，显示了其高超的技艺。

可能是受到书写的影响，甲骨文中的一些笔画已经展现出书写的特征。由于是专业人员长期刻写和使用，手法娴熟，所刻写的文字基本都能一气呵成，气脉贯通，浑然一体。

占卜龟甲凸显森严等级制。古文献有记载"天子龟尺二寸，诸侯八寸，大夫六寸，士民四寸"。近代考古学者在对殷墟出土的甲骨进行研究后，也认同了这个观点。例如，在殷墟出土的卜甲数量、大小各有不同，小屯出土的卜甲最多，数量达上万片，最大的龟甲长44厘米；侯家庄南地出土的大龟板长27—29厘米，花园庄东地出土的龟甲最大的长约34.5厘米。除此之外，殷墟九处遗址出土的龟甲都是较小的卜甲，尚未发现28厘米以上的大卜龟。[①]

彭邦炯先生全面统计了《甲骨义合集》中的缺刻笔画例，认为甲骨文契刻有自身的笔顺特点，其书刻惯例包括：一是先直后横，斜笔同于直，曲笔的竖形者亦然，乃契者习惯和以刀代笔所使然；二是上下结构的字，一般都是由上而下契刻完成的，这与后世汉字笔顺一致；三是左右结构的字，先左后右，也与后世书法习惯相同。中心轴对称的字，则在先直后横、先上而下、先左后右的原则下，先契刻中间部分，再从左而右刻完全字。他认为，特殊字形或特殊情况下，有破例，但不能由此个例而认为甲骨文缺乏笔顺惯例。中国书法艺术的书写笔顺惯例实肇自甲骨文时代。[②]

甲骨文突破图画的构图原则，完全按照语言的线性原则排列书写符号，只是排列的方向和行与行之间的衔接方式各有不同。在甲骨文时期，书写多为顺行直书，大多数是从上往下，既有下行而左书，又有下行而右书，行列的顺序没有固定的规

---

① 张攻关：《解读殷墟之甲骨百年》，《今日安报》（豫北版），2006年，3月17日。
② 彭邦炯：《书契缺刻笔画再探索》，《甲骨文发现一百周年学术研讨会论文集》，台湾师范大学中文系、"中央研究院"历史语言研究所，1998年，第191—201页。

律，甚至还有从左到右或从右到左的横行书写。这样的特例，可能是因为依据兆象位置与书写的方向。

2. 从青铜到竹木载体

青铜器具上的图文信息制作除了范铸方法之外，还有直接在青铜器具上的刻画，即直接用铜铁刀具刻画线条或点、面，刻画出图案乃至具有一定场景的图。这种工艺在春秋晚期出现，战国时期盛行，有时也与镶嵌技术结合运用。目前，考古发现多件战国时期的以宴乐、狩猎、水战、采桑、鸟兽等为主题的青铜壶器，表现出很高的构图和制作工艺水平。

然而，青铜制品成本高，文图制作受各种技术限制，在传播上也不便捷。于是，轻便、低成本的载体材料的寻找和使用已是必然。除了龟甲兽骨，木竹材料登上了信息传播的舞台。

2015年，云南江川甘棠旧石器时期遗址就已经发现竹木制品，距今100万年（图3-12）。竹子属于生长迅速的禾本科植物，分布于热带及亚热带，在古代中国的分布也特别广泛，除了极北的地区，淮河以南盛产竹，黄河流域也有竹材。竹简的材料大多为毛竹和慈竹，极少数苦穗竹也用于制作书写材料。

竹子取材方便，竹身中空多节，质地细腻富有弹性。它适合纵向劈开形成条状，坚韧且不易断裂，易于受墨，易于长久保存，因而逐渐成为主要的书写材料。

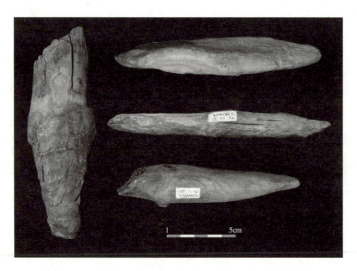

图 3-12　云南江川甘棠旧石器时期遗址出土的木制品

从已有考古发现看，以木材为书写载体集中于不产竹子的西部地区，以河西走廊最著名。斯坦因在河西敦煌发现的木牍大多是白杨木，其他地区也有使用松树、杨树、柳树等木材。这类树木的共同特征都是木质类白，质地轻盈、易于吸收墨汁。

简牍制作过程主要有选材、加工、杀青和整治。古人制简常采伐4年生竹材，放置3年，蒸煮烘干之后再放置几年始用，这是为了避免竹简文书开裂变形。通常竹简选材会避免出现竹节，长沙走马楼三国吴简的10多万枚竹简，均无竹节。除非竹简长度过长，如上海博物馆楚简《周易》《孔子诗论》等书简长50厘米左右，就因过长而无法避开竹节。这是因为古时对于不同的书写内容有不同的尺寸要求，一些规定要使用长简书写，到了汉代更规定"六经"必须书于二尺四寸的竹简。[1]这就无法避免出现竹节了。

竹简的加工过程主要是将竹剖解成片状、条状。加工简、牍的工具主要有锯、斧、锛、凿、钻、削等，工具的发展是简牍大量出现的必要条件。竹材加工成条状后还必须"杀青"。刘向（约前77—前6）《别录》中提及："杀青者，直治竹作简书之耳。新竹有汁，善朽蠹，凡作简者，皆于火上炙干之。陈、楚间谓之汗，汗者，亦去其汁也。""杀青"即刮削竹青面表皮，用火烤去竹干内部的水分，这样可以防变形和虫蠹，也方便书写（图3-13）。

虽然商代并没有出土毛笔，但是在一些甲骨、陶片、玉器上都有朱墨字迹，其书写用"笔"的形制无从考察。早期的毛笔，据藤枝晃先生推测，很可能是在捆绑的木板之间夹入兽毛，形成具有毛刷功能的扁笔，以往的篆书遗物中就有用扁笔书写的，此后改进为圆头、笔锋尖长的秦笔风格，[2]因而更适合用笔尖书写。当时的文字点画都是起笔稍细，收笔处特尖，圆转处刚健有弹性，为隶变以后文字书写的风格转型奠定了基础。（图3-14）。

我国已发现的最早的毛笔在1954年出土于长沙南门外左家公山战国楚墓中。该笔出土时全身套在一根小竹管内，用兔毛作笔毛，即后来的紫毫。另一支较早的战国毛笔出土于湖北荆门市包山楚墓中。笔杆为竹质，原笔放置在竹质的笔筒内，笔

---

① 中国社会科学院考古研究所：《新中国考古收获》，北京：文物出版社，1961 年，第 83 页。
② 参见［口］藤枝晃：《汉字文化史》，李运博译，北京：新星出版社，1991 年，第 58 页。

图 3-13　战国中期竹简，宽约 0.8 厘米，1994 年河南新蔡出土，河南省文物考古研究所藏[1]

图 3-14　战国毛笔笔头与笔杆形态局部图[2]

---

[1] 引自陈全方：《商周文化》，上海：上海科技教育出版社，2008 年，第 174 页。

[2] 引自王学雷：《古笔考：汉唐古笔文献与文物》，苏州：苏州大学出版社，2013 年，第 5 页。从左到右分别是信阳笔（战国早期）、左家公山笔（战国中期）和包山笔（战国晚期）。

简口有一木塞。从这两支早期的毛笔实物可以看到，古人已经非常注重毛笔书写的弹性了，兔毛刚健有力是制作毛笔上佳的材料。

一般情况下，竹简文书为单面书写。书写之前，简牍需要刮削平整、打磨光滑，考究的两端要整理成统一的梯形或者弧形。除此之外，一些简牍表面会涂有植物油，如尹湾汉代木牍、长沙走马楼三国吴简等都有类似的现象，这一道手续使简牍表面光泽而更具品质，也许是为了保护简牍，尚未有定论。

王充（27—约97）在《论衡·量知篇》中写道："截竹为筒，破以为牒，加笔墨之迹，乃成文字，大者为经，小者为传记；断木为椠，柝之为板，力加刮削，乃成奏牍。"如果是长篇文书，会选择狭长的竹简，直书一行，数枚乃至几十枚竹简用丝绳或麻绳编连成册，称为一编，将其卷成一捆为一卷。汉代对于不同的竹木简书规格有严格的规定，是谓"大者为经，小者为传记"，以及"二尺四寸，圣人文语"（王充《论衡·谢短》）。大凡重要的典籍要使用较长尺寸的简，次要的书籍使用稍短的简，如河西敦煌等地出土的木简中，诏书和敕书通常写在长一尺二寸的木简上，作为圣人经典的《仪礼》则使用二尺四寸的木（竹）简。[1]

从数量众多的出土竹简来看，最普遍的简牍长度在一尺上下，这应是依据手臂的长度和使用习惯约定俗成的。许慎（约58—147）《说文解字》卷八有："尺，十寸也。人手却十分动脉为寸口，十寸为尺……周制寸、尺、咫、寻、常、仞诸度量，皆以人之体为法。"常人小臂（前臂）的长度，即手腕至肘的距离，为古1尺，而简册的长度，合于人小臂长度者写起来最为合适，是书写能顾及的最佳上下跨度。一些供儿童学习的简册则会相应短些，5—8寸不等。简牍的宽度不像长度那样在古籍中有明确记载，大体来说柱间的宽度在0.6—2厘米之间。木牍比较宽，一些较宽的木牍上能够容纳五行或五行以上的文字。[2]

串联简牍的编绳连接起单个的竹简木牍成为简册。一编册简书所需简数，由内容多少决定。简书由篇组成，一篇就是一个内容起讫完整的书籍单位，古书多单篇流传，一篇有长有短，通常一篇内容要编在一起成一册，一编册所需简数也是多少

① ［日］藤枝晃：《汉字的文化史》，李运博 译，北京：新星出版社，1991年，第51页。
② 参见胡平生：《简牍制度新探》，《文物》，2000年，第5期，第66—73页。

不等。在简牍上还有一些数字，这是为了防止时间长了编绳断裂，打乱简牍的顺序，成为今日书籍页码的源头。

　　简牍把竹简按顺序排列、连接、保存起来形成书册，确定了汉字排列的垂直模式并代代流传至今（图3-15）。一篇简册书写完毕，存放时往往卷成一卷。卷的方法是将一篇的最后一枚简作为中轴，自左至右收卷，收卷后篇的首简正好露在最外面。篇名或者书名多题在首简或第二简的背面，这种收卷方式比较方便识别，篇名恰好露在外面，如同简牍的封面。

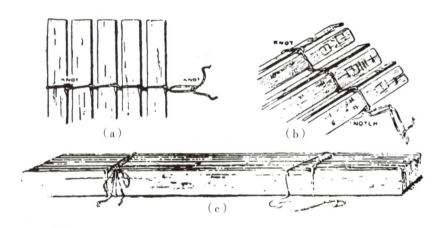

　　图 3-15　简策木牍的编扎方式：（a）打开的牍策；（b）编扎法；（c）捆在一起的牍策 [①]

　　简牍的繁荣出现在春秋战国时期。当时，中原已普及了金属冶炼技术。考古学者在发掘简牍的地方，往往也会发现一些削刀、砺石与金属器具。简牍书写的必备工具包括刀与笔，笔用于书写，而刀用于削改，这被称为"削衣"，砺石则用来修磨削刀。因此，当时的文职书写者有"刀笔吏"之称。河南信阳长台关战国楚墓出土有锯、铜锛、铜锥、削刀、毛笔、笔筒等。四川成都战国土坑墓出土有铜锯一件，"两面齿，一面粗，一面细，中部存一长条形穿，残长23.9厘米、宽4.9厘米、厚0.1厘米"。敦煌马圈湾汉代烽燧遗址出土斧2件、凿2件、刨1件、钻3件，其中刨"原有弯木柄，曲尺形体，长方形銎双刃，前推后拉均可以起到刨光作用，通长

---

① 引自钱存训：《中国纸和印刷文化史》，桂林：广西师范大学出版社，2004年，第209页。

25.7厘米，刨刀长16厘米，刀宽2.5厘米"。金属工具技术的突破，为简牍整治与书写提供了必不可少的物质条件（图3-16）。

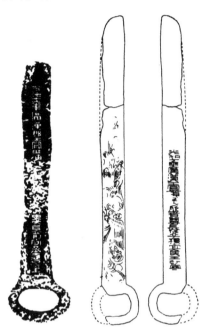

图3-16 铜制书刀，镌刻飞凤图案及题款，东汉光和七年（184）成都出土[①]

3. 声光信息

声光信息传播得益于前述各类技术的发展。例如，金属材料与工具技术推进了音响辅助工具的发展，而取火技术与建筑工程技术造就了烽燧信息的传播。

（1）声传信息。鼓乐是早期重要的音响辅助工具，也是古代社会较普遍的声音信息技术手段。鼓乐除了作为打击乐器，也是军事号令系统的重要组成部分。清人魏裕编《壹是纪始》第十四类"乐器"中援引元女授黄帝兵法谓："鼗鼙以象雷霆。"又引《黄帝内经》："帝伐蚩尤，元女为帝制夔牛鼓八十面，一震五百里，连震三千里。"商纣王时候，已经普遍利用音传通信。

运用战鼓传递信息，可以确保及时联防，共同对敌。所谓"击鼓进军""鸣金

---

① 引自昌彼得：《中国书的渊源——谈简册》，《文物光华》，台北："故宫博物院"出版，1995年，第280页。

（金属锣声）收兵"，都是传递推进、后撤等战略节奏和意图的有效手段。《孙子兵法》第七篇《军争篇》写道："军政曰：'言不相闻，故为金鼓，视不相见，故为旌旗。'夫金鼓旌旗者，所以一人之耳目也。"《孙膑兵法》陈忌问垒中，孙膑提出，"见使谍来言而动，去守五里置候，令相见也。高则方之，下则圆之"。就是说，要等谍报人员回来汇报敌情后方可伺机而动，要在离守卫阵地五里远的地方设置望哨，相互可以看见。如果是高处就设置方形瞭望台，如果在低处则设置圆形瞭望台。在发现敌情时，"夜则举鼓，昼则举旗"。《墨子·杂守》记载，战国时一些堡垒，常常竖立大旗杆做目测标志，又以大鼓声作为耳听信号，根据不同战况，举起二旗至六旗，鼓声则从三声至八声。敌人越近，旗鼓越多。到夜间，则"五烽五鼓"，燃起五处烽燧，敲大鼓五次。战国韩非子（前280—前233）《韩非子·外储说左上》记载："楚厉王有警，为鼓以与百姓为戍。"但因他一次醉酒擂鼓误导了民众，导致"居数月，有警，击鼓而民不赴"的灾祸。

声响器物也是宫廷官府和基层社会重要的信息与新闻传播工具。例如，语出《淮南子·氾论训》的"悬鞀建铎"，一般指听取臣民意见："禹之时，以五音听治，悬钟鼓磬铎，置鞀，以待四方之士。为号曰：'教寡人以道者，击鼓；谕以义者，击钟；告以事者，振铎；语以忧者，击磬；有狱讼者，摇鼗。'"成语"揭器求言"说的就是夏禹了解民情、征求意见的特有方式（图3-17、图3-18）。

1982年，偃师二里头九区出土了两件铜铃，铃体青铜铸制，用数层丝麻包裹，玉铃舌被置于铃腔内，铃体上窄下宽，略扁，横断面呈椭圆形，十分珍贵（图3-19）。[①]

"铎"既是古代宣布政教法令与军事号令的工具，亦为古代乐器，称作大铃。铎盛行于中国春秋至汉代，到明清时期仍在发挥象征性的辅助传播作用。早在夏、商、周时期，就有被称为遒人的政府公务人员，摇动木铎，巡行于各地，既宣达政令，又进行采风。铎为金属构造的器物，其形如铙、钲，在铎的上方，一般都安装有木柄，铎内施钩悬舌，舌分铜制与木制两种，《周礼·天官·小宰》有"徇以木

---

① 参见中国社科院考古研究所二里头工作队：《1982年秋偃师二里头遗址九区发掘简报》，《考古》，1985年，第12期。

图 3-17　三角纹陶鼓，马厂类型，距今 4300—4000 年，甘肃省博物馆藏

图 3-18　彩陶铃，马厂类型，距今 4300—4000 年，甘肃省博物馆藏

图 3-19　偃师二里头九区陶铃

铎"说："铎，皆以金为之，以木为舌则曰木铎，以金为舌则曰金铎也。"执柄摇动的时候，铎和内置的舌相互撞击，会发出响声[1]。木铎和金铎因其形制差异，使用场合也不同，郑玄注解有"古者将有新令，必奋木铎以警众，使明听也"，即所谓"文事奋木铎"（图3-20）；而《周礼·地官·鼓人》言"以金铎通鼓"则是由于金属音质清脆洪亮，故而"武事奋金铎"。

---

[1] 引自郗文倩：《古代的木铎及其想象》，《文史博览》，2010 年，第 9 期。

图 3-20　古代的木铎[①]

（2）光信息。烽燧是古代边防军事通信的重要手段，烽火的燃起表示国家战事的出现。用烽烟传递消息，可追溯到商朝。周朝规定，天子举烽火，各地诸侯必须立即带兵前往救援，共同御敌。烽燧制度非常严密，不仅有细致的组织管理，也会有严格的执行规范，比如，不同的信号与不同的信号数量有不同的意涵。

烽燧是"烽"和"燧"的统称。烽总括白天所用之烽、表、烟，燧可总括夜间所用的积薪、苣火。燧也可称之为"火"，因此"烽燧"也作"烽火"，是运用声音和光线在人的有效视听范围内依次传递新闻信息、古代军情报警的一种措施。烽火台上放置干柴，遇有敌情时就会点燃报警。也就是说，白天有敌人侵犯时就燃烟（烽），夜间来犯就点火（燧），以可见的烟气和光亮传递信息。邻近的烽火台见到会依次随之，这样敌情便可迅速传递到政治、军事的中枢部门。

烽燧一般建于视野开阔的高处，有利于扩大有效视听范围。由于传播距离远，烽燧作为信源传播的新闻信息要经过较长时间传递才能到达目的地。尽管如此，在科技不发达的古代，烽燧在我国战争信息传播中仍扮演着极其重要的角色。先秦时期，从边境到腹地的重要通道上，相隔一定的距离就会修筑一座烽火台，连绵不断。烽火台内常年储备柴草等烽火原料，并有士兵专门执勤守护，一旦发现敌人入

---

① 引自华仲锡：《乐器与乐人》，台北：长春树书坊，1985 年，第 58 页。

侵企图，便点燃烽火，各个烽火台形成联动，迅速依次传递报警，各路诸侯见到烽火，就立刻整兵相助，抵抗敌人（图3-21）。历史上周幽王为褒姒一笑，烽火戏诸侯而失信天下，即滥用烽燧信息传播的典故。

图 3-21　陕西铁角城村营盘山上的秦长城烽火台

二、信息复制

信息复制在新石器时代已经有两种基本模式：一种是直接的人工临摹抄写，通过复本的方式传递与保留信息材料；另一种是模具化的信息复制技术手段。

1.早期信息复制技术

远古时期，人类已经开始模拟已有的器物成品进行加工制作，并不断改进制作的技巧与方法。大规模的信息复制活动发生在陶器的发明与使用后。例如，在陶器上，先人一般会使用竹木器、骨角器等在陶胚上刻画，也会用矿物颜料、动物毛发或茅草等绘制，可以重复相同的符号与纹饰，还会用压、拍、打等方法，将树皮、树叶、绳索等的花纹压印在陶器上，制成印纹陶器。

压印方法需要制作纹路与图案的模具，然后在湿润的陶器胚胎上进行拍打或压制，被称为印纹陶（图3-22）。早期的压印技术，是在制陶过程中所使用的木拍之类的工具上，有意识地缠绕上草绳之类的东西，使拍打出来的陶器上留有绳纹等印迹。这种拍压印技术包含印模制作、拍印和获取印迹，为手工雕刻和转印复制术的

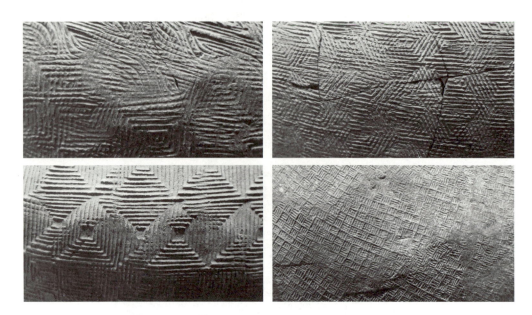

图 3-22　古代陶器印模，安徽芜湖市博物馆藏

初期形式[①]，是复制手法的原始形态。安阳殷墟出土的许多陶范，据推测就是殷人制作青铜器的模型。

2. 模范与复制

商周时期许多陶器、青铜器器型以及纹饰，均以范铸制成。在青铜器物中铸刻铭文有直接雕刻，也有先制字范后铸造，还有一字一范或数字一范。刻制的字范为反体，需要深浅适度，单字字范还需拼排后方可铸造。

（1）陶模　一般标准的陶器图像信息压印技术是先刻制木质或石质等材质的印模，迄今已发现多种，有陶印模、雕纹龟板、石印模。[②]这些印模上刻画有方格纹、重圈纹、网纹等抽象的纹理。印模有圆、方、长方、椭圆及蘑菇形等多种形状，背后应该有便于把握的把手或者环状物。压印陶器时，须一手持一件圆弧形光面陶垫在内壁相应地托住器壁，一手执拍进行拍印或压印，以使器形不致变形。这种信息制作技术始见于我国南方新石器时代晚期，商周时代达到鼎盛。

---

① 张树栋、庞多益、郑如斯：《中华印刷通史》，北京：印刷工业出版社，1999 年，第 8 页。
② 彭适凡：《中国南方古代印纹陶》，北京：文物出版社，1987 年，第 398—402 页。

（2）青铜铸范 陶寺铜铃是迄今所知年代最早的完整的复合范铜器，即两块以上的范制出的中空的器具。它的出现，说明中原地区在龙山时代可能已掌握了复合范铸造工艺。

2015年12月9日，陕西省考古研究院专家在陕西省清涧县辛庄遗址考古中发现，铸造青铜容器的陶范、陶模、泥芯等铸件遗存近20件，属于晚商青铜器陶制模具。商周时代青铜器的铸造，主要采用陶范法。制作模铸器物之前，先用陶泥做初胎，范的材料是土、沙以及草木灰，经过适当的配比制成范料。范料在陶模上夯压出阴型，即范。对于比较复杂的器型，则先分铸雕镂再合铸。春秋战国时出现了失蜡铸造法，其原理源自"焚失法"，焚失法最早见于商代中晚期，是指在制造模范时，用可以焚毁的材料如用绳子作模，待外范依模制成后，把可焚毁的模与范一起烧制成形。失蜡铸造法选用蜂蜡做模，可以将模型制作得更加精细，然后再用耐火材料制范。加热烘烤至蜡模熔化，再浇灌熔液铸成器物。

陶范法即合范法，先用泥制模，包括翻范、作内范、合范、浇注和打磨修整等多个工序（图3-23）。陶范法的特点是经过铜液浇注凝固冷却后，即可去范、芯，取出铸件。铸件去陶范后还要进行修整，经过锤击、锯锉、錾凿、补缀、打磨等工序，消去多余的铜块、毛刺、飞边，或者对脱范后有局部缺损的铸件进行补缀。其中打磨工序使用的工具是大小不一的粗、细砂岩，并在磨光之后，有可能使用木炭在水中打磨器物，使铜器发亮。用陶范法铸造器物是"一范一器"，破范取器，故没有两件铜器会是一模一样的。[①]

（3）玺印封泥 玺印封泥是一种另类的"模范"，只是并不通过空间中的浇注或塑形来实现，而是以平面墨色对印的方式来实现复制。关于玺印，《释名》解释为："玺，徙也，封物使可转徙而不可发也。印，信也，所以封物为信验也。亦言因也，封物相因付。"先秦前，玺、印是同一概念。秦以后只有皇帝印称"玺"，其他人使用的一律为"印"，并有官印和私印之分，作为官府和私人文书往来的凭证（图3-24）。

---

① 董亚巍：《商晚期圆形鼎的范铸模拟实验研究》，《四川文物》，2010年，第5期。

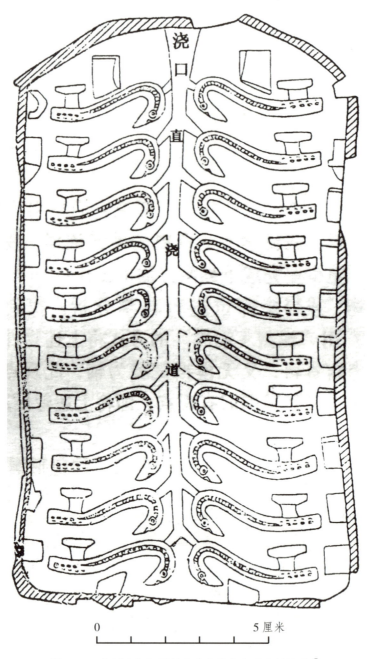

0   5 厘米

图 3-23　战国晚期阳城铸铁遗址带钩立式叠铸陶范①

---

① 引自何堂坤：《中国古代手工业工程技术史》，太原：山西教育出版社，2012 年，第 139 页。

图3-24　战国时期自左向右：官印、姓名印、吉语印、肖形印

春秋战国时代，由于政治、经济的发展，印章被广泛使用，但主要是作为凭证。这时还出现一种封泥，是在封口封存物件，或在写好的竹简、木牍外面，加上一块方块，再用绳子扎住，在绳结处封上一块泥团，然后把印章盖在泥块上，用印章直接打上印痕（图3-25）。

图3-25　战国封泥

印陶与封泥是有区别的。封泥主要是以官玺钤打在泥团上，白干而成；印陶则是以监造者之名或工匠之名，而钤打在陶坯上，烧制而成。封泥出土为独立体，而印陶则完全依附于陶器制品上。当然有时也有以官私印打在印陶上的，但

数量较少。

3. 雕版漏印

夏商周时期，我国境内已出现纺织制品和染色技术，而织物印刷出现在春秋战国，属于雕刻凸版印花类型，就是将所需图案形态雕刻在一块特制的板材上，然后在印版上涂上色料，将织物覆盖在雕版表面压印成印花。还有一种被今人称作"型版"之一的雕刻漏版也在应用中。型版漏印，指的是在不同质的版材上按设计图案挖空，雕刻成透空的漏版，将漏版置于承印物——织物或墙壁之上，用刮板或刷子施墨（染料）进行印刷的工艺方法，属孔版印刷范畴，是当今丝网印刷的前身和最早采用的印刷术。[①]1978—1979年，考古工作者在江西省贵溪县渔塘公社仙岩一带的春秋战国时期的崖墓群中，发掘出200余件文物，其中有几块印有银白色花纹的深棕色苎麻布，就是用漏版印刷的。同时还出土了两块刮浆板，刮浆板为平面长方形（25厘米×20厘米），板薄，柄短，断面为楔形。这是迄今世界上发现的最早的型版印刷文物。[②]

在纸张发明和普及使用前，已经出现织物印刷，织物印刷的型版（包括凸版和漏版）印花对后来印刷术的发展有着重要的启示作用，并为雕版印刷术的发明提供了物质和技术基础。

第三节　文字的创制与先秦信息传播活动

中华文明的核心标志，是以汉字为代表的各类图文信息符号的创制与传播。在漫长的原始社会和奴隶社会早期，口头传播，加上结绳记事、击鼓传讯、烽火报警、实物表意等手段，已经是社会生活不可分割的组成部分。随着社会的发展，部落兼并、生活维度的扩张以及国家的出现，这种以口语为主体的信息与新闻传播，已不能满足社会发展的需要。正在这个时候，人类创造了文字，发明了书写材料，由此结束了口头传播时代的历史，进入文书图画信息传播的新时代。

[①] 张树栋：《社会文化发展是印刷术起源和发展的基础和动力（二）》，《广东印刷》，1998年，第4期。

[②] 第二届中国印刷史学术研讨会筹备委员会:《中国印刷史学术研讨会文集》,北京:印刷工业出版社,1996年,第122页、137页。

一、古文字产生与演化

文字是语言的载体，语言行为是人类最基本、最重要的交际行为。世界上有三种文字：一种是音素文字，如拉丁语系和斯拉夫语系的拼音文字；一种是音节文字，如日本的假名；一种是表意文字，如汉字、巴比伦楔形文字、埃及文字。其中汉字的源头甲骨文是由原始图画发展而来的。[①]

原始符号发展为文字，需要几个基本条件：（1）每个文字符号必须有固定的书写方式，这是我们所说的"文字"的基础；（2）使用的文字符号必须达到一定的数量，形成记录语言的完整文字体系；（3）每个文字符号必须有一个固定的读音，即使用文字的人们可以根据文字符号读出相应的语音，又根据文字和读音知道其记录的语义；（4）开始使用合适的载体。[②]其中，合适的载体不仅包括承载文字信息的物质形象，也包括文字信息的制作材料与方式。

1. 从图画符号到象形文字

原始信息记录除了刻画符号外，还有图画，再向前发展就是图画文字与象形文字。据目前的考古发现，在仰韶文化或相当于仰韶文化时代的其他考古区域，如西安半坡、青海乐都柳湾、临潼姜寨、甘肃半山和马厂等遗址中，都发现陶器上或绘或刻的多种符号，其他同时代遗址也或多或少有相似发现。

契刻形态有抽象的刻符，也有形象的图画。当人们试图以视觉的形式呈现某一事物或者事情，最自然的方法就是画出事物的图形。就"像最初的语词一样，最初的象形字是模仿性的描绘和隐喻性的替代意义上的图画。事物本身与其逼真的复制品之间的距离只有通过转换来超越。最初的符号被视为图画。观念、符号与感觉的描述性替代具有本质上的关联"[③]。

原始符号和记事系统构成了人类早期的信息记录与储存方式。由于单个符号无法表达复杂的事物和事件，因此组合的符号序列逐渐成为记录事件的重要方式，记

---

① 宋兆麟：《摩梭人的象形文字》，《东南文化》，2003 年，第 4 期。
② 胡壮麟：《当代符号学研究的若干问题》，《福建外语》，1999 年，第 1 期。
③ ［法］德里达：《文字学》，汪家堂译，上海：上海译文出版社，1999 年，第 411 页。

录方式也逐渐趋向便于书写刻画的线性的线条符号，这时候已经基本形成现代文字的雏形。正如柯斯文（M. O. KocBeh）先生所言："原始时期并没有书写的文字，但在荒远的古代就已经出现了最初的利用图画以表达思想或记载事实的方法。这就是图画文字，描画的或象形的文字。因此，图画文字与图画有着极密切的联系。我们可以把某些形式的图画文字理解为'符号语言'的个别类型。图画文字曾在许多部落和部族中间……发展了起来。发展较高的图画文字是由写实的或示意的表现物体、动作或事件的个别图画或一组复合画组成的。图画文字有时叙述一个复杂的事实，记载事件发生的年代，或说明祖先的英雄事迹。"①

最早的图画是通过所画的形象表现具体事物，某些图式也可能出于单纯的装饰目的，或者用作某些氏族或家族的族徽、图腾，是尚未产生文字时期的表意替代品。但这些图画与符号有的是独立使用，有的则是由几个图符共同组合，已经可以通过特定的顺序与模式表现较复杂的概念和对象。研究者普遍相信，因为人类刻绘技术的不断进步，刻绘符号的载体逐渐由洞穴岩石、龟甲兽骨转向人造的陶器、玉石等媒介，刻绘能力也不断增强。

在出土的各类陶文中，时代最早且数量最多的是陕西关中地区发现的属于仰韶文化的陶器刻符。虽然这些刻符形态比较简单，但刻画规整，出现在不同器物的部位与符号形状也很相似，而且绝大多数是在陶器烧制前刻上的。这种陶器出土的地点很广泛，说明它在广大地域内的各个不同氏族部落中都代表了相同的意义。②随着研究的深入，研究者开始把这些原始刻画符号分为两类：一类是几何形符号，另一类为象形符号。

1986年，陕西长安县斗门镇花园村一处龙山文化遗址，发现了十多件有刻画的兽骨与骨器。1992年，山东邹平丁公山文化遗址发现一块陶具碎片，上面刻画有11个符号，纵列5行，形体奇特，犹如行草风格，个别符号颇为象形，其基本书写规则和笔画与后来的汉字极为相似。③这些类似的发现还包括江苏吴县澄湖古井堆遗

---

① ［苏联］柯斯文：《原始文化史纲》，张锡彤 译，北京：人民出版社，1955年，第198页。

② 方厚枢：《中国出版简史（1）》，《中国出版》，1980年，第9期。

③ 参见王长丰：《山东邹平丁公出土"上古陶片文字"考释与相关问题阐述》，《古文字研究》，第22辑，北京：中华书局，2000年。

址出土的良渚文化陶罐腹部刻有"菁戈五族"4字，上海马桥遗址下层出土良渚文化陶杯底部刻有"入田戈"3字，[1]还有河南舞阳贾湖契刻符号，都被认为是象形文字的重要发展阶段（图3-26）。

图 3-26　邹平县丁公村龙山文化遗址出土的陶器残片

2. 甲骨文到简牍帛书

随着文字载体的改变与制作技术的进步，被公认的中国古文字出现在甲骨、金石上，后拓展到简牍、缯帛、玉石、货币，以及各类金属、陶土器具上，为秦汉以后篆体文字变革奠定了重要的物质与技术基础。

一个值得注意的考古结论是，已发现的殷商的甲骨文字主要是用来记录卜辞的，相关的国家律令法典、往来公文几乎没有出现在甲骨文献里。据推测，这是不同的礼仪与社会功用决定的。有关律令法典、往来公文等政策制度或者日常公务资料，很可能因为实用性、便捷性多记录在相对易腐烂损毁的材料中，比如竹木、绢帛等，这些在当时是相对廉价，便于大量使用和传播。而这些材料中文字的记录，应该多是以书写的方式（图3-27）。

与甲骨文几乎同时出现的是金石铭文。金文是指铸刻在殷周青铜器上的铭文，也叫钟鼎文。商周是青铜器的时代，青铜器的礼器以鼎为代表，乐器以钟为代表，"钟鼎"是青铜器的代名词。夏代已进入青铜时代，铜的冶炼和铜器的制造技术十

---

① 吴楠：《浙江平湖发现中国最早文字？》，《中国社会科学报》，2013 年 7 月 12 日。

图3-27 殷墟甲骨出土遗址 [1]

分发达。周朝称铜为金，铜器上的铭文也叫作"金文"；因为这类铜器以钟鼎上的字数最多，所以过去又称为"钟鼎文"。金文应用的年代，上自西周早期，下至秦灭六国，有800多年（图3-28）。

石刻的铭文又称石文。目前考古发现的石鼓文为战国时期秦国的石刻文字，也是目前已知最早的石刻文字，被誉为"石刻之祖"。学界普遍认为它就是籀文，属

图3-28 西周利簋青铜器及铭文，国家博物馆藏

---

① 引自陈全方：《商周文化》，上海：上海科技教育出版社，学林出版社，2008年，第146页。

大篆范畴（图3-29）。石鼓文集大篆之成，开小篆之先河，在书法史上起着承前启后的作用，是由大篆向小篆衍变而又尚未定型的过渡性字体。

图 3-29 石鼓文拓片秦代石刻，清代拓本，湖北省博物馆藏

简牍几乎与甲骨文、金文同时出现，春秋到东汉末年是简牍盛行时期。它是造纸术发明之前我国主要的信息记录方式，因为相对轻便与可流动传播的特点，对文化传播起到至关重要的作用。正是竹简木牍的使用与普及，加速了春秋战国时期的文化传播与交流，不仅促成百家争鸣的文化繁荣，也使诸子百家的著述与思想能流传至今（图3-30）。

简牍最早出现的时间已经无法确知，一般认为和契刻文字出现的时间差不多。从历史遗存看，商代就已经出现了简册文书。但因竹木材料易腐烂，考古实物主要集中在战国以后，历秦汉、三国两晋至南北朝时期方才完全废弃。

帛书柔软轻便，阅读、携带、保存都很方便，大约在西周时期就出现用帛写字的证据，现今出土的帛书最早可以追溯到公元前5世纪到4世纪的战国，也就是1942年湖南长沙东郊子弹库出土的一件楚帛书。由于帛的价格远比竹简昂贵，使用量较少，直到东汉末年才大量流行，并随着纸张的发展而逐渐衰落（图3-31）。

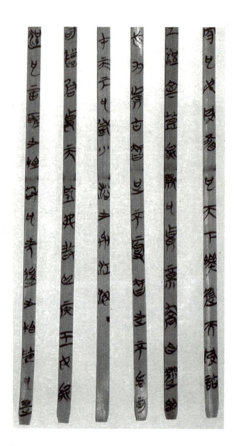

图 3-30　1993 年出土于湖北荆门市郭店一号楚墓的竹简，湖北荆门市博物馆藏

　　与竹木相比，帛的质地轻软，便于携带，是纸张发明前的重要替代品。举例来说，用竹简来书写一部完整的"六经"，需要一二辆马车来运输，换作帛书则要轻便得多。[1]布帛色白，表面光滑，吸墨性强，其墨色变化的效果更胜于竹木。从物理特性来看，布帛纤维的伸张力强，在干燥、潮湿的环境下变化不大，较之竹木更易保存。这些帛书的书写与保存相对便利，可以根据内容需要选择幅面，还可以折叠卷放。

　　帛书由于材料比较昂贵，一些重要的文献，会用布帛保存。帛书还有一种用途，就是作为简牍的附图。简牍由于篇幅小，绘制图片不易，而帛书正好弥补了这一缺陷。荆轲刺秦王"图穷匕见"时的"图"，应就是一种绘于布帛上的地图。

---

① 刘蔷：《帛书略述》，《四川图书馆学报》，1998 年，第 5 期。

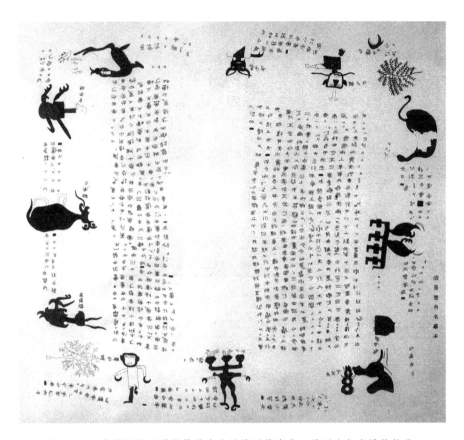

图 3-31　湖南长沙子弹库楚墓出土的战国楚帛书，美国大都会博物馆藏

　　相较于那些不平整、不规则的动物骨骼，简牍帛书更显平整且易于用墨书写，竹子、木材、布料等材料更容易大批量地生产与加工，集中书写、整理与收藏。布帛的平整化，与笔墨的相融度较佳，轻便易携，成为纸材出现前的最佳书写载体。这些早期的书写材料，影响并规范了中国文字的书写顺序与规律，奠定了后世笔墨书写以及雕版字体的基础。

　　文字符号体系的产生、演变与发展，根本上改变了人类信息传播的基本模式。文字发明与使用的根本动力在于社会化人类认知、交流与传播的需要。这一过程从契刻涂绘的原始图符开始，到书写、镌刻、拓印与规模化复制，最终催生了中华印刷术的发明。这一划时代的伟大贡献，不仅推进了人类文化传播的形态和发展的可能性，也彰显了人类技术发展对文明推动的巨大力量。

二、多样化信息传播

夏商周时期，信息资讯主要通过现场的公告（含言语、图像、实物和文字等）及远程的驿传来实现。这种多样化信息传播，得益于人类自身不断开拓的交通与驿传，也得益于日益丰富的符号信息承载与传播方式的迅速发展。

1. 交通与驿传

吕思勉（1884—1957）先生指出："通信之最早者为驿传，其初盖亦以便人行，后因其节级运送，人畜不劳，而其至可速，乃因之以传命。"①国家会在主要交通干道设置驿站，提供往来公文传递者途中食宿或换马服务。商王游猎、官吏贵族往来于王都，以及传达军情、运送军队，都要用驿传。当时乘车传递信息曰"驲"，乘马传递信息称"驿"。甲骨文中还有"𦨶"字，如同人手持鞭、勒马，有学者认为，这是商代道路上的驿站名。

商代"邦畿千里，维民所止，肇域彼四海"（《诗·商颂·玄鸟》），已有驿传制度。商朝以交通干道的建设为基础，在交通网络的重要位置专门设置了驿站，提供马匹和马车的更换服务，也提供休息与食宿。

为保护道路安全，商朝对道路使用有严格的管理。在通衢大道沿线设立了许多"堞"，其设置以数目顺序编次，每程中编置四站，保障驿道畅通，也形成了商朝最初的驿站制度。西周时各种不同的文书传递方式有不同的名称，比如：以车传递称为"传"，这是一种轻车快传；还有另一种车传称为"驲"。有一种称为"邮"的，在周代主要指边境上传书的机构；还有一种叫作"徒"的，则为急行步传，让善跑的人传递公函或信息。甲骨文中的𢓊、𡉚、𦨶、𤔲字，于省吾（1896—1984）先生释为"驲"，《说文解字》有"驲，驿传也，从马日声"，为传车驲马之名。传车，简称"传"，卜辞《后》有"传氏盂伯"之贞；周器《洹子孟姜壶》有"齐侯命大子乘遽来句宗伯"之语，"遽"同"传"，也指传车。②

---

① 吕思勉：《先秦史》，上海：上海古籍出版社，1982年，第372页。
② 于省吾：《甲骨文字释林》，北京：中华书局，1979年，第277—280页。

这些都是当时已用驲的佐证。

　　周朝以镐京为中心，驿道延伸四面八方。《逸周书·大聚解》说周承殷制，"辟开修道，五里有郊，十里有井，二十里有舍，远旅来至"。《周礼·地官·遗人》也说："凡国野之道，十里有庐，庐有饮食；三十里有宿，宿有路室，路室有委；五十里有市，市有候馆，候馆有积。"其中，"庐"为沿途的房舍，可以提供往来者饮食，每隔三十里有"宿"，可以提供住宿，"宿"内设有"路室"，也是房舍的一种，"委"与"积"都指粮食，"市"则有住宿条件更好的"候馆"。

　　春秋战国时期，西周中央王朝与各诸侯国因政治、军事需要，都争相建设通信设施和邮驿馆舍，驿道四通八达，史载"北通燕蓟，南行楚吴，西抵关中，东达齐鲁"（图3-32）。各诸侯国的传驿大致有递、驿、徒三种形式。递用车，驿用马，徒为步传。春秋时期各诸侯国的会盟有近两百次，有些会盟有数十国参与，可见当时交通与邮驿设施基础建设已经达到很高的水平。

　　王畿是通往诸侯国之驿道，在畿境有12道出口，设置12个边关。一旦有来使，就会通过驿站急报中央。为防止冒用、滥调驿站交通工具，乘用传车要有主管职官发给"节"或"契"。使臣、官员必须在验节、契后方能更换或领用车马，止宿饮食也如此。每个驿站都有地方官负责政令的层层下达或信息上传。因此，驿道各站（市、候馆、庐、路室）又成为沿途地区政治、军事、经济、文化的中心，如同王

图3-32　河北井陉县东部燕晋通衢古驿道

朝的中枢神经系统，对维护王朝统治和促进经济、文化发展起到重要作用。

这一时期单骑通信与接力传递出现。单骑快马通信的最早记载是《左传·昭公》中郑国子产的"乘遽"。"遽"就是当时邮驿中速度最快的单骑邮驿。接力传递的最初记载也出自《左传》，鲁昭公元年（前541），秦景公的弟弟后子针去晋，在秦晋间开通了一条邮驿大道，每隔十里路设置一舍，每辆邮传车只需跑十里便可交给下一舍的车辆。这样一段一段地接力，共历百舍即达千里。到了战国时代，驿传渐以单骑为主，传车则供官员往来之用，骑、车并用。不过，当时各国邮传组织已不再遵循西周旧制，车途异轨，秦一统后不得不以"车同轨"政策统一规范。

2. 信息与新闻传播方式

在人类早期的信息交流与传播中，声音语言一直占据着主导地位。随着国家的产生，宗教、政务、外交、生产、交换、征战等活动依然离不开言语传播，在先秦典籍中有着大量关于言语传播活动的记载。清代阮元（1764—1849）在《文言说》中提出"以简策传事者少，以口舌传事者多；以目治事者少，以口耳治事者多"，这对言语传播有着重要的推动作用，因为"是必寡其词，协其音，以文其言，使人易于记诵，无能增改，且无方言俗语杂于其间，始能达意，始能行远"[1]。当时的言语传播语词多富含节奏感、音乐性，代表了中国古代言语传播最早的语音技巧。

除了口耳相传，公众性的言语信息传播方式包括集会、木铎巡讲、政府公告等。在军事上有信幡、鼓乐、烽燧等。有文字记载的新闻信息传播最早可以追溯到春秋战国时期。《墨子·明鬼篇》中提及周、燕、宋、齐等政权发生的重大历史事件，皆为"从者莫不见，远者莫不闻"，而且"诸侯传而语之"，[2]传播范围相当广泛。然而言语传播容易造成信息链缺失、以讹传讹的问题。因此人们在言语传播之外，开始发明文图符号的传播方式，还发明了烽火、旗鼓等传播媒介，大大增加了传播的效应。

（1）图文符号信息与新闻　图文符号语言的不断发展与成熟，得益于载体、工具技术与文本制作技术的发展。不仅可以通过固化的媒介形式记录口语传播信

---

① （清）阮元：《揅经室集》，北京，中华书局，1993年，第605页。
② 吴毓江：《墨子校注》，北京：中华书局，1993年，第337页。

息，也成为我们今天研究考察古代语言以及信息传播活动的重要证据。

　　与悠久的图画刻绘历史相比，文字的产生与载体变化是商周时期开始的。甲骨文盛行时期，青铜载体与竹木载体并存，只不过竹木载体因为容易风化和损毁，已经很难发现更古老的遗存与证据。但金石铭文的特点是坚固耐久，用作记事的物质材料，能保存得更为久远。历史上通过金文传播信息的著名案例是郑国子产。子产自郑简公时被立为卿，执掌郑国国政，公元前536年他"铸刑书"，把自己所制定的刑书铸在鼎器上，开创了古代公布成文法的先例。

　　甲骨、青铜、玉石等载体，在信息传播中的作用不仅体现在鼎器的图文铭刻上。1957年，安徽省寿县邱家花园出土战国时期错金"鄂君启"铜节，是战国中期楚王颁发给鄂君启的商品运输免税通行证。车节有3件，舟节有2件，左边的车节长29.6厘米，右边的舟节长31厘米，正面阴刻九行，形制和铭文都相同，所用金银错工艺是金属细工装饰技术。金银错工艺最早见于商周时期各种青铜器皿、车马器具与兵器等上，是在器物表面雕刻有沟槽的纹饰，以等宽的金属丝、线或片镶嵌其中并磨光表面的工艺。这两件错金铭文，字形规整精致、制作精美，显示出当时精湛的造字水平。

　　1965年12月，山西侯马晋国遗址出土了大量盟誓辞文玉石片，考古学家认定，这是春秋晚期晋国的官方文书。这些文书是用来记录诸侯国间结盟誓词的，因此，考古界把这些文书称作"侯马盟书"，又称"载书"。侯马出土的盟书，一共有五千多件，其中有可辨识文字的就有五百多件，总字数在三千多个，除去重复的，单字就有五百个。[①]玉石片上的文字笔锋清丽、舒展娴熟，为毛笔所写，而少量墨书，多为毛笔蘸着朱砂和烟墨写成（图3-33）。

　　甲骨、青铜、石鼓虽能负载图文符号，起到很好的信息保存与传播作用，但它们因为受自身材料与技术的制约都不是便捷的传播方式，影响传播的效能。春秋时期，竹木成为最流行的镌刻、书写材料，极大地提升了移动中传阅信息资讯的能力，但是，竹木材料制成的木牍、竹简仍然过于厚重，不易翻阅携带，这时候就出现了一种柔软的书写材料——绢帛，但因成本太高，也在一定程度上影响了信息的

---

① 《汉字五千年》编委会：《汉字五千年》，北京：新星出版社，2009 年。

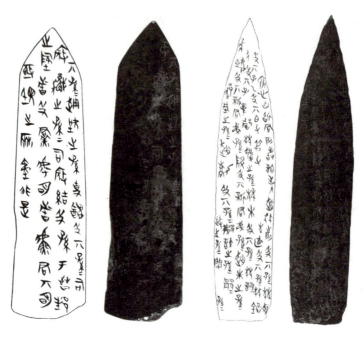

图 3-33　山西侯马晋国遗址侯马盟书，山西省博物馆藏

广泛传播。

　　王权衰微，社会交流与管理的需求日益增加，文字更多地被用来作为交流信息和文化传播的工具。当时，各国君主及士大夫集团都在搜罗有志之士，往往门客数百，上千者不在少数。这种社会现象促使"有教无类"的思想逐渐替代了原有的"王官之学"，一改贵族、官吏等特权阶层垄断文字的局面，使基层民众都可以加入学习文字、应用文字中来。

　　最早被著录于古籍的新闻是商代先祖王亥的被杀事件。《山海经》中有"有易杀王亥，取仆牛"的记载，郭璞摘引古书《竹本纪年》注："殷王子亥宾于有易而淫焉，有易之君绵臣杀而放之。是故殷主甲微假师于河伯以伐有易，灭之。"王亥被杀事件曾引起一场大战，是轰动当时的一件重大新闻。虽然夏代史官已将当时的新闻事件记入史册，可直到春秋战国时期，仍未有以文字形式向公众传播新闻的记录。不过，《左传》记载，齐太史将书有"崔杼弑其君"的简册"示于朝"。

　　《左传·宣公三年》记载了"禹铸九鼎示天下"传播信息的故事："昔夏之方有德也，远方图物，贡金九牧，铸鼎象物，百物而为之备，使民知神奸。"在周朝，每到新年伊始，官府就把本年度应该颁行的法令等写在木板上，"悬诸象魏"，让民众阅读，期满十天才撤掉。这一信息传播形式后来演化为告示、公文，公开张贴在城门口或闹市。"告"通"诰"，《尚书·康诰》就是西周时周成王任命康叔治理殷商旧地民众的命令。

悬书出现于春秋时期，老百姓将意见写在缣帛上悬挂出来，公之于众。悬书的作者匿名，内容多数采用借喻手法。传说晋文公当上国君，随之流亡的五名部属只有介之推没有得到爵赏，介的门客写了悬书"龙欲上天，五蛇为辅。龙已升云，四蛇各入其宇。一蛇独怨，终不见处所"。因为悬书具有信息传播的有效作用，具有政治舆论的效应，很快被统治者禁绝。但作为信息传播的有效载体已经为社会所接受。

（2）吟诵、采风与音乐教化　口耳相传的信息通过音律化的技巧可以获得更有效的传播，并也不断催生发展出有艺术价值的表达方式。徐澄宇先生在《诗经学纂要》中认为："上古之世，地旷人稀，既无文字以通声气，而感情之传递，知识之交换，尤赖夫语言。相对而语，无妨缛缕。若隔离稍远，必赖传达。词繁意琐，则传言者或失其真。故必简其语，齐其句，谐其声，而后传之者便矣。"[①]朱传誉先生认为，正是因为"上古书写不便，学术授受，靠口耳传闻，为了帮助记忆，大都编成韵文，因此当时的韵文特别发达"[②]。

吟诵是传统汉语诗文的一种口头表达方式，并逐渐形成古代阅读的重要方式。所谓"吟"是将语音长短有规律、有韵律地停顿、延长或收紧，"诵"则是在此基础上强化语音的张力与节奏感，这种抑扬顿挫的音乐性，是基于汉语四声平仄的特有形式，是与诗文内容情境相契合的起承转合，构成了中华语音传播文化的审美特色，也奠定了语音艺术发展乃至现代播音艺术的基础。

基于吟诵技巧广泛传颂的民间歌谣，被称为古"风"，采集活动称为采风。早在春秋时期，周天子为了了解各诸侯国的民情风俗、政治臧否，专门设置了"辀轩使"官职。每年的孟春或秋后，辀轩使就到各地去采集歌谣，以此观察政绩，

---

① 转引自陈引驰、周兴陆：《民国诗歌史著集成》（第 12 期），天津：南开大学出版社，2015 年，第 26 页。
② 朱传誉：《先秦唐宋明清传播事业论集》，台湾：商务印书馆，1988 年，第 3 页。

掌握舆论。郑玄在注释《诗经》时就谈道："萧，编小竹管，如今卖饧者所吹也。"周代还设有采诗之官，每年春天，摇着木铎深入民间收集歌谣，把能够反映人民欢乐疾苦的作品，整理后交给太师谱曲，演唱给周天子听，作为施政的参考。[①]

这种携有最新民情民风的信息通过歌谣的方式广泛流传，是文字广泛使用之前重要的声音新闻信息方式，只是这种口头信息的编辑源自人的大脑与人际交往中的互动，是生理性信号的传递，本身不属于技术构造的范畴。

商周以后，统治阶层特别注重音乐的教化作用，将其视为向民众传播政治、道德理念与行为规范的重要工具。"乐"几乎和"礼"具有同等重要的作用。董仲舒提出"乐者，所以变民风，化民俗也；其变民也易，其化人也著"。就是说，音乐具有移风易俗之功，而且歌功颂德也要靠"乐"。《诗经》里"颂"的部分，多数是官方音乐，对开国先辈和历代君王极尽歌颂之能事。用朗朗上口的音乐旋律传播信息，有春风化雨、润物无声的特殊功效，在宣传教化上影响力巨大。

（3）商业活动与信息新闻传播　商代农牧业蓬勃发展，促进了手工业的兴盛，也促进了商品生产和商品经营的繁荣。"殷人"即"商人"。有了物品交换与交流，就有了集市的"招徕市声"。如商贩的吆喝叫卖，拨浪鼓、梆子、小铜锣等各种响器发出的声响等，西周卖饴糖的小贩已学会"箫管备举"吹奏招揽顾客了。传说，姜太公在没有被周文王启用前，曾在商都朝歌市肆的肉店当伙计，通过叫卖招揽生意，这是中国古代有关声音传播的较早记载。这些商业活动，充斥了各种信息，尤其是新闻性信息，也构成了商周时期重要的信息交换与传播方式。

小　结

夏商周时期是中华信息传播技术重要的起步与发展阶段，也是有史料记录的新闻信息传播活动的初始。这一时期的新闻传播活动主要是以口头、公告的方式传递，同时也出现了对重要事件记录的原始信息新闻采集、编辑与传播的方法。值得

---

① 张鸿飞：《韩非子的三级社会传播模式》，《新闻爱好者》，2012 年，第 1 期。

一提的是，随着交通与驿站的设立，信息与新闻传播开始由在场拓展到不在场，只是其时效性还较差，传播的手段尚且单一。

夏商周时期最突出的技术发展是文字符号语言的创制与甲金载体的使用。中国古代文字演化中现存最早的证据就是三千年前殷商甲骨文和稍后的金文。汉文字正是在这样的基础上经由大篆（籀文）、小篆、隶书、草书、行书、真书等阶段，依次演进。汉文字不仅是记录语音的重要媒介，也是认知思维的记录与理解方式，有其超越言语注音不可替代的特点与优势，特别是汉字书写所承载的信息模式与文化表述方式，已经形成拼音语言无法替代的成熟体系，这恰是目前世界上通行的注音字母所不可比拟与超越的。这一卓越的成就，连同金石铭文的信息书写与记录，成为信息新闻传播的重要源头。

第四章
秦汉魏晋南北朝时期信息与新闻传播技术

Chapter 4
Technologies of Information and Journalism Communication in the Period of Qin, Han, Southern and Northern Dynasties

　　秦汉魏晋南北朝历经800余年，有两汉时期政治经济文化的繁荣，也有魏晋以后数百年的战乱动荡。科技与文化发展有了重要的突破，也成为信息、新闻传播发展的关键时期。文字形制与信息传播体系逐渐成熟，纸张载体的发明、应用与普及也极大地推进了信息传播活动的发展。

第一节　历史背景

　　秦汉时期是大一统中国高速发展的强盛时期，交通运输、邮驿、文字信息与应用技术在此期间得到高度发展，而魏晋南北朝尽管历尽数百年的战乱分裂，但在科技文化、信息传播等方面有着重要的推进，也为中国新闻传播活动进一步发展奠定了重要的物质基础与技术条件。

一、历史与文化社会环境

公元前221年，秦嬴政统一六国，结束了春秋战国500余年诸侯并立的局面，建立了统一的秦王朝，号称"始皇帝"，意谓"德兼三皇，功过五帝"，期待"后世以计数，二世、三世至于万世，传之无穷"。

秦朝的历史虽然短暂，但开创了中国2000余年第一个大一统帝国，包括皇帝制度、官僚制度、地方行政制度、百姓管理制度等一系列集权制度，并通过统一文字、货币、度量衡、车轨等措施，把辽阔的疆域连成一个整体。即所谓"车同轨""书同文""行同伦"。

秦朝废除封邦建国制，在全国范围内施行郡县制；废除世卿世禄制，实行由中央任免的流官任期制。为了稳固新建立的中央集权统治，秦始皇建造驰道和直道，保证政令的畅通；修建长城，抵御匈奴的侵扰；开边移民，充实边疆实力，削弱关东，以强关中。为改变春秋战国以来各国各地"言语异声，文字异形"的局面，公元前221年，秦始皇命丞相李斯等整理各国文字，以秦国文字为基础制定"小篆"规范。还废弃各国货币，统一使用秦国货币，并颁布统一度量衡的诏书。为了统一思想，秦始皇还采纳李斯的建议，下令焚书坑儒，尽毁《秦纪》以外的各国史书、非博士官所藏的《诗》《书》及百家语，只留下医药、卜筮、种树等技艺之书。

秦政府对社会经济领域层层管辖控制，细密而苛酷，横征暴敛，激化矛盾，社会动荡，导致秦朝统治迅速瓦解。二世元年（前209），被征发赴渔阳的戍卒900余人在陈胜、吴广的率领下举兵反秦。项羽起兵于吴、刘邦起兵于沛。公元前207年，子婴投降刘邦，秦亡。

刘邦推翻秦朝后被封汉王，楚汉之争获胜后称帝建立西汉。汉文帝、汉景帝休养生息开创"文景之治"，汉武帝即位后攘夷拓土，也造就了"汉武盛世"，至汉宣帝"孝宣中兴"时期国力达到极盛。公元8年，王莽篡汉，西汉灭亡，25年，刘秀称帝，建立东汉，定都洛阳，史称"光武中兴"。由"明章之治"到"永元之隆"，东汉国力强盛。中期发生戚宦之争和党锢之祸，184年爆发黄巾起义，虽剿灭民乱但导致地方拥兵自重，董卓之乱后东汉名存实亡。公元220年曹丕篡汉，东汉灭亡，后刘备建立蜀汉延续汉室，孙权盘踞江东，中国进入三国时期。

汉朝和欧洲的罗马帝国同为当时世界最强大的帝国。两汉时期奠定了汉地疆域，极盛时东并朝鲜、南包越南、西逾葱岭、北达阴山。公元2年，西汉全国人口达六千余万，占当时世界的三分之一。以儒家文化为代表的汉文化圈正式成型，华夏族群自汉以后被称为汉人，也是汉族的由来。另外，汉武帝两次派张骞出使西域，开辟了长安到中亚的丝绸之路，成为东西方经济文化交流的桥梁。由西域传入和影响下的政府公告、文书与佛教写经、造像文化对新闻信息传播技术有重要推进作用。

魏晋南北朝（220—589），又称三国两晋南北朝，从曹丕称帝到隋朝统一，总计369年，经历了三国、西晋、东晋、十六国与南北朝时期。魏晋南北朝三十余个大小王朝更替兴亡，是中国历史上政权更迭最频繁的社会大分化、大动荡时期。但这一时期，文化领域玄学兴起、道教勃兴，波斯、希腊文化也渗透到东部内地。从汉灵帝中平元年（184）至隋的四百余年间，上述诸多战乱与新的文化因素交替影响，交相渗透构造了一个活跃且多样性文化蓬勃发展的历史时期。在这一历史变局中，尽管信息传播技术领域没有突破性成就，但跨区域、跨文化的信息交流与传播得到快速发展。

二、传播环境与物质基础

秦始皇统一天下后，秦朝政府第一次以文字形式向全国发布的官方"新闻"，正是一统六国的重大消息。就在全国统一的当年（前223），秦始皇以诏书形式发布天下一统和规范度量衡制度的消息："廿六年，皇帝尽并兼天下诸侯，黔首大安，立号为'皇帝'。乃诏丞相状、绾，法度量则，不壹歉疑者，皆明壹之。"这篇诏书史称"四十字诏书"。秦政府还在颁布标准度量衡器皿时，要求在铜权和铁权侧面，陶制量器的侧面和铜制量器的底部、铜尺的背面，或刻或铸上四十字诏书。规定各地复制标准度量衡器皿时，必须刻上或铸上这篇诏书。随着统一度量衡制度的推广，这一重大信息得以在全国迅速传播（图4-1）。

图 4-1　秦始皇廿六年诏版，纵 10.8 厘米，横 6.8 厘米，厚 0.3 厘米。1976 年甘肃省庆阳市镇原县城关镇富坪村出土

　　考古学家马衡在为度量衡而制作的陶量上发现，量器侧面的四十字诏书是用木戳子印制上去的。一个木戳四字，十个木戳正好合成一篇诏书。用这种办法复制诏书，意味着秦代官方新闻第一次使用了活字排印的技术，并产生巨大的应用效果。

　　随着统治与日常管理需求的扩大，宫廷府院开始招募大量基层文书人员。这些识字的基层文人主要从事日常的文书抄写、整理与传送工作，被称作"刀笔吏"。"刀笔吏"一词可以追溯到春秋战国以前，因为书写简牍时，会使用刀削的技术制作优质的简牍载体，也会用刀作"笔"，修改错讹的书写痕迹。当时的书写工作需要随身带刀、笔，以便随时修改错误。因此，历代的文职官员也就被称作"刀笔吏"（图4-2）。

　　秦汉以后，读文识字逐渐从精英阶层扩散到民间社会。作为政府治理的需要，

图4-2　青瓷对俑，湖南长沙西晋永元二年墓葬出土，高16.5厘米，宽15.5厘米，湖南省博物馆藏

诏书圣旨、敕令文告、册封钦赐，各个官府机构的公文政令、文史档案，文人学者的注经解经、论述、诗词歌赋、随笔散记，人与人交往中的往来信函、诗歌吟唱、赠序题跋，经济交往中的地券文书、官税民贷，社会关系中的契约、符箓、族谱方志、匾额楹联、墓碑墓志……在当时，善于书写是文吏必修的一项技能，也是世俗社会求官入仕的基本途径。这极大地刺激了中下层子弟读书的风气，文字信息资源需要量大增。声音艺术的讲经、乐舞、说唱与吟诵文化盛行，也使文字书写与阅读得到普及（图4-3）。

图4-3　东汉击鼓说唱陶俑，国家博物馆藏

127

　　佛教的传入也在这一历史时期，产生了读经抄经的大量需求，佛教为主的宗教文化得以持续发展和普及。由于佛教徒大量抄写、版刻复制佛学经典，不仅在书体的演进上有突出的贡献，也推进了印刷术的普及与应用，促进了文化与社会信息传播的进一步扩展（图4-4）。

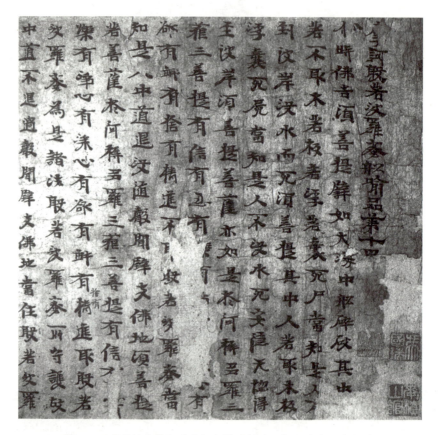

图4-4　西晋写本佛经《摩柯般若波罗蜜经》，北京图书馆藏

　　魏晋南北朝是汉字书写技艺大发展时期。士大夫将尺牍交流视为显示个人风度与身份的重要方式，王、谢、郗、庾、钟、卫、崔、卢等世家大族都有爱好书法的门风，书家亦受到时人特别的尊重与喜爱，一批批文人墨客开始不为功利所囿，醉心于书法的探索与实践。

　　秦始皇在统一六国后，确立了郡县制度，36郡都由政府统一管理。他还迅速建立起以都城咸阳为中心，覆盖全国的驿道交通和通信网络。关于道路的形制，

《汉书·贾山传》记述："道广五十步，三丈而树，厚筑其外，隐以金椎，树以青松。""道广五十步"中一步为5尺，50步合今25丈，约80米，"三丈而树"是指10米左右就栽一棵树，树种是青松。除了让路基的构筑厚实，还要用金属椎夯实。驰道路面分划为3条，是最早具有分隔带的多车道道路，这样的大道遍布全国。他还在全国推行"车同轨"国策，对交通工具的形制进行统一的规范，为以后两千年道路交通与社会发展奠定了基本格局。

　　为了加强皇权统治，秦汉两朝都大力拓展交通建设，改善交通条件。秦汉大一统王朝的建立，使中央政府直接管辖的地理范围大大扩展。秦统一六国后，因为"诸侯初破，燕、齐、荆地远"，迫切需要加强交通运输建设，巩固国家统一。因此，在已有六国交通建设的基础上，"决通川防，夷去险阻"（《史记·秦始皇本纪》），形成交错纵横的陆路交通系统。主要包括三川东海道、南阳南郡道、邯郸广阳道、陕西北地道、汉中巴蜀道、北边道、并海道。在咸阳北的云阳，有一条为抵御匈奴侵扰的"直道"，途径黄河，直抵今包头市的秦九原郡，据《史记·蒙恬列传》记载全长1800余里。[①]《汉书·贾山传》形容为"东穷燕齐，南极吴楚，江湖之上，滨海之观毕至"。考古学家在陕西淳化、旬邑、黄陵、富县、甘泉等地直道遗址进行了勘测，测出当年直道最宽距离50米，转弯处有60米，路基都是经过夯实的坚硬层面。

　　因应道路与交通的需要，秦颁布车同轨的制度，不仅提高了政权的行政效率，也促进了不同地域的经济、文化与社会交流。统一的车轨距的宽度为6秦尺，折合1.38米，为车辆制造和道路建设提供了法度。通过对修复后的秦始皇陵出土的两辆铜车的研究，可以发现其性能在许多方面已经明显地超过了先秦时代。这两辆铜车都注重改进车轮的结构，以提高行驶速度。从车轮的形制看，不仅着地面窄，有利于在泥途行驶，设计者还巧妙地利用离心力的作用，使车轮在行进时不易带泥，并且在毂的结构上有所改进，以减少摩擦，而且能够储注较多的润滑油，使得车行比较轻捷。[②]车的零部件连接方式包括包铸法、嵌铸法与铸焊法，如车轴与舆底、轫与轴都是用包铸法连接，辐与毂的连接采用嵌铸法，还有子母扣加销钉连接、活绞

---

① 王子今：《秦汉交通史稿》，北京：中国人民大学出版社，2013年，第24—31页。
② 徐行：《陕西秦汉时期道路交通发展与文化传播》，《西安航空技术高等专科学校学报》，2004年，第2期。

连接、纽环扣接、套接、卡接等机械连接方式，机械加工工艺包括锉磨、小孔加工、冲凿錾刻、镶嵌、钳工装配、切削、锻打、铆结、抛光等，开合口的锁紧与开启结构，亦包括拐形栓式闭锁、键式闭锁、活销式的闭锁、带扣式的闭锁、自锁式的闭锁、活铰加曲柄销的闭锁、三重卡接闭锁，以及推、拉开合式的闭锁与开启等锁闭装置。[①]

中国早期的车辆都是单辕的。陕西凤翔出土的战国初期秦墓中的2套双辕牛车陶件，这被认为是国内，也是世界范围内最早发现的双辕车型实物。这说明，春秋战国时期，可系驾一头牲畜的双辕车已被使用。适应不同运输条件与需要的新车型陆续出现，双辕车、独轮车、四轮车等普遍应用，对后世交通运输与信息传播都产生深远影响（图4—5、图4—6）。公元前541年，鲁昭公元年，秦后子过晋，已"其车千乘"。秦汉时期，以军事、政治与经济社会活动为目的的大规模交通运输与跨地区活动已经非常普遍。

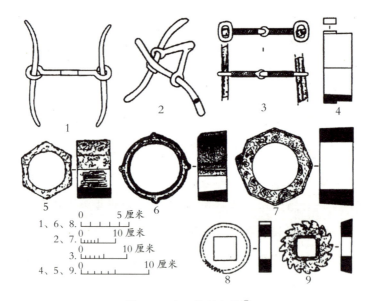

图4—5 秦汉铁制车具[②]

---

① 秦始皇兵马俑博物馆、陕西省考古研究所：《秦始皇陵铜车马发掘报告》，北京：文物出版社，1998年，第314—317页。

② 王子今：《秦汉交通史稿》，北京：中国人民大学出版社，2013年，第126页。图中1—3为马衔与马镳（永城柿园 SMI：1532、广州南越王墓 C：241、临淄齐王墓 K4:21-13），4—7为车钏（临淄齐王墓 K4:18、西安龙首村 M2:79、镇平姚庄 H1:35、汉长安城桂宫遗址 T1③：23），8为正齿轮（长武丁家 DJ：10），9为棘轮（镇平尧庄 H1:37）。

图 4-6　东汉制车画像石，横 94 厘米，纵 57 厘米，山东嘉祥红山村出土，国家博物馆藏

西周时期，马在交通运输和军事活动中已经普遍使用，作为马政的重要工作也用于邮驿运输。秦国人素有养马的传统。战国时期群雄纷争，作为军事作战与运输的重要助力，秦就以"秦马之良，戎兵之众，探前趹后，蹄间三寻者，不可称数也"（《战国策·韩策一》）（图4-7）。到了汉武帝时代，因为北部边境军事防

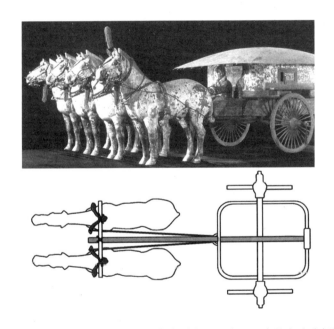

图 4-7　秦始皇陵二号铜马车侧视图与轭靷式系驾法示意图，秦始皇兵马俑博物馆藏[1]

---

① 引自《文物》，1983 年，第 7 期。

卫与作战需要，养马业空前兴起，马政发达。同时，秦汉时期，除了马、牛、驴、骡、骆驼作为负载物品与运输动力也被引入内地，成为当时交通发展的重要支撑（图4-8）。

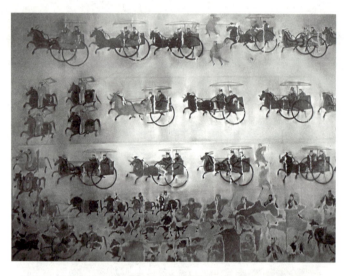

图4-8　《车马出行图》河北安平东汉壁画墓出土（摹绘），国家博物馆藏

两汉时期的道路交通建设持续发展。汉武帝时开通"南夷"地区的道路，平治雁门地区交通险阻都被《汉书·武帝纪》记录下来，还有王莽通子午道，汉顺帝诏令罢子午道，通褒斜路等，都说明汉政府对交通工程建设的高度重视。特别是河西走廊的开拓，丝绸之路的打通，连接了东方与西亚、欧洲的交流，让国家、民族、单一封闭的区域文明打破了藩篱，互通有无，友好往来，书写了人类传播交流历史的辉煌篇章。秦汉时期交通成就还突出表现为商业运输与民间自由贸易的繁荣，极大地促进了物资的传输与信息的传播交流。交通的进步使政府政令可以迅速及时地传达到全国，当遇到紧急政务军情的时候，驿传系统也可以迅速提高信息传递的速度。可以说，两汉时期的政治安定、经济繁荣和文化发展，在一定程度上就是建立在不断完备的交通运输系统之上的。

秦朝的人工运河灵渠是公元前219年，秦始皇为解决南征部队供给问题修建的，由当时的水利官员"监御史名禄"史禄负责，通过将广西兴安县东湘江源头海洋河与兴安县西面漓江源头的大溶江相连，由于两江落差32米，就设计了船闸式构造，包括铧堤、渠道、陡门、秦堤几个部分，是最早的船闸式运河，实现了珠江水系与长江水系的直接通航。到了汉代，黄河航运也进入新的历史时期，可以从下游直达河套地区。据《史记·河渠书》记载，打通褒斜道与开凿漕渠是由汉武帝亲自决策施工的。汉代长江水系与珠江水系航运也得到发展，为以后经济文化中心向东南地区转移奠定了重要基础。汉代还进一步发展了用途不同、类型多样的船舰。多层楼船已经成为汉军的主力战船，构造更为复杂，更具攻击力，另外，橹、舵和布帆等船舶技术也有了很大的进步（图4-9）。

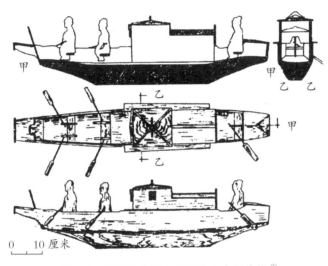

图4-9 广州皇帝冈1号墓出土木船结构①

经过持续不断的建设发展，连接黄河、长江、珠江流域的交通网络联通起来，舟船水运工具技术也达到很高的水平，人员、货物的运输能力得到大规模的开发，交通运输的组织管理日益完善。同时，还联通起域外的主要交通线，包括海上航线，推进了与南洋域外国家的交通与商业贸易活动。正是以上述这些条件为基础，当时以华夏族为主体的多民族共同创造的统一文化——汉文化已经初步形成。

魏晋南北朝时期尽管连年战乱，但交通、通信邮驿系统依然得到发展。秦汉时

---

① 引自王子今：《秦汉交通史稿》，北京：中国人民大学出版社，2013年，第238页。

期建立的陆路交通网，到了魏晋南北朝，因为军事战略的需要而得以不断开拓。由于南方的不断开发，陆路交通建设由此进入一个新的发展时期。这与当时割据政权林立的情况密不可分，割据一方的统治者为了维护和壮大自身的实力，不遗余力地加强包括陆路交通在内的交通建设。①

南方与北方政权大致以淮河—秦岭为界对峙着，双方时有战争，而和平交往时期则更多，大商贾与国家使团往来不绝，边界线上的南北互市也基本得到维持。这时的南北通道，有东、中、西三组纵向交通线，起点在金陵、江陵与成都之间，又有长江水运线贯通着，进入北方之后，又有宝鸡通过长安、洛阳到达青州的横向大道贯通着。从此以后，中、东部纵向交通线发挥出更大的作用。

第二节　信息构成与复制技术

秦汉魏晋南北朝时期信息构成形态的最大变化体现在两个方面：一是信息载体的变革；二是应用字体的定型导致书写方式的改变。书写与图像的信息符号占据这一时期媒介传播的主体，社会需求越来越大，以至于出现专门的誊抄产业。尽管尚无雕版印刷技术的明确考古证据，但其复制技术基础与条件已经完备，为隋唐时期雕版印刷技术的大发展奠定了坚实基础。

一、文字信息

中国文字信息载体与传播经过秦汉时期的发展演变，已经趋于成熟，并奠定了纸材与隶变后稳定的书体形式与风格。文字在社会信息交流与传播中发挥了越来越大的作用，并成为此后信息与新闻传播的主要方式。

1. 信息载体

已发现的殷商甲骨文字主要是用来记录卜辞，相关的国家律令法典、往来公文几乎没有出现在甲骨文献里。据推测，这是不同的礼仪与社会功用所决定的。有关

---

① 马晓峰：《魏晋南朝陆路交通的建设与管理》，《江汉论坛》，2008 年，第 9 期。

律令法典、往来公文等政策制度或者日常公务资料，或者铭刻于青铜鼎器之中，或者因为实用性、便捷性的需要多记录在相对易腐烂损毁的材料中，比如竹木、绢帛等，这些在当时是相对廉价，便于大量使用和传播的介质。

春秋战国时期，《墨子·明鬼篇》有言："书之竹帛，传遗后世。"在纸张出现以前，竹简木牍已经替代龟甲兽骨、金石契刻等原始材料，成为重要的信息传播载体。至少在春秋战国时期，竹木简牍已经成为文字书写、记录的主要载体，历经秦汉，到魏晋至南北朝时期才被废弃。

秦汉魏晋南北朝时期，信息载体的最大变革就是继竹简、绢帛后，纸材开始普及应用。中国纸材的使用始于西汉初年。东汉蔡伦（约61—121）改良造纸术，使造纸术日益成熟，迅速发展。由于晋代已能规模化生产洁白平滑的纸张，昂贵的缣帛和笨重的简牍逐渐走入历史。5世纪初，纸的生产质量和规模已达到可以普及、推广，进而取代竹木的程度。东晋以降，纸成为占支配地位的书写材料，再没有简牍文献记载了。较之于甲骨、简牍和布帛，纸张成本更低、更便捷，迅速成为信息记载与传播的主要载体。

2. 文字形制

从原始岩壁刻画、陶器图符发展到甲骨金文、竹简绢帛的文字形态，再到以纸张为主要载体的笔墨书法，汉字"书写"经历了漫长的历史演化过程。特别是商后期到秦始皇统一中国，文字结体演变体现了去繁入简的线条化与规范化的总趋势。

殷商甲骨到周秦金石，汉字基本为篆书风格，其线性形体的演变特点是结构上的去繁入简与抽象化。除了保留在部分字形中的象形之外，逐渐将重点转向线性本身的图像化艺术表现和探索，线条的工具性开始由镌刻的风格转向笔墨书写。礼制是中国封建社会政治、文化生活的基本制度。周秦篆书在甲骨文基础上演化而来，在礼仪制度的影响与推动下，其笔画与结构越来越趋于严整、规范与审美化。同时，也形成了各种应用上的规制与方法。

广义的篆书包括大篆和小篆。大篆有籀文、籀篆之称，主要指秦代以前的甲骨文、金文、石鼓文，以及通行于春秋战国时期除秦国外的六国古文等，延续了甲骨文体的典型特征。秦汉时期，中华文字书体形态与礼仪制度得到高度发展，书体也从篆文、隶书演变到行草正书，奠定了现代字体的基本形制。

　　秦始皇统一六国时，"田畴异亩，车涂异轨，律令异法，衣冠异制，言语异声，文字异形"，极大地妨碍了国家统治与管理，也妨害了各地区之间的信息传播与交流。秦始皇断然决定采取"车同轨，书同文"政策，命李斯着手文字改革，创造出以秦国文字为标准的"小篆"，又称"秦篆"，作为规范化的文字。《说文解字·叙》记载："丞相李斯乃奏同之，罢其不与秦文合者。斯作《仓颉篇》，中车府令赵高作《爰历篇》，太史令胡毋敬作《博学篇》，皆取史籀大篆，或颇省改，所谓小篆者也。"《仓颉篇》等三篇小篆字书，都体现了新的文字制度。至此，作为先秦史官作铭石书所用的《史籀篇》被废止，直到汉代才被重新采用，而籀文因为与小篆有区别被称为"大篆"。

　　在《说文解字》自叙中，记述了秦代八种书体："是时秦烧灭经书，涤除旧典，大发隶卒，兴役成，官狱职务日繁，初有隶书，以趣约易，而古文由此绝矣。自尔秦书有八体：一曰大篆，二曰小篆，三曰刻符，四曰虫书，五曰摹印，六曰署书，七曰殳书，八曰隶书。"这些书体因为形式与载体不同而有着不同用途，并形成字体使用上的基本规则。

　　大篆如前文所述，为秦以前的甲骨文、金文、石鼓文，以及通行于春秋战国时期除秦国外的六国古文等，小篆是在大篆基础上修订的简化字体，也称秦篆。"篆书八体"中的刻符、虫书、摹印、署书、殳书为小篆风格。小篆是当时的正体官书，如帝王诏书、公文等，而隶书则主要在下层官吏与民间使用。郭沫若先生指出："篆者掾也，掾者官也。汉代官制，大抵沿袭秦制，内官有佐治之吏曰掾属，外官有诸曹掾吏，都是职司文书的下吏。故所谓篆书，其实就是掾书，就是官书。"[1]在汉文字发展史上，它是由大篆到隶、楷之间的过渡。

　　八体之中级别最低书体即从篆书简化而来的隶书，传说由秦始皇命下杜（今陕西长安县南）人程邈所作，也有认为"隶自古出，非始于秦"，主要应用于从中央到地方的律令文书，屯戍、狱吏的书佐史牒范围。因此，隶书使用初期有低层官书的性质。隶书的出现，是古代文字形制的一大变革。[2]到汉代，隶书取代小篆成

① 郭沫若：《古代文字之辩证的发展》，《考古》，1972 年，第 3 期。
② 吴白匋：《从出土秦简帛书看秦汉早期隶书》，《文物》，1978 年，第 2 期。

为主要书体，汉字的书写方式逐步从木简和竹简，发展到帛、纸。隶书，奠定了现代汉字字形结构的基础，成为古今文字的分水岭（图4-10、图4-11）。

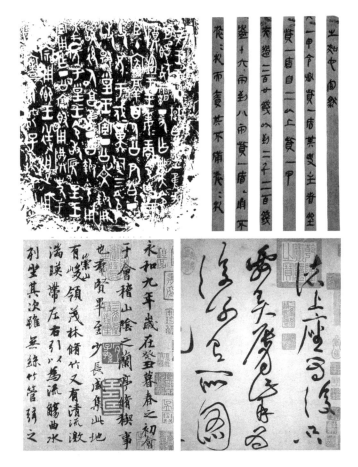

图4-10　不同时期汉文字演变图（西周初期铭文拓片、睡虎地秦简、晋王羲之《兰亭序》、北宋黄庭坚《诸上座帖卷》）

　　汉字从小篆开始，逐渐开始定型，减少了书写和认读方面的混淆和困难，这也是我国历史上第一次运用行政手段大规模地规范文字的产物。

　　隶书之所以能够取代小篆，是因为官方文字的小篆书写速度较慢，而隶书化圆为方折，提高了书写效率。这一时期，还出现了草书和行书两种书体。一般认为，两汉时期主流字体是隶书，辅助字体是草书。大约到东汉中叶，在日常使用的隶书上又进一步演变出一种更简便的俗体隶书。至东汉末年，在俗体隶书和草书的基础

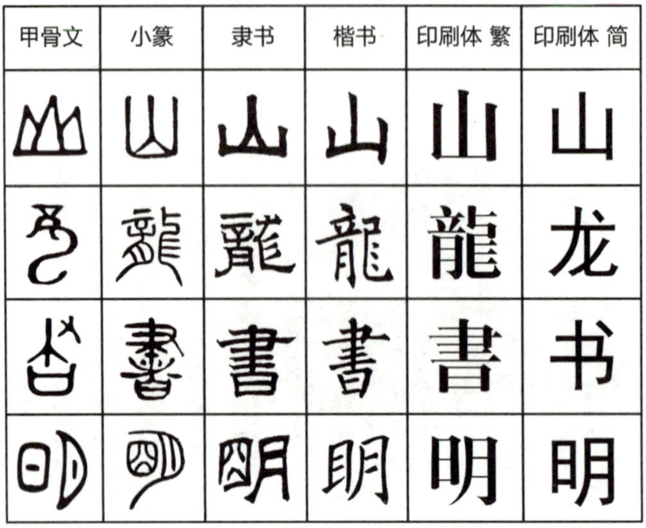

甲骨文	小篆	隶书	楷书	印刷体 繁	印刷体 简
山	山	山	山	山	山
龙	龍	龍	龍	龍	龙
書	書	書	書	書	书
明	明	明	明	明	明

图 4-11　汉字形态结构演变图，吴旦 制

上形成了行书。

《张迁碑》又称《张迁表颂》，全名《汉故谷城长荡阴令张君表颂》，碑高290厘米，宽107厘米。东汉中平三年（186）刻立，现存于山东泰安岱庙。该碑方笔为主，许多笔画棱角分明，结构谨严，笔法凝练，外方内圆，内捩外拓，为汉隶上品，其方正为主的构字笔意，已经初露出隶书向楷书发展的端倪。（图4-12）

楷书是魏晋南北朝到隋唐最流行的书体，它始于汉末，也是现代汉字的主要模版，现在常用的楷体、宋体、黑体等印刷字体均是在楷书的基础上发展而成的。汉字进入楷书阶段后，字形虽然仍在继续简化，但字体基本定型，并一直沿用至今。

二、图像文本

如何把视觉感官信息转化为有效的载体形式进行广泛传播，原始人类经历过多样化的探索与尝试。例如，利用实物展示、肢体语言模仿等，这些身体的媒介，只能局限于在场的特定时空环境，不能进行跨越时空的更广泛交流。从目前考古发现看，最有效的方式首先出现于将特定形象信息刻画描绘于岩石洞壁、龟甲兽骨，以及人工制成的陶土金属器物表面等。这种从原始岩画、陶器图符到器物雕刻的各类

图 4-12 《张迁碑》碑刻拓片，故宫博物院藏

图像造型与表现，已经累积了至少上万年的历史，并在先秦时期绢帛类材料上得到更充分的发展。

秦汉时期是中国统一的多民族国家的建立与巩固时期，也是中国信息文化交流与传播的大发展时期。除了文字信息工具，图像也得到了高度重视。

因为绢帛的使用、纸张的发明，图像信息传播形式逐渐摆脱壁画的、器用的（如画像石、器物装饰）载体局限，转向柔性、平面的载体，便于绘制，也方便携带储存，更有利于通过流动性展示或传阅进行有效的流通与传播。图像绘制工具稳定在笔墨纸砚，笔墨的使用与技巧训练成为重要的基础技能，也孕育了后来水墨绘画的辉煌发展。至此，图像与文字书写一起，成为社会广泛使用的符号系统，也成为信息传播的核心组成部分。

图像不仅可以形象地记录历史事件，反映现实生活，也可以作为政治宣传和道德说教的重要手段。"古人图画，无非劝诫。"中国历代重视以历史典故或者隐喻象征的图像符号鉴戒君臣，教化百姓，"见善足以戒恶，见恶足以思贤"。这类视觉图式一般被称为鉴戒图或教化图，目的就是后人所总结的"成教化，助人伦"。在西汉，图像已经成为纪念传播功臣的重要载体。甘露三年（前51年），汉宣帝刘询为了纪念匈奴降汉，令人于麒麟阁绘制霍光、张安世、韩增等十一名功臣图像，传扬他们的功德，所谓"功成画麟阁"。东汉同样推崇忠、孝、节、义。这些历史故事传播的需求，成为当时普遍的图像创作题材。在汉代画像石中有许多传播古代圣贤、儒家文化、忠君爱国的图像题材（图4-13、图4-14）。

图 4-13　汉锻铁画像石，滕县宏道院出土，山东博物馆藏

图 4-14　五代十六国时期纸绘设色人物图，横 106.5 厘米，纵 47 厘米，新疆吐鲁番出土①

---

① 引自金秋鹏：《中国科学技术史．图录卷》，北京：科学出版社，2008 年，第 463 页。

图像信息传播的重要性毋庸置疑，但由于历史上图像绘制的载体与技术要求高，因此，在古代新闻信息传播中并没有充分发挥其作用。文字在漫长的古代社会，直到清朝末年都是中国古代社会信息传播的核心媒介，也是中国古代新闻信息传播的主要形式。只有到了19世纪末20世纪初，图像载体与技术发生革命性变革后，特别是电子化、数字化图像技术发展的今天，图像新闻的信息传播优势才逐渐发挥出来，并引领了视觉传播时代的新气象。

三、造纸与誊抄

据现有资料，最早的"纸张"发明与使用至少可以追溯到公元前3100年古代埃及。最直接的证据是在古埃及一座古墓中发现的纸张残片。这种被称为莎草纸（Papyrus）的材料是生长在当地的莎草三角形茎叶。埃及造纸工匠将其切成狭窄的长条，去掉纤维的内层，然后排列成纵横的条状分布，借助水的湿度进行捶打、重压等工艺流程，最终黏合成亮白光滑的片状纸卷。但是这种材料来源有限，还容易霉变，因此难以普及。还有一种是欧洲国家长期使用的羊皮与牛犊皮，尽管材料坚固、保存期长，但成本较高更难以推广，直到中国人工纸张的发明才从根本上解决了纸张普及性的应用问题。钱存训先生认为，中国纸与莎草纸的根本区别在于其不同于薄片黏合，是由捣碎的纤维体通过排水作用所制成，是一种从纺织物改进而成的一种廉价替代品。[1]中国这种易于大规模生产的低成本纸质产品最终传布到世界各地，为人类信息与文化传播做出了巨大贡献。

中国造纸术发明以前，书写、誊抄工具已经经历了长期的发展。但无论甲骨还是金石都是重型硬质材料，所占体积大，不便携带和保管，因而需要更加便捷的载体工具。在这种情况下，简牍和丝帛逐步成为主要的书写载体，它们比甲骨、金石轻便，主要采用笔墨书写技术。但是简牍和丝帛仍然有着各自明显的局限性——丝帛产量小，成本高，只能局限在精英阶层与小范围社会活动中使用；简牍载体笨重，不便携带与收藏，这就为更加轻便和低成本的书写载体——纸的诞

---

[1] 钱存训：《中国纸和印刷文化史》，南宁：广西师范大学出版社，2004年，第2页。

生创造了条件。

1. 造纸术的发展

起源于西汉，并在东汉由宦官蔡伦（图 4-15）进一步改进，造纸材料与工艺成本较为低廉，比之前的木牍、竹简更为轻便，又比缣帛等材料便宜，因此很快得到推广。纸的品种越来越多，成本越来越低，质量不断提高，成为普遍的书写载体。

从考古文物来看，中国最早的纸是由植物纤维制成，许慎《说文解字》言"纸，絮也，一曰苫也"中的"絮"就是麻类纤维。20世纪以来，我国多地考古发掘工作广泛开展，在新疆、甘

图 4-15　蔡伦像，马俊伟 绘

肃、陕西等省区出土大量西汉古纸。1957年，陕西"灞桥纸"的发现，意义重大。"灞桥纸"出土后经过多年研究和化验，被确认为麻类植物纤维纸；而1979年甘肃天水附近出土的"放马滩纸"，更是将中国造纸历史提前到了西汉文景时期。这些西汉古纸的出土，可以上溯到公元前一二世纪（图4-16）。

虽然蔡伦并不是造纸术的最初发明者，但其重要作用毋庸置疑。蔡伦在宫中服侍皇帝、后妃期间，主管监督制造宫中用的各种器物。在此期间，因为宫廷中对纸需求大增，蔡伦借此机会改进了造纸技术。《后汉书·蔡伦传》记载："自古书契多编以竹简，其用缣（细绢）帛者谓之为纸。缣贵而简重，并不便于人。伦乃造意，用树肤、麻头及敝布、鱼网以为纸。"蔡伦让工匠们把这些树皮、麻布、渔网剪断切碎，用水浸泡。等到其中的杂物烂掉，只留下不易腐烂的纤维，他再让工匠捞起，放入石臼中搅拌直至成为浆糊状，然后挑起铺开，等干燥后再揭下来。经过反复试验，终于试制出既轻薄柔韧，又取材容易、质优价廉的制纸技术。在这一过程中，他最大的贡献就是主持研制用树皮（木本韧皮）纤维造纸，被称为"蔡侯纸"。蔡伦的造纸术沿着丝绸之路等多种途径逐渐传播到世界各地（图4-17至图4-21）。

两汉时期因为造纸技术不够成熟，纸还不能完全取代简牍和丝帛，直至长期

图 4-16　西汉天水放马滩五号西汉墓出土的绘有地图的麻纸(前 176—前 141),纵 5.6 厘米,横 2.8 厘米,甘肃省博物馆藏

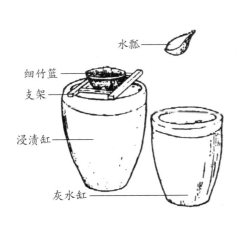

图 4-17　近浸渍草木灰水设备,潘吉星绘

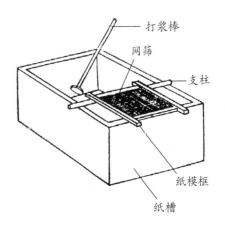

图 4-18　打槽和捞纸设备,潘吉星绘

图 4-19 汉代两种抄纸器，潘吉星 绘

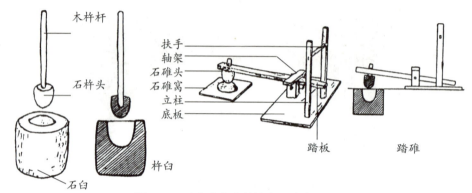

图 4-20 汉代春捣麻料设备，潘吉星 绘

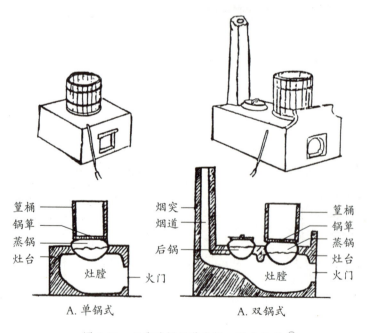

图 4-21 汉代造纸用蒸煮锅，潘吉星 绘 ①

---

① 图 4-17 至图 4-21 分别引自潘吉星：《中国造纸史》，上海：上海人民出版社，2009 年，第 118 页、第 121 页。

分裂战乱的魏晋南北朝时期，造纸技术才有了持续发展。这一时期，麻纸仍然是主要纸种，但魏晋南北朝的麻纸比汉朝麻纸更白、更平滑，这主要得益于类似现在手工造纸厂使用的帘床式抄纸器，它比原来的固定式抄纸器更先进，功效也更好。特别是用构树、桑树等植物纤维造纸技术的成熟，以及施胶、涂布和染色技术的产生与发展，纸终于逐步取代了简牍和丝帛在书写工具中的主导地位，并且一直沿用至今。

三国时期，魏国东莱（山东掖县）人左伯改进了造纸术，《书断》记有"左伯，字子邑，东莱人，擅名汉末，又甚能造纸"，故有"子邑之纸，妍妙晖光"之说。他改进的纸叫左伯纸。

东晋时发明了将麻纸"入潢"之法，即用黄檗汁将麻纸浸泡，干后，即成防虫蛀蚀的麻黄纸。东晋元兴二年（403）桓玄（369—404）"命平准作青红缥绿桃花纸，使极精"，又令，"古无纸，故用简，非主于敬也。今诸用简者，皆以黄纸代之"。东晋麻纸坚韧、洁白、耐水浸，是很好的书写用纸。王羲之、王献之父子常用麻纸练习书法。王羲之在会稽任职时，官居高位的谢安写信来要麻纸。谢安是东晋朝廷重臣，写信给王羲之求麻纸，说明在当时麻纸绝非寻常之物。而王羲之在会稽能一次买到9万张之多，也说明麻纸的产量不低。这一时期纸张类型除了改良后的麻纸，还有一些其他的品种。

南朝时期，人们发现构树、桑树等树种的韧皮纤维造纸效果更好，晋代发现用于纺织的植物纤维也可造纸后，造纸量从此突飞猛进，纸很快进入寻常百姓家，成为人们的日常生活品。这一时期用于改善纸张性能，对纸进行艺术化处理的施胶、涂布和染色技术也产生并发展。在古代施胶主要是用植物淀粉糊掺入纸浆中或刷在纸上，再进行一些加工的过程。1900年至今，中外考古发掘工作者在新疆、甘肃等地发掘出一系列施胶古纸，其中现存最早的施胶古纸据考证属于十六国时期，现藏于国家图书馆。

在造纸技术中，涂布是为了弥补施胶的不足、增加纸的白度和平滑度、减少透光性、使纸面更加紧密、提高吸墨性能的一种技术，一般用矿物粉（主要有白垩、石膏等，其次为石灰、瓷土等）进行。20世纪70年代，考古工作者在新疆吐鲁番附近多次发掘出使用涂布法的古纸，这些古纸基本上是十六国时期的遗存，迄今已有

1700多年历史。

源于东汉的染色技术可以增加纸张外观美感、改善性能、扩大用途，魏晋南北朝时期进一步将其发扬光大。在当时，一般用雌黄、黄柏等作为染色剂，所以彩色纸以黄纸为主。后来也利用其他颜色的染料生产彩色纸，这些彩色纸虽然用量不大，但也体现了造纸技术的进一步发展。

2. 誊抄工具

在印刷术广泛应用之前，人工抄写是信息复制、传播的主要方式。对于新闻传播活动而言，这一方式延续得更久，直至明末清初。而誊抄的兴盛首先是在纸张发明的汉代。

甲骨卜辞有烧制的偶然性，青铜铭文因为制作工艺的问题，它们在纸张出现前不可能拥有复本——拓片，只能是一次性的。简帛书籍诞生之后，复本抄写才真正开始。"迄今所见战国到汉初简帛古籍，都是传抄本，还没有能证明是原稿本的。"[①]

誊抄作为一种信息复制的技术手段，可以对文献、书籍"母本"进行复制，获得抄写本（副本），不仅是知识学习的重要手段，也有助于信息更广泛地传播与保存。春秋时期的一些学者最初也是文书的抄写者，如孔子及其弟子。他们在抄写的过程中理解书本，然后再著书立说。战国以后，抄写复本以阅读与收藏，已是普遍现象。抄写内容主要涵盖儒家、道家、兵家、杂家的书籍。汉代出现了职业的抄书者，靠抄书卖文为生计。大量的人物加入抄书这一行业，其中就包括相关新闻信息的抄写传送。对他们而言，快速抄录是重要的目的，特别是公文、典籍，需要快速传递的文本内容更是如此。这种快速书写的需求，首先在书体风格上导致隶变的发生，并形成楷、行、草等通行书体。

两汉时期，抄书机构已经有了明确的职责，出现了专门负责抄书的机构。汉代负责文书档案、图书典籍的官吏分为三个层级。最高层为主官，如御史中丞在殿中兰台，掌管图籍秘书。中间层为书吏，是一般的处理具体事务的人员，如太史令、

---

① 李学勤：《简帛佚籍与学术史》，南昌：江西教育出版社，2001年，第5页。

令史、主簿。最低层为各色书手，仅负责具体的抄录、抄写。①魏晋南北朝时期，由于官府抄书任务繁重，专门聘请大量抄书人。两晋及南北朝时期，佛教、道教迅猛发展，除北朝魏太武帝、周武帝灭佛的特定时期以外，佛教寺院、道教道观在全国兴起，佛经、道经的传译、抄书获得官府的支持，抄经活动盛行。

笔、墨、砚与纸张是书写不可或缺的工具。笔墨的发明，使书写的工具技术条件得以具备，也进一步推进了纸张的发明。人类最早的"笔"应是远古时期绘制岩壁图画与符号的原始器具，主要由兽毛与植物枝叶草被构成。今天的考古研究已经很难发现相关有价值的遗存，因此只能是一种推论。这类"笔"的端头可能是圆尖状，也可能是扁平的构造；可能是较硬的动物鬃毛与植物，也可能是柔软的动物毛发与植物。

① 毛笔　自汉魏以来，盛行蒙恬（约前259—前210）造笔的传说。相传蒙恬驻军北部边疆，需要经常奏报军情，而当时的文字多是用刀在竹木上契刻，效率很低。蒙恬便用兵器上的一小撮红缨绑在竹条上，在白色的丝绫上蘸色书写，大大地加快了书写速度。此后，他又根据北方狼、羊较多之便，利用狼毛和羊毛做笔头，制成了早期的狼毫笔和羊毫笔。后唐马缟《中华古今注》载："自蒙恬始造，即秦笔耳。以枯木为管，鹿毛为柱，羊毛为被。所谓苍毫，非兔毫竹管也。"旧时制笔行业奉蒙恬为祖师爷。秦始皇统一全国后，这一书写工具被统称为"笔"。1975年，睡虎地墓中出土了3支笔。可以看到，秦代的毛笔与现在使用的毛笔几乎一样，笔杆为竹质，上尖下粗糙以黑漆，并绘有朱色线条。其制作方法为笔头插入镂空的笔杆内，这种制笔方式一直流传至今。睡虎地的笔套用细竹管制成，中间及两侧镂空，方便取笔，一端为竹节，一端开口，两端有骨箍。②从现有的出土文物看，秦代毛笔是现代毛笔型制的定型者，后世的制笔者多以秦代大将蒙恬作为鼻祖，大概也由此而来。

汉代隶书渐趋于成熟，同时东汉造纸术技术的发展，都对毛笔的型制产生了影响。隶书的书写具有波磔法，要求毛笔型制更大；汉代官方曾规定八体为学童应试

---

① 周侃：《古代书于起源考证》，《艺术百家》，2007 年，第 1 期。
② 狄连仲：《毛笔漫谈》，《海内与海外》，2007 年，第 6 期。

内容，因而书法成为必修学业，也推动了汉代制笔业的发展。蔡邕还专门撰写了《笔赋》，这是最早的一篇咏笔赋。1972年，甘肃省武威市磨咀子49号汉墓先后出土了两支竹制毛笔，其中一支笔杆长21.9厘米，径0.6厘米，笔头长1.6厘米，制作已经颇为精良。这表明当时的制笔已注意到利用不同毛（材料）的特性，用刚劲锐细的兔箭毛做笔柱，而用较软、弹性稍逊的狼毫覆于外层。这样的笔因为有笔柱，书写时不分绺、不开岔，又能增大储墨量。[1]汉代刘歆（前50—23）著、东晋葛洪（284—364）辑抄的《西京杂记》卷一记载："天子笔管，以错宝为跗，毛皆以秋兔之毫，官师路扈为之。以杂宝为匣，厕以玉璧、翠羽，皆直百金。"[2]隋末唐初虞世南编辑的类书《北堂书钞》卷一○四引《傅子》中有："汉末，一笔之匣，雕以黄金，饰以和璧，缀以隋珠，文以翡翠。非文犀之桢，必象齿之管，丰狐之柱，秋兔之翰。"[3]可见汉代毛笔制作精良，并已批量生产。

蒙恬制笔的方法在汉代演变为"披柱法"。就是先将之做成毛笔头中心的"笔柱"，也称"笔胎"，然后再在笔柱上覆上一层薄薄的披毛，把笔柱紧紧抱住。今天我们使用的毛笔，大部分就是采用传统的"披柱法"制作而成的。

1930年，在今内蒙古自治区额济纳河（弱水）地区汉代居延烽燧遗址，发现一支西汉巨延毛笔。据启功先生描述，该笔木质笔杆，整支笔杆劈为四只，合成圆杆，笔头被夹入末端，外缠以细枲（指麻类植物的纤维）。这已经不同于以往用丝线固定笔头的方法，是用漆把笔头固定在笔管里，笔杆顶端用木帽束缚。笔头用废后，拆开笔杆可以方便更换笔头。

魏晋南北朝时期竹简慢慢消失，纸业流行，草、行、楷书兴盛，毛笔制作工艺也相应改进，以适应新的书写材料。这一时期，许多书家参与到毛笔制作中来，还出现了大量的制笔专著，如王羲之（303—361，一作321—379）的《笔经》，韦诞（179—253）的《笔方》等。韦诞善于制笔、制墨，与左伯纸齐名。他用兔毫为笔柱，以青羊毫为笔披。在《笔方》中他强调"无麻不成笔"，认为用优质的毛为笔芯，掺入少量的麻以辅助笔柱，可以使之更加坚挺团聚。在王羲之的《笔经》

---

[1]《百年往事》追忆"湖笔"往昔，http://ent.sina.com.cn/v/2008-01-17/11221880379.shtml。

[2]（东晋）葛洪：《西京杂记》，西安：三秦出版社，2006年，第11页。

[3]（唐）虞世南：《北堂书钞》卷一百一至五，《钦定四库全书》子部，第889—507页。

中，则详细记载了当时各种制笔技术。王羲之爱好用羊毫杂兔毛为柱，用优质羊毫裹在柱外为笔披，他主张笔管必须轻便，书写方能随心所欲。这些技术的改进，一是采用羊毛等产量高、价廉物美的材料；二是加固了笔头，提高了毛笔的蓄墨能力，书写字数增多，以适应纸张尺幅的增大。

毛笔的发明与使用不仅是简帛书籍诞生的必备条件，也是催生纸张发明后书体形制与书法艺术发展的重要因素。

② 墨与砚台　墨的产生与人类书写或绘制活动紧密相关，可以追溯到极为久远的年代。元末明初陶宗仪（1329—约1412）《辍耕录》中提出："上古无墨，竹挺点漆而书，中古方以石磨汁，或云是延安石液。至魏晋时，始有墨丸。"这里所说的"上古无墨"，可能是历史久远难以考证的以讹传讹，也可能是因为"墨"最初与书写无关，只是代指黥面的刑罚。近代以来，考古研究已经发现商周时代器物上的墨迹，说明笔墨出现的时间相近，而且同样久远。

从考古文献看，人们使用黑色颜料的时间至少可上推至仰韶文化时期，炭质黑色颜料大体上是到了商代才看到的。在考古资料中，书写用习墨约始见于西周早期。1964—1966年，洛阳北窑发掘348座西周墓，见有7件以墨书字的器物。[①]1965—1966年，山西侯马秦村盟誓遗址出土玉、石质的朱书盟书和墨书诅辞5000余件。文献上关于用墨的记载可上推到夏代以前。《庄子》外篇"田子方第二十一"载："宋元君将画图，众史皆至，受揖而立，舐笔和墨，在外者半。"宋元君即宋元公，公元前537—前516年在位。此说宋元君请国师用笔墨画国中山川地土图样之事，这说明周代用墨已经较为普遍。《礼记·玉藻》云："史定墨。"孔颖达疏："凡卜，必以墨画龟，求其吉兆。"这都说到了周人以墨占卜的情况。

春秋战国时期，已经出现了调制成丸、饼等形状的人造墨。1975年，湖北云梦睡虎地战国秦墓中发现墨纯黑而粗糙，呈丸状，是我国已知的最早的人工制墨。同时出土的还有一块长方形鹅卵石砚和墨研，可知此时的墨并非如后世那样研磨，而

---

① 蔡运章：《洛阳北窑西周墓墨书文字略论》，《文物》，1994年，第7期。

是将墨丸放于砚上加水，用墨研碾压研磨的。[①] "至魏晋时，始有墨丸，乃漆烟、松煤夹和为之，所以晋人多用凹心砚者，欲磨墨贮沈耳。自后有螺子墨，亦墨丸之遗制。"[②]

汉代之后，随着造纸技术的推进，墨的使用亦更加广泛。1973年，山西浑源毕村西汉墓出土了墨丸及带有墨迹的石砚；墨丸略呈半圆椎体形，石砚呈长方形和圆形的板状[③]。同年，湖北江陵凤凰山文帝前元十三年（前167）墓出土有毛笔及带有墨迹的石砚[④]。

秦汉及魏晋时期是墨史上一个重要的时期，松烟墨大量流行。在北魏贾思勰的《齐民要术》中，明确记载了韦诞"一点如漆"的"仲将墨"的制墨生产工艺和配料。至此，以烟料、胶、添加剂为主要原料的中国墨基本定型。图4-22为河北望都西汉墓室的壁画，画一记史官席地而坐，前放三足砚，上有圆锥形墨丸，旁有水盂盛水，用以研墨，这就是当时的写书工具。[⑤]敦煌所出六朝写经，千数百年如新，

图4-22　汉代写书工具，河北望都的汉代壁画

---

① 吴春浩：《墨史浅说》，《江苏教育学院学报（社会科学版）》，2005年，第4期。
② （元）陶宗仪：《南村辍耕录》，沈阳：辽宁出版社，1998年，第346页。
③ 山西省文物工作委员会：《山西浑源毕村西汉木椁墓》，《文物》，1980年，第6期。
④ 长江流域文物考古工作人员训练班：《湖北江陵凤凰山西汉墓发掘简报》，《文物》，1974年，第6期。
⑤ 北京历史博物馆河北省文物管理委员会：《望都汉墓壁画》，北京：古典艺术出版社，1955年，图版16、17。

墨光如漆。

汉代已经采用墨模技术制墨，用胶质材料作为黏合剂，并有了标准的型制。制墨时，添加各种名贵中药材作为辅料也始于汉代。

一般认为，战国两汉当由炭黑和胶两种材料配制；至东汉三国时期，便开始向墨中加入添加剂，并逐渐形成了一套较复杂的工艺。添加剂的作用主要是防腐、助色、益香、润湿、调节酸碱度、增加稳定性等。

松烟墨基本成分是炭墨，古人习谓之"烟"或"煤"，它是由含碳物质，主要是碳氢化合物在供氧不足的条件下，做不完全燃烧而得到的一种质轻、粒细、疏松的黑色粉末。人们对制墨所用炭黑的基本性能要求：一是粒细；二是色黑。

生产炭黑的原料主要来自松木（以及松香）、桦木等，而油脂，主要是桐油、石油、猪油、麻子油、苏子油、豆油、皂青油等矿物和动植物的油类。明李诩（1506—1593）《戒庵老人漫笔》卷七"笔墨"载："大凡墨以坚为上，古墨以上党松心为烟，以代郡鹿角胶煎为膏而和之，其坚如石。"[1]用松制墨是一位其含大量松脂，即松香和松节油；不但能做成优质炭黑，且有一种天然的清香。图4-23

图4-23　东汉松塔形墨，宁夏固原西郊出土，高6.2厘米，直径3厘米，国家博物馆藏

①（明）李诩：《戒庵老人漫笔》卷七，北京：中华书局，1982年，第279页。

松塔形墨，黑腻如漆，烟细胶清，手感轻而精固，虽然埋藏地下两千多年，但并未脱蚀龟裂。

制墨的胶主要是动物胶，做黏合剂用。早在先秦时期，我国就掌握了一套提取多种动物胶的工艺，并区分了它们的不同性能。以炭黑和胶制墨，是较原始的操作，东汉三国或稍前，逐渐形成了一套较规范的工艺。今日所见较早的制墨工艺是三国韦仲将墨法，北宋苏易简（958—997）《文房四谱》卷四"墨谱·之造"载："韦仲将'墨法'曰：今之墨法，以好醇松烟干捣，以细绢筛于缸中，筛去草芥。此物至轻，不宜露筛，虑飞散也。烟一斤已上，好胶五两，浸梣皮汁中。梣皮即江南石檀木皮也，其皮入水绿色，又解胶并益墨色；可下去黄鸡子白五枚，亦以真珠一两、麝香一两，皆别治细筛都合调下铁臼中，守刚不宜泽。"[1] 文中"筛"亦为"筛"，其基本成分是醇烟和胶，另有添加剂梣皮、鸡蛋白、"真珠"、麝香，计为6种。此"醇烟"即纯净的烟黑。梣，即秦皮，既解胶，又益墨色；秦皮汁原呈黄碧色，但稍带蓝色萤光，使墨在黑中泛青；又具有抑菌作用。蛋白原是一种胶体，可提高牛胶和炭黑的浸润性，并增强炭黑与胶分散体的稳定性。"真珠"即朱砂末。

东魏时期的贾思勰《齐民要术》说得更为具体，基本工序是先浸皮，使之初步膨润，然后加水煎煮，并不断搅拌，最后"候皮烂熟，以匕沥汁，看末后一珠，微有黏势，胶便熟矣"。倾入盆中，分级，晒干，便可得到成品胶。

砚台是墨的研磨用具。汉刘熙《释名》："砚，研也：研墨使和濡也。"[2] 中国文字以笔蘸砚中之墨书写，砚台的前身应是由原始颜料研磨器发展而来。秦代睡虎地出产的研石大概是最接近砚台的事物了。两汉出土的文物中有石研和研石，配合起来用于研磨书写。东汉后期，造墨技术的改进使得墨的形制发生变化，由丸墨变为了条状。因为墨石可以直接相研磨，不再需要借助磨杵或研石来研墨，新的砚台型制由此形成。

---

① （宋）苏易简等：《文房四谱（外十七种）》，上海：上海书店出版社，1987年，第70—71页。
② （汉）刘熙：《释名》卷六，《四库全书·经部·小学类·训诂之属》，上海：上海古籍出版社，1987年影印本。

四、雕版印刷的雏形

我国古代复制技术源于旧石器时期的刻绘技术。春秋战国时期，已经出现用于织物印染的凸版印花技术和漏版印花技术。春秋战国时期印章得到广泛使用，主要用在封泥和陶坯上。战国时的瓦当也有模印鸟兽、树木、花草、几何花纹等装饰的复制技术的使用。战国开始，出现了烙马印，如战国时期的"日庚都萃车马"印（图4-24）。

图4-24　战国时期的"日庚都萃车马"印，日本京都藤井有邻馆藏

印刷复制技术经过数千年多领域实践，到了秦汉魏晋南北朝时期已经基本成熟，为雕版印刷技术的发明奠定了坚实基础。大量生产的瓦当石砖，可以重复印制的封泥玺印以及织物印花在这一时期达到鼎盛。公元前2世纪长沙马王堆汉墓出土的雕版印染制品显示，当时已经掌握了雕版印刷的基本原理与技术。

唐之前已经出现了阳文反字的印章，这是后来的雕版印刷重要的技术铺垫。汉代碑石铭刻这一时期也达到高峰，这和冶铁技术的迅速发展紧密相关。西汉以前用来切割或雕琢岩石的青铜工具，硬度和韧性都较低，而后来出现的块炼铁工具杂质多、硬度低但韧性好，可是如果做成凿子或者楔子会很快就卷刃或者被挤瘦变形。只有在西汉炒钢技术成熟普及之后，刻石技术才获得了可以锻打成形、淬火硬化的钢制工具。另外，在普通石作的工具之上，还要有能平整碑面的铲刀，要有能精雕细刻、表现书写风格的能力，这些专门的碑刻刀具，是由从事文字石刻的工匠们在实践中逐步改进和发展出来的。

在印刷术产生前期，"镂于金石"的碑刻文字经过拓印，裱装成轴或册页。南朝梁以前，碑一般是朱笔直接题写在平整的碑石上，然后利用刀法的变化刻制，也有直接奏刀一气呵成。魏晋南北朝，佛经流布，摩崖刻石风行一时，纸张发明以后，使用日愈普及，为纸墨拓印手法奠定了基础条件，在印章、印花及漏印技术原理的启迪下，隋唐之际以石刻文字为主要内容的拓片复制技术得到普及与推广，并催生了雕版印刷的产生（图4-25）。

图 4-25　东汉安阳残石（贤良方正残石），安阳文化馆藏

第三节　信息编辑与传播技术

秦汉魏晋南北朝时期属于造纸与书写技术大发展期，也是雕版印刷技术的萌芽时期，尽管尚无文字新闻的确切史料，但毫无疑问文字新闻传播方式是存在的。具有新闻特征的信息传播通过图像与文字的方式广泛应用于社会各个领域，同时这也是印刷复制传播重要的物质与技术准备阶段，直接孕育了唐宋以后文字新闻信息传播的大发展。

一、新闻信息编辑

秦始皇建国之初，曾颁布四十字诏书，被认为是秦帝国第一次以文字形式发布的全国性"新闻"。目前出土的大批秦权、秦量上都可以看到用各种方式铸、刻或戳印的四十字诏书，可见其涉及面之广，影响之深远。

秦汉乃至魏晋南北朝时期新闻信息形态如何，是否有专门的采集与编辑活动，还要看这一时期新闻信息传播的基本状况。在先秦时期，因为载体与信息媒介的局限，尽管新闻性信息传播活动已非常普遍，但主要还是以口耳相传为主。社会性的、通过文、图媒介进行的新闻信息传播活动还非常有限。可以推测的活动，主要是设置特殊的公共场合，定期张贴官府发布的重要政策、法规制度与重大事件，这些有先进性与时效性的信息可以被视为古代特定历史阶段的新闻与新闻信息传播活动。还有一种新闻信息的文字传播方式，就是执掌政令传达的官吏，接受上级的信息指令，逐级召集相关人员，进行口头通报宣传。

上述秦始皇诏通过陶权、陶量等器物方式进行政令宣传，是基于贯彻帝王意志的强烈意愿，也是因为陶权、陶量具有更好的流动性及象征意义。秦始皇甚至还专门以立碑铭刻的方式来昭示其丰功伟绩。这是竹简帛书所没有的具有特殊权威性的传播方式，也确实产生了巨大的政治新闻效应（图4-26）。

秦汉魏晋南北朝时期的新闻文本编辑主要是以书写抄录的方式进行，编辑者涉及皇帝、大臣与抄录的各级文职人员等。这类具有"邸报"性质的信息新闻采集最初都是通过奏章、情报、诏令等政务体系完成。朝廷设有专职部门有专人传抄，其中部分内容会张贴于宫门、辕门之外，所以又称"宫门抄""辕门抄"，还有部分内容通过邮传的方式传向各地官府。

西汉大鸿胪的属官有郡邸长、丞，其具有类似信息、新闻传播的职能，其御史府相当于皇帝的秘书机构。宣达皇帝诏令，以诏书形式发布官方新闻，都是由御史府报行天下。与中央有直接公文往来的是郡一级地方行政机构。郡的下属有民政和军事两大系统，军事系统的长官为都尉。郡守接到传播官方新闻的诏书后，抄发给都尉府，再由都尉府抄发给下属军事机构，依次传阅。民政方面则抄发给县一级衙门，由县转抄后通过乡、亭逐级传递。因为抄发的文件数量较多，所以抄传的大多

图 4-26　秦始皇琅琊石刻（局部），国家博物馆藏

为摘要抄件。

　　汉朝信息发布的公开媒介以布告为主,并且有自上而下的流程。信息传布方式主要是转抄、宣读、张榜和露布等。显然，这一时期的新闻信息的采集与编辑，主要源自统治者内部的各级管理系统。如自汉代以来，各地方机构都会在京城设"邸"。当时西汉实行郡县制，全国分成若干个郡，郡下再分若干个县。各郡在京城长安都设有办事处，称作"邸"，派有常驻代表，相当于今天的驻京新闻机构。

　　烽燧是古代传递信息最常见的新闻形态。烽燧新闻信息的意义首先在于通过烟与火扩大了视听的在场接受范围，其次在于通过数量众多的烽火台反复传递信息至不在场的信宿。为了烽燧系统更好地承担军事预警功能，准确地传达敌情，西周末年，统治者已经运用烽火来传递战争新闻信息。战国时期，烽燧已在各诸侯中得到普遍使用。

　　到了汉朝，烽燧作为新闻信息传播手段已经相当完善，形成了系统的制度和组织。汉代疆土随着西域的开拓延伸到河西走廊，从玉门饮马农场蜿蜒向西，在敦煌玉门关北盐池湾折向西南，达榆树泉盆地东缘止，全长约400公里。每隔几百米就会修建望楼，驻守士兵，这就是所谓"燧"，统领若干望楼的地方会建有名为"候"的中心楼，若干"候"组成"候官"的兵营，在若干的"候官"之上设置"都尉府"大本营。望楼与望楼之间，白天靠旌旗、狼烟，黑夜则通过烽火互相通报军情。这种方式可以将有效信息在数公里，以至数百公里的范围内，如多米诺骨牌迅速传递，在极短的时间内就可以把情报传送至核心领导层（图4-27）。

图4-27　甘肃敦煌玉门关汉长城烽燧遗址

郡的最高行政长官是太守，全郡划分为几个防区，由数个都尉分别负责各防区的军事防卫，在防区内沿着边塞划分出几个地段，每一地的行政长官为候官，候官中又划分几个部，部的长官称候长，每一部由几所隧组成，隧的头领为隧长。隧是边界上最基层的哨所。①

不论是战时还是和平时期，守卫者都要设置账簿式文书，记录每日瞭望信息，还要月份汇总，定期填报与递交报告书，细节甚至涉及每日的装备检查与食物供应补给等情况。再如，"有关每天清晨足迹报告书"都采用"一个月调查的距离共计四百里又若干步，六名士兵平均每人几十里几步"的格式。②

---

① 许材安：《从历史文献看汉代的烽燧制度和候望系统》，《文献》，1982年，第2期。
② 参见［日］藤枝晃：《汉字文化史》，李运博译，北京：新星出版社，2005年，第62—63页。

二、多样化新闻信息形态

秦汉魏晋南北朝时期的信息编辑与传播方式已经较为丰富。例如，秦汉时期就流行一种"露布"的新闻载体形式。又如，战国张仪的露布檄楚。"露布"中的"布"有"公告天下"之意。唐封演《封氏闻见记》载："露布，捷书之别名也。诸军破贼，则以帛书建诸竿上，兵部谓之'露布'，盖自汉以来有其名。所以名'露布'者，谓不封检，露而宣布，欲四方速知。亦谓之'露版'。魏武奏事云：'有警急，辄露版插羽。'是也。"①

在露布出现之前，先秦已有"悬书"悬于"宫阙象魏"之所，是官方向民间公开传播新闻信息的途径。悬书后来的发展有两个方向，一个是在固定公共场所发布的告示、榜，多为官府所为，商业宣传则是以幌子、招牌、布告等形式广泛存在，还有私人的招贴。清代顾张思《土风录》卷二中将"贴招子"释义为："高士奇《天禄识余》云：《齐谐记》有'失儿女零丁'。谢承《后汉书》戴良有'失父零丁'。零丁，今之寻人招子也。"②即寻人启事。汉代宫门之外，在宽阔的大道两边，建有上圆下方的两座楼台，被称为"观"或"阙"，又延伸为"象魏""观魏"。③汉朝政府的公告就常常悬置于宫门双阙之上，供民众观看。

另一个是不限于固定场所，可以在全国各地流动传播的露布。露布的内容最初是军事首长送往兵部的告捷文书。唐杜佑说："后魏每攻战克城，欲天下闻知，乃书帛，建于漆竿上，名为露布,自此始也。其后相因施行。"④告捷文书一般抄写在大幅缣帛上，被竹竿高高悬挂起来，快马送往京城，也可以沿途或在地游行宣传，以"露布天下"。汉代主要用于时政信息的传播，涉及皇帝公告传布的赦赎令信息和大臣们有关时政的公开性意见信息，如皇帝丧葬礼仪的奏请、大臣在国有大丧时的政治表态及对有关官员的举报和揭露等。东汉末年，露布已经成为战争前"插羽

---

① 赵贞信：《封氏闻见记校注》，北京：中华书局，2005年，第30页。
② （清）顾张思：《土风录》，上海：上海古籍出版社，2015年，第35页。
③ 阙，古代宫殿、祠庙或陵墓前的高台，通常左右各一，台上起楼观。二阙之间有道路，又称作两观、象魏，古代外大门的一种形式。
④ （唐）杜佑：《通典》卷七十六，北京：中华书局，1988年，第2085页。

以示迅"的讨敌檄文，也是战争后宣扬战绩的重要渠道。到了南北朝，露布已专门用于捷报的传送。

信幡也称棨信，是一种用不同图形与色彩制作的旗帜，可以用来传递各种指令。到两汉魏晋南北朝时期，这种信幡仍在应用（图4-28）。图4-29为张掖都尉棨信，书写在绛帛上，为古代传递命令的信物或过关凭证。

檄文也是一种特殊的具有公众性的信息与新闻传播方式。有学者认为，檄文主要为简牍的形制，也有学者认为是有关紧急事件的传报，还有学者认为在于印检的时效性与执行的功能上。颜师古在东汉班固（32—92）《汉书·高帝纪》中注解："檄者，以木简为书，长尺二寸，用征召也。其有急事，则加以鸟羽插之，示速疾也。"1973年和1974年夏秋季，甘肃居延考古队在额济纳旗的破城子、汉代居延都尉府甲渠侯官遗址发现一"候史广德坐不循行部"汉简檄文，为汉宣帝元康三年（前63）的遗物，全长82厘米，用一根树枝取上半部分两面削平，下端仍保留树枝的原状，顶端径1.5厘米，底端径3.1厘米。在距底端约3厘米处往上，刻有凹槽三道。简文主要内容，直指候史广德玩忽职守，对其所在部的工作没有巡视检查，燧上的军事装备等不符合标准；部的粮食也不足；未按命令如期汇报，责打五十大板。[1]檄，还被视为有露布的功能。南朝范晔（398—445）《后汉书·鲍永传》有"诏昱诣尚书，使封胡降檄"。光武遣小黄门问昱有所怪不？对曰："臣闻故事通官文书不著姓，又当司徒露布，怪使司隶下书而著姓也。"帝报曰："吾故欲令天下知忠臣之子复为司隶也。"唐李贤注："檄，军书也，若今之露布也。"

在秦汉以前，金多指铜器，特别是指加有锡的铜锡合金青铜。殷商时期，青铜制作的乐器品种很多,在军中长期使用，但后来逐渐减少，主要保留了钲和铙，并增加了锣和刁斗。钲是铜制行军乐器，因形状似鼓，故又称金鼓。[2]

秦汉以后，军队又借用了非金类的乐器，与金类一起作为听觉讯号器物来传播号令，例如角、唢呐、竹笛等。其中最常用的是角。角又称号角、画角，汉代从西羌传入中原，最早用动物的角制成，后来发展到用竹木或皮革、铜仿动物角形制

---

① 徐元邦、曹延尊：《居延出土的"候史广德坐不循行部"檄》，《考古》，1979年，第2期。
② 徐元邦、曹延尊：《居延出土的"候史广德坐不循行部"檄》，《考古》，1979年，第2期。

图 4-28　东汉骑吏画像砖上的旗，四川博物馆藏①

图 4-29　西汉张掖都尉棨信，高 21.5、宽 16 厘米，甘肃金塔县肩水金关出土，甘肃省博物馆藏

①《中国画像砖全集》编辑委员会：《中国画像砖全集·四川画像砖》，成都：四川美术出版社，2006 年，第 37 页。

作。因其声音高亢，传音较远，故而使用推广迅速，唐代以后成为军中常用之物，用于发号令、警昏晓和传达较为遥远的信息。[1]

《北史·李崇传》记载，北魏孝文帝时，李崇任兖州刺史。"兖土旧多窃盗，崇乃村置一楼，楼置一鼓，盗发之处，双槌乱击。四面诸村始闻者挝鼓一通，……诸村闻鼓，皆守要路，是以盗发俄顷之间，声布百里之内。其中险要，悉有伏人，盗窃始发，便尔擒送。"此后，北魏境内州州兴建鼓楼，"自崇始也"。这也是利用声音通信的一种形式。

这一时期，借助某一种动物的、工具的载体传播及获取信息已经得到人们的关注和重视。例如，班固《汉书·李广苏建传》记载有"鸿雁传书"。汉武帝时，苏武奉命以中郎将持节出使匈奴，被匈奴扣留在北海苦寒地带牧羊数年，甚至谣传苏武已死。后来汉朝使者假托汉皇在上林苑射下一只足上系着苏武帛书的大雁，证明他被困大泽中。这样，单于再也无法隐瞒，只能将他放归汉朝。与此相类似的还有西王母给汉武帝"青鸟传书"的神话，"鲤鱼传书"的故事也发生在汉朝。晋朝则有"千里牛"快马速递的史料记载，当时的句容县令刘超出巡时喜欢使用一种可以接收文函的木箱，沿途向民众收集信息，了解民情。梁朝末年侯景叛乱，太子萧纲用风筝传送告急书信。另外，东汉末年蔡邕曾写《饮马长城窟行》，诗中说："客从远方来，遗我双鲤鱼。呼儿烹鲤鱼，中有尺素书。长跪读素书，书中竟何如？上言加餐食，下言长相忆。"显然，有人将鱼腹作为载体，用尺素之书抒发心意。

曹魏时期魏文帝曹丕（187—226）制定与颁布了中国史上第一个邮驿专法《邮驿令》。这部已经失传的条令，只有少量内容可以在后人文献著述中看到。邮驿令内容包括军事中的声光通信指令、"插羽"书信、"遣使于四方"的传舍规定等。如《太平御览》有"魏武（即曹操）军令：明听鼓音、旗幡。麾前则前，麾后则后"，"闻雷鼓音，举白幡绛旗，大小船皆进战，不进者斩"[2]。鼓音是声，白幡绛旗是色和光。

① 孟庆鸿：《从唐诗看唐代军事传播》，《军事历史研究》，2003年，第1期，第149页。
② （宋）李昉等：《太平御览》卷三四〇、二四-，上海涵芬楼《四部丛刊》影印本，1935年。

三、邮驿传输

秦汉魏晋南北朝时期，除了宫廷官府的宫门抄、辕门抄等在场的新闻传输方式，还有远距离推送宣传的文书与公告等。通常这些文书会写在竹简、绢帛与纸张中，由信使骑着快马，通过驿道传送到各郡长官，是古代社会最典型的一种新闻发布与传输方式。

古代中华幅员辽阔、人口众多，如果没有高效、快捷的"驿道"与先进的车马邮驿体系支撑，要在全国依靠舆情上达和政令畅通来维护中央的集权统治是不可能的。春秋战国时期，邮驿通信的称谓不一，秦朝将"遽""驲""置"等不同称谓统一为"邮"。邮驿行书系统成为中央集权政府用以传达政令、沟通各种行政信息的重要基础（图4-30）。

图4-30　汉初邮印与传舍之印 ②

汉承秦制，邮驿归中央丞相总管，丞相下属九卿中有多职与邮驿管理有关。例如，大鸿胪掌驿传接待，御史大夫也兼管邮传凭证监察，三公中的太尉、府中的法曹也主管邮驿，负责邮驿规章制度的制定和一般管理。地方邮驿管理也比前代更正规化，由州、郡、县三级管理组成。郡太守府里最受重视的官吏之一，就有"督邮"。②

---

① 引自王子今：《秦汉交通史稿》，北京：中国人民大学出版社，2013年，第461、456页。
② 参见臧嵘：《中国古代驿站与邮传》，北京：商务印书馆，2007年，第44页。

　　秦代诏书、政令等均由丞相通过驿站逐级传送地方，地方公文则逐级上报。"邮"为长途公文书信，短途"步传"。步递有很多种类，如"以邮行"的是制书、急书，而其他的普通文书则"以县次传行"。边疆地区则主要"以亭（燧）行"。1975年，湖北省云梦睡虎地秦墓发掘的竹简《行书》律记载："行命书及书署急者，辄行之；不急者，日觱（毕），勿敢留。留者以律论之。""行传书、受书，必书其起及到日月夙莫（暮），以辄相报殹（也）。书有亡者，亟告官。"[1]即当时的文书有急行与普通两类。急行文书必须即刻传递，普通文书当日送出，不得停留，否则依法惩处。而传送公文必须登记发收时间，收到后及时回复。文书如有遗失，立即报告官府处理。近年来，里耶秦简、岳麓书院藏秦简，以及1983年湖北江陵张家山清理出土的西汉《二年律令》竹简中的《行书律》等都论及设立了"邮"的机构，以及各种传送文书的制度和法律。

　　汉朝时候，管理短途步行文书投递的机构为"邮亭"，也是步传信使的转运和休息站。东汉卫宏《汉旧仪》记载"十里一亭，五里一邮，邮人居间，相去二里半"。也就是说，邮与邮之间的距离是五里，亭与亭之间距离为十里。邮亭的信差，在两邮中间的两里半处接力。汉代官文书递送有不同的称谓。如"以邮行"，指的是通过邮、亭机构邮驿寄递，步递是"邮"的重要方式，远程也会用马递，为"驿"，是指用马递送。而"以亭行"，是指因为"亭"提供交通与食宿，方便传递文书或邮件，因此依托"亭"为主要中转，多为距离较近的文书往来。也有学者认为，意指郡守府发到县的文书，由乡、亭逐级递送，所谓"十里一亭，三亭一置"。《汉书·百官公卿表》记载的亭制是"大率十里一亭，亭有亭长，十亭一乡"。一般文书发到"乡"一级为止，"布告天下"的诏令则抄送到"亭"。还有称"以次行"，即依次传递，如"以县次传""以道次传""以亭次行""以燧次行"等形式，"以燧次行"指的是同一文书由东到西或由西到东在各单位依次传阅。高荣认为，"以邮行"者既有诸如诏令、军情等重要而紧急的文书，也有官民上书言事的普通文书。"以次行"者既有上级的露布文告，也有下级的上呈文书。"以次行"者可在所经的县（道）、亭（燧）中转交接，但亭燧仅指承担文书

---

[1] 云梦秦简整理小组：《云梦秦简释文（二）》，《文物》，1976年，第7期。

递送任务者，并非所有亭燧。而"吏马驰行"或"吏马行"者为紧急而重要的文书，需要快速递送，至于是否用马或由"吏"递送，则因时，因事、因地而异。[1]

先秦车的类型主要是乘车、兵车与栈车三大类，栈车又可分为栈车与役车两种，属于既可载人又可载物的两用车，是当时驿传的主要交通工具（图4-31）。

图4-31　山东临淄淄河店 2 号墓出土 11 号车复原图[2]

《汉书·百官公卿表》记载，西汉在全国各地共建有亭29635个。当时的干道可能已达到15万公里。悬泉置坐落于甘肃西部瓜州县与敦煌市交界处，遗址中至今仍保留了院落、房屋与马厩等汉代遗存（图4-32），已出土有文字的汉简就有两万多枚。这是一个50米×50米正方形院落，总计约2500平方米，院门东开，院内有27间大小不等的房屋供人居住和办公。人员定额有官卒37人，员马40匹，传车10—15辆，除养马外还饲养了一定数量的牛，有牛车5辆。主要工作之一就是传递公文信件，包括私人信函与物品。在当时的敦煌，这样的驿置（站）机构就有9座，每个驿置相距30公里。[3]

---

① 高荣：《简牍所见秦汉邮书传递方式考辨》，《中国历史文物》，2007 年，第 6 期。
② 引自刘永华：《中国古代车舆马具》，北京：清华大学出版社，2013 年，第 80 页。
③ 张德芳：《悬泉汉简中的中西文化交流》，《光明日报》，2016 年 10 月 13 日第 11 版。

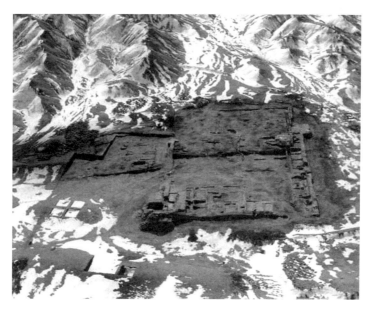

图 4-32　汉悬泉置遗址

　　20世纪70年代初，嘉峪关市新城乡牧民发现了一处内藏大量砖壁画的魏晋时期的墓葬，并在其中的5号古墓出土了"驿使图"。该图记录了1600多年前的邮驿场景，被认为是我国发现最早的古代邮驿形象资料。图中的驿使头戴黑帽，身着短衫，一手持缰，一手拿"邮件"，马四蹄腾空，快速奔跑。马背上似乎还有一个白色的包囊，验证了《汉书·丙吉传》中记有的"适见驿骑持赤白囊，边郡发奔命书驰来至"的驿使形象。驿使稳坐马背，飘起来的马尾将骏马奔跑表达得生动传神（图4-33）。

　　驿站都设有驿舍、驿丁、驿马、驿田等。东汉设有驿侯、驿令、驿丞三官，另有驿小吏、驿承史之职；置因规模小而设置侯、置尉、置佐。凡驿马、器物均须登记管理，并依时呈报长官。边邮是上报都尉，其名称与内地不同，有所谓"五里一燧，十里一墩（亭）、三十里一堡，百里一城寨"之说。运送公文和物品的通行凭据，官府称为"勘合"，军队称为"火牌"，规定非常严格。

　　汉代交通网络以首都长安、洛阳为中心，向东经过洛阳定陶到达临淄，属于东路干线；向北到达九原郡（今包头）为北路干线；西部已经穿越河西走廊，可以联通西域诸国，成就了著名的丝绸之路。另一条到达成都的西南路线，持续延伸中可

图4-33　魏晋时期驿使图，嘉峪关市新城乡魏晋墓葬5号古墓出土

以通达印度，成为另一条国际线路。为了打通关中与巴蜀乃至西南的联系，公元5年开始修筑子午道，从长安、杜陵穿过秦岭至汉中，还修建了"夜郎道"，从此"南夷始置邮亭"。①

　　名闻世界的丝绸之路是打破地域的通道，也是进行跨文化交流、传播的重要标本。公元前138至前115年，张骞先后两次出使西域，最远到达今阿富汗北部，从而通过打通西域，开拓了西亚、欧洲与中国之间稳定的联系交流。成为当时欧亚大陆经济交流的大动脉，可以将青铜、黄金、玉石、玻璃、食物、丝绸等商品穿逾沙漠高山，进行跨地区、跨文化交流。两汉的"丝绸之路"主要起自长安，沿河西走廊到达敦煌，并经过新疆分道深入中亚、西亚，进入安息（今伊朗）全境，到达安都城（今土耳其安塔基亚），最后到达欧洲大秦（今罗马），这不仅在经济上，还在文化、社会信息传播等各方面，沟通起中国和西亚、欧洲各国的联系。可以合理推论，信息新闻也由此稳定地在东西方之间通过官方及民间交流得以相互传递。

　　魏晋南北朝时期连年战乱，道路交通建设由于政治、军事等的需要得到一定发展，不仅各国间交通往来增多，私营客舍也大量出现，为南来北往的信使旅者提供了便利（图4-34）。魏晋时期继承两汉的邮驿管理制度，主管邮驿的机构归法曹。

①（南朝宋）裴骃：《史记集解》卷一百十六，《四库全书》史部，正史类。

图 4-34　魏晋时期《东寿出行图》，朝鲜黄海北道安岳冬寿墓壁画摹写

蜀汉立足四川汉中，"起馆舍，修亭障"，不仅自己辖区道路畅通，蜀、吴两国间的驿道也逐渐恢复，两国信使、官员不断往来。东吴更得益于地理条件，扩充邮驿至水路。南方兴起的水驿是交通史上突出的贡献，水驿最早出现于三国东吴时期，两晋到南朝时期日渐发达。

　　魏晋以后各国间的信息互通没有受到根本影响，还因为战乱割据的交替与疆土的变更，延伸到边远地区。三国时期的吴魏都和当时的西亚与罗马有联系。据《魏略》记载，大秦的邮驿制度与中国极其相似："旌旗黎鼓，白盖小车，邮驿亭置如中国……十里一亭，三十里一置。"反映了区域性文化交流的急剧扩大与发展。

小　结

　　秦汉魏晋南北朝时期是我国新闻传播技术发展的重要时期，秦朝统一六国结束了长期以来国家分裂割据的局面，进一步促进了全国网络化的道路与邮驿运输，车同轨、书同文的政策实施，更是加速了文化的统一与信息传播活动的规制化。

　　钢铁技术的应用与普及，为手工业生产与信息雕刻手段的进步奠定了重要基础，纸张的使用与普及，使笔墨纸砚产业得到迅速发展，具有深远意义的书写工具与手段已经基本完备。由于国家政权管理的强劲需求与宗教发展的巨大推动力，日常社会传播活动，以及跨地域的社会文化交流急剧扩大，信息与新闻传播活动达到新的历史高峰。抄书写经活动盛行，汉文字书写逐渐成熟，隶变的汉字书写成就了行草真书的现代书体形态；纸本的书写与抄录成为信息传播的基本方式，而石碑铭文拓印与纺织印染技术的发展，也为雕版印刷的出现奠定了重要基础。

第五章
隋唐时期信息与新闻传播技术

Chapter 5
Technologies of Information and Journalistic Communication in the Dynasties of Sui and Tang

　　隋唐时期为隋朝（581—618）和唐朝（618—907）两个朝代的合称，也是中国历史上最强盛的时期之一，在政治、军事、文化、经济、科技上达到前所未有的高度。与三国魏晋南北朝相比，隋唐时期国家统一，政治稳定、经济繁荣、文化璀璨，人们对信息与新闻传播的需求也快速增加。新闻信息传播的媒介形态，采集、编辑、传播、管理等都得到较大的发展，以雕版印刷术为代表的信息与新闻传播技术取得关键性突破。

第一节　历史背景

　　隋唐时期帝国版图很大，从政权最高层到基层各级的新闻传播对统治阶层内部管理十分关键，政权中央与地方、高层与基层之间的双向新闻信息传播形成了成熟的制度与体系。此外，隋朝历史短暂，虽国家统一，但对内镇压叛军、对外征讨频繁，唐朝至"安史之乱"后，政局动荡、战争频发，战争中信息与新闻传播的需求也推动了信息与新闻传播技术的发展。

一、历史与社会文化环境

公元581年，隋文帝杨坚篡周立隋，九年后攻灭南陈，统一了南北朝。杨坚取得政权后在政治、律法、经济等方面进行了一系列改革，经济也逐渐恢复，人口快速增长，农业、手工业得到了一定程度的发展。杨坚称帝之初，人口不足四百万户，到其驾崩之年，人口已超过八百九十万户。隋炀帝杨广继位后，穷奢极侈，穷兵黩武，在位14年，后被部下缢杀。隋朝只存在了37年，便被农民起义推翻。

虽然隋朝统治时间很短，但隋朝结束了四百多年的分裂动荡，让社会重新回到向前推进的轨道上。在政治上，隋朝确定了较为完善的三省六部制，加强了政权统治和社会管理。隋还创立了科举制度，逐渐改变豪门世族的统治格局，为社会底层人民进入统治阶层创造了晋升通道，这从一定程度上缓解了尖锐的社会矛盾。隋朝创立的各种制度被唐朝统治者借鉴，为唐代的全面兴盛奠定了基础。

唐承隋制，在政治、经济、文化、艺术、外交方面发展到鼎盛时期。贞观之治、开元之治先后出现，国力强盛，在世界范围也处于先列。政治上，唐朝的统治较为开明，各项政治制度比较完善，隋代创立的科举制度得到实施。社会治理比较完善。唐朝中央集权并不十分集中，藩镇权力较大。在中央统治有所松懈时，这些藩镇拥兵自重，甚至威胁动摇中央统治。唐中后期的"安史之乱"即藩镇权力过大而引起的社会动荡。最终，藩镇节度使的军阀割据也导致唐朝在兵祸连连中被终结。社会又陷入军阀混战的分裂阶段。经济上，唐初的开明政治让百姓得以休养生息，经济很快得到恢复。开元天宝年间，唐朝的经济发展到最高点。[1]唐代人口也得到充分的增长。贞观二十八年，唐朝人口达到户8412871，口48143609，[2]近5000万人口。

中国两千余年的封建社会，虽历经王朝更替，但社会结构并没有发生根本的改变，并没有产生能够引发社会根本变革的新的生产力和生产关系。[3]作为农

① 范文澜：《中国通史简编》，上海：华东师范大学出版社，2014年，第212页。
② 范文澜：《中国通史简编》，上海：华东师范大学出版社，2014年，第212页。
③ 孟庆鸿：《从唐诗看唐代军事传播》，《军事历史研究》，2003年，第1期，第155页。

业时代的唐代军事传播系统，信息传递方式主要还是依靠自然条件和人工载体技术进行。

在传播方式上，烽烟、邮驿、露布、檄文等新闻信息传播虽然没有在技术上获得根本性突破，但运行体制更加成熟完备；在文字书写技术上，无论是造纸、制笔还是制墨，都有了在前朝技术基础上的革新。最大的亮点，应是信息复制技术的发展。因为造纸术的进步，现代报纸的雏形——"进奏院报状"出现，使更广泛的新闻信息传播成为可能。

二、物质基础与技术条件

隋唐时期政治稳定、经济发展、人民生活水平得到提高，对生活物品的要求也越来越高，这大大促进了手工业的繁荣，与生活息息相关的冶炼、铸造、建造、丝织等技术得到空前的发展。当时的长安被誉为"世界文明的中心地"，也是多元文化荟萃的中心。文化的繁荣促进了造纸、制笔、制墨、印刷技术的发展和产业规模的扩大。唐代的贸易和对外交流非常繁盛，不同民族、不同地域的物产、文化、人口等方面交流频繁，道路交通建设从公路、桥梁、水运、海运到各种运输工具发展迅速，促进了运输、邮驿等技术、制度的发展，也为信息与新闻传播活动提供了助力。

1. 交通与运输

隋唐时期交通、工具与运输都取得了巨大成就。南北人工运河始建于春秋时期，当时的吴国为伐齐国而开凿邗沟，隋政权在尚未统一全国前，就以古邗沟为基础，打通了山阳县（淮安楚州区）与江都（扬州）之间的水运。584年开漕渠，引渭水，至潼关入黄河。迁都洛阳后，为了更好地控制江南广大地区，隋炀帝于603年下令开凿从洛阳经山东临清至河北涿郡的"永济渠"；605年开凿洛阳到清江（淮安）的"通济渠"，直接沟通黄河与淮河水运；三年后又开凿永济渠，北通涿郡，连同584年开凿的广通渠，形成多枝形运河系统。再于公元610年开凿从京口（镇江）至杭州的"江南运河"；同时对邗沟进行了改造。这是以洛阳为中心，将中国五大水系连成一体的全国运河系统，也是迄今为止世界上最长的运河。

大运河的开通，使全国经济文化重心由中原向东南地区转移成为可能。唐以后，大运河在我国政治经济领域发挥了重要作用。唐《元和郡县图志·河南道一》中记载了开通运河后，"炀帝巡幸，乘龙舟而往江都。自扬、益、湘南至交、广、闽中等州，公家运漕，私行商旅，舳舻相继"的盛况，指出"隋氏作之虽劳，后代实受其利焉"的深远影响。此后，历代王朝政治中心都设置在运河沿线，将北方与南方的江淮经济发达地区联结了起来。

隋唐时期大型道路建设工程有的能长达数千里。《资治通鉴·隋记》记载："发榆林北境，至其牙，东达于蓟，长三千里，广百步，举国就役，开为御道"，可见道路建设的规模（图5-1、图5-2、图5-3）。

唐太宗即位后，专门下诏要求全国范围内保持道路的畅通无阻，不准任意破坏，不准侵占道路用地，不准乱伐行道树，并随时注意保养。唐朝重视驿站管理，传递信息迅速，紧急时，驿马每昼夜可行500里以上。唐朝不但郊外道路畅

图5-1 五代栈道（局部），莫高窟98，南壁①

图5-2 晚唐栈道与行人（局部），莫高窟，窟顶南坡②

---

① 引自敦煌研究院：《敦煌石窟全集：23 科学技术画卷》，香港：商务印书馆（香港）有限公司，2001年，第54页。

② 引自敦煌研究院：《敦煌石窟全集：23 科学技术画卷》，香港：商务印书馆（香港）有限公司，2001年，第50页。

图 5-3　隋丝路水陆交通图（局部），莫高窟 302，窟顶西坡[①]

通，而且城市道路建设也很突出。长安东西长9.7公里，周长36.7公里，南北长8.7公里，道路网是棋盘式，南北向14条街，东西向11条街，位于中轴线的朱雀大街宽达150米，街中80米宽，路面用砖铺成，道路两侧有排水沟和行道树，秩序井然，气势宏伟。

　　京城长安不仅有水路运河与东部地区相通，而且是国内与国际的陆路交通的枢纽，已经成为世界上最大的都市之一。长安城向东、向南、向西、向北构成四通八达的陆路交通网。不仅通向全国各地，而且与国外交通往来也比较频繁。洛阳、扬州、泉州和广州等城市，相继成为国内外重要的交通中心。

　　唐商业城市的水上运输也非常发达，往往商船四方云集。《旧唐书·代宗纪》记载，广德元年（763）十二月的一天，鄂州突遇大风，"火发江中，焚船三千艘"。可见在较大的商港，商运之规模。

　　贾耽《记四夷入贡道里》，记载了唐朝的国际交往线有七条：一为从营州入安东道，二为登州海行入高丽渤海道，三为从夏州、云中至蒙古草原道，四为入回鹘道，五为安西西域道，六为安南天竺道，七为广州通海夷道。这些水陆通道，可通

[①] 引自敦煌研究院：《敦煌石窟全集：23 科学技术画卷》，香港：商务印书馆（香港）有限公司，2001 年，第 23 页。

往朝鲜、日本、中亚、印度和东南亚各国。①

隋唐时代不管内陆航运还是海运，都达到了较高水平。据《隋书》卷四八"杨素传"载：为灭陈故，杨坚命杨素在永安（今四川奉节）制造"五牙""黄龙"等大型战船，其中"五分，上起楼五层，高百余尺，左右前后置六拍竿，并高五十尺，容战士八百人，旗帜加于其上"。此"拍竿"是用来拍击近旁敌船的。依西安镀金镂花铜尺，此"百余尺"则相当于今30余米。②

据《旧唐书》卷四三载，唐廷设有专门的都水监，职掌天下"舟楫灌溉之利"等。隋唐五代在许多地方都设有大型造船场，其中尤以江南为众。又据《新唐书》卷五三"食货志"载，代宗广德二年，"晏为歇艎支江船二千艘，每船受千斛，十船为纲，每纲三百人，篙工五十人"。《白孔六帖》卷一一载"韩滉迁浙东西观察使，造楼船三十艘"。

唐船的载重量最大可达八九千石。《唐语林》卷八载："水不载万，言'大船'不过八九千石。大历、贞元间，有俞大娘航船最大，居者养生、送死、婚嫁悉在其间，开巷为圃，操驾之工数百。南至江西，北至淮南，岁一往来，其利甚大。"

1975年，山东平度县胶莱河下游出土一只隋代双体木船，残长20.24米，最大宽度2.82米，"单体"各为一条独木舟。③1996年，河南永城市京杭大运河故道出土唐代木船一艘，保存基本完整，现长24米、宽5米多，船体内深约1.4米，主要由船艏、船艉、船舱、船舷、船底组成，可分为33个舱，为内河运输船。

1999年，安徽淮北市濉溪县隋唐运河中出土多艘唐代沉船，其中1号船之船体残长9.6米，船之底板、后舱、拖舵皆保存较好；经复原，总长18.97米，总宽2.58米，船深1.1米。载重量估计可达8—10吨。尤其值得注意的是，此船上还发现了一枚拖舵，其状如切头枇杷叶，总长4.2米，其中舵叶长2.15米，最大宽度为1.26米，

---

① 臧嵘：《中国古代驿站与邮传》，北京：商务印书馆，2007年，第95页。
② 矩斋：《古尺考》，《文物参考资料》，1957年，第3期。
③ 王冠倬：《从文物资料看中国古代造船技术的发展》，《中国历史博物馆馆刊》，1983年，第5期。

叶厚5厘米，舵叶由两块板拼接而成[1]。

　　这一时期，发明了水密舱，船底的髹漆起到防腐的作用，铁锚开始应用于船舶停靠。因铁易锈，故造船一般不用铁钉，而用榫接和竹木钉等做固定连接。不同的船型可以适合各种不同的水下条件和用途，如沙船是在古代平底船基础上发展起来的，平底、方头、方艄、船身较宽、吃水较浅，具有航行平稳和便于通过浅水的优点。[2]楼船以及以福州船型为代表的"福船"也已出现（图5-4）。

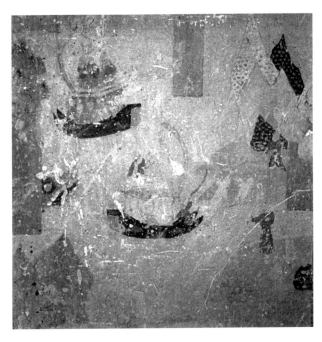

图 5-4　晚唐双尾楼船（局部），莫高窟 12，东壁 [3]

　　五代南唐卫贤绘有《闸口盘车图》（图5-5），展现了当时汴京的官营水磨作坊之繁忙情景。主体画面是官营磨面作坊的生产场面，磨坊前有一河道，河中有小船往来。造船用料多用楠木、樟木等优质木材。其中，河面上有两艘引渡的运粮蓬

---

① 阙绪杭等：《隋唐运河柳孜唐朝船及其拖舵的研究》，《技术史研究》，哈尔滨：哈尔滨工业大学出版社，2002 年。

② 王冠倬：《从文物资料看中国古代造船技术的发展》，《中国历史博物馆馆刊》，1983 年，第 5 期。

③ 引自敦煌研究院：《敦煌石窟全集：23 科学技术画卷》，香港：商务印书馆（香港）有限公司，2001 年，第 101 页。

船，木桥横亘在画面下方。坡上有六辆独轮车、太平车，或载粮前行，或息置路旁。展现了当时交通环境与交通工具技术的发达。

图 5-5　五代南唐卫贤《闸口盘车图卷》绢本，水墨设色，纵 53.2 厘米，横 119.3 厘米，上海博物馆藏

2. 造纸技术

唐以前，纸张基本是奢侈品。隋唐时期，由于技术的进步和原材料来源的增多，纸张生产成本降低，产量与日俱增，纸张开始进入普通人的生活，成为廉价的日常用品；与此同时，隋唐时期的文化政治需求越来越强劲，政府日常管理中文字信息的大量编辑与使用，对文书信息传播的旺盛需求极大地促进唐代造纸业的发展。从南到北，唐代官方、民间的造纸工坊遍布全国，纸张的品种也增加了十余种。唐代李肇《国史补》（卷下）曾列举："纸则有越之剡藤、苔笺；蜀之麻面、屑末、滑石、金花、长麻、鱼子、十色笺；扬之六合笺；韶之竹笺；蒲之白蒲、重抄；临川之滑薄；又宋亳间，有织成界道绢素，谓之乌丝栏、朱丝栏；又有茧纸。"说明了当时造纸的盛况。

唐代用纸量迅速增加。《旧唐书》卷四七"经籍志下"载："开元时，甲乙丙丁四部书，各为一部……凡四部库书，两京各一本，共一十二万五千九百六十卷，皆以益州麻纸写。"宋祁（998—1061）欧阳修（1007—1072）等编撰的《新唐书》卷五七"艺文志"载，太府月给集贤院学士"蜀郡府麻纸五千番"。《唐会要》卷三五还记载了集贤院每年用纸的数字，"集贤书院奏：大中三年正月一日以后至年终，写完贮库及填缺书凡三百六十五卷，计用小麻纸一万一千七百七张"。

蜀中益州是唐代全国造纸中心之一。《唐六典》卷九中记载"四库之书，……皆以益州麻纸写"。最受欢迎的纸则是越州的藤纸。《国史补》有云，"纸之妙者，莫若越之剡藤"，太宗贞观年间，敕文用白麻纸；后因一白麻纸易蛀，高宗上元年间，尚书省颁下诸司及州县，改用了黄纸。宋叶梦得《石林燕语》卷三载，唐中书制诏，有黄麻纸、黄藤纸和绢黄纸。"纸以麻为上，藤次之，用此为重轻之辨。"李肇《翰林志》载，元和（806—820）初置书诏："凡赦书、德音、立后、建储、大诛讨、免三公宰相命将，曰制并用白麻纸"；"凡赐与、征召、宣索、处分，曰诏，用白藤纸，凡慰军旅，用黄麻纸"。

在所有纸张中，最为名贵的是宣州生产的宣纸。其制作材料为青檀树皮，纸张"肤卵如膜，坚洁如玉，细薄光润，冠于一时"。因其独特的渗透润濡性能，在书画中运用广泛。

唐代造纸原料也非常广泛，除了麻之外还有藤、褚、桑皮等韧皮纤维材料，以及竹、麦秆、稻草等廉价易寻材料。我国古代造纸用原料主要有五种：（1）麻，主要指大麻、苎麻，以及部分野麻；（2）树皮，以及楮树皮、桑树皮、青檀皮等；（3）藤皮；（4）竹；（5）麦秆和稻秆。前三种大体上属于韧皮类纤维，后两种则属于茎类纤维。[①]前四种到了唐代基本都有了。隋唐造纸技术的主要成就是在继续生产麻纸、皮纸的同时，又生产了竹纸；打浆度提高，抄纸工艺发展到娴熟的阶段，纸的质量大为提高。由敦煌石室写经用纸的考察情况看，十六国至五代，各时期的纸质是不尽相同的；隋唐最佳，十六国至北朝次之，五代最差。有学者考察过22件此期写经纸，其中属于唐代中期的计8件，打浆度一般较高，纤维分散度较大，交织紧密均匀，一般都经过了碱液蒸煮处埋，可知它们都是经过了充分舂捣的，漂洗的时间和次数亦有增加。[②]

后期处理主要指纸张成型后的表面处理，包括捶打、施胶、填粉、砑光、加

① 刘仁庆：《中国古代造纸史话》，北京：中国轻工业出版社，1978年，第34页、58页。
② 何坤堂：《中国古代手工业工程技术史》，太原：山西教育出版社，2012年，第545—548页。

蜡，以及染色等。前几项操作的目的主要是阻塞纸面纤维间的部分毛细孔，使表面更为致密、平滑、光洁，运笔时不致走墨晕染；染色的目的是增加艺术效果；加蜡可增加纸的光泽并起到防蛀的作用。唐人把纸区分为"生""熟"两种，捞出后未经加工者为"生"，加工者为"熟"。

捶打的基本操作是把部分待加工的纸用掺有某些植物粘汁的水浸润，之后用木槌捶打，使其结构更为紧密、细致、光滑，以便于书写；关于施胶，从晋纸至隋唐纸的考察情况看，此"胶"多数是一种淀粉剂。具体操作是将它掺于纸浆中，或刷于纸张表面；染色技术始于东汉，兴于六朝，隋唐五代仍然十分盛行；涂蜡当在成纸后进行。常见有黄纸涂蜡、白纸涂蜡、粉纸涂蜡等品种；粉蜡包括施粉和涂粉两道工序，它是南北朝的填粉纸工艺与唐代涂蜡纸工艺相结合而产生出来的。这些技术为后期不同品种、不同功能纸的生成奠定了基础。

3. 笔墨工具

制笔技术经过秦汉的发展，在隋唐时代逐渐兴盛，尤其是随着造纸业的发达和纸张的普及，唐代制笔业也随之逐渐繁荣起来。

野兔毛在唐代制笔工艺中依然是一种重要的毫料，野兔毛主要取其背部的紫黑和白色的毛。紫黑色的野兔毛为"紫毫"，弹性极佳，制笔品质高。白居易（772—846）有一首名为《紫毫笔》的诗描写道："尖如锥兮利如刀。江南石上有老兔，吃竹饮泉生紫毫。宣城之人采为笔，千万毛中拣一毫。毫虽轻，功甚重。管勒工名充岁贡，君兮臣兮勿轻用。"紫毫的"尊贵"从白居易诗中可见一斑。由于紫毫材料有限，不能满足制笔产业的需要，唐代毫料逐渐向以羊毫、狼毫为主过渡。虽然羊毫质地比兔毫软，但写字更圆润饱满，羊毛较长，可以制作更大尺寸的笔，羊毫比兔毛更经久耐用。"狼毫"是用黄鼠狼的尾毛制成的，比较柔韧，更有弹性。毫料种类繁多，除了兔毫、羊毫、狼毫等选料外，还有鹿毫、狸毫、猪鬃、鸡毫、鸭毫、鹅毫、马鬃、猫毫、狗毫等，甚至有用胎发、鼠须制笔的。制作过程需经选料、浸皮、发酵、采毛、水盆、分毫、熟毫、胶头、装管、剔修、刻管等数十道工序。在选料上，"千万毛中拣一毫"足见其严格。

取得制作毛笔的兽皮后，经过浸泡即"浸皮"，然后还需发酵，发酵后才开始在水盆中精选毛料。将精选出的毛料按照规格、软硬程度等不同标准进行分类后，搭配成毫片，并将其泡制成熟毫。最后将泡好的毫片，扎成笋尖式、细腰葫芦式、玉兰蕊式等各类笔头。笔头装入笔管后，还要将影响书写的杂毫剔除掉。笔毫是制笔工艺中技术含量最高的部分，笔杆的制作也非常关键，笔杆的质料、轻重、粗细、长短，对笔的使用和外观都有很大影响。笔杆制作也要经过选材、刻字、漆画、镶嵌、加箍、挂绳等多道工序。

唐代出现了很多制笔名家。如黄晖的"金鸡距笔"，"鸡距"为雄鸡跖后突出像脚趾部分，鸡距笔意为笔锋之短形如鸡距。还有宣州的陈氏，宋邵博《邵氏闻见后录》中记载，唐书法大家柳公权曾向陈氏求笔："宣州陈氏家传右军《求笔帖》，后世益以作笔名家，柳公权求笔，但遗以二支，曰：'公权能书，当继来索，不必却之。'果却之，遂多易以常笔。曰：'前者右军笔，公权因不能用也。'"与陈氏齐名的一位制笔大师是宣州的诸葛氏，他是宋代著名制笔家诸葛高的先辈。郑文宝（953—1013）《江表志》中有载："宜春王从谦喜书札，学二王楷法，用宣城诸葛笔，一枝酬十金，劲妙甲于当时。从谦号为'翘轩宝帚'。""一枝酬十金"与"劲妙甲于当时"说明其笔在当时的尊贵地位。

书写离不开墨，无论是竹简、缣帛、纸张，墨在书写介质上留下印记比雕刻要便捷得多。印刷术出现后，批量复制对墨的需求更加旺盛。商代之前，主要使用天然墨，如石墨、木炭、赭石等天然颜料。商代出现了漆墨，即将天然的颜料融在漆里，让书写之物色泽更鲜艳，并能长久保存。秦汉之后，书写之墨开始不依赖天然颜料，而是人工制造之墨，进入真正意义上的人工制墨时代。

墨的基本成分是烟和胶，但添加剂则历代多有变化。韦仲将墨法、贾思勰墨法的添加剂都是梣皮、鸡蛋白、朱砂、麝香4种，唐五代则又有不同。宋晁季一《墨经》载："凡墨，药尚矣……唐王君德用醋石、榴皮、水犀、角屑、胆矾三物。王又法梣木皮、皂角、胆矾、马鞭草四物。李廷珪用藤黄、犀角、真珠、巴豆等十二物。"[①]

唐朝以后，制墨业开始出现专业人员。唐以前，文人笔墨多为自制，诸如魏晋时的韦诞、张永，唐初李阳冰等人，虽制墨工艺高超，但这些人并非严格意义上的墨工。唐朝的祖敏被称为文献记载中第一个专门制墨的人，其后有李阳冰、李廷珪

---

① （宋）晁季一：《墨经》，文渊阁《钦定四库全书》子部，第843—652页。

等人,但祖敏、李阳冰、李廷硅等均为当时的墨务官。五代南唐李廷珪,祖籍易州(今河北省易县),唐末随父李超迁居歙州,共同改进了捣松、和胶等技术,因为歙黟之松类似易水之松,可取烟,所制"丰肌腻理、光泽如漆"深得南唐后主李煜赏识。李氏父子对于用胶颇有心得,据说李廷硅制墨,一斤好的松烟能用去好胶一斤。李廷珪制墨绝佳,为世人赞誉,人称"廷珪墨"或"新安香墨"。

隋唐五代制墨业发达,除了沿袭秦汉松烟墨之外,还出现了油烟墨。李廷珪发明的桐油烟墨,被宋人称为"天下第一品"。麻子油、皂清油、菜籽油、豆油、苏合油、猪羊鱼油等,都被用来尝试制墨。

古代制墨工艺的全过程有采松、取烟、研烟、筛烟煮胶、和墨、入药、锤炼、蒸杵、样制、入灰出灰、研试、印脱等十几道工序。[1]其中取烟、煮胶、锤炼是决定墨品质的关键步骤。

取烟又称炼烟,其设备需在斜坡上建一密封圆柱形窑,下为燃火口,顶有集烟室,四周有出气孔。[2]燃烧松枝或油脂时也十分考究,需要对火候、出入风口、收烟时机等因素的控制有很高的技巧,才能得到上佳的墨质。

煮胶阶段极为关键,所用原料一般为动物皮。北魏《齐民要术》记载用沙牛皮、水牛皮、猪皮为最好。唐代也有专用鹿角煮胶的。煮胶对时间要求严格,只能在二月、三月、九月、十月,其他时间则"热则不凝,无饼;寒则冻瘃,合胶不粘"。锤炼阶段也是决定墨质的关键,煮胶和墨要反复锤打敲击,才能让烟料和胶合料细腻均匀。韦诞墨要锤敲"三万杵",经过反复的杵墨,胶的性质就能均匀地渗透到墨中间。

4. 文字书体

秦汉以后,汉字书体经过隶变,出现了更加简化的楷体,到了唐代楷体才规范定型。20世纪20年代,洛阳出土的《魏石经》刻《尚书》《春秋》和《左传》部分,皆古文经,每一字用古文、小篆和隶书三种字体书写,立于洛阳太学讲堂西侧,后世亦称为《正始石经》《三体石经》,提供了"古文"、篆字与隶书的标准

---

① 萧平汉:《我国古代制墨》,《衡阳师专学报(社会科学版)》,1998年,第4期,第80页。
② 萧平汉:《我国古代制墨》,《衡阳师专学报(社会科学版)》,1998年,第4期,第81页。

字形与学习范本。

　　唐代国家统一，文化发达，需要对异体字繁多的情况加以规范。贞观六年（633），颜师古（581—645）考定五经，成《五经定本》，其中录有数页文字，考正部分为楷体，这一部分也被称为《字样》。颜师古后代颜元孙在《字样》基础上又编撰了《干禄字书》。唐代宗大历十一年（776），国子司业张参撰《五经文字》，自此楷体写法有了标准，并明确将楷体作为正体，是楷体规范化的重要著作。在张参《五经文字》基础上，唐玄度撰《新加九经字样》进行补充。《五经文字》与《新加九经字样》一起成为唐文宗开成二年（837）完成的《开成石经》的说明，奠定了楷体作为正体系统的地位（图5-6）。

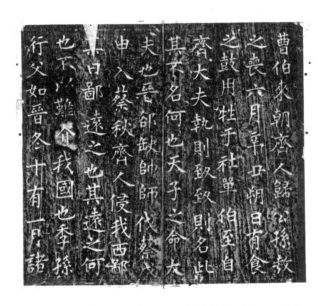

图 5-6　西安《开成石经》正书原刻清拓本，纵 13.5 厘米，
横 24 厘米，国家图书馆藏

　　楷体的定型成为雕版印刷业发展重要的内在驱动。楷体字线条均匀，字形整齐严谨，不仅便于书写，也有利于在木板上进行雕刻，促进了雕版印刷技术的发展。文字符号的定型和简化直接促进了信息传播，其中包括新闻信息传播的发展。文字新闻信息是隋唐最重要、最正式的新闻表现形式，文字高度符号化，对新闻信息传播的促进具有很大的意义。

第二节　隋唐信息新闻传播活动及其发展

隋唐时期从官方到民间对新闻信息都有旺盛的需求。朝廷的政令、律法、时事决断等都需要通过一定渠道向民众进行传播、宣导、劝服，隋唐时代的统治阶级对民众的新闻信息传播也极为重视，形成比较成熟的方式和制度。对民众的新闻传播主要由官方主导，所有信息经过严格"把关"后才能进行传播。

隋唐时期的信息与新闻传播并未形成产业，也没有专业化、职业化的新闻传播机构，因此其新闻信息传播的形态仍局限于较小时空范围内的传统介质。隋唐时期新闻信息传播形态主要包括官方的文字新闻传播——进奏院报状、官方之间军事新闻传播——烽燧新闻信息。当然，官方新闻信息传播还包括帝王、官员之间的口耳、书信、诏书等人际传播，朝堂上宣召、会议、仪式典礼等组织传播，文书、诏令等一对多的类大众传播。如以纸张为图文载体的"榜"张贴于城市人群集中的地方；诏书是以绢帛为媒介的新闻信息形态，商店旗帜同样也是以绢帛为媒介的信息形态，只是两者信息受众、展示的空间、时效都有所不同。声音上有铎、金、鼓等扩大人声传播范围的媒介，视觉上有扩大人感知范围的烽燧媒介。

一、官报新闻

自汉代以来，各地方诸侯都会在京城设"邸"。隋朝，仅东都洛阳上春门外夹道南边，就设有"诸侯邸百余所"。[①]唐朝初期，有些京外诸道、州在京城长安设"邸"。唐中期，建立很多藩镇，设置节度使。"安史之乱"后，藩镇势力日益扩大，节度使为了及时了解京城动向以及和朝廷谈判交流，纷纷在京设"邸"。"邸"的基本功能是"通奏报，待朝宿"，也就是由邸吏向朝廷通报郡国的情况，且兼顾提供郡国官员来往住宿。除此之外，邸吏还将皇帝批准的"政事堂出牒布于外"的皇帝起居、诏令、官员章奏、官吏任免等时政信息，传达诸侯国王或节度

---

① 方汉奇：《中国新闻事业通史》第 1 卷，北京：中国人民大学出版社，1996 年，第 34 页。

使。邸吏所传达的文件，唐以后称为"邸报"。[1]这些传抄已不同于诏书与行政公文，仅仅是提供信息，成为获取新闻的重要渠道。

唐代的"邸"，后被改为"上都留后院""上都邸务留后院"。唐代宗大历十二年（777）"上都留后院"改为"上都进奏院"，简称"进奏院"。因此，唐代"邸报"通常被称为"上都留后状""进奏院状报""进奏院状"等。方汉奇先生提出："所有这些，称呼虽然不同，但指的是同一事物，即都是由进奏官转发至地方的原始状态报纸。其性质接近于后来的邸报。"[2]而"邸"或"进奏院"就成为地方藩镇设在京城的信息中心。

出版于开元年间（713—741）的《开元杂报》，是目前文献中记载的最早的"邸报"，也被认为是世界上最早的报纸之一（图5-7）。唐元和十年（815）孙樵《读开元杂报》记载：

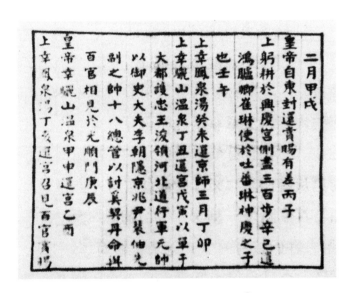

图5-7 唐开元杂报仿制品[3]

樵襄于襄汉间，得数十幅书，系日条事，不立首末。……樵后得《开元录》验之，条条可复云。然尚以为前朝所行，不当尽为坠典。及来长安，日见条报朝廷事

①董粉和、吴慧慧：《邸报研究综述》，《新闻界》，2016年，第20期。
②方汉奇：《中国新闻事业通史》第1卷，北京：中国人民大学出版社，1996年，第40页。
③引自方汉奇：《中国新闻事业通史》第1卷，北京：中国人民大学出版社，1996年，第47页。

者，徒曰："今日除某官，明日授某官；今日幸于某，明日畋于某。"诚不类数十幅书。樵恨生不为太平男子，及睹开元中事，如奋臂出其间，因取其书帛而漫志其末。凡补缺文者十三，改讹文者十一，是岁大中五年也。

由于《开元杂报》中的内容类似"进奏院状报"的文书，是经过皇帝批准对外发布的朝廷政事，具有很强的信息新闻价值，所以被视为早期报纸的重要凭证。

有确凿考古证据的"邸报"是现存的两份敦煌进奏院状。其中一份为英国地质考古学家斯坦因（Marc Aurel Stein，1862—1943）从敦煌莫高窟骗取，现藏于英国伦敦不列颠图书馆，编号为S·1156（图5-8）；另一份为法国汉学家伯希和（Paul Pelliot，1878—1945）从莫高窟取走，现藏于法国巴黎国立图书馆，编号为P·3547（图5-9）。S·1156号进奏院状记载的是唐僖宗光启三年（887）2月17日至3月23日之事；P·3547号进奏院状记载的是唐僖宗乾符四年（877）12月27日至唐僖宗乾符五年（878）4月11日之事。其中，S·1156号进奏院状为长97厘米、宽28.5厘米的横条卷，较坚韧，所用纸张类似于白色宣纸，文字用毛笔书写。①这两份唐僖宗年间的进奏院状都是进奏官发给归义军节度使张淮深的状报。从形式上

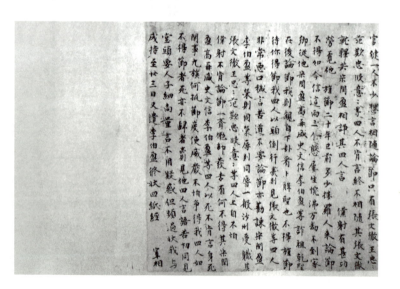

图5-8　S·1156敦煌进奏院状，英国伦敦不列颠图书馆藏

---

① 方汉奇：《中国新闻事业通史》第1卷，北京：中国人民大学出版社，1996年，第54页。

看，开头有"进奏院状上当道"，结尾有年月日时间标记、进奏官签字和"谨状"二字，这说明唐代进奏院状带有很强的官方文书痕迹。因为对外公开发布，方汉奇先生认为其已具有传播资讯等初级的报纸功能，李彬先生则认为还只是"新闻信"。不过，对其新闻性文书的传播功能已达成普遍的共识。

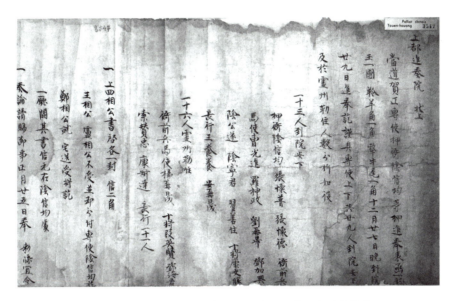

图 5-9　P·3547 上都进奏院状，法国巴黎国立图书馆藏

二、榜文露布

除了朝报和进奏院状外，诏书、榜文、布告、露布、观察使牒等也是官方传播信息的重要形式。唐代几乎每一级官方机构都有发榜、布告的权利，用以晓谕公众，传播官府信息。例如，天宝五年（746），唐玄宗命郡县长官从他所撰《广济方》中"选其切要者，录于大板上，就村坊要路榜示"。乾符六年（879），西川节度使崔安潜为了整治当地猖獗的盗贼问题，分别在成都三个闹市区张榜悬赏缉拿盗贼。在当时，一年一度的进士放榜也是举国瞩目的大事。20世纪初，新疆吐鲁番遗址出土了一张隋初（594）高昌国（延昌卅四年）的"告白"残纸。上面的文字"家有恶狗，行人慎之"，此件为手写之作，就是国内发现的最早的告示实物。

到了唐代，"露布"主要包括皇帝出行、打胜仗、传送捷报等内容。如杜佑（735—812）《通典》载："皇帝亲征及巡狩，告所过山川，平荡寇贼，宣露布"；"大唐每平荡寇贼，宣露布，其曰：'守宫量设群官次，露布至，兵部侍郎奉以奏闻，仍集文武群官客使于东朝堂，中暑令宣布，具如开元礼'"。[1]露布往往被写在丝绸、绢帛等织物之上，悬挂在高竿上，沿途民众及集会地点民众都可以看见。

隋朝，在相对稳定的政治环境下，最高统治者将露布的报捷功能仪式化，强化皇帝的功勋和威仪。宣读露布，逐渐形成严格隆重的礼仪。对宣露布礼仪的主管部门、参与人员、行礼地点、所着服饰、仪式规范等有严格规定。《封氏闻见记》载："隋文帝时，诏太常卿牛宏撰《宣露布仪》。开皇九年，平陈，元帅晋王以驿上露布。兵部请依新礼，集百官及四方客使于朝堂，内史令称有诏，在位者皆拜。宣露布讫，蹈舞者三，又拜，郡县皆同。自后因循至今不改。"由"自后因循至今不改"可见唐朝以此礼仪宣读露布，并将其发展为军礼，对参与人员的位置、朝向、宣露布的具体程序做出更具体细致的规定。《唐六典》卷五有记载："既捷，及军未散，皆会众而书劳，与其费用、执馘、折馘之数，皆露布以闻，乃告太庙。元帅凯旋之日，天子遣使郊劳，有司先献捷于太庙，又告齐太公庙。"

到了唐代，露布已经被明确规定为上行公文。《旧唐书·志·职官》中有言："凡下之通上，其制有六：一曰奏抄，二曰奏弹，三曰露布，四曰议，五曰表，六曰状；皆审署申覆而施行焉。"《六典》小注解释为：露布"谓诸军破贼，申尚书兵部而闻奏焉"。由此可见，露布在唐代成为六大上行公文之一，由兵部奏于皇上。

"观察使牒"也是唐朝新闻传播的一种特殊方式。唐代设御史台，监察权脱离相权独立出来，其中，左御史监察朝廷与中央政府，右御史则监察州县地方政府，称为"分巡"。分巡全国为十道，唐代观察使常驻地方。道的最高军政长官一般是节度使，他接收皇帝诏书或进奏院状后，往往会指派副手观察使向下属出牒报，通报各类重要消息。这些牒报部分是下达官场，也会有部分通过州、县长官派抄写，对基层民众宣传。

---

① （唐）杜佑：《通典》76 卷，北京：中华书局，1988 年，第 2084 页。

三、商业传播

民间的布告榜文具有更多的商业性质，比如产品、服务的宣传。唐代李功佐所著《谢小娥传》就有一段："尔后小娥便为男子服，佣保于江湖间。岁余，至浔阳郡，见竹户上有纸榜子，云'召佣者'。"

唐朝时期，与露布形式相似，但远比其历史久远的招牌幌子，已经盛行于商业领域。招幌是"招牌"与"幌子"的复合式通称。招牌的雏形是店肆外悬挂的无字布帘，以后在帘上书写有店铺字号，如同旌旗，后来出现木板材料，逐渐形成牌匾、匾额的样式，成为商家重要的宣传方式。早在战国时期《韩非子·外储说右上》就有"宋人有沽酒者，升概甚平，遇客甚谨，为酒甚美，悬帜甚高"的记载。张籍在《江南行》中有诗言："长干午日沽春酒，高高酒旗悬江口。"刘禹锡也曾吟出"城外春风吹酒旗"的精妙诗句。杜牧有感于江南如画的美景中飘动的酒旗，以诗抒怀道："千里莺啼绿映红，水村山郭酒旗风。"

实物也是商业传播的重要媒介。南朝宋人范晔《后汉书·方术列传》载："市中有老翁卖药，悬一壶于肆头。" 据《太平广记》中的"李客"条说，唐代成都有一李姓人，常常披着蓑衣，戴着斗笠，携着布袋子，走街串巷卖鼠药，此人持有一个独特的模型幌——木制老鼠，非常引人瞩目。这些都是具有新闻性质的商业信息传播。

声响信息传播在唐朝也得到更好的发展。唐代的商业活动有商和贾之别，所谓"商"是指流动的商业行为，行商者带着从各地采购的物品在各个集市、商品聚集地贩卖，或走街串巷"呼卖"销售。"贾"是指有固定店铺的商业行为，也称坐贾。北宋高承在《事物纪原》中说："京师凡卖一物，必有声韵，其吟哦俱不同。"南宋吴自牧在《梦粱录》卷二十"妓乐"中也说："今街市与宅院，往往效京师叫声，以市井诸色歌叫卖物之声，采合宫商成其词也。"

四、说唱文本

具有音律变化的歌谣民谚，一直是民间社会重要的娱乐与信息传播手段。民间

187

的风谣可分为歌、谣、谚三大类。歌和谣关系密切，二者最初都是能唱的，不同之处在于歌要用乐器伴奏着唱，谣则只是徒手而歌。其源远流长的历史，到了唐代盛极一时。被誉为"民歌谣谚的黄金时代"[①]。

这其中有一种独特的"变文"民间信息传播方式，是唐代俗讲僧和民间说唱艺人讲说故事的手法，是通过借鉴"俗讲"形式发展起来的。题材既有佛经故事、民间传说、历史事件，也有当时的社会事件等。表演时，边说唱，边用文字表示故事，称作"变文"，通过图画讲解故事，称作"变相"。变文最早发现于敦煌，因此又称敦煌变文。敦煌藏经洞所珍藏的文献中，唐代说唱文本资料丰富，这种有说有唱的形式对于当时民间信息、新闻传播有着重要的意义。这种面对面的、在场的口耳相传公众活动，唐代已经非常普遍，不仅"有了较为固定的演出场所（戏场、寺院、变场、街头闹市等）和演出时间，出现了以演出谋生敛财的专业艺人（词人、俗讲僧、市人等），而且有相当一批为了娱乐消遣而来的听众，演出成为乡镇居民的大众化娱乐"。现存敦煌变文即说唱文学的内容中有一类就是当世要闻，成为当时重要的信息传播与新闻舆论形成的信息源。[②]

五、军事传播

隋唐虽国家统一，但边患一直不断，唐中后期更是内乱不止。军事信息与传播对王朝的稳定极为重要，这进一步促进了军事信息传播方法与技术的发展。

在军事信息中比较重要的是敌情的传递以及战争指挥。敌情的传递除了用间谍预判外，烽燧传播依然是重要的手段。武德七年（624）六月，高祖李渊指示："遣边州修堡城，警烽候，以备胡!"[③]王昌龄的《从军行》中"玉门山嶂几千重，山北山南总是烽。人依远戍须看火，马踏深山不见踪"的诗句，反映了唐代边疆烽燧分布的密集。

① 引自李彬：《唐代文明与新闻传播》，北京：中国人民大学出版社，2014年，第256页、258页。
② 参见李拜石：《有的放矢的古代传播——敦煌说唱文学的传播者与受众分析》，《电影评介》，2009年，第4期。
③ 《册府元龟》第990卷，转引自程存洁《唐王朝北边边城的修筑与边防政策》，《唐研究》第3卷，北京：北京大学出版社，1997年，第363页。

行军作战常用的信息传播有旗语、角、钲、鼓乐等，唐代军事上的旗语信息已经非常丰富。《唐六典·卫尉寺·武库令》所载军旗就有青龙旗、白兽旗、朱雀旗等计23种。《卫公李靖兵法》法制篇中提及军队旗帜"诸军将五旗，各准方色"：以赤、白、黑、青绿、黄五色的旗帜代表南、西、北、东、中不同方位的队伍。居中的黄旗为四旗之主。"大将行动，持此黄旗于前立。如东西南北有贼，各随方色举旗，当方面兵急须装束。旗向前亚，方面兵急须进；旗正竖，即住；卧，即回。审细看大将军所举之旗，须依节度。"旗帜的信号作用是重要的，"诸每队给一旗，行则引队，住则立于队前。其大总管及副总管则立十旗以上，子总管则立四旗以上，行则引前，住则立于帐侧。统头亦别给异色旗，拟临阵之时，辨其进退。驻队等旗，别样别造，令引辎重。各令本军营队，识认此旗"。在使用规则上，旗帜的使用也有严格的程序与技术要求，如"兵数校多，军营复众，若以异色认旗，远看难辨，即每营各别画禽兽，自为标记亦得。不然，旗身旗脚但取五方色回互为之，则更易辨。唯须营营自别，务使指麾分明"。①

军事信号传播不仅有军旗，还有角、鼓、钲等声响器具，以使"士卒目见旌旗，耳闻鼓角，心存号令"。角，也称号角，主要用兽角制，由于号角声音响亮，用于战场上发号施令，振气壮威。随着角的广泛使用，选材逐渐转为容易获取的竹木、皮革、螺角等。鼓的制作材料也有多种，如皮革和木材制造的"鼓"。钲，形似钟，用铜制成，体型狭长，装有柄，所谓"鸣金收兵"的"金"指的就是钲。《卫公李靖兵法》载，"一云：初出营，竖矛戟，舒旗幡，鸣鼓角。行三里，辟矛戟，结旗幡，止鼓角。未至营三里，复竖矛戟，舒旗幡，鸣鼓角。至营，复结旗幡，止鼓角。临阵皆无喧哗，明听鼓音，谨视旗幡，麾前则前，麾后则后，麾左则左，麾右则右，视麾所指。闻三金音止，三金音还"。②唐时军中"诸大将置鼓四十面，子总管给十面，营别给鼓一面，行即负随纛下，昼夜及在道有警急，击之传响，令诸军严警，兼用防备贼侵逼。如军行引之时，先军卒逢贼寇，先军即急击之鼓，中腰及后军闻声，急须向前相救；中腰逢贼，即须击鼓，前军闻声便住，后军闻声须急向前赴救；后头逢贼，即击鼓，前头、中腰闻声即须住，并量抽兵相

---

① （唐）杜佑：《通典》卷一百四十九，北京：中华书局，1988年，第3812—3813页。
② （唐）杜佑：《通典》卷一百四十九，北京：中华书局，1988年，第3813页。

救。如发引稍长，鼓声不彻，中腰支料更须置鼓传响，使前后得闻"。^①在具体的旗法上又有"以正合，以奇胜，听音睹麾，乍合乍离。于是三令五申：白旗点，鼓音动，左右厢齐合；朱旗点，角音动，左右厢齐离。合之与离，皆不离中央之地。左厢阳向西旋，右厢阴向东旋，左右各复本初。白旗掉，鼓音动，左右各云蒸鸟散，弥川络野，然而不失部队之疏密；朱旗掉，角音动，左右各复本初，前后左右，无差尺寸。散则法天，聚则法地"^②，展现出高超的军事信号技术。

养鸽在我国有着悠久的历史，距今3300年的殷墟妇好墓已经出土玉雕鸽，河南三门峡上村岭虢国墓出土的西周玉雕鸽有3000年历史。相传楚汉相争时，被项羽追击而藏身废井的刘邦，依靠放出的一只鸽子求援而获救，而张骞、班超出使西域时，也利用鸽子来传递信息。五代后周王仁裕（880—956）在《开元天宝遗事》"传书鸽"记载："唐张九龄少年时，家养群鸽，每与亲知书信往来，只以书系鸽足上，依所教之处，飞往投之，九龄目为飞奴，时人无不爱讶。"^③驯养可以准确传递资讯的信鸽成为民间乃至军事信息传播的重要技术手段。

第三节　文字新闻的采编、制作与传播技术

无论是誊写还是印刷，采集、编辑还是复制过程，都需要将新闻信息以符号形式存储。信息符号技术、将信息转换为符号的工具技术、存储的介质技术都是文字新闻信息存储的必要条件。隋唐时期文字新闻的物质基础与设备条件主要体现在文字符号形态和规范的演化，信息转换成文字符号的笔、墨制作技术，存储介质的造纸技术。

隋唐时期的新闻采集有时通过在场的视听感官，有时通过不在场的文本获得。其新闻制作比较简单，文字新闻主要通过抄写，语音新闻主要通过在场口传的方式。非语言文字则需要通过制作声光信号的方式实现。隋唐时期新闻复制是为了让更多受众接收到信息，主要应用于文字信息。复制技术从多份誊抄到印刷复制，体现了技术上的不断进步。

---

① （唐）杜佑：《通典》卷一百五十七，北京：中华书局，1988年，第4027页。
② （唐）杜佑：《通典》卷一百四十九，北京：中华书局，1988年，第3815页。
③ （五代）王仁裕：《开元天宝遗事》，北京：中华书局，2006年，第16页。

一、制作工具

隋唐时代，国力强盛，文化繁荣，手工业发达，造纸、制笔、制墨等工艺在前代基础上得到充分发展，全面兴盛起来。汉字书写字体更趋简便。露布、烽燧、邮驿等传播制度更加完善，尤其是雕版印刷术的发明为信息传播与未来新闻发展奠定了重要基础。

隋唐时期造纸技术、书写工具技术与相关材料辅助工具进一步发展，以誊抄与复制印刷为主体的文字信息成为隋唐时期新闻信息传播的主要形态。

雕版印刷术是新闻信息传播中至关重要的科技发明，具有改变人类历史的里程碑意义。尽管唐宋时期文字新闻信息传播的主要形态是抄写，但印刷技术为后世新闻制作提供了技术准备，也为印刷术在欧亚的传播奠定了基础。

隋唐时期的文字信息的制作工具主要是抄写与编辑过程中的笔墨纸砚，其工具材料与日常文书抄写转录基本相同，不论是书写材料、工具，还是字体技艺，都与文字实际应用的历史同步，是隋唐时期最基本的复制工具与技术。图像的新闻手段尚未出现，或者说，仅存于通缉要犯的政治文书，以及商业领域某些具有新闻性的产品宣传。还有就是宫廷重大事件的记录图像，这样的图式基本是由传统的书画绘制技术来实现的（图5-10）。

雕刻技术的成熟，加之汉代人工制墨技术、造纸技术的出现，促进了拓印技术

图 5-10　唐阎立本《步辇图》绢本，设色，纵 38.5 厘米，横 129.6 厘米，故宫博物院藏

的发展。汉代以后，出于政治宣传、文化保存、宗教宣导等目的，出现了大量石刻经典。汉代统治者主张"罢黜百家，独尊儒术"。为了统一儒家经典版本，西汉蔡邕等人提出雕刻七部石经供人抄写。魏晋南北朝时期，佛道文化盛行，佛道经典多有石刻，至隋唐，石刻经典已经非常流行。石刻本是供人抄写的，但抄写速度较慢，不能满足人们日益增长的传播需求。东晋时出现了拓印技术。拓印技术的成熟是雕版印刷技术出现的前奏，雕版印刷的基本工序和拓印类似，只是雕版印刷的文字是阳文反刻，拓印的则是阴文正字。

雕版印刷技术具体的发明时间尚存争议，以隋唐说最有影响，即公元6世纪末至7世纪初，这也正是汉字楷书字体发展到很高水平的时期。雕版印刷出现于唐代已得到考古证明。例如，发现于敦煌，20世纪初被英国人斯坦因盗骗的《金刚经》，卷末刻有"咸通九年四月十五日王玠为二亲敬造普施"，是世界上现存最早刻有具体日期（唐懿宗咸通九年［868］）的雕版印刷品（图5-11）。

图5-11 唐《金刚经》咸通九年（868），英国伦敦不列颠图书馆藏

唐范摅《云溪友议》卷下："纥干尚书泉苦求龙虎之丹十五余稔。及镇江右，乃大延方术之士，作《刘弘传》，雕印数千本，以寄中朝及四海精心烧炼之者。"纥干泉在宣宗大中元年至三年（847—849）任江南西道观察使，说明公元

847—849年已经使用雕版印刷道家书籍。《全唐文》卷六百二十四中，《请禁印时宪书疏》记载，冯宿建议禁止民间印日历之事："准敕禁断印历日版。剑南两川及淮南道，皆以版印历日鬻于市，每岁司天台未奏颁下新历，共印历已满天下，有乖敬授之道。"（图5-12）据考证，冯宿是在文宗大和九年（835）上此疏。更早的文献是唐穆宗长庆四年（824），元稹为白居易诗集作序说："白氏长庆集者，太原人白居易之所作……至于缮写模勒，炫卖于市井，或持之以交酒茗者，处处皆是。"这说明雕版印刷出现的时间至少可以提前到公元824年之前。

图 5-12　剑南西川成都府樊赏家历[1]

　　五代时期，虽国家四分五裂，战乱纷纷，但是我国古代印刷术发展的重要阶段。此时，吴越一带逐渐形成了几个新的印刷基地。政府主持推动出版儒家经典，从而极大地推动了整个印刷术和文化事业的发展。在朝廷主持的儒家经典出版活动中，较早且规模较大的是冯道刻九经。《五代会要》卷八载：后唐长兴三年（932），宰相冯道（882—954）奏"请依石经文字，刻九经印板"。先将西京石经本"抄写注出，仔细看读，然后雇召能雕字匠人，各部随秩（又作帙）刻印，广颁天下，如诸色人等要写经书，并须依所印敕本，不得更使杂本交错"。"九经成，进印板、九经书、《五经文字》、《九经字样》各二部，一百三十册"，前后花了22年，可见当时雕版印刷的成就与社会影响。

二、新闻采集与编辑

　　隋唐时期新闻采制与编辑主要涉及报状文字新闻的来源、选择和制作，非语言符号烽燧新闻信息的采集、制作和符号化编辑。

---

[1] 引自罗树宝：《中国古代印刷史图册》，北京，文物出版社，1998年，第45页。

隋唐时代，用于新闻信息采集的材料、工具得到长足的发展。造纸术、制笔技术、制墨技术是新闻信息采集最重要的书写材料与书写工具技术，在隋唐时期有了很大发展。新闻信息书写符号汉字，也出现了楷体这种更简约、更便于辨认与书写的符号，促进了新闻信息的普及和此后版刻复制产业的繁荣。在新闻信息采集制度上，进奏院报状对内容来源、采集制度有明确的规定。

新闻信息编辑是为了让新闻信息更具传播性，更能符合传播者的意图。隋唐时代对烽燧这种光信号做出详细规定，让非语言文字符号也能准确表达新闻信息。进奏院报状虽没有职业化的报纸编辑，但也开始注意报状的装帧形态与效果，从进奏院报状的内容看，采集的原始信息也有了一定的取舍和改编。总体而言，隋唐时代的新闻信息编辑技术有所进步，但这种进步不具备突破性，只是在前朝的基础上加以改进。

1. 报状新闻的采制与编辑

唐代向各地民众发布新闻的方法，是由郡县长官指派书吏将诏令抄录在大版上，"当村坊要路榜示"。另外，由诸道观察使派员检查抄录的诏令是否有脱文和错字，以便及时察觉纠正，并作为郡守、县令政绩勤惰的一个考查内容，上报中央。

唐代允许各地驻京进奏院通报邸使们采集到的信息，进奏院状便是向地方行政首长提供京师信息的报告，并且传递速度快于正式公文。

尽管"邸报"名称没有在唐朝出现过，但可以确定的是，这些报纸早在唐玄宗时期（713）就已由"上都进奏官"负责编印，将皇帝的谕旨、文臣武将的奏章及政事动态"条布于外"。记载皇帝的起居活动、诏旨、官吏任免事项、臣僚们的奏章，以及军事政治方面的重要信息。

唐代报状信息新闻虽然是报纸早期雏形，但尚未出现成熟的采集、制作与编辑程序和技术。进奏院报状新闻信息内容采集来源可以确定有不同的负责部门，其制作手段至今尚无定论，编辑技术仍无从考证。从进奏院报状的功能本质来看，它是进奏官将宫廷政治信息收集起来发送给藩镇，其新闻信息价值大于观赏娱乐价值，因此，进奏院报状采集制作技术简单，或者很少进行编辑就不难理解了。

唐代进奏院报状新闻内容主要包括天子的起居言行、诏书旨谕、官员任免、奏章、军事信息等时政信息。这些内容的主要来源有起居注、时政记以及奏章、诏令、赏罚等。起居注记录天子的言行，由中书省的起居郎、起居舍人负责记录整理；时政记记录大臣官员的廷议奏对和其他政治活动，由宰相记录整理；奏章、诏令、赏罚等由中书舍人负责整理。这些信息并非都可以作为进奏院报状内容，还需要经过天子画敕同意，再经过中书省才可以对外公布。

进奏官收集到经中书省同意公布的信息来源后，也并非原封不动地全部收载于报状中，而是根据其藩镇节度使的需求选择信息。选择信息包含两个方面：一是一般性的时政新闻信息；一是对某藩镇节度使作用更大的新闻信息。因此，不同藩镇委派在京城的进奏官发送的进奏院报状的内容是不一样的。除了从朝廷公布的信息中挑选报状内容，有些进奏官还根据节度使要求自行收集时政、民声信息或情报。

进奏院报状是如何制作的，至今仍存在较大争议。有学者称《开元杂报》是雕版印刷制作的，但被认为不足采信。而现存的进奏院报状都是用毛笔手写抄录的。孙毓修（1871—1922）《中国雕版源流考》认为："近有江陵杨氏藏有开元杂报七页，云是唐人雕本。"以此佐证《开元杂报》是我国最早运用雕版印刷技术的报纸。但此说疑问很多，有学者认为孙毓修所说的雕本《开元杂报》很可能是赝品。

现存两份最古老的进奏院状都是手抄版本。虽不能证明开元年间《开元杂报》不是雕版印刷，但至少可以说明唐代印刷工艺还没有广泛运用于早期"报纸"上。唐代邸报很大程度上，还是依赖手工抄录。

2. 烽燧信息采制与编辑

烽燧信息传播有两种方式：一是在场的遥视远闻传播；二是不在场的次第信息发送。在此过程中，新闻信息内容采集是通过烽火台上的士兵观察敌情获得的。在观察到最初始的新闻信息（敌情）后，如何迅速制作出让下一个烽火台士兵能看到并准确理解敌情的烽火信号，才是烽燧新闻信息传播的关键。因此烽燧新闻的采制与编辑，主要包括烽燧新闻信息的制作材料和设备，以及非语言符号化编辑两个方面的内容。

唐代烽燧新制作常用设备和材料有六种，即烽、表、烟、苣火、积薪、鼓。一般为白天举烽、表、烟，夜间举火。积薪和鼓可以昼夜兼用。它有一立柱，称烽柱。柱端有一活动横木，横木一端系有绳索，称为烽索，另一端系有兜零。兜零是竹编的筐篮，外面再用赤白两色的布、缯包蒙。所以汉简中有"布烽"之说。平日无警时，挂兜零一端常低垂。遇有敌情，便拉烽索将兜零高举起来。汉简有"布表"，证明表是布做的，可能是旗帜一类的东西，悬挂起来表示各种消息，因此用于白日。[①]

专用于生烟的灶一般都设置在烽台上。生烟材料有薪草和狼粪。边疆地区也常燃烧狼粪作为白昼报警之用。盖因边疆地处荒漠，柴草不易收集，而边疆荒野中常有野狼出没，狼粪反而容易得到。燃烧狼粪形成的烟浓黑粗直，易于望见。[②]苣，即火炬。汉简记载有大苣、小苣、烽苣、角火苣、口苣等（图5-13）。举苣火时，大约是以苣火的数目来表示各种情况。积薪，即柴火堆，主要由灌木柴和苇秆堆成。积薪分大小，一般亭隧要经常备有三个大积薪，三个小积薪，它们的体积大小和堆放位置都有一定规格。如果违反规定，就要随时"更积"，即重新堆好。积薪堆上要涂泥封固，以防雨淋或被风吹散。[③]鼓，是日夜可用的信号。鼓的使用可以弥补天雾下雨不利烟火造成的困难。

图5-13　用作烽燧燃料的小苣

汉代、隋唐统治者对如何使用烽燧信号传递新闻信息作出了详尽的规定。如《唐六典》中也有记载："每烽置帅一人，副一人。其放烽有一炬、二炬、三炬、

---

① 许材安：《从历史文献看汉代的烽健制度和候望系统》，《文献》，1982年，第2期。

② 孟庆鸿：《从唐诗看唐代军事传播》，《军事历史研究》，2003年，第1期，第149页。

③ 许材安：《从历史文献看汉代的烽健制度和候望系统》，《文献》，1982年，第2期。

四炬者，随贼多少而为差也。"①《卫公李靖兵法》中录有如下规定：十骑以上，五十骑以下，即放一炬火，前烽应迄，即灭火。若一百骑以上，二百骑以下，即放两炬火，准前应灭。贼若五百骑以上，五千骑以下同，即放三炬火，准前应灭。前烽应迄，即赴军。②凡放警烽报贼者，三应三灭。又规定放平安火："贼回者，放烽一炬报平安""报平安者，两应两灭"。"每晨及夜平安，举一火；闻警，固举二火；见烟尘，举三火；见贼，烧柴笼。如每晨及夜，平安火不来，即烽子为贼所捉。"③1974年，在出土的居延汉简中发现一种《塞上烽火品约》，规定了在不同情况下如何使用烽燧信号的条例（图5-14）。

图5-14　汉简《塞上烽火品约》，1974年甘肃省居延出土，中国电信博物馆藏

三、新闻传播途径

经过采制、编辑、复制的新闻信息成品，必须经过一定的传播渠道和工具才能影响到更远地域不在场的受众。隋唐时期新闻信息传播技术仍比较落后，只能运用人力、畜力、运输工具（也需要人力、畜力驱使）以及固定位置的建筑进行传播。

---

① （唐）李林甫等：《唐六典》，北京：中华书局，2012年，第162页。
② （唐）林佑：《通典》卷一百五十七，北京：中华书局，1988年，第4029—4030页。
③ （唐）杜佑：《通典》卷一百五十二，北京：中华书局，1988年，第3901页。

由于这些渠道传播力极为有限，传播时一般都具有数量众多、次第传递的特点，只有这样才能以更快的速度将新闻信息从信源传播到信宿。

新闻信息传播是从信源到信宿的过程。涉及新闻信息的复制，也涉及新闻物质载体的发送、运输。隋唐时代，新闻传播内容复制技术在印章、石刻拓印、丝网漏印等技术基础上有了较大的突破，出现了雕版印刷技术，信息内容可以在更短时间内得到数量更多的复制，提高了信息内容传播的效率，扩大了信息的影响范围。在新闻物质载体的发送、运输方面，唐代邮驿系统非常发达，形成比较成熟完善的管理制度。除邮驿之外，还出现了信鸽等新闻信息传送的方法。

1.邮驿系统

因为东汉末期战事频繁，统一性的邮驿系统受到严重破坏，直到隋才开始恢复。隋唐时期承继了南北朝时期的驿传合一制度，在王朝中央和地方，都有专职邮驿官吏。驿站属尚书省兵部驾部司管辖。每个驿站仅驿马和传送文书的驿卒就有百人。"驾部郎中一人，从五品上驾部郎中、员外郎、掌邦国之舆辇、车乘，及天下之传、驿、厩、牧官私马牛杂畜之簿籍，辨其出入阑逸之政令，司其名数。"[①]"兵曹、司兵参军掌武官选举，兵甲器仗，门户管钥，烽候传驿之事。"[②]《新唐书·百官志》记载："驾部郎中、员外郎，掌舆辇、车乘、传驿、厩牧、马牛杂畜之籍。"[③]开元年间，又"以监察御史兼巡传驿"，唐代宗大历十四年（779）正式规定"御史一人知馆驿，号馆驿使"。唐馆驿制度对邮驿服务范围都有详细规定，邮驿事业随即迅速发展起来。

唐代政治、经济与社会发展达到历史的巅峰，国力强大，文化昌盛，其水陆交通网路也已经覆盖全国，为大规模人员往来、经济交往与信息传播提供了坚实基础。以都城长安为中心，已经形成七条重要驿道，呈放射状辐射到全国各地，也连通了周边国家与地区。驿道上一般每隔三十里设一驿站，但在西北、西南等边远处，或"须依水草"或"地势险阻"驿程往往超过三十里，为六七十里，甚至达百

---

① （唐）李林甫等：《唐六典》卷五，北京：中华书局，2012年，第162—163页。

② （唐）李林甫等：《唐六典》卷三十，北京：中华书局，2012年，第749页。

③ （宋）宋祁、欧阳修等：《新唐书》卷四十六百官志一。

里之遥，而在京畿腹地，则因事繁剧且急切，又往往少于三十里，甚至仅八里。[①]
柳宗元《馆驿使壁记》形容：凡万国之会，四夷之来，天下之道途，毕出于邦畿
之内。……由四海之内，总而合之，以至于关；由关之内，束而会之，以至于王
都。华人、夷人往复而授馆者，旁午而至，传吏奉符，而阅其数，县吏执牍而书
其物。告至告去之役，不绝于道；寓望迎劳之礼，无旷于日。而春秋朝陵之邑，
皆有传馆。

　　"一驿过一驿，驿骑如星流。"唐代诗人岑参脍炙人口的诗句，生动形象地说
明了唐朝邮驿与信息传播的繁荣。隋唐时期邮驿分水驿和陆驿两种。据《唐六典》
记载，开元年间，"凡三十里一驿，天下凡一千六百三十九所"，其中陆驿1297
个，水驿260个，水陆兼驿86个。又因为各馆驿的重要程度不同而分成七等，配备
不同的人员、马匹，并拨给一定的驿田。[②]陈鸿彝先生指出：唐政府"在各州郡之
间，还修筑了地方干道，各县之间，也有大道相通，这样层层级级，构成一个覆盖
全国的巨大而稠密的交通网络，水陆通联，江海并举"[③]。

　　陆驿有马递和步递，后来还出现驿驴传递。唐代的邮驿行程规定为"制陆行之
程：马日七十里，步及驴五十里，车三十里"[④]。马递根据官方规定，乘传（车）
日行四驿，要达到一百二十里，乘驿日行六驿要达到一百八十里，已经属于快递，
而如果有紧急文书，则需驰行每日达500里。唐时还建立了"明驼使"的机构。据
明杨慎考证是唐代驿传制度："驿置有明驼使，非边塞军机，不得擅发"（《丹铅
总录·明驼使》），就是用一种能快行的骆驼来传递公文书信（图5–15）。水驿
送信也有日程规定。如逆水行重舟时，河行每日30里，江行每日40里，其他每日45
里；空舟行驶，则河行每日40里，江行每日50里，其他每日60里；在顺水中，则不
管轻重舟，也不论江河，一律日行100至150里。[⑤]

　　每个馆驿都设有车马，驿马多由官给，并在左右颊打烙上火印字，《唐六典》

---

① 北京大学中国中古史研究中心：《关于唐初馆驿制度的几个问题》，《敦煌吐鲁番文献研究论集》第三辑，
　北京：北京大学出版社，1986年。
② 参见（唐）李林甫等：《唐六典》卷五，北京：中华书局，2012年，第163页。
③ 陈鸿彝：《中华交通史话》，北京：中华书局，2013年，第150页。
④ 吕思勉：《隋唐五代史》，南京：江苏人民出版社，2014年，第738页。
⑤ 臧嵘：《中国古代驿站与邮传》，北京：商务印书馆，2007年，第101页。

图 5-15　唐代胡人骑驼砖，莫高窟佛爷庙出土 [1]

谓马项右印"驿"字，左印"递"字，以便于管理。凡马皆用簿籍登记，写明肤色、年齿、病、伤等。驿站还专门配备四百亩驿田，"凡驿马，给地四顷，莳以苜蓿"，以种植、提供马匹饲料。唐代最大的驿是设置在京城的馆驿，称为都亭驿，每驿配驿夫25人、马75匹。陆驿分为六个等级：一等驿配备驿夫20人，二等驿配备驿夫15人，三等以下递减，到了六等只有2—3人。驿传途中都需要通行凭证。在唐朝通常有四种凭证：一曰银牌，由门下省统一发给，是一种宽二寸、半长五寸的银制牌，上有隶书"敕走马银牌"五字；二曰角符；三曰券；四曰传符。后两种都是纸质证明。[2]

　　唐代公文发驿必要折角封装，即用文书的外皮折为信封，呼为"递简"，习称"封角"或"递角"[3]。封面一般书明发函时日、收信人地址、姓名，寄信机关及人。然后再封入囊封，交给馆驿逐站接力递送或遣专使递送，驿使驿递时，必将公文装在身背的口袋中。甘肃敦煌晚唐壁画《宋夫人出门图》中就有一幅驿使身背布袋递送文书的画面，这种袋装又称作囊封。一般信件则以函封（张固《幽闲鼓

① 引自敦煌研究院：《敦煌石窟全集：23 科学技术画卷》，香港：商务印务馆有限公司，2001 年，第 25 页。
② 臧嵘：《中国古代驿站与邮传》，北京：商务印书馆，2007 年，第 100 页。
③ 赵效宣：《宋代驿站制度》，台北：联经出版事业公司，1983 年，第 9 页。

吹》）。公文传递者，无论经哪个换马或入宿的馆驿都要依公文制度登记"到"与"离"的时间，并出示符券或面符牒；如走水驿，则由水驿发给邮签，以登记水程，杜甫诗句"邮签报水程"即此写照。

　　邮驿建筑体系的尺度、选址区别于其他传统建筑类型。传统建筑类型无论出于何种考虑，均以人的尺度为中心；而邮驿建筑则是以运输距离——人力、畜力等的最大半径为尺度进行选址，以牲畜、车辆和人的综合尺度具体建设（图5-16）。宏观上以城市间的距离为尺度，微观上以人、车、马等交通工具的进出为尺度。另外，在选址的考虑中，为了提高传递速度，邮驿建筑也由最初的放置于城内，转而倾向于设置在连接城市的交通干道上。①

图 5-16　重庆武隆天坑三桥古驿站（仿建）

　　唐刘禹锡（772—842）《管城新驿记》描述了唐管城馆驿的豪华："门街周道，墙荫竹桑，境胜于外也。远购名材，旁延世工。既涂宣皙，领甓〔同僻〕刚滑，术精于内也。蘧庐有甲乙，床帐有冬夏，庭容牙节，庑卧囊橐，示礼而不愿也。内庖外厩，高仓邃库，积薪就阳，峙刍就燥，有素而不愆也。主吏有第，役夫有区，师行者有犒亭，孥行者有别邸。"驿站建筑群包括亭、牌坊、驿站建筑。内部空间可分为照壁、建鼓（鼓楼）、大门、正堂、东西二庑、舍（后堂）、驿丞

---

① 徐阔、曹伟：《浅探中国古代邮驿建筑的特征——以厦门市深青驿站为例》，《中外建筑》，2013年，第10期。

宅、厨、厩。

2. 烽燧信息传播

烽燧系统信息编辑有着迅速传播的巨大效力，它有赖于传播中的组织与管理。隋唐时期在烽燧建筑建造技术、信号发送技术、所用材料等方面与汉朝大体相近。朝代更替后，前朝军事设施被占领后并不会废弃，往往直接为后朝直接使用，在技术上无须也没有发达到一定程度去实现非常大的改变。但在制度和组织上，隋唐烽燧与汉朝还是有很大的差异，烽燧主要是用来传递军事信息。

唐代杜佑在《通典》中对烽燧建筑构造有详细的记载："烽台，于高山四顾险绝处置之，无山亦于孤迥平地置。下筑羊马城，高下任便，常以三五为准。台高五丈，下阔二丈，上阔一丈，形圆。上建圆屋覆之。屋径阔一丈六尺，一面跳出三尺，以板为上覆下栈。屋上置突灶三所，台下亦置三所，并以石灰饰其表里。复置柴笼三所，流火绳三条，在台侧近。上下用屈膝梯，上收下乘。屋四壁开觇贼孔，及安视火筒。置旗一口，鼓一面，弩两张，抛石、垒木、停水瓮、干粮、麻蕴、火钻、火箭、蒿艾、狼粪、牛粪。每晨及夜平安，举一火，闻警，固举二火，见烟尘，举三火，见贼，烧柴笼。如每晨及夜，平安火不来，即烽子为贼所捉。"[1] 烽燧组织归属兵部管理。唐代一个烽火台中有5—6人，其中1人是烽帅，其余为烽子。据《通鉴》卷240宪宗元和十二年（817）条克注云："唐凡烽燧之所，有烽帅、烽副、烽子，盖守烽之卒，候望警急而举烽者也。"杜佑曰："一烽六人，五人为烽子，递知更刻，观视动静；一人烽率，知文书、符牒、转牒。"[2] 从记载中不难看出，烽燧一般需建在山岭高峻处，建有燃放烟火的灶台、存放生烟火材料的柴笼、观察敌情的高台等。烽燧的建筑材料，一般是因地制宜、就地取材。早期的烽燧有用黏土夯实而垒成的，后来也有用砖砌、用石板或未烧过的土坯垒砌成的。也有在烽燧外面铺撒一片沙子，或将上地锄松，以便观察敌人进犯的足迹。另外，烽燧周边还配备相距三十里的马铺："于要路山谷间，有牧马两匹，与游弈计会，有事警急，烟尘入境，即奔驰报探。"[3]

---

① （唐）杜佑：《通典》卷一百五十二，北京：中华书局，1988年，第3901页。
② （唐）杜佑：《通典》卷第一百五十二，北京：中华书局，1988年，第3901页。
③ （唐）杜佑：《通典》卷第一百五十二北京：中华书局，1988年，第3901页。

据《武经总要》记载，唐代的烽火一昼夜须达2000里。[①]如何让烽火实现信息传播发挥最大效力，必须严格计算烽燧之间的距离。每个烽燧建筑之间距离不宜太近，如太近，烽燧建筑必然增多，每个烽燧建筑点燃烟或火信号都需要一定的时间，烽燧建筑的增多必然导致信息传递速度变慢，影响军事决策者及时了解传达的信息。每个烽燧建筑之间距离也不能太远，必须在人的视觉、听觉范围之内，否则只要有一个烽燧组织没有看到或看清上一个烽燧组织所发信号，整个信息传递链都会受到严重影响（图5-17）。因此，烽燧间距的设置至少要考虑信息传递中准确清晰和效率两个因素。一般而言，烽燧间距30里，当然也有超过30里和不足25里的，毕竟每个烽隧间的距离还要考虑具体地形情况。《唐六典》中有记载："凡烽堠所置，大率相去三十里。若有山岗隔绝，须逐便安置，得相望见，不必要限三十里，其逼边境者，筑城以置之。"[②]唐人姚合目睹当时驿站烽火台，将朔方、泾原、陇

图5-17　五代，烽火台（局部），榆38，室前南壁[③]

① 引自孟庆鸿：《从唐诗看唐代军事传播》，军事历史研究，2003年，第1期，第149页。
② （唐）李林甫等：《唐六典》卷五，北京：中华书局，2012年，第162页。
③ 引自敦煌研究院：《敦煌石窟全集：23科学技术画卷》，香港：商务印书馆（香港）有限公司，2001年，第37页。

右、河东四郡节度使的边防信息一站接一站传报京师，有感而写《穷边词》："箭利弓调四镇兵，蕃人不敢近东行。沿边千里浑无事，唯见平安火入城。"

烽燧系统只能采取单向传播的形式，而且由于烽燧符号性质的局限，只能传播简陋的信息，在需要传播详细信息的时候，往往无能为力。每每此时，邮驿系统就显示出它的长处，有效弥补了烽燧系统的不足。[1]

小 结

隋唐时代结束了东汉以后长达四百多年的战乱分裂，为经济、文化、科技等的发展创造了稳定的社会条件。在政治、经济、文化大发展的时代，新闻信息的需求日益兴盛。新闻信息传播载体、产业、技术也得到相应的发展。烽燧、邮驿、旗鼓、露布、榜文、告示常态化，并逐渐形成制度化的新闻发布机制，邸院的信息发布、驿传的发达，为文字新闻信息的大发展奠定了重要基础。

隋唐时代，这些传播方式在制度、管理上更加系统，传播效率更高。除了沿袭前朝新闻方式，唐代还出现了"报纸"的雏形——进奏院报状。虽然进奏院报状主要是在统治者内部传播，但性质已经接近大众媒体。从文字新闻传播的角度看，造纸、制笔、制墨技术在隋唐时期得到充分发展。隋唐的造纸业空前繁荣，官方、民间的造纸工坊遍布全国南北，特殊工艺、品质的纸张也纷纷出现。在唐代，制笔技术已经非常高超，并出现了很多全国范围内的制笔名家。隋唐代的制墨技术也较之前有很大突破，出现了油烟墨，扩大了墨材的来源。隋唐在文字新闻传播技术上实现的最大突破是复制技术的进步。雕版印刷的出现，逐步改变了整个新闻信息的传播环境，新闻信息形态也在雕版印刷大规模复制技术下出现新的变化。唐代雕版尚未得到大范围普及，但对后世新闻传播产生的影响无疑是巨大的。

---

[1] 孟庆鸿：《从唐诗看唐代军事传播》，《军事历史研究》，2003年，第1期，第149页。

Chapter 6
Technologies of Information Communication with
Woodblock Printing

中国雕版印刷技术的发明创造，伴随着中华文明的发展演进，已经成为人类近现代文明进步重要的助推器，也是现代新闻传播持续发展的重要基础。雕版印刷技术的产生，使人类社会比以往任何时候都能更迅捷地复制、获得各类信息文本，以此进行更广泛的文化传播和交流，从根本上改变了人类文明发展的基本走向，对人类认识自然、改造自然，促进社会发展做出了不可估量的贡献，被后人称为"人类文明之母"。

第一节　传播环境与物质基础

印刷，本质上是一种同一文本生产多个复本的规模化复制生产技术。在西非的古埃及、西亚的两河流域与南亚的古印度都出现过契刻的文字形态，也有雕刻与印制的印章技能与应用，但都未能形成规模化印刷复制的手段与专门技术。只有中国在漫长的社会探索与实践中综合了多样化的复制转印手段，从古代模范、封泥玺印、植物印染到碑刻拓印技术一路发展，最终创造与发展了印刷术。

一、社会文化条件

印刷术发明需要具备几项基本的条件：物质条件主要是印制的设备、工具，以及纸和墨材，纸是承印材料，墨是转印色料；技术条件主要是图文绘写、雕刻及其印制技术；还有就是社会文化条件。

社会文化条件首先表现在必须有文图媒介成熟与发展的基础。由于文字的普及，文字载体成本不断降低并趋于便捷化，文字表意的语法结构及其表述能力越来越强，可以获得社会越来越广泛的应用。经过秦汉时期隶变与楷书的形成，书体的刻写也日趋简约。但是，这种依靠手工摹写的信息采集与编辑过于依赖手工作业，不论是需要精雕细琢的金铭石刻，还是一笔一画的文本抄写都同样消耗大量人力物力，严重限制了信息编辑的成效，进而影响传播的广度，在社会对信息传播需求日益扩大的情况下，已经难以满足社会的巨大需求。

其次，持续繁荣的社会政治、经济、文化不断推动信息传播的社会实践，特别是经历秦汉到隋唐持续的发展，国力剧增，各种政治、经济、文化与社会交往活动迅速增加，为印刷技术的出现与发展奠定了重要的社会基础。

最后是文化与宗教活动的促进。一方面，从隋代起，政府推行科举制度，鼓励教育与文化传播，极大地刺激了中下层子弟读书的风气，民间对书籍需求量大增；另一方面，隋唐崇尚佛教，寺院林立，僧侣众多，他们都需要具备读经抄经的能力，也促进了汉字的普及。[①]尽管雕版印刷的发明到底是隋唐还是上溯到秦汉时期尚有争议，毫无疑问的是，这一时期是社会需求孕育发展的重要历史时期。

自上古以来漫长的探索实践，为印刷术的发明奠定了重要的基础。文图信息符号的发明、不同领域刻印复制技术的创造与应用，以及各类载体、材料、工具的准备等都是必不可少的先决条件。这些条件大约到公元3世纪已经成熟（图6-1）。

---

① 罗树宝：《印刷字体史话（五）》，《印刷杂志》，2003年，第12期。

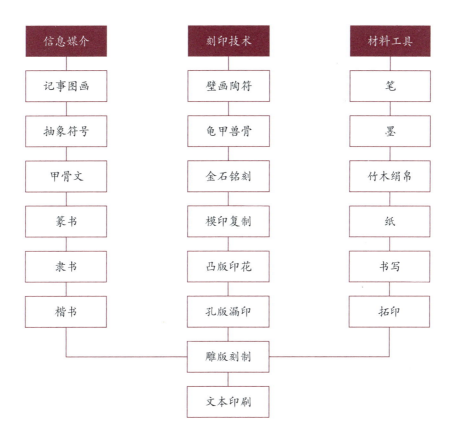

图 6-1 印刷术起源图，朱永明 制作

二、物质基础与技术准备

中国古代印刷技术种类繁多，如雕版印刷、活字印刷、套版印刷、漏版印刷，以及应用较少的蜡版、磁版和吕抚泥版印刷等，技术要求各不相同。最先发明、影响最深远的印刷术是雕版印刷，其他门类的印刷术都是在雕版印刷的基础上演变产生的。

1. 物质基础

夏商时期，甲骨雕刻技术已经成熟，到了商周时期，镂于金石的技术使青铜铭文、碑刻、玺印、砖瓦等刻制技术达到一个新的高度。如用印玺作印版，用朱砂印泥作油墨，用绢、帛、泥、木等作印刷载体，而青铜器铭文，先刻制成单个泥字范，再行拼组而成模板，然后用模板翻铸出青铜器铭文。这种单个字范的刻制，对后来的活字版的发明应有某种传承关系。另外，我国早在新石器时期，便有毛笔出现。"仰韶文化"和"马家窑文化"彩陶上的纹饰，就是用毛笔描绘的。殷代写字使用毛笔，用朱或墨写在甲骨上。[①]

造纸行业的发展对印刷术兴起的推动显而易见，这不仅是因为纸张比以往任何载体更适于印制，还在于社会对传播的需求越来越迫切。潘吉星（1931—2020）先生指出："当社会对纸写本读物需要越来越大，而人们对手抄劳动感到厌倦时，便产生了用机械复制的方法代替手抄的念头，这就导致了印刷术的发明。……没有纸，就谈不上印刷。……这两项技术结合以后，成为推动人类文明发展的强大动力。"[②]

民间文人墨客已经习惯于用绢帛或纸拓印石刻碑文，进行研学与交流，寺院僧侣使用木料雕刻符咒、图像，印制纸品供佛事使用，这时的印制过程基本上都是手工操作。无论是拓印、转印还是刻印，已经存在把小面积"压"印的行为发展成大面积"刷"制的技术与流程，并最终导致将雕刻版上的图文"印"在绢、帛或纸上，推动了规模化复制作业技术的出现，也在不断演进中形成"印刷"这个专有名词。

2. 技术准备

印刷技术产生与发展有着漫长的历史演变过程，是在已有模印技术、印花与漏印、碑印与拓印等基础上不断探索与实践创造出来的，直至书体的成熟。

① 模印技术　在新石器时代，人类已经学会压、拍、转印等方法，将树皮、树叶、绳索等的花纹压印在陶器上，制成印纹陶器，还可以转制成简单的印模，是雕印复制技术的原始形态，为文图印制技术发展奠定了重要基础。

此后，模压的技术得到进一步提升。安阳殷墟出土的许多陶范，据推测是殷人制作青铜器的模型。在这一时期，青铜器器型以及纹饰，均以范铸制成。铸刻铭文有直接雕刻，也有先制字范后铸造，还有一字一范或数字一范。刻制的字范为反

---

① 胡福生：《〈中国印刷发展史图鉴〉的创新及其特色》，《北京印刷学院学报》，2009 年，第 5 期。
② 潘吉星：《从考古发现和出土古纸的化验看造纸术起源》，《化学通报》，1999 年，第 1 期。

图6-2　新石器时期纹印陶器，南京市博物馆藏

体，同时需要深浅适度，单字字范还需拼排后方可铸造。与此类似，玺印与封泥，印花与漏印都是在不断实践中形成的转印复制技术，为雕版印刷的产生奠定了重要基础。

图案模板刻印同样由来已久。图6-3为公元1世纪初的陶砖，在郑州附近出土。空心陶砖的图案都是在土坯未干的时候戳印上去的。这种戳子如同印章，有十多种图案样式，按照一定的规则进行排列和组合，可以进行不同位置的重复印制。图6-4为西汉上林三官铜钱范大小各一件，长方铲形，阴文，正中有槽，两边均为"五铢"字样，规格统一，字体清晰严整。[①]

秦砖汉瓦模印的产生，是建立在制陶技术高度发展基础之上的。在精心选料之后，还需要淘洗、和泥，再雕刻模具。模具一般选择细密的木材，多为凸起的阳文图式。做好模具后，用陶泥在木模上揉捏，获得有木模凹凸纹样的泥范。依次入窑置放，烧制成型。

封泥印是一种特殊的印信，它以泥土为材料，与印信的外形相适应，形成独特的文字图像，并以汉代最为丰富。卫宏《旧汉仪》中有皇帝六玺"皆以武都紫泥封之"的记载。隋唐以后，由于纸张替代简牍，封泥也让位于印色，逐渐退出历史舞台。（图6-5）

更接近雕版印刷的早期形态是印章。印章历史悠久，殷商时期就已经出现，用

---

① 王仁波：《秦汉文化》，上海：学林出版社，2001年，第250页。

图6-3 汉代有戳印图纹的空心陶砖，1世纪初，郑州，芝加哥美术院藏

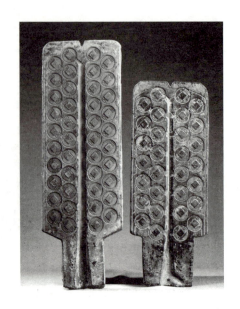

图6-4 西汉上林三官铜钱范，长41.5厘米，34厘米，宽13.5厘米，13.2厘米，厚0.8厘米，0.6厘米，1979年陕西澄城县坡头村出土，陕西历史博物馆藏

图6-5 西汉封泥：图6-5-1封泥背面；图6-5-2杼木卫士丞封泥；图6-5-3相丞封泥；图6-5-4东平陵封泥①

---

① 引自李银德：《古彭遗珍·徐州博物馆馆藏文物精选》，北京：国家图书馆出版社，2011年，第311页。

作取信之物，也属于雕刻复印的图像媒材。1998年在河南安阳殷墟出土一枚饕餮纹铜玺，这是迄今为止可以证明的年代最久远的印章。印章材质有金、银、铜、铁、玉、象牙、骨、木等。印章的凹凸雕刻与雕版如出一辙，而其通过油墨转印到纸绢等媒材上的行为，也相当于雕版印制简化版。玺印的使用代表了中国最古老的复制技术应用，转印方式则在秦汉时期得到更广泛的应用（图6-6）。

图 6-6　转印复制的印章

古代的印章有阴文、阳文之分。汉代以前的印章多为阴文，后来逐渐向反刻阳文演变。用阴文印章盖印，得到的是黑底白字；用阳文印章盖印，复制品则是白底黑字。白底黑字更接近于雕版印刷。印章的使用，创造了从反刻文字取得正写文字的复制方法，而印章从反刻阴文发展到反刻阳文，则又提供了一种从阳文反刻文字取得与当时书写一样的正写文字的复制技术。加之纸的流行而使印章的盖印由封泥盖印进化到纸墨盖印，[①]这为图文信息印刷术的发展奠定了技术基础。捺印，与近现代印刷术中的压印术颇似，与印刷术更贴近了。如东晋写本《杂阿毗昙心论》（约494—502）背后的捺印佛像，还有敦煌藏经洞出土的早期佛事活动遗物，从墨迹深浅来看，是一块印版蘸墨后从右向左依次压印而成（图6-7）。

这些模印技术的实践与发展大大加快了印刷术从雏形到完善的发展进程。到隋唐时期，印版的制作已经不再专用于印玺、织品，逐步发展到图像、文字版的雕刻，其材料已发展到木、石料。印制的方式已从较贵重的绢、帛，发展为纸材。

② 印花与漏印　在织物上印花和在纸张上印字一样，都用印刷工艺来实现，只是承印物不同，一般被人认为是印刷术的雏形。通常图文信息复制的雕版复印称为"印刷"，而织物印染称为"印花"。印花用的雕刻版有两种，即镂空版和

---

① 张树栋：《社会文化发展是印刷术起源和发展的基础和动力（二）》，《广东印刷》，1998 年，第 3 期。

图 6-7　东晋写本《杂阿毗昙心论》背后的压印佛像

凸纹版，两者统称为型版。凸纹雕刻型版一般用木板雕刻，以色浆在织物上印花，其制版过程并不比镂空刻板复杂。其中，孔版漏印为当今应用甚广的网版印刷的前身。

镂空雕刻约在春秋战国时期已经出现。1978 年，江西贵溪县渔塘乡仙岩春秋战国崖墓中已发现印有银白色花纹的深棕色苎麻布，还出土了两块薄片状、断面为楔形的刮浆板，是迄今世界上发现最早的镂空雕刻版印刷。秦汉时期，出现了一种被称为"夹缬"的织物印花工艺。夹缬是一种直接印刷法，将待印的织物挂起来，两块镂刻成相同花纹的型版夹住织物，再从两面相对施印。宋朝高承在《事物纪原》中写道"秦汉间有之，不知何人造。陈梁间贵贱通服之"。①说明这种印刷的织物经秦汉首创之后，到南北朝的北魏时，该工艺已有相当大的规模。隋唐时期，技术更趋完善，已能生产"五色夹缬罗裙"等精密产品，并发明了在镂空版上加筛网技术。史载方法有两种：一种是将手工刻空的漏版，置于织物之上，刷墨（染料）复制；一种是刻制两块完全相同的漏版。②漏版的材料可以是木板，也可以是皮革，还可利用绸帛或硬纸浸过油漆之后制作而成，然后在其上描绘图形，进行雕刻，

---

① （宋）高承：《事物纪原》卷十，北京：中华书局，1989 年，第 538 页。
② 张树栋：《追根溯源探印刷——印刷术源头初探》，《中国印刷》，1995 年，第 6 期。

镂空制成漏版。印刷时，分别在镂空的地方涂刷染料或色浆，除去镂空版，花纹便显示出来。^①从工艺技术角度看，二者有版、有印、有刷，是雕版印刷的早期形式（图6-8、图6-9）。

图 6-8 敦煌发现的纸质针孔漏版及漏印图像

图 6-9 东汉蜡染棉布，新疆民丰县尼雅遗址 1 号墓出土

凸版印花技术到西汉时已有相当高的水平。织物凸版印花是用铜材制作出凸版图像模具，在其上涂抹颜料后直接在织物上面多次规则压印。1983年，在广州西汉初年南越王墓西耳室中部南墙根处，发现两件铜质印花凸版模具，一大一小，大的

---

① 张树栋、庞多益、郑如斯：《中国印刷通史》，北京：印刷工业出版社，1999 年，第 59 页。

213

模具形如小树，上雕刻出旋曲的火焰状纹；小的呈"人"字形。背面均有穿孔的小钮用以穿绳，便于执握。其西侧有大量丝织品，其中一件仅有白色火焰纹的丝织品，其花纹形状恰与松树凸版纹相吻合（图6-10）。[①]

图6-10　大印花铜版，1975年广州南越王墓出土西汉印花敷彩纱

　　在长沙马王堆西汉墓中，出土有一批丝绢印花纱，包括金银火焰印花纱和印花敷彩纱。在马王堆一号汉墓中，考古发现两件单幅的金银色火焰纹印花纱。印花纱为轻薄透明的平纹组织丝织物，采用涂料色浆，以多色版分色印制加工而成。单位纹样用三版组成，印模版面较小，其上图案由均匀细密的曲线和一些小圆点组成，曲线为银灰色和银白色，小圆点为金色或朱红色。图案的外廓略作菱形，每个单位长6.1厘米，宽3.7厘米，错综连续排列，通幅共有图案13个单位。图案线条分布细密，间隔不足1毫米；无渍版胀线情形；交叉连接较多，无断纹现象。颜料是用金、银研碎成极细小的粉末，调干性油类作胶黏剂，做成呈稀泥状的颜料，印纹匀薄平坦，属于典型的凸版压印特征（图6-11）。

---

① 吕烈丹：《南越王墓出土的青铜印花凸版》，《考古》，1989年，第2期。

图 6-11-1

图 6-11-2

图 6-11-3

图 6-11-4

图 6-11　马王堆 1 号墓金银色印花图案及其工艺示意图：图 6-11-1 银灰色分格纹；图 6-11-2 灰褐色主面纹；图 6-11-3 金黄色圆点纹；图 6-11-4 套印后单元图案

印花敷彩纱工艺首先是模板印花，然后与彩绘结合完成。其藤蔓底纹纹样单位较小，因而将四个纹样单位结为一版，组成一个大的菱形，并按照菱形的骨架排列印花。该印纹细挺流畅，线条交叉处具有镂空版特有的断纹现象，因为颜料曾用黏合剂调和，印花后纱孔被覆盖或堵塞，纹线有凸起，具一定厚度，亦有渍版现象，都可断定采用了镂空版印制（图6-12）。[①]其特有的制作原理与印刷术已经非常相近。丝织物印花是中国最古老的印刷方式之一，丝绸印花的载体是丝织物，和纸张是近似的平面载体，对雕版印刷术的发明有着重要的启示。它的印制原理与技巧，为先民掌握印刷工具提供了宝贵的知识和经验。

织物印刷的历史悠久，但因为行业的分离，历来印刷史学研究均未涉足。其实在织物上印花和在纸张上印字，都是用印刷工艺来实现，只不过两种承印物不同罢了。在中国通常印刷业叫印刷，印染业叫印花，但在英文的史书中，两个行业都叫印刷（printing）。两个行业在表述不同的印刷方式时用词也一样，如铜版印刷（copper plate printing）、轮转印刷（rotary printing）、网版印刷（screen printing）等。只是在表述行业特征时冠以承印物的名称，如织物印刷（textiles printing）。在英国，产业革命之前的中世纪盛行行会，但公元1500年之前尚没有独立的印染业者行会，1500年之后通常是由印书者和织物印刷者统一记载。[②]事实上，从古至今，

① 王㐨：《马王堆汉墓的丝织物印花》，《考古》，1979 年，第 5 期。

②（英）Stuart Robinson：A History of Printed Textiles：block, roller, screen, design, dyes, fibres, discharge, resist, further sources for research. London：studio Vista, 1969, 2–27, 42–43.

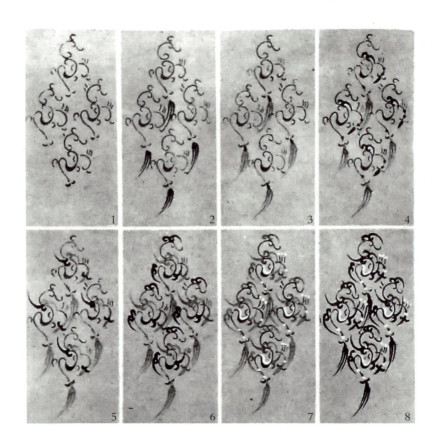

图 6-12　印花敷彩纱印制与彩绘工艺 [1]

以织物为承印物的织物印花，一直采用印刷的方式。其中，孔版漏印为当今应用甚广的网版印刷的前身，雕刻凸版一直广泛用于织物印刷中。

③ 碑拓与帖印　碑拓与帖印，是纸张发明后重要的信息复制技术。在印刷术产生前期，"镂于金石"的碑刻文字经过拓印，裱装成轴或册页，是传播的基本手段，其基础是石刻。南朝梁以前，碑一般是由书写者用朱笔直接把字写在磨平的碑石上，再经镌刻。刻碑者往往可以因循刀法使字的笔画有风格上的变化，还有的碑刻甚至直接奏刀铭刻，有浓郁的金石笔意，是书家与刻工的共同创造。

魏晋南北朝，佛经流布，摩崖刻石风行一时，纸张发明以后，使用日愈普及，

---

[1] 引自王㐨：《马王堆汉墓的丝织物印花》，《考古》，1979 年，第 5 期，图版 20。

为纸墨拓印手法奠定了基础条件，在钤墨钤朱印章，以及印花、漏印原理的启迪下，终于于隋唐之际，创造出捶拓技术，以石刻文字为主要内容的拓片复制技术得到普及与推广。捶拓拓本的明确文字记录则见于唐代中期，如韦应物（737—约792）《石鼓歌》云"今人濡纸脱其文，既击既扫白黑分"（图6–13）。

图 6–13　东汉袁敞碑残石碑文，高 78.5 厘米，宽 71.5 厘米，辽宁省博物馆藏

　　碑拓是中国古老的复制技术，也是传统印刷技术的前身。现存最早的拓本是6世纪的成品。《隋书·经籍志》记载隋代皇家图书馆藏有拓石文字，以"卷"为单位。存世的早期拓本中还有一件是9世纪柳公权书《金刚经》，另有一件是剪贴裱装的册页，为欧阳询《化度寺塔铭》片段和另一件唐太宗所书《温泉铭》拓本，都是在敦煌发现的。[①]

　　碑拓是将碑版上的文字或图像，用宣纸紧覆在碑版上，用墨捶拓其文字或图形，然后将纸揭下，纸上留下碑版上的文字或图形，一般在习惯上均称为拓本。用纸墨拓取石刻文字，用木椎打纸入碑字，是为椎；用毡包在纸上擦墨，是为拓。椎与拓都是打碑的工序，而椎的目的是拓。椎拓也称为捶拓。

　　碑拓在程序上首先需要清洁碑面，然后选择传拓的最佳用纸。传拓用纸要有韧

① 引自钱存训：《书于竹帛：中国古代的文字记录》，上海：上海书店出版社，2006 年，第 61 页。

性，宜捶拓，太薄易破，太厚又难以拓出笔锋。闷纸也是传拓碑刻的重要步骤，主要方法是清洗碑刻，按刻石尺寸裁纸，然后将一张叠好的纸放入清水盆内，湿透后取出放在洁净的湿布上，每一张湿纸，加上叠好的一张干纸，用湿布包好，双手用力压纸，待湿干均匀后取用。其后是上水蜡，古人是上白芨水，有的用薄浆水，也可以用水蜡，目的是使拓纸粘住。最后是拓纸与上墨，用椎包将纸与石之间空隙挤出，平服地贴在石面上，然后用垫纸的毡子吸干拓纸的水分。

拓纸打平后用两个拓包上墨，需纸稍干后，轻轻拍打、层层推进，墨色逐渐加深。拓本要求不同，上墨方法就有区别，主要有擦墨拓、扑墨拓两大类。擦墨拓法的主要工具是细毛毡卷成的擦子。擦子要卷紧缝密，手抓合适为宜，将毡卷下端切齐烙平，把湿纸铺在碑石上，用棕刷拂平并用力刷，使纸紧覆凹处，再用鬃制打刷有顺序地砸一遍。如石刻坚固，纸上需垫毛毡，用木槌涂敲，使笔道细微处清晰，不可用木槌重击。待纸干后，用笔在拓板上蘸墨，用擦子把墨汁揉匀，并往纸上擦墨，勿浸透纸背，使碑文黑白分明，擦墨几遍即可。扑墨拓法的要点在于扑子，用白布或绸缎包棉花和油纸制作，内衬布两层，一头绑扎成蒜头形，按所拓碑刻、器物的需要，可捆扎成大、中、小三种扑子。把扑包喷水潮润，用笔蘸墨汁刷在拓板上，用扑子揉匀，如用双扑子，可先在下面扑子上蘸墨，然后两扑子对拍把墨汁揉均，再往半干纸上扑墨，第一遍墨必须均匀，扑三四遍见黑而有光即可。除这两种墨拓方式之外，还有蜡墨拓、镶拓、响拓等。①

碑是石刻文字，"帖"指的是将古人著名的墨迹，刻在木板上或石上汇集而成。"碑帖"指的是用于书法学习的石刻拓本，中国书法碑帖记载主要起自秦代，盛行于北魏时期，故常称"魏碑"。记事碑和墓志上的文字用纸墨拓印下来便为拓本，供人学习。刻帖也是一种重要的版刻复印技术。"帖"最早指书写在帛或纸上的墨迹原作，但因墨迹难以长久保留，需通过复制方式流传下来，通常采用碑帖与刻帖的帖印方式。碑拓与帖印作为纸张发明后的重要复制技术，对印刷技术的产生起到重要推动作用，并长期与版刻印刷并存，成为信息复制与应用的重要手段。

④ 书体的成熟 从前文的论述中我们已经知道，汉文字现存最明确的证据是

---

① 引自熊贤礼：《文物保护技术词汇释义》，http://www.docin.com/p-261382413.html.

三千多年前殷商甲骨文和稍后的金文。经过商周时期石鼓、青铜铭文等大篆（籀文）的演变，公元前221年，秦始皇统一六国，采纳丞相李斯的文字改革建议，废除六国异体字，以整齐规范的小篆为标准字体。至汉代，小篆发展为隶书，不仅奠定了行草、楷书的基础，而且确定了现代书体的基本格局。

文字能将信息储存并进行超越时空限制的广泛传播，对整个社会统治和文化传承具有决定性意义。汉字最初的形态——甲骨文，基本上还属于图画文字，非常繁复，也难以统一规范字样。对传播效果的追求使得汉字必然从繁复向简约逐渐发展，也必然从多异向规范发展。甲骨文之后的金文象形程度降低，逐渐以线条为主要构件。籀文线条已经粗细较为均匀、结构较为整齐。秦代实施"书同文"，汉字正体规范为小篆，俗体演化成隶体。到了汉代隶体进一步简化，形成比较固定的笔势和写法。汉末出现了更加简化的楷体。魏晋时，楷体逐渐成熟。到了唐代，楷体才规范定型。

版刻印刷字体主要源自碑刻、书写的摹仿与学习。最初，版刻印刷字体的选择主要是楷书，并多模仿名家书体；同时，汉唐时期抄写佛经是当时佛事活动的重要内容，写经体盛行。例如，位于河西走廊西部的敦煌是佛教传入中国之后最早的落脚点之一，敦煌纸写本佛经，包括由晋、十六国，一直到五代以来数万卷墨迹。这些写本佛经的文字成为早期印刷字体的重要源泉。

早期文字书写从墨迹到刻本是一种材料与技术的转换，在印刷中有丰富多彩的名家书体。书法名家写版，是工匠艺人对名家书法的模仿与模式化改造，完成了推动中国古代印刷术发展的印刷书体的基础条件，也成为印刷字体形成的重要推动力。楷体的定型有雕版印刷业发展的内在驱动。楷体字线条均匀，字形整齐严谨，不仅便于书写，也有利于在木板上进行雕刻。文字的定型和简化直接促进了雕版印刷技术的进一步发展。

文字发明与使用的根本动力在于人类广泛的认知、交流与传播需要。这一过程从契刻涂绘的原始图符开始，到书写、镂刻、拓印与规模化复制，并最终催生了中华印刷术与印刷字体的发明。这一划时代的伟大技术，不仅推进了人类文化传播的形态和发展的可能性，也造就了不断推陈出新的印刷字体。

第二节 载体与工具

"印刷"古时也称"刷印",是从不同领域复制刻印的系列实践活动演变而来,需要选择适合的承印物(纸张或其他材料)及油墨,具有印版、刷印技巧和可大量复制的基本特征。因此,它要求雕版的载体材料、工具,制作技术辅助的基础设备与条件,必须有专业化的程序与工艺。

五代时,雕刻书板的工人自称"匠人";宋代时,写工、刻工、印工、装背工已有明确分工。宋刻工自称"雕字",或称"刊字""刊生""镌手""雕印人"或"雕经作头"。明代刻工自称"刊字人""剞劂氏""梓匠""匠氏""匠""刻书人",也有自称"铁笔匠"的。[①]清代则称刻工为梓工、梓人等。

印刷技术有几个基本要素:一是印版,二是油墨,三是纸张。雕版印刷工艺的工序包括制备木版、书写字样、刻版、裱装纸张、刷墨印制等。

一、雕版材料

雕版印刷是采用硬度较大、木质细密的木版,将反体阳凸的图文信息刻制到木板上,再将水性颜料刷到木板上,把雕刻好的图文信息通过压印复制到承载物上的一种传统印刷工艺。

1. 选材

雕版印刷的选材要求木质纤维细腻,质密度高,软硬合适,适合雕刻,木材毛孔大小相对均匀,有利于颜料均匀地被稀释。梨木、枣木、梓木、苹果木、杏木、黄杨木、杉木、银杏木、皂荚木等均可以作为雕版印刷的板材,又由于梨木和枣木材质易得、质地细腻,而常被作为雕版印刷的板材。

---

① 张秀民:《中国印刷史》,杭州:浙江古籍出版社,2006年,第656页、666页。

2. 锯解

锯解木版一般采用沿木材肌理顺纹锯切的方法，将木材锯成2—3厘米厚的木版。如果横向切割木材成版，会导致木版容易开裂变形，耐印度差，雕刻行刀不畅，易走偏，不容易保边成形。锯解时，还应避开木纤维交错缠绕及不易雕刻的结疤部分以及木质疏松的树心和腐朽部分，锯解好的木材除去树皮。无论是收缩纠形，还是刨光打磨导致木材损耗，2—3厘米的厚度都能保证雕版所需的厚度和印刷反复所需的强度。

3. 浸沤

浸沤是改善木材性能的一道工序，将锯好的木材叠压没至水中，根据季节气温浸沤一至数月，夏季时间可短，冬季则时间长。通过木材自身的发酵，除去木材中的树胶、树脂等杂质，使木质纯粹适合雕刻和释墨。浸沤还能有效杀除木材内的细菌虫卵，防止木材虫蛀。有些放置时间较长，已经干燥，不易变形、虫蛀的木材也可直接锯解使用。

4. 干燥

经过浸沤的木版均匀隔离后平行码放，置于无太阳直射的通风干燥处阴干，木版间隔离物厚薄均匀，保证自然阴干的同时木版不易因自身的重量扭曲变形。阴干过程中根据木版干燥的程度和木版形变程度，经常检查调整翻动，使得木版保持平面均匀。一般干燥时间为5—6个月，如遇急用的木版，也可放入锅中加石灰水熬煮，这样干燥相对较快，也适合雕刻印刷。

5. 平板

干燥后的木版用木工刨两面刨平、刨光，再锯截成比所需页面较大的矩形方块。用植物油遍涂表面，再用芨芨草（Achnatherum）的茎部细细打磨平滑。[1] 暂时不用的木版，先不做以上程序处理，以免因放置时间久再次发生变形，使用前再做刨光打磨处理。

[1] 钱存训:《中国科学技术史》(第五卷)，第一分册，北京:科学出版社,上海古籍出版社,1990年,第174页。

二、雕版工具与刻制技术

古代雕版刻印，一般是选用坚硬、纹理细腻的梨木或枣木来雕刻，由写工、刻工按照原稿大小设计版框字体，并校对、刻字，最后是刷印、装订。其中印制雕刻是技术难度最高的关键工序。

1. 书写工具

用于书写的毛笔对古代雕版印刷的发明和发展有着重要的促进作用。关于毛笔有蒙恬造笔之说，然而根据考古挖掘的实物来看，早在蒙恬之前就有毛笔的发明和应用。毛笔主要分笔头和笔杆两部分，随着制笔工艺的发展，又有笔套用来保护毛笔头。笔头主要用来书写，采用动物各部位的毛发经过不同工艺处理后手工制作而成。按照制作笔头的原料可以将其分为狼毫笔、羊毫笔、紫毫笔、兼毫笔、石獾笔、鸡毛笔、猪鬃笔、山马笔、胎发笔等；按照笔头刚柔性能又可以分为刚性笔、柔性笔和中性笔，不同的原料制作成各种性能的笔来满足不同的用笔需要。笔杆的作用主要是满足手部握持书写方便，材质一般多为品种各异的竹木，也偶有象牙、琉璃、陶瓷、玉石、玛瑙或动物角质等。毛笔作为雕版印刷的主要书写工具，对雕版印刷所使用的楷体字、宋体字的形成和发展有着积极的作用。

2. 雕刻工具

雕刻工具，是指刻板时所使用的锋利的金属刀具。自殷商以来，雕刻工具一般采用金属或合金材料。金属冶炼技术和雕刻工具锻造工艺的发展，为雕版印刷提供了适合雕刻的锋利钢制工具。刻板刀具形制多样，种类可达几十种，但最常用的还是拳刀，还有斜口刀、曲凿和平口刀（图6-14）。

① 拳刀　拳刀又称剞，是刻板中最常用的刀具，刀具刃口倾斜且弯曲，因此也有"雀刀""曲刀"的称呼，刃口这样的形制使刀具更锋利，易于发力。拳刀由长条形钢制刀身和木质刀柄构成，因握持方法和握拳方式类似得名。使用时右手呈握拳状持刀柄，拇指压住刀柄上部，左手拇指拢住刀头，右手其他手指配合握住刀柄下部向后拉、切，利用手腕和拇指的配合来控制力度。这种握持方法使运刀更灵活，区别于其他用木槌敲打刀柄向前运刀的刀具发力，利于精工细刻。

② 斜口刀　斜口刀主要是指刀的刃口呈45度左右的倾斜，型号有大有小，在

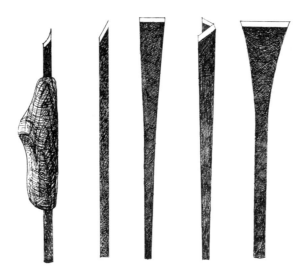

图 6-14　雕刻常用刀具，马俊伟 绘

刻板中主要用来刻制直线，并配合拳刀刻制形体较为特殊的位置。斜口刀有的装有木柄，也有的整体用钢制作，在雕版刻制时也是较为常用的一种刀具。

③ 曲凿　曲凿是一种圆口凿刀，古时称劂，刀具刃口呈半圆的弧形，型号有大小之分，刀柄有曲有直，主要功能是将印版上不需要的部分凿掉剔除。一般直柄曲凿刃口较宽，借助木槌敲打用于大面积刻凿，曲柄刃口较窄，用于局部凿刻剔除。"S"形弯曲的刀头既有利于发力，又便于低凹部位的凿刻。

④ 平口刀　平口刀也是刻板时常用的一种刀具，刀具刃口平直，型号也有大有小，主要是铲平工具，配合曲凿将印版上不需要的部分凿掉铲平。刃口较宽的平口刀装有木柄，通过木槌敲打或者顶住肩膀借力使用。

第三节　纸张与油墨

纸张的发明使文字传播有了易于移动、方便传送的信息载体，改变了竹简木牍笨重体大的局限性，也避免了帛书织品过于贵重稀少的弱点，而制墨技术为雕版印刷提供了最理想的转印介质，为印刷术的发明提供了保障。

一、造纸材料

纸的发明对于中国文化进程有着不可低估的作用，同时纸张对于印刷术的促进作用也是显而易见的。不同的原料制作出来的纸张具有不同的性能，在雕版印刷工艺中，纸张的性能对于印刷效果有着显著的影响。

1. 纸张与印刷技术

用于印刷的纸张从制作原料上来分，大致有麻纸、皮纸、藤纸、竹纸等。选择的标准首先是必须有一定的韧性，不能太坚脆；其次要求纸面较光洁平整，吸水率适中，既有利于墨色沁入纸内，又不至于因浸洇而模糊不清，对于誊写纸张则要求薄紧、坚韧、光滑。[①]

① 誊写用纸张　誊写是指雕版前将待雕版的图文信息抄写在纸张上，然后再反贴上版的过程。刻工根据纸张背面所显示的墨形进行雕刻。由于这种特殊的功能性需求，誊写纸张一般要求相对较薄、透明度较高，又韧性较好的纸张，如雁皮纸就是较好的誊写纸张的代表。为了保证誊写时字迹整齐规范，通常誊写纸张上还会在行列间印上虚线以作誊写参考。

② 印刷用纸张　中国古代造纸原料种类较多，造纸工艺不断发展，不同原料工艺所制造出来的纸张质地成色各异，并不是所有的纸张都能用来印刷。能够用来印刷的纸张必须表面相对平整光滑，吸水性能适中，表面粗糙不平的纸张在雕版印刷过程中容易导致压印用力不均，字迹不清晰，吸水性能过强或过弱则会导致墨色晕染散开、图文信息模糊不清或墨色浸不进纸张，进而导致图形不清，很难得到理想的印迹。能够用来印刷的纸张，通常有麻纸、皮纸、藤纸和竹纸。

2. 纸张的技术发展

笔墨的变化为纸张出现并迅速结合提供了条件。纸张的发展，为笔墨书写下的书体形态与风格奠定了坚实的基础，也彻底完成传统简牍向纸帛笔墨的书写转型，行草楷书因此完成了媒材技术支持的物质准备。在书体上，甲骨文以来的篆书笔画尚有曲线辗转回环，随着技术条件的进步已经规范化，直线逐步增多，也

---

① 方晓阳、韩琦：《中国古代印刷技术史》，太原：山西教育出版社，2013年，第27页。

更利于书写。

汉文字从甲骨、金文的篆体演变为现代汉字书写系统，经历了载体与制作技术的不断改进与发展。由于生产环境与技术条件的限制，人类刻绘符号最初是在岩石洞壁、陶土、甲骨兽骨等自然、粗陋的载体中完成的，所使用的绘刻工具也为简陋的石器、坚果、兽骨以及动物毛发、茅草植物等。随着新石器时期金属工具的使用，制作技术不断提高，青铜、铁器逐渐成为契刻的工具，而更为精工的青铜、石刻载体得到应用，竹简、绢帛的文字载体媒材也逐渐普及，到笔墨书写大发展的绢帛纸张时代，其制作技术中的"笔墨"从石器、兽毛、金属器到毛笔，从矿物颜料到植物颜料不断改良。楷书书体正是在此背景下形成并不断发展完善的。

在纸张出现以前，竹简是重要的书写材料，不仅普及了毛笔墨书的形式，而且在应用过程中推进了篆书的隶变。简牍的书写模式从春秋战国，历经秦汉、三国两晋至南北朝时期才完全被废弃。竹简与帛书是先秦至汉代书写的主要载体，由于相对平整、易于绘制的特性，使毛笔工具得以广泛使用；同时，笔法与墨色的变化，使文字笔画与结构产生变化多端的书写风格，为今后文字笔画形态的起承转合奠定了基础条件。

纸的使用始于西汉初年，当时的"纸"，多是丝絮、麻等纤维，在水中被漂洗时，因为部分沉积物沾染在水底，并由于丝絮纤维的附着力，在水底承接物的表面结成薄薄一层"丝纸"。也因此，《说文解字》中解析"纸"为"絮一苫也。从糸、氏声"。后来蔡伦改良造纸术，使造纸产业迅速发展，生产规模不断扩大。到了北魏时期，《齐民要术》已有专门文字记录造纸及书写用纸处理，说明5世纪初，纸的生产已被普及、推广。《太平御览》载，元兴三年，即公元404年，东晋桓玄帝下令以纸代简，谓"古无纸，故用简，非主于敬也。今诸用简者，皆以黄纸代之"。考古研究也证实，东晋以降，书画文牒普遍用纸，再没有简牍文献记载了。

中国古代造纸的主要材料是植物纤维。1986年，甘肃天水放马滩出土了西汉古地图，时间应早于西汉文景时期（前179—前141），该图残存长5.6厘米，宽2.6厘米，图上用墨绘有山脉、河流和道路等，用的是麻纸（图4-18、图6-15）。种麻用

图 6-15　放马滩地图状物及其经纬交织纹，王菊华　提供[1]

麻，在我国最早可以追溯到母系社会，西汉时以大麻韧皮纤维为原料造纸已相当普遍。它与马王堆的帛地图相似，是现存最早的古纸实物，其他西汉时期出土的纸，如"灞桥纸""居延金关纸""扶风中颜纸""敦煌马圈湾纸"等，都是根据出土的地点来命名的。这些纸大都使用麻类植物纤维制成，故被称为麻纸。[2]其特点是纸质粗厚、表面有较多的纤维束、外观呈黄色。这些早期的麻纸由于质地粗糙，并不适合书写，仅有少量写有文字。随着麻纸技术的进步，这一类纹理较粗的麻纸在汉至唐近千年间，成了我国书写的主要用纸（图6-16、图6-17、图6-18）。

　　东汉时期，蔡伦改良造纸术时拓展了造纸的材料，树皮、麻头、敝布和渔网，使造纸的材料更加方便易得。这个时期的树皮基本上是楮皮，而其他还是以麻纸为主。1974年，甘肃武威旱滩坡东汉墓中出土的麻纸，明显经过了多道工序，已经开始采取碱液蒸煮、精细舂捣，反复漂洗，将破麻布、绳头等原料制成稀释程度较高的纸浆，再用滤水性好的细密抄纸设备抄出。东汉时还用树皮纤维造纸，也拓展了新的原料来源。公元105年，蔡伦实验了一种既轻便又便宜，还易于大量生产的植物纤维，使造纸术成本大大降低，迅速在全国普及。他根据不同的原料制造不同品种的纸，有麻纸、榖纸、网纸等。[3]其中的榖纸，使用榖树皮，即楮树皮作为原料，制成纸后质地坚韧，较之麻纸更为适于书写。这开创了树皮做纸的先河，到了

① 引自何堂坤：《中国古代手工业工程技术史》，太原：山西教育出版社，2012年，图版16。
② 潘吉星：《谈世界上最早的植物纤维纸》，《化学通报》，1974年，第5期。
③（宋）李昉等：《太平御览》卷六百五，上海涵芬楼《四部丛刊》影印本，1935年。

图 6-16　西汉纸，图中左为居延金关纸，右为敦煌马圈湾纸[1]

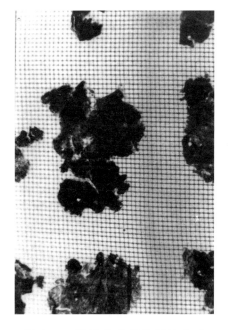

图 6-17　撕裂了的灞桥纸状物残片，王菊华 提供[2]

图 6-18　灞桥纸状物中的辫状纤维束，戴家璋 提供[3]

---

[1] 引自罗树宝：《中国古代印刷史图册》，北京：文物出版社，1998 年，第 38 页。
[2] 引自何堂坤：《中国古代手工业工程技术史》，太原：山西教育出版社，2012 年，图版 16。
[3] 同上。

魏晋南北朝时期，造纸的材料除了麻、楮皮之外，又拓展到桑树皮和藤皮。隋唐五代，造纸的材料进一步拓展，檀皮纸、瑞香皮纸、稻麦秆纸都有所发展，尤其是竹纸的出现，使得造纸材料得到极大拓展的同时促进了造纸工艺的发展。宋元明清时期主要造纸材料是楮皮、桑皮等皮纸和竹纸，值得一提的是，从唐代开始、宋代盛行的"纸药"添加，提升了造纸的效率和质量。

东汉末年，简牍布帛开始不能满足书写的需要了。由于布帛较贵，用纸张书写虽有不敬之嫌，但是由于其便宜，还是被越来越多的书写者接受。建安年间（196—220），左伯进一步改进造纸术，生产出了著名的"左伯纸"。该纸与"张芝笔""韦诞墨"齐名。汉末赵岐（约108—201）《三辅决录》引用韦诞奏言："夫工欲善其事，必先利其器。用张芝笔、左伯纸及臣墨，皆古法。兼此三具，又得臣手，然后可以逞径丈之势，方寸千言。"①

汉代纸张刚刚发明使用，在书写材料上还是缣帛和简牍并用，到了晋代已能大量生产洁白平滑方正的纸，人们就不再使用昂贵的缣帛和笨重的简牍，而是逐步习惯于用纸，以至于最后纸成为占支配地位的书写材料，彻底淘汰了简牍。晋代纸张已经成为主要的书写材料，纸写本迅速增加。②书法大家钟繇、王羲之等大多用纸书写。正如唐韩愈《石鼓歌》所言："羲之俗书趁姿媚，数纸尚可博白鹅。"书写用纸已经比较普遍。随着魏晋风度玄学思想的产生，汉字的书写也从单纯地记事发展为艺术化的语言，形成一种独特的艺术形式登上历史的舞台。

东晋王朝避往南方之后，带动了江南各地区的造纸业。因为以纸代简，纸张的推广、普及和应用加快，造纸区域由晋以前集中在河南洛阳一带而逐渐扩散到南部。会稽、泾县、建邺（南京）、扬州、广州等地成为南方的造纸中心，也大量生产麻纸、桑皮纸和楮皮纸。晋代陆机著名的《平复帖》书法作品就是用麻纸书写的（图6-19）。

除麻纸外，这时期还采用其他韧皮纤维原料造纸，如楮皮纸、桑皮纸、藤皮纸等。北方以桑树茎皮纤维造的纸，质地优良、色泽洁白、轻薄软绵，拉力强、纸纹

---

① （汉）赵岐等：《三辅决录 三辅故事 三辅旧事》，西安：三秦出版社，2006年，第68页。
② 潘吉星：《从考古发现和出土古纸的化验看造纸术起源》，《化学通报》，1999年，第1期。

图 6-19　东晋陆机《平复帖》，麻纸本，故宫博物院藏

扯断如棉丝，故称棉纸。而江南地区最初以稻草、麦秆纤维造纸，呈黄色，质地粗糙，书写的质地较差。后期在浙江嵊县南曹娥江上游的刻溪附近，还有一种藤皮纸等，从晋朝开始一直使用到唐宋时为止。以藤皮为原料的藤纸，纸质匀细光滑、洁白如玉，不过这种纸张不吸墨水，难以形成晕染的笔迹。还有一种竹帘纸，纸面有明显的纹路，其纸紧薄而匀细。

除了不同原料的纸张实验与生产，魏晋南北朝时期纸的加工技术也发展迅速，如表面涂布的加工技术，就是将白色矿物细粉用胶黏剂或淀粉涂刷在纸面，再予以研光，如此增加了纸的白度与平滑度，纸面紧密，吸墨性好。

纸张的多样化促进了书法的飞速发展。在汉末魏晋这短短的一百年间，楷、行、草这三种汉字主要书体形式的成型，与纸张的大量使用密不可分。较之于甲骨、简牍和布帛，纸张更能与墨色相协调、融合，形成独特的、带有个人特征的书写意趣。在这之前，文字的书写更多的是作为记载的工具而使用。纸张的大量使用，使得文字书写具有艺术性的可能大大增强，客观上也促进了后来印刷字体的应用与发展。

紧随隋朝之后，唐代建立了中国历史上最辉煌的王朝。繁荣的经济和海外交流使唐代的文化艺术飞速发展，其中就包括书法。唐朝以前，抄书是文本复制的重要手段。《旧唐书·职官志》中记载，当时的集贤院"承旨撰集文章"还"刊正典籍"，内设"写御官一百人任抄写书籍。画直八人掌图画典藏校写。拓书六人掌摹写旧书，拓石碑帖。造笔直四人典造笔供书写之用。装书直十四人掌握书籍装帧及潢纸者"。

从隋唐到五代，造纸原料，除家麻和野麻外，以藤类植物皮制成的藤纸也发展到全盛时期，这类纸张在唐代称为皮纸（图6-20）。造纸原料从草本植物转向木本植物，是造纸技术发展到一个新阶段的标志，至今世界造纸业原料仍以木材为主。① 明宋应星（1587—1666）《天工开物》中介绍皮纸特点说："凡纸质，用楮树皮与桑穰、芙蓉膜等诸物者，为皮纸……精者极其洁白，供书文、印文、柬启

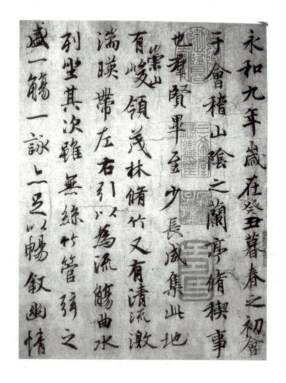

图6-20　唐冯承素《兰亭序》神龙年间摹本，皮纸本，故宫博物院藏

---

① 谢元鲁：《宋代四川造纸印刷技术的发展与交子的产生》，《中国钱币》，1996年，第3期。

用。"①可见皮纸的质量带来了更高品质的印刷效果，也更适合书写与绘画。皮纸中最有影响的"薛涛笺"就是一种以芙蓉树皮为原料的皮纸，制造过程中增加了染色的程序；澄心堂纸是南唐徽州地区生产的名纸，深受李后主李煜的喜爱，与廷珪墨齐名，纸质平滑细密，吸墨较弱，有"肤卵如膜，坚洁如玉，细薄光润"之誉。唐代还有一种较厚的"硬黄纸"，用黄檗汁染色，纸上均匀涂蜡，光莹润泽。

流传至今的著名"宣纸"可以追溯到唐代宣州的贡纸，纸质紧密、薄而透明，在唐代已经广受欢迎。唐张彦远（815—907）《历代名画记》卷二记载："好事家宜置宣纸百幅，用法蜡之，以备摹写。古时好拓画，十得七八，不失神采笔踪。"以宣州泾县为主产地，且用于书写的纸张后来被称为"宣纸"。

造纸用的竹帘材料多选用细密的竹条，对纸的打浆度要求很高，纸质匀称细密。唐代的施胶剂使用淀粉糊剂，兼有填料和降低纤维下沉槽底的作用。到宋代以后多用植物黏液做"纸药"，使纸浆均匀，常用的"纸药"是杨桃藤、黄蜀葵等浸出液。这种技术早在唐代已经采用，宋代以后普及。

宋代对造纸术的材料进行了更新，其原料在继续使用麻、树皮的同时，又大量地使用了竹、麦秆、稻秆等纤维植物。除了普遍用于日常事务和书籍印刷的纸以外，宋代开始加工生产一些具有特殊功能的纸张，例如，巨幅皮纸和书画用纸，从而满足社会的多方面需要。宋代继唐以后，出现了更多的纸业中心，有影响的如安徽徽州、浙江会稽、江西抚州、四川成都等，为书画与印刷产业发展提供了重要的物质基础。

宋应星《天工开物》卷一三"杀青·造竹纸"对竹纸工艺所述最详。依《天工开物》所云，当时的大连四纸、官柬纸等，都是品质较好的竹纸。造纸的工艺主要包括：

① 原料分离　中国古代造纸主要用植物的韧皮纤维和茎秆纤维，而这些植物纤维必须从植物中进行人工提取和提纯。提纯植物纤维的过程一般是将原料沉入水中浸沤一段时间，有称至百日以上，通过植物的自身发酵去除植物果胶。然后将竹料做槌洗加工，以去除粗皮和青皮，使成竹穰，此过程又叫杀青。然后用石灰水和

---

① （明）宋应星：《天工开物》卷十三，崇祯十年涂绍煃刊本。

草木灰进行蒸煮，去除原料内的油脂等其他杂质，再通过洗涤将杂质排入河中，植物纤维呈白色（图6-21）。

② 蒸煮　灰水浸泡，楻桶蒸煮。先以石灰浆涂刷和浸泡竹穰，之后下大楻桶蒸煮八天八夜，此"楻桶"即环筒状大木桶。煮竹之锅径4尺，锅上以泥和石灰摩封接沿。煮八日八夜后歇火一日，再入清水塘中将灰浆洗净。柴灰浆多次浇淋煮沸。第一次煮沸前，先把竹麻浆过，入釜中按平，其上平铺约1寸厚的稻草灰，之后在桶中煮沸。为使各部分竹麻均匀受煮，可将之倒换到另外一个桶中，再浇淋柴灰浆。再煮再淋，如是者十余日，自然腐烂（图6-22）。

图 6-21　原料分离，造纸工艺流程图，马俊伟 绘

图 6-22　蒸煮，造纸工艺流程图，马俊伟 绘

③ 打浆　植物原料经过提纯后，植物纤维中有许多长的纤维束缠绕在一起。为了便于造纸，还要将人工提纯后的植物纤维进行切割捣碎，使纤维更细小柔软，具有较高的可塑性。中国古代以杵臼、踏碓、石碾、水碓为打浆工具，通过人力、畜力和水力把切割成小段的纤维进一步捣碎，使之羽化。然后把捣碎的纤维与水调配成一定浓度的纸浆，便于造纸（图6-23）。

④ 抄造　抄造是造纸工艺流程中非常具有技巧性的一环，把调配好的纸浆搅拌均匀，然后将特制的活动竹帘纸模斜插入纸浆中，不要太深，使浆料均匀地附着在纸模中，再迅速将纸模提起，滤去水分形成较薄的湿纸，把竹帘连湿纸一起翻倒在平版上，揭去竹帘就完成了纸的抄造过程。早期的纸模是人们从筛子的原理中得

到启发的，利用马尾丝或麻的细丝编织成网筛进行抄纸，后经过不断地改进，最后选用拆揭快捷的活动竹帘纸模进行抄纸，纸浆的厚薄完全由工匠的手势决定。抄好一帘后，滤去多余的水分，便覆帘将纸落于板上。此湿纸积叠到一定数量后，用板压去多余的水分，之后再用铜镊将纸张逐张揭起（图6-24）。

　　⑤　干燥　抄造出来的湿纸需要经过干燥才能成纸，干燥的方式随抄纸的方法而定。早期一帘一张晾干，由于占用空间大，成纸效率低，自出现可活动拆卸的竹帘抄纸，又在纸浆中加入"纸药"后，抄造出来的湿纸可以层叠压榨滤水，然后分层揭开刷在墙上或者平版上，经过烘干或者自然晾干。刷附在平版上干燥，可以避免干燥过程中纸张的收缩变形，属于定型干燥，既方便纸张成型，又提高了成纸质量（图6-26）。

图 6-23　打浆，造纸工艺流程图，马俊伟 绘

图 6-24　抄造，造纸工艺流程图，马俊伟 绘

图 6-25　兑浆，造纸工艺流程图，马俊伟 绘

图 6-26　干燥，造纸工艺流程图，马俊伟 绘

二、制墨工艺

墨的发明和纸的发明一样重要，为中国雕版印刷提供了最理想的转印介质。从现存的实物与文献来看，中国的用墨历史久远，制墨工艺多样。制墨原料主要以松木、动植物油脂、矿物油脂燃烧所形成的黑色烟炱为主，主要是油烟与松烟，辅以不同配方及其制作工艺。油烟主要用于书画，较少用于印刷，松烟墨早于油烟墨，常用于印刷，也可用于书画。松烟制墨由于原材料的局限，到了宋代逐渐被油烟制墨工艺替代并沿用至今（图6-27）。

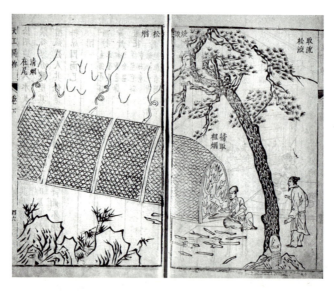

图 6-27　烧取松烟，明宋应星《天工开物》中制墨程序①

1. 配料

松烟墨主要是用富含油脂的松木不完全燃烧所形成的烟炱为原料，再配以其他材料所制成的具有一定形制的墨锭。由于松木在燃烧时产生的烟炱较多，加之我国松木品种繁多，宋代之前我国制墨主要采用烧松烟制墨工艺。油烟墨主要是用油料不完全燃烧所形成的烟炱为原料，再配以其他材料所制成的具有一定形制的墨锭。

---

① （明）宋应星《天工开物》卷十三，崇祯本十年涂绍煃刊本。

油料有植物油、动物油，还有矿物油，均可制墨。无论是松烟墨还是油烟墨，都离不开胶在制墨工艺中的运用。胶有利于制墨成型，便于存放，还能增加墨的附着力，使墨在书写时更加流畅，墨迹有光泽，所以古人有"凡墨，胶为大"之说。制墨用胶多为动物皮革煎煮而成，有鹿胶、鱼胶、牛皮胶等，又以牛皮胶原料易得而多用之。

2. 捣练

烟炱和胶充分混合后成为墨泥，然后进行杵捣。杵捣是制墨工艺中重要的一环，对墨泥杵捣的精细程度决定着墨的质量高低，在古代制墨工艺整个过程中杵捣是最耗费精力的一道程序。古法制墨中有"三万杵""十万杵"的说法，也足见杵捣工艺的精细。现代模拟实验证明，墨稞经过上万次的杵捣之后，墨坯中胶的颗粒随着捶打的次数不断增加而逐渐由大变小、由粗变细，最后变成纤维状分布，而烟的颗粒也逐渐向胶体内分散，最后填充在胶的交联网络内，形成特殊的网络结构[①]。杵捣的过程主要使胶和烟能够相互交融，充分渗透，便于成墨。

3. 墨锭

制墨成型是我国古代制墨技术最独有的特征之一。墨模的出现本意是将墨制成一定的形状更适合手持研磨，但随着中国文人文化的渗透和影响，墨模逐渐成为展示书法、绘画、雕塑的载体。压模成锭的过程，即取一定重量的墨泥，反复揉搓后装入墨模，用长木制成的压床压模定型，然后取出晾干打磨成型。从考古挖掘的实物和遗存中可以看到大小不一、制作精美的各种形制的墨模（图6-28）。

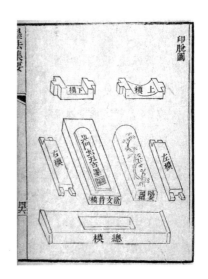

图 6-28 明沈继孙《墨法集要》印脱图中的制墨模具[②]

近代以来，考古发现在商代的器物上有墨迹，证明了笔墨出现的时间相似，也打破元代晋

---

① 张炜等：《古墨的制作工艺及保存问题的探讨》，《文物保护与考古科学》，1995 年第 7 卷，第 1 期。
② 引自（明）沈继孙：《墨法集要》，清乾隆时期武英殿聚珍版。

丘衍《学古篇》中提出的颇具影响的"上古无笔墨"说。秦汉及魏晋时期是墨史上一个重要的时期，松烟墨大量流行。在贾思勰的《齐民要术》中，明确记载了韦诞制墨的生产工艺和配料。至此，中国墨的主要原料成分（烟料、胶、添加剂）基本定型。

隋唐时代，政府设立墨官，著名者有祖敏。唐代的墨已有多种颜色，例如黄墨是用雌黄研细加胶合制的墨，朱墨用朱砂研细加胶而成。宋代由于科举制度的发展和书画艺术的繁荣，文人学士对优质墨的需求更迫切。墨模在唐代的制墨业中逐渐普及，墨质坚实耐用，墨的形状也越来越丰富多彩。宋朝墨分两类：一类是加龙麝助香的，另一类是不用香料的。油烟墨的制作在宋代已经出现，它与松烟制墨大量砍伐松树造成资源匮乏有一定的关系。

墨是雕版印刷的重要材料之一，墨的品质好坏直接影响着印刷质量的高低，印刷用墨主要是指松烟墨，由于造价较高而较少用油烟墨。区别于书法、绘画用的颜料，用于雕版印刷的墨不需要加胶后千锤百炼压模制成墨锭，只需加胶后制成墨膏贮存，使用时加水搅拌均匀，用马尾制成的筛子过滤即可用来印刷。临时制成的墨费时费力又得墨较少，直接用于印刷时，墨色容易化开，导致印刷字迹模糊。

雕版印刷的颜料一般用黑色颜料，但其他颜料也有使用，尤其是套色印刷技术发明和广泛应用之后。比如盛行于明清时期的苏州桃花坞年画里的套色版，其颜色种类较多，有桃红、大红、黄、绿、紫等色彩。颜料分矿物颜料和植物性水溶颜料，例如朱砂、石青为天然矿石经研磨、沉淀加胶等工序做成。雕版印刷校稿时也用蓝色颜料刷版，植物颜料一般为植物汁液制作，如藤黄、靛蓝等，均采取植物的茎、叶用水浸泡，加石灰水搅拌后静置沉淀即得。

明朝中后期，经济文化繁荣，印刷与书画领域蓬勃发展，也带动制墨行业的兴盛。因为徽商强大的经济实力，徽墨迅速崛起，明末麻三衡《墨志》记载明代徽州墨工有一百二十多家，还涌现出"徽墨四大家"，即罗小华、程君房、方于鲁和邵格之。制墨配方和品质更加精良，油烟制墨技术已成熟。

文字刻印技术——纸、墨的发明与演进，为雕版印刷创造了重要条件，雕刻字体也顺理成章地登上历史的舞台。中国是造纸术和印刷术的发源地，贯穿其中的不仅是中国科学技术的发展与进步，也有汉文字媒材工具、书体形式的不断成熟与完善，并最终形成通行的印刷字体风格，其影响一直延续至今。

第四节　印刷工具与程序

尽管雕版印刷术发明之初的成本也很昂贵，比如一块雕版更加费时费工，但一经刻成，可以重复印制，大量生产。纸张与印刷技术的改良，不断提升着复制印刷的效能，对世界文明进程产生深远影响。

一、印刷设备与工具

刷印工具指印刷时刷色和辅助压印的擦拭工具，主要包括棕把和擦子。

1. 棕把

棕把是印刷过程中的刷色工具，采用棕榈树的棕衣捆扎而成，分刷头和刷把两部分。刷头一般紧实平齐，利用棕纤维形成的刷头来刷涂颜料，刷把的形制一般编制成紧凑适合抓握的长度。棕把型号大小不一，主要满足高效刷色和便于操作的需求。为便于刷色操作，一般一种颜色对应一个棕把。

2. 擦子

擦子主要作用是刷有墨色的雕版上覆纸后，在印刷纸张的背面反复均匀擦拭，以协助雕版上的墨色能够均匀地转印到印刷纸张上。擦子的形制一般由具有一定面积的圆形或长方形擦底和擦把构成。棕榈树皮纤维紧实，韧性较大，加之材料易得，所以擦子一般采用棕榈树的树皮捆扎而成，也有擦子内部加一木块，木块底部垫多层棕榈皮捆扎成形，更讲究的也有在棕榈皮外均匀地捆扎马尾丝，使擦子压感更为细腻，擦拭更为灵活（图6-29）。

图 6-29　雕版印刷工具，马俊伟 绘

二、印刷工序与技术

雕版印刷技术分两个层次，首先是雕刻，然后是印刷，也就是在平整的木料上雕刻文字或图像的反像，然后用油墨刷印的方式将其反复转印到纸张上，这与玺印颇为相似。雕版印刷与碑石复制中的捶拓技术也有近似之处，捶拓是把纸覆盖在坚硬的碑面，然后上墨均匀捶打，使图文内容拓印下来，而印刷中的复制是在版上施墨刷印。明末时期的欧洲传教士利玛窦在《中国札记》中写道："他们印书的方法非常巧妙。书的正文用很细的毛制成的笔蘸墨写在纸上，然后反过来贴在一块木板上。纸干透后，熟练迅速地把表面刮去，在木板上只留下一层带有字迹的薄薄的绵纸。然后工匠用一把钢刻刀按照字形把木板表面刻掉，最后只剩下字像薄浮雕似的凸起。"①

1. 写样

写样是雕版印刷的首要程序，将要印制的文字通过擅长书写楷体字的工匠用毛笔抄写在薄而透明度较好且坚韧的誊写纸张上。写样分正写和反写两种，正写同平常书写无异，要求字体工整清晰，一般采用颜体、柳体、欧体、赵体等，也要按照

---

① ［英］利玛窦、金尼阁：《利玛窦中国札记》，何高济、王遵仲、李申 译，北京：中华书局，1983 年，第 21 页。

印制需求对特殊的一些字体能够熟练模仿，比如行书和草书，要求书写时根据字形气韵尽可能地模仿和原稿接近。如遇特殊图形的，一般还会采用勾描的方法制样，选用薄且透明度较高、韧性好的纸张，蒙在待印制的原稿上，依据纸张透过的影像来勾描制样，此法多用于书画或草书。为规范字体大小、保持行距美观，一般誊写纸张上还会印制红色虚线边框，以作书写行列对照参考。反写是指直接在准备好的板材上写反体字，这种写法省去了写样上版再勾描清晰的步骤，有不少刻书工匠都练就了这样的技能，反写的缺点是对于字形自由的行书和草书较难操作，因此，正写法书写成为普遍的做法。

2. 校对

校对是对书写好的样稿进行审校，看有没有漏写、错写的字，或者不符合要求的谬误。个别错字可用刀具将其裁掉，在裁掉部位重新贴纸书写即可，如遇漏字或错误较多则会要求重新写样，直至符合规范为止。

3. 上版

上版是指将书写校对好的样稿反贴在待刻的板材上，取加工打磨好的版材平置，用较稀的浆糊通过棕刷均匀地平涂在版材上。然后把书写好且干透的样稿字面朝下平铺在刷有浆糊的板材上，再用棕刷从样稿背部中间向四周均匀刷拭，去除样稿与版材之间的空气，使样稿与版材紧密地粘连在一起。遇气泡不能清除则可以用针或尖锐物刺破气泡，再粘贴平整。为避免雕刻时样稿与木板分离错位，造成下刀不准字形偏离，影响雕刻质量与效果，对照规范，尽可能地使样稿与版材粘贴牢固。同时为了使反贴的样稿上的书写内容更加清晰利于精确刻制，通常会把样稿背面的纸纤维在不伤及样稿书写内容的情况下轻轻搓掉，只留下非常薄的一层，如同直接反写在版材上一样。

4. 刻版

刻版是指采用锋利的刀具把反贴或反写在木板上的样稿图文信息之外的部分剔除掉，留下字体或图案形成的阳线。刻版也是雕版印刷中技巧性较高、工作量大、费工费时的工序，刻制的工人需要长期的刻制实践，才能熟练掌握刻版技巧。

① 刻版　刻版的刀具种类繁多，其中最主要的是拳刀，刻制时右手握刀，使

刀柄向外倾斜45度左右，左手拇指第一关节拢住刀头，以保证行刀匀速不会打滑。落刀时也保证拳刀刀刃向外倾斜45度左右，在靠近印版上图文信息墨痕边缘2—3厘米的位置落刀，并由外向内拉出一条约3厘米深度向外倾斜的刻痕。然后将印版在工作台上旋转180度，在已有刻痕的另一边沿图文信息墨痕边缘落刀，同样由外向内拉出一条有深度并倾斜的刻痕，使两条刻痕在刻痕基底呈"V"字形交叉，然后用拳刀剔除交叉刻痕中间的木屑。以此刻法不断反复，再配合其他刀具辅助刻制。需大面积剔除时，可用曲凿凿刻，平口刀清底，直至图文信息墨痕之外的部分全部刻除干净，只留下图文信息以阳刻形式存在于印版上。

每个刻工都有自己擅长的刻制方法和用刀习惯，无论辅助用刀选取、抓握行刀方式与发刀位置有多大差异，刻制时均要求握刀稳定、发力均衡、行刀流畅，尽量保持刻痕深度均匀，笔画肯定清晰，墨迹边缘干净利索，不拖泥带水，力求和原稿图文信息形似。

② 敲空　敲空是指采用曲凿等雕刻刀具，将印版上不需要保留部分通过敲击凿刻的方式清除掉。敲空时遇大面积需清除部分，可采用刃口较宽的曲凿，以木槌敲打曲凿刀柄顶端并发力均匀凿刻。力求凿刻深度均匀，切不可图快力猛，容易导致已经刻制好的图文信息形体受损。

③ 修版　修版是针对刻制过程中各种原因所导致的刻制错误的地方进行修复和补救。印版刻制过程中，难免存在不小心或者印版木质不匀等所导致的误刻，针对误刻部位采用平口刀向下凿刻出一块方形凹槽，然后尽量采用一块和原印版材质相同或质地接近的木料楔入凹槽，一定要和印版平面平行并打磨光滑，用反字书写修正准确再刻制成形即可（图6-30）。

5. 刷印

刷印是雕版印刷的最后一道程序。通常刷印的设备置于印刷台上，把刻制好的雕版上的图文信息，通过刷色、覆压、刷印等几个工序转印到纸张上（图6-31）。

① 固版　用于印刷的雕版一般体量不大，如果印刷过程中经常松动会影响到印刷的质量。为了使印版和工作台之间不会因摩擦发生滑动而影响印刷，经常会在印版下面垫上毛毡或棉布纸张，也可在印版四周用铁钉固定，还可用胶将印版粘在工作台上，无论哪种固版方式，均以方便印刷操作为原则。

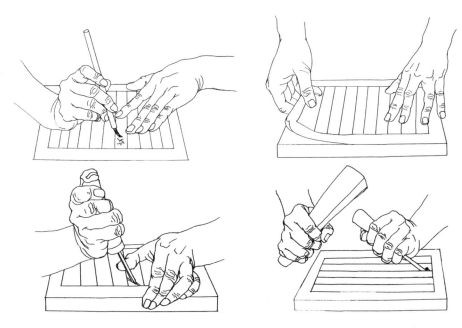

图 6-30　刻版流程写样、上版、刻版、敲空，马俊伟 绘

图 6-31　北京荣宝斋套色彩印雕版印刷台 ①

---

① 引自钱存训：《中国纸和印刷文化史》，桂林：广西师范大学出版社，2004 年，第 257 页。

241

图 6-32　刷印制作过程演示，马俊伟 绘

② 刷色　刷色是用棕把将色料均匀刷涂在刻制好的印版上的工艺过程。刷色前一般要先用清水把印版刷两遍，保证印版湿润，在印刷的时候不会因印版干燥、过分吸释印墨中的水分而导致印刷墨迹不匀。雕版印刷样张一般先印成蓝色，校对后再刷黑色印墨印刷，因此用于刷色的棕把要将颜色分开，一色一把。刷墨时要先把墨搅拌均匀，然后用棕把刷头蘸少许墨并在墨盘中反复转圈使墨在刷头均匀分布，最后同样采用转圈的方法使棕把刷头上的墨均匀地刷涂在印版上。刷色的要领是蘸墨少而刷色均匀，低凹处不留积墨。

③ 刷印　刷过墨色的印版不能久放，双手端平印刷纸张，使纸张平铺在印版上。左手扶住纸边使纸张不会移动，右手持干净的擦子在印纸背后由左至右平整地刷平到印版上，用擦子反复均匀擦拭，根据纸张背后的墨痕判断墨色转印的均匀程度，在墨色较少的地方多擦几次。一般只要刷色时印版着墨均匀、刷印流畅，雕版上的图文信息基本都能较好地转印到印刷纸张上（图6-32）。

④ 晾干　刷印之后用右手将印纸从印版上匀速揭起，放到空地上自然晾干。刷印的文本晾干后，会根据使用需要与规格进行裁切、装裱，最后进入流通传播的环节。

据利玛窦的回忆，明朝末期雕版印刷用木板，熟练的印刷工人可以惊人的速度印出复本，一天可以印出一千五百份之多。他通过观察提出，这种木板可以保存，并可以随时改动正文，也可以增删，因为木板很容易修补，还可以根据当时的需要决定印量的多少。[①]

第五节　印刷术发明的历史意义

印刷术的发明，本质上是人类感官的延伸表达，即语言和语音，在外化为媒介的书面文字的同时，进一步转换为印刷文字及图像的方式。使原本"经验和知识转化为易于传播和使用的形式，从而使人类能够迅速积累经验与知识，并最大限度地利用它们"[②]，在文字与图像的视觉层面得到更深层的发展，并改变了人类的认知观念、认知方式与现实世界。这是印刷技术对于我们人类历史性的意义与价值。

一、信息技术的革命

从龟甲兽骨、金石铭刻到秦统一后由书同文的小篆引发现代书体演变，为文字信息传播完成了基础准备；与此同时，笔墨材料日益成熟与普及，使秦汉以后文、图信息的传播需求越来越迫切，碑刻拓印与抄写的文本复制方式日益成熟。但是，信息传播最大的瓶颈集中在信息载体方面。由于以往竹木材料笨重，体积庞大，而绢帛织品成本昂贵，都不是最理想的信息承载材料。因此，纸张的发明成为新一轮信息传播与复制技术发展的助推器。

东晋末年以后，纸质书写的文本制作与传播逐渐兴盛，在隋唐之际更是达到鼎盛。而印制技术的前期探索与启示，至少在不晚于隋唐时期，已经实质性地推进了

---

① ［英］利玛窦、金尼阁：《利玛窦中国札记》，何高济、王遵仲、李申译，北京：中华书局，1983年，第21—22页。

② 转引自［加］马歇尔·麦克卢汉：《古登堡星汉璀璨》，杨晨光译，北京：北京理工大学出版社，2014年，第64页。

雕版复制印刷技术的发明与发展，改变了过去金铭石刻的信息记载与传播历史，也改变了一笔一画抄写信息费工费时的历史，迈入器具技术大规模复制传播的信息时代。据《宋史》卷一百九十记载："真宗景德二年夏，上幸国子监阅库书，问昺'经版几何'。昺曰：'国初不及四千，今十余万，经、传、正义皆具。臣少从师业儒时，经具有疏者百无一二，盖力不能传写。今板本大备，士庶家皆有之，斯乃儒者逢辰之幸也。'"这一划时代的转变，是技术推动下的社会大变革，促进了人类社会政治、经济、文化全方位地交流与传播，强化了人类对知识、经验的记录，改变了传播与学习的方式与手段，普及了教育，提升了阅读能力，增加了社会流动的机会。美国学者费正清（John King Fairbank，1929—1981）指出："中国在7世纪就已经出现雕版印刷技术，868年曾印刷了一整部佛经。这一技术在15世纪才经中亚、中东传入西方，欧洲人利用字母文字的特点改进了这一技术，采用活字印刷。而中国早在1030年就开始采用木版、陶版和铜版活字印刷技术了。印刷术是中国当时最大的一项技术成就。"[1]印刷术也成为推动人类文明与社会进步的有力杠杆。

二、传播与影响

在中国古代科技成就中，印刷术的发明具有特别的意义。它不仅在承载、传播与弘扬中华文明上功绩卓著，在世界文明史上也产生了巨大的历史推动作用。由于印刷术的发明与推广，人类信息记录、储存与传播的方式得到极大的延伸，从此，文明的种子可以跨越时间与空间的障碍，得到更广泛的互通与交流，带来科技、文化与艺术的繁荣与发展。

早在魏晋南北朝时期，我国造纸术便传到了朝鲜，先有麻纸，后有楮皮纸与桑皮纸，随后又传到了日本；大约8世纪时，中国造纸术又通过西域，传到了中亚与阿拉伯地区，逐渐渗透与影响了欧洲造纸技术的传播与应用（图6-33）。

朝鲜深受中国印刷术影响。由于特定的地理条件与历史因素，两地政治、经济

---

① ［美］费正清：《中国：传统与变迁》，北京：世界知识出版社，2002年，第149页。

图 6-33 欧洲早期造纸过程，哈特门·效派尔《论一切
低下艺术或者粗俗艺术》，1574 年刊印于法兰克福[①]

与文化交往紧密。公元995年，高丽朝六世成宗曾派遣使臣来宋，带回官版《大藏经》作为底本，历时十年之久，刻印完成1521部、6589卷的木刻本。

　　日本最早的印刷制品是公元770年（神户景云四年）的《陀罗尼经》，是鉴真和尚与同去的中国工匠东渡日本后刻印，共印有100万张。印刷术先后传播到东南亚的越南、柬埔寨、泰国、菲律宾、印度尼西亚等地。印刷术还经过丝绸之路影响到欧洲，波斯（现伊朗）是继回纥之后，中国印刷术西传途径上的另一个中继站。公元1294年，伊尔汗国曾在波斯的首都塔布里兹，用雕版印刷术发行过一种纸币，是依照元朝的"至元宝钞"，用汉文和阿拉伯文两种文字印刷的。波斯著名的历史学家拉施德（Rashid Eddin，1247—1318）在公元1310年完成的名著《世界史》

中，也有关于中国印刷史的详细记载。

随着帝国疆域的扩张，元朝地跨欧、亚两大洲，与西亚、欧洲交流日益增多。由于经济、贸易的迅速发展，元朝的纸币几乎是"每日印造不可数计"。意大利旅行家马可·波罗曾将元朝的纸币带回欧洲，并在他的游记中有详细记录。

中华文明的数千年延续，部分原因可以归功于造纸与印刷术的早期实践，继而在传播过程中持续引发了世界范围内人类思想与社会的巨大变革。在欧洲，印刷术不仅推动了当时宗教改革运动和文艺复兴的迅猛发展，还推进了许多民族的文字创建，催生了新兴民族国家的产生。

庞多益先生认为，中国印刷发展历史一般可分为古代和近现代两个阶段：古代史主要是以隋唐时期发明的雕版印刷术和北宋毕昇发明的活字印刷术的发展为脉络；近代史则是以19世纪初期逐渐从西方传入的铅印术及以后的石印术的推广为代表，[1]使中国的印刷产业步入一个新的发展阶段。

英文称印刷为printing，源自英文press，有一层意思代表压力。15世纪德国人约翰内斯·古登堡（Johannes Gutenberg，1397—1468）金属活字机械印刷就是运用造酒的压榨机原理改造的，即通过压力来传递油墨、印制信息，从而推动了机械化的大规模复制与生产。1456年以后，欧洲新闻传播借助印刷技术迅速发展起来，印刷术迅速扩展到意大利、捷克、瑞士、荷兰、法国、比利时、西班牙、葡萄牙、英国等，这些国家纷纷设立印刷工厂，出版发行图书，传播各类社会、文化知识，科学与艺术得到迅猛发展，并由此进入文艺复兴的伟大时代。1539年欧洲印刷术传到墨西哥，1563年俄国菲多洛夫开始在莫斯科印书，1638年英属北美地区设立了第一个印刷所，1802年悉尼出版了第一册书，印刷术至此传遍全世界。[2]印刷信息文本的盛行彻底改变了人们认识世界的观念与途径，也持续推动了欧洲乃至全球政治、经济、文化与科技的全面兴盛，还诞生了具有现代意义的大众传播媒体，现代报纸、杂志正式出现。可以说，现代文明几乎每一个进展，都或多或少地与印刷术的应用和传播有关联。

---

① 庞多益：《中国古代科技史中印刷科技史探源》，《中国印刷》，1994年，第2期。
② 方晓阳、韩琦：《中国古代印刷工程技术史》，太原：山西教育出版社，2013年，第339页。

小　结

　　从汉朝纸张发明到唐代雕版技术的应用，我们的先人在传统复印原理与技术基础上，经过五六百年的摸索实践，最终结束了用笔墨一字一句抄写文本的复制历史，从而使人类信息生产与文明传播发生了惊天动地的变化，深刻影响了人类社会的方向与历史命运。

　　印刷术诞生在中国并非偶然，在有确切证据的隋唐之前，相关刻、印技术的探索、实践与准备至少可以追溯到更久远的商周时期。这是一段漫长的技术演进过程。印刷术的发明为人类文化交流、传播与发展开辟了广阔的道路，不仅深刻影响了中国文明历史进程，对推动后来欧洲社会，乃至近现代全球发展也做出了突出贡献。正因为如此，后人称其为"神圣的发明""人类文明之母"，而印刷术和火药、指南针一起被马克思称为"预告资产阶级社会到来的三大发明"。[1]

---

[1] 肖三、王德胜：《从传播技术视角解读文化的发展——兼论李约瑟难题》，《科学技术与辩证法》，2005年，第 2 期。

Chapter 7
Technologies of Information and Journalistic Communication in the Dynasties of Song, Yuan, and Ming

宋元明时期水陆道路拓展，邮驿运输，以及雕版印刷技术进一步完善与成熟，印刷字体技术与印刷质量达到空前的高度；活字印刷术的发明、使用与扩散也是在这一历史时期，并最终引发欧洲印刷革命，产生了全球性的文化与社会影响。

第一节　历史背景

宋元明时期尽管政治、军事环境长期动荡，但科技文化领域都持续发展，尤其是两宋时期，在相对稳定的经济、社会生活环境下，文化与科技发展达到了历史的高峰，为宋元明信息与新闻传播技术发展奠定了坚实的文化与物质条件。

一、宋元明时期历史与文化社会环境

唐朝的衰亡使中国历史进入地区军阀混战、割据的大动荡时代。中原地区先后出现后梁、后唐、后晋、后汉和后周五个王朝（907—960），南方各地也陆续并

存了十个较小的割据政权，包括前蜀、后蜀、吴、南唐、吴越、闽、楚、南汉、南平、北汉（902—979），史称"五代十国"。此外，在边疆地区，东北有辽（契丹），西北有高昌，西南有吐蕃、大理等少数民族建立的政权，长期并存。

公元960年，赵匡胤借陈桥兵变灭后周，建立大宋政权，定都汴京（今开封）。1127年靖康之变，赵构政权被迫南迁后建都临安。当时，除了中原地区以汉人为主的宋王朝之外，北方还有契丹族建立的辽（907—1125）、女真族建立的金（1115—1234），西北有以党项羌族为主的西夏（1038—1227）、回鹘族建立的回鹘，西部有吐蕃，南部有大理，直至1279年被蒙元灭亡。

宋代人口一度突破1亿大关，并拥有一批人口10万以上的大城市。北宋熙宁年间全国的城镇已经多达1800个，多数分布在南方，开封是当时最大的城市。此外，在城市城墙外周围的广大地区，逐渐出现了新兴的商业区——镇市和草市，有些镇市和草市还因贸易发达和人口增加，逐渐发展成为州县城乡的一部分，或者成为独立的小工商城市。[①]城乡之界逐渐模糊，使得商业与手工业的发展不再受到区域的束缚，蓬勃日上。集镇的发展增进了宋朝经济的繁荣。宋代的经济与科技发展领先于当时的其他国家，二者相辅相成，缔造了宋代的商业与手工业的昌盛（图7-1）。

宋代是中国历史上经济文化最繁荣的王朝之一，但一直面对外来侵略压迫的危险。早期与辽激烈冲突和对抗，处于劣势，后又被新兴的金夺占了北方大片领土，并最终被蒙元灭亡。元朝是蒙古族统治的王朝，只有短暂的百年历史。1206年，成吉思汗统一漠北各部落，于斡难河（鄂嫩河）建立大蒙古国。1260年元世祖忽必烈即位，1271年改国号为大元，1276年灭宋。1368年，朱元璋挥师攻入大都（北平），元顺帝出逃草原，其继承者据有漠北地区，史称北元。

通过征服战争建立的蒙古政权，打破了欧亚之间经济文化交流壁垒。便利、安全的驿站交通，使欧亚之间的联系更为通畅，各种文化的传播、交融与对话空前发展。这一时期，中国文化与技术大量传播到西亚与欧洲，如印刷技术、指南针等就对这些地区传播交流的发展做出重要贡献。同样，阿拉伯的医学、天文学，欧洲的

---

① 参见朱瑞熙：《宋代商人的社会地位及其历史作用》，《历史研究》，1986年，第2期。

图 7-1　北宋张择端《清明上河图》卷中的货船、酒楼市井（局部），故宫博物院藏

数学、工艺，南亚的宗教文化等也通过各种途径影响我国，极大促进了中国文化、社会的多元发展。

蒙古统治者在不涉及政权威胁的文化领域采取相对宽松的政策，中华文化在遭受沉重打击与压制的同时，文学艺术则得到部分发展。这一时期，元曲诞生，书法绘画持续繁荣，儒家文化的社会地位有一定的提高。忽必烈主张"应天者惟以至诚，拯民者莫如实惠"，废止了科举制度，在人才选拔上强调才干，一些关乎国计民生的科技文化得到了发展。

明朝所延续的是中国数千年来的君主专政制度。明朝初年国力强盛，经洪武、建文、永乐三朝励精图治，至明宣德近百年间，北进蒙古高原，南征安南，伐锡兰，羁縻马来诸岛族。还任命郑和（1371—1433）七下西洋，拓展了与世界的联系和交往。朱元璋、朱棣为了巩固皇权，进行了一系列政治改革。为了加强中央集权，先后废除丞相制与中书省，设六部尚书和行省，扩充监察机构，建立内阁、督抚制度，钦定各种法律。在强化皇权的制度建设中，朱元璋突出了对官僚地主阶层贪暴行为的防范与惩治；同时，他倡导尊儒崇经，厘定礼制，奉程朱理学为正宗，八股取士，建立完备的官学，重建以士、农、工、商格局及以伦理为主体的社会结构和社会秩序。由于商品丰富与跨区域流通，国内市场显著地扩大，海外贸易不断拓展，极大地刺激了明中后期社会经济的繁荣。明初，手工业官营占主导，明中叶以后，在矿冶、纺织、陶瓷、造纸、印刷等各个手工业领域，民营超过官营成为主导力量。

明代全国有30余个大商业城市，当时的南京城，人口最多时达47万余人，有100多个行业。[①]明代的交通非常发达，保障了国家政治、经济动脉的畅通无阻，也是促成江南经济发展的重要成因之一。国内各区域市场几乎连为一体，商品经济日渐发达，商品种类丰富多彩，规模空前，商品流通活跃。国内市场从封闭的地域性市场，走向国内统一市场，商业活动遍布全国各地并走向海外，当时以江南、东南沿海和京杭运河沿岸地区最为繁荣（图7-2）。

---

① 石三友：《金陵野史》，南京：江苏文艺出版社，1985年，第26—27页。

图 7-2　明仇英《清明上河图》（局部）绢本设色，纵 31.11 厘米，横 938.53 厘米，辽宁省博物馆藏

　　市场的扩大为商业提供了广阔的舞台，并造就了新兴的、经济活动独立且活跃的城市市民阶层。在对外关系上，明朝沉醉于政治上万国臣服的天朝荣耀，采取羁縻周边国家的政策，厚往薄来。明成祖三年（1405），明成祖朱棣命郑和率领由240多艘海船、27400名船员组成的船队远航，到访30多个西太平洋和印度洋的国家与地区，一直到宣德八年（1433）七下西洋（图7-3）。永乐三年，朱棣下令重置洪武中废罢的市舶司，设置四夷馆，专掌翻译各国及少数民族语言文字。许多海外国家与明朝政府建立了朝贡关系与密切的往来。

　　正统以后，朝贡贸易逐渐衰微，私人海外贸易逐渐壮大。1473年，明政府颁布海禁政策，严禁私人海外贸易，但因为商业的巨大需求在隆庆元年（1567）又部分解禁，迅速促进了海外贸易的空前发展。与此同时，由于白银货币化，新的经济关系与模式开始动摇封建经济的社会基础。明代中后期市场对白银的巨大需求也极大

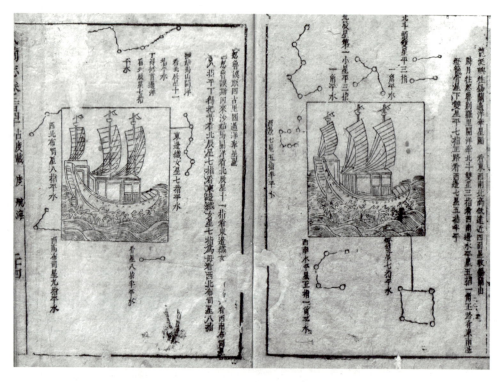

图 7-3　明茅元仪《武备志》中，龙涎屿往锡兰过洋牵星图、忽鲁谟斯回古里国过洋牵星图①

地推进了海外贸易的发展，为工商业的资本积累提供了条件。这是一种具有重要意义的世界市场的接轨，深刻地影响了世界相互交融的历史进程。中国商品开始在全球范围内流通，而遍布全球的贸易往来与交流也日益频繁。

明中后期几代皇帝在统治上较过去开明宽松，但由于越来越安于享乐，经常沉溺于佛道之学，朝政松弛，中央集权大为削弱，导致宦官当道，政治斗争激烈。社会各种矛盾萌发，南有倭寇，北有鞑靼犯境，国家局势陷入动荡。尽管这种上层建筑的颓势导致了对基层社会控制力的削弱，但没有影响基层社会的平稳运行，甚至为其后的社会、经济与科技文化发展创造了独特且宽松的社会环境。明代中后期，商品化的经济形态空前繁荣。多元化的产业经济和商品流通贸易迅速发展。

嘉靖年间，宦官专政，吏治腐败，贫富分化严重，农民起义不断。万历

---

① 引自（明）茅元仪：《武备志》，明天启元年刻，清初莲溪草堂修补本。

四十七年（1619），关外建州女真努尔哈赤起兵，崇祯十七年（1644）春，李自成率农民军攻克北京，明朝最后一位皇帝思宗朱由检（1611—1644）在煤山（今景山）自缢殉国。

从15世纪开始，欧洲探险的船队出现在全球各地的海洋上。郑和下西洋约六十年后的1492年，哥伦布（Christopher Columbus，1451—1506）"发现"新大陆，1497年，达·伽马（Vasco da Gama，约1469—1524）到达阿拉伯半岛和印度，1519年，麦哲伦（Fernando de Magallanes，1480—1521）达到亚洲的菲律宾。他们竭力探索通往印度、东南亚、中国等东方国家的新航路，希望从海外贸易与殖民扩张中获得巨大利益，也拉开了海外殖民、贸易与经济掠夺的历史序幕。此后西方传教士陆续通过海路进入中国；1553年，葡萄牙殖民者为了获得更多财富，垄断了中国商品对欧洲的出口，运用各种手段渗透到台湾和澳门。

二、信息、新闻传播环境与技术条件

宋元明时期，在农业、手工业、商业等方面，都取得了引人注目的成就，也奠定了信息与新闻传播所需的丰厚的物质与技术条件，为信息与新闻传播活动发展提供了重要的基础。

1. 物质技术条件

宋是经济文化高度发展的王朝，在经济、文化与技术等各个领域获得巨大的成就，在当时的世界居于领先地位。就盛传的中国古代四大发明而言，其中印刷术、指南针与火药，主要就是在宋代开发应用的，印刷术与指南设备的应用更是对信息新闻传播具有重大的意义。

两宋是我国古代金属技术快速发展期，金属制品的产量、质量都有较大提升，工艺上更为娴熟。炼铁炉技术有了较大提高，灌钢、百炼钢技术，出蜡铸造、砂型铸造、金型铸造有了新发展。其中，钢铁冷锻技术、花纹钢技术、青铜热加工技术都有了显著进步，锻件在生产工具中进一步取代了铸件的地位，许多器物的形制与近现代的已经十分接近。金属加工和热处理技术在许多方面都取得了较大成就，如热锻、冷锻、车削技术、铜铁拉拔和黄铜淬火等。金属制品已在较大程度上满足了社会生产和社会生活的多种需要。[①]

宋代手工业迅速发展，行业领域增多，不仅形成庞大的官营手工业管理机构，各种手工业团体也不断出现。《宋史》卷八十五中记载，当时的工部"掌金银、犀玉工巧及采绘、装钿之饰"，重要工种达42种。元朝的官营手工业由官府严格控制。工部"掌天下营造百工之政令。凡城池之修浚，土木之缮葺，材物之给受，工匠之程式，铨注局院司匠之官，悉以任之"，还有如将作院、武备寺、储政院、中政院、太仆寺等其他管理机构。元朝执行匠户入局院赋役劳作制度，按规定时日完成造作任务，并接受管理机关的检验，"诸营造，皆须视其时月，计其工程，日验月考，毋使有废……，其监造官仍须置簿，常切拘检"[②]。匠人造作的工作量由官府规定，官员还必须亲临现场监督造作。

明代中前期官营手工业仍然占主导地位，延续严格的匠籍和匠户劳役制度，中期以后，匠户劳役才逐渐瓦解，并为征银所替代。明朝工部、内府、户部及都司都设有专门的手工业管理机构。其中，工部是掌管官营手工业的主要部门，下设营缮、虞衡、都水、屯田四清吏司及各类直属机构，分别负责相关土木、水利工程及矿冶、砖瓦、舟车、织造等手工业生产。清初明令废止匠籍制度，手工业行业政策放宽，清朝前期官营手工业日渐衰落，开始允许民间有较大的自行经营生产的自由，民营手工业发展快速。

宋代采矿冶炼业的发展为农业、手工业、商业的发展提供了雄厚的物质基础，已大量开采石炭（煤），在军事和医药上开始利用石油。在金属冶炼加工技术上，两宋时期也是难得的快速发展期。出蜡铸造、砂型铸造与金型铸造又有了新的发展，钢铁冷锻技术、青铜加热、拉拔技术等出现，锻造的生产工具取代铸件。还有元代的铜质磨具造型技术、机械技术也有了很大进步。到了集大成的明代，手工业技术持续进步，特别是金属技术炼铁、炼钢与炼铜技术有了新的发展。我国古代冶炼单质金属计有8种，即金、银、铜、铁、锡、铅、汞、锌；半金属1种，即砷。在宋应星《天工开物》中已有了炼锌、炼铅、炼锡等操作技术的详细记载。随

① 何堂坤：《中国古代手工业工程技术史》，太原：山西教育出版社，2012年，第615—631页。
② 黄时鉴点校：《通制条格》卷三十，杭州：浙江古籍出版社，1986年，第337页。

着雕版印刷业的兴盛，纸张的需要量激增，民间造纸业迅速发展，纸业规模迅速扩大。

2. 贸易、道路与交通

宋元明时期道路建设在过去的基础上都有提高。宋与辽金时期，在城市道路建设上，不再延续唐以前封闭分隔的坊里高墙，将街、市有机结合起来。城内大道两旁，百业汇聚，酒楼茶肆勾栏瓦舍日夜经营，艺人商贩填街塞巷，当时的汴京人口超过百万。北宋政府改变了唐以前居民不得向大街开门、不得在指定的市坊以外从事买卖活动的旧规矩，允许市民在御廊开店设铺和沿街买卖。为活跃经济文化生活，还放宽了宵禁，城门关得很晚，开得很早。唐代已有公共交通运输，当时称为油壁车。到了南宋，京城临安这种油壁车有了新的改进，车身做得很长，上有车厢，厢壁有窗，窗有挂帘，装饰华美；车厢内铺有绸缎褥垫，可供六人乘坐观光。①

西班牙传教士冈萨雷斯·德·门多萨（Juan Gonzlez de Mendoza，1545—1618）所著《中华大帝国史》记载了16世纪中国的道路建设情况："这个帝国精心修建的大道，平直宽阔，四通八达。每条大道的入口处矗立着3—4个铁皮包裹的坚实的大门，华丽庄严。宽阔的大道多为石砌，可供15个人并肩骑马而行。道路如此平直，以至可以一眼望穿尽头。""中华帝国的大道通衢比所发现的其他国家都好，尤其路面铺设最好。大道平直，就连大山都用镐劈开后铺路，山路用砖石砌成，整齐美观，这是帝国随处可见的最杰出的工程。帝国还有很多的大桥，建造雄伟，令人赞叹。有些桥由像塞维利亚那样的大船支撑，在河宽水深的地方专门建这样的桥。"②可见当时交通建设的成就。

宋与辽、西夏、金先后在部分边境的交界处设置了货物贸易的榷场。海外的交通与贸易比前代更发达、兴盛，也带动了民间的走私贸易。宋时有从广州和泉州通往越南、印度尼西亚乃至阿拉伯、非洲等地的海上交通线，还有从明州（今浙江宁波）或杭州通往日本和高丽，由登州（今山东蓬莱）或密州板桥镇（今山东胶州）

---

① 王崇焕：《中国古代交通》，北京：商务印书馆，1996年，第25—26页。
② ［西班牙］胡安·网萨雷斯·德·门多萨：《中华大帝国史》，孙家堃译，南京：译林出版社，2011年，第13—15页。

通往高丽的海上交通线。宋朝与印度中南半岛、南洋群岛、阿拉伯半岛以至东北非洲等几十个国家都有贸易关系。

元朝所辖地域辽阔，疆土横跨欧亚大陆，道路交通建设极为重要。当时从大都通向全国的主干道就有七条，驿道的干线遍及四面八方，东北通到奴儿干之地（今黑龙江口一带），西南通到乌思藏宣慰司辖境（今西藏地区）。连接中西的跨国驿路有三条：一条是从蒙古通往中亚，一条是通往叶尼塞河、鄂毕河、额尔齐斯河上游，另一条为传统的经甘肃走廊通往中亚、欧洲的丝绸之路。由于蒙古军事势力的扩张，极盛时期道路直通阿拉伯半岛，甚至延伸到东欧多瑙河畔。

明朝开国之初，就加快了全国道路与驿站建设，逐步建成以北京为中心的稠密的驿路交通网。不仅陆路四通八达，永乐时期，还开通了淤塞多年的南北大运河，便捷的漕运将星罗棋布的水系河流贯穿起来，两京地区和江南腹地形成发达的水上交通。为加强对外联系，1405—1433年，明成祖朱棣派郑和七下西洋，率领使团访问亚非30多个国家和岛屿，最远航行到红海沿岸和东非马达加斯加北部。同时，他派遣吏部验封清吏司员外郎陈诚、苑马寺清河监副李暹出使哈烈、撒马儿罕、俺都淮、土尔番、崖儿城、盐泽城、火州、哈密等西域十八国，加强明朝同各国的经济政治往来。

宋代内河运输以长江、汴河和运河为主，海内外交通与贸易比前代更发达、兴盛，其技术基础在于罗盘的发明和海船制造技术的提高，两浙、江西、荆湖、陕西等地成为造船业的中心。不但船舶生产的数目较多、规模较大，而且专业化程度高、设备更完善，在世界上处于领先的地位。

宋元时代造船工艺的设计一般先绘图，或先造小样，之后再施工；建造形式较新颖或者结构较复杂的船舶时，大凡都要先做模型，后再依比例放大、施工。[①] 宋船载重量有了较大提高，有一万二千石者，远超唐代最高达万石的规模。张舜民《画墁集》卷八载，他在岳州"丙戌（1106）观万石船，船形制圆短，如三间大屋，户出其背，中甚华饰，登降以梯级。非甚大风不行，钱载二千万贯，米载

---

① 周世德：《中国古船桨系考略》，《雕虫集》，北京：地震出版社，1994年，第18页。

一万二千石"。①宋代海船规模也较大，朱彧《萍洲可谈》卷二载："甲令，海舶大者数百人，小者百余人……船舶深阔各数十丈"。②

元代由于连年征战的需要，造船规模巨大。仅是与宋朝的数十年决战中，就先后造战船10800艘。为了征服日本，至元十一年（1274）第一次跨海东征，就出动千料舟、拔都鲁轻急舟等共九百艘，七年后的东征规模更大，但因为遭遇暴风，舟师十万全军覆没。③

宋代除广泛的海外贸易外，沿海运输也形成规模。南宋末年，金履祥（1232—1303）为挽救当时危局献策朝廷，提出了使用自长江口沿海上至燕蓟的航线。到了元代，这样的航线已正式开辟，也开创了海上漕运历史。据记载，经过三次调整，自长江口至海河口的航线形成，④也使海外贸易得以扩展。元明时期，中国海船经常往来于东南亚、阿拉伯海、波斯湾、非洲东部沿海，及至地中海地区的一些地方⑤。不但数量较多、规模较大，而且有了沙船、广船、福船三大船型，形成了一系列技术规范。

明代的造船业已经规模化生产。当时工部直属的龙江造船厂规模庞大，据李昭祥《龙江船厂志·建置志》记载，"洪武初，即都城西北隅空地，开厂造船。其地东抵城壕，西抵秦淮卫军塘地。西北抵仪凤门第一厢民住廊房基地（阔一百三十八丈）。南抵留守右卫军营基地，北抵南京兵部苜蓿地及彭城张田（深三百五十四丈）"。占地面积五十四万平方米。厂内除龙江提举司、帮工指挥厅等管理机构外，还有细木作、艌作、铁作、篷作、油漆作、索作等七个作坊，仅其中制作船篷的篷厂，就有房屋十幢，共六十间。⑥《明史》卷三〇四载："永乐三年六月，命和及其侪王景弘等通使西洋。将士卒二万七千八百余人，多赍金币，造大舶，

① 江苏广陵古籍刻印社：《笔记小说大观》第十册，扬州：江苏广陵古籍刻印社，1983年，第65页。
② （宋）陈师道、朱彧：《后山谈丛、萍洲可谈》，北京：中华书局，2007年，第133页。
③ 何堂坤：《中国古代手工业工程技术史》，太原：山西教育出版社，2012年，第789页。
④ 宋濂等：《元史》卷九三"食货一·海运"："从刘家港入海，至崇明州三沙放洋，向东行，入黑水大洋，取成山，转西至刘家岛，又至登州沙门岛，于莱州到大洋入界河。当舟行风信有时，自浙西至京师，不过旬日而已。"
⑤ 孙光圻：《中国古代航海史》，北京：海洋出版社，1989年，第392—404页。
⑥ （明）李昭祥：《龙江船厂志》，南京：江苏古籍出版社，1999年，第4页、97页。

修四十四丈、广十八丈者六十二。"永乐十年，一次便造漕船二千余艘①。而谈迁（1594—1658）《国榷》卷十三"永乐三年"条载，郑和第一次出使西洋所用宝船63艘，大者长44丈、阔18丈；次者长37丈、阔15丈。

明朝还出现多部有影响的船舶著作，如明代沈启（1490—1563）《南船纪》，成书于嘉靖二十年（1541），共四卷，书中描述了每艘船的组成、数量、大小和重量，还详细说明了每种船舶制造涉及的用工及成本。李昭祥《龙江船厂志》，成书于嘉靖年间；席书（1461—1527）《漕船志》弘治十四年（1501）创编，八卷十类，以清江船厂为主，又名《清江漕船志》，有四次重修，系统记述了漕船修造和管理制度；宋应星《天工开物》第九卷《舟车》描述了明代的造船技术并且绘有漕舫图，在第十卷《锤锻》和第八卷《冶铸》中还描述了四爪铁锚的锻造工艺和锚爪的焊接工艺。还有胡宗宪（1512—1565）亲自担任总编审定的《筹海图编》、戚继光（1528—1588）的《纪效新书》、茅元仪（1594—1640）的《武备志》等都涉及或官方或民间的造船技术规范的记录。刊印于嘉靖二十五年（1546）的《船政》，由南京兵部车驾司奉旨汇集历年管理船政题例文卷编纂，全书三册不分卷，目录后刊有《快船图样》和《平船图样》两图，这两幅图样中均在相应部位著录尺寸。对造船所用材料，诸如楠木、榆木、杉木、柏木、桐油、钉、镉、黄麻、苘麻、石灰等均有定数，对每种样船要开列清单。对所需匠作，诸如大木匠、细木匠、舱匠、打灰搜钻帮工、拽船上岸下水用人、面匠以该作工食，都有规定，都要详细列表呈报。②

公元前5世纪，指南针的前身司南在战国时期出现，形似"汤勺"。两晋南北朝时期，勺状的磁石已经改为磁针，可以安装在轴上自由转动。由于磁场作用，磁针的北极指向地理的南极，利用这一性能可以辨别方向，直接运用于行军、航行与地理测量等多个领域，对人类开拓地理视野，延伸交通运输，拓展传播空间，都起到了重要的作用。

北宋年间，已有使用指南技术的记载。曾公亮所著《武经总要》前集卷十五，

---

① 《明会要》卷五六"食货四·漕运"。《明史》卷一三五"陈暄传"："议造浅船二千余艘，初运二百万石，浸至五百万石，国用以饶。"
② 参见张洁、冯震宇：《明代造船技术的演进——基于新制度主义视角的考察》，《教育界》，2019 年，第 3 期。

记载了"指南鱼"的制作方法："用薄铁叶剪裁，长二寸、阔五分，首尾锐如鱼形，置炭火中烧之，候通赤，以铁钤钤鱼首出火，以尾正对子位，蘸水盆中，没尾数分则止，以密器收之。用时置水碗于无风处，平放鱼在水面，令浮其首，当南向午也。"北宋末年，出现指南针用于航海的记录。宣和元年（1119），朱彧《萍州可谈》曾记载："舟师识地理，夜则观星，昼则观日；阴晦观指南针。"南宋时期的海船普遍装有针盘，郑和七次下"西洋"时，船上都有罗盘针和航海图（图7-4、图7-5）。

图7-4　明代航海用水罗盘，通高9厘米，直径14.4厘米，国家博物馆藏

图7-5　明代针经与航海图[①]

---

① 引自金秋鹏：《中国科学技术史·图录卷》，北京：科学出版社，2008年，第428页。

3. 造纸与油墨技术发展

宋代是造纸技术成熟发展的重要时期。造纸业继续使用树皮、麻、竹等原料，同时还大量使用麦秆、稻秆等纤维材料。在制浆工艺中，使用了水碓捣浆，出现了关于"纸药"的明确记载。[①]这一时期不但生产了大量用纸，也最大限度地满足了书籍印刷和日常使用的需求。

北宋苏易简（958—996）在《文房四谱·纸谱》中对宋代造纸原料做了概述："蜀中多以麻为纸，有玉屑、屑骨之号；江浙间多以嫩竹为纸，北土以桑皮为纸，剡溪以藤为纸，海人以苔为纸。浙人以麦麴、稻秆为之者脆薄焉。以麦膏、油藤纸为之者尤佳。"南宋袁说友（1140—1204）《笺纸谱》载："今天下皆以木肤为纸，而蜀中乃尽用蔡伦法。笺纸有玉版，有贡余，有经屑，有表光。玉版、贡余，杂以破布、破履、乱麻为之，惟经屑、表光，非乱麻不用。"又说："广都纸有四色：一曰假山南，二曰假荣，三曰冉村，四曰竹丝，皆以楮皮为之。"[②]说明当时皮纸的重要地位。

宋纸的生产规模、分布地域较唐代有了更大扩展，品种增多，质量亦有了很大提升。还能够生产白度较高且具有特殊性能的加工纸，包括巨幅匹纸和绘画用纸。明屠隆（1543—1605）《纸墨笔砚笺·纸笺》中记载"宋纸"云："有澄心堂纸，极佳。宋诸名公写字及李伯时画多用此纸。毫间有纸，织成界道，谓之乌丝栏。有歙纸，今徽州歙县地名龙须者，纸出其间，光滑莹白可爱。有黄白经笺，可揭开用之。有碧云春树笺、龙凤笺、团花笺，有匹纸长三丈至五丈，陶穀家藏数幅，长如匹练，名鄱阳白。……竹纸、大笺纸。有彩色粉笺，其色光滑。东坡、山谷多用之作画写字。"元纸，则有"彩色粉笺、蜡笺、黄筏花笺、罗纹笺，皆出绍兴。有白录纸、观音纸、清江纸，皆出江西"。

竹纸的出现和推广是具有划时代意义的，进一步推进了信息载体的普及与文化的传播。与前代相比较，宋代造纸原料的主要特点是较多地使用了竹料和草料。竹纸至迟发明于唐，宋代便普遍推广开来。竹纸主要产于江浙一带，直至北宋早期，质量依然欠佳，容易碎裂。北宋晚期之后，质量才有了提高。竹料富含纤维，其纤

---

① 何堂坤：《中国古代手工业工程技术史》，太原：山西教育出版社，2012年，第684页。
② （宋）袁说友：《笺纸谱》，谢元鲁校释，《巴蜀丛书》第一辑，成都：巴蜀书社，1988年。

维细胞的含量占细胞总面积的60%—70%[1]。

这一时期，制浆和抄纸技术已更加成熟，如其沤煮制浆技术已使用得更普遍。1999年，研究者分析的7件西夏纸样中，都发现了石灰和草木灰制浆迹象，这对于提高浆料白度和纤维分散度具有重要的意义。西夏纸料亦舂捣适度，经测定，打浆度都在30—40° SR[2]。均匀度亦较好，很可能已掌握了良好的匀浆技术。西夏纸帘纹细小、平直、均匀、清晰，每厘米多为7条，当为竹帘抄制，抄纸技术较高[3]。其中，《吉祥遍至口和本续》的正文纸色泽较白，近于一般生白布色调；纸质均匀细平，不见明显粗大的纤维束；正面平滑度较好，有明显的帘纹，纹路较直，宽约1毫米；帘纹数约每厘米7条。经测定，纸页厚0.13毫米，纸重30克/米^2。用显微镜观察时，纤维较宽，壁上有明显的横节纹；用碘氯化锌试剂染色后呈酒红色，判定为苎麻及大麻纤维。打浆度约40° SR，纤维平均长度3.17毫米，宽25.2微米。在扫描电镜能谱下，纤维表面均匀地附着一层胶质状物，说明抄纸过程中使用了纸药。能谱分析时，显示的钙、钾量皆较高，说明原料制备过程中曾用石灰和草木灰处理，因此纤维较白。经分析，"本续"封皮纸的原料为白净的棉和麻破布，经过剪切、打浆、低浓分散解离，并加入淀粉。纸页两面平滑度相差较小，纤维束再经过入潢处理（黄柏汁染色），其作用一是染黄，二是防蛀。其中的"西夏文长卷"原料为大麻和亚麻破布，虽打浆帚化程度不高，但纸质较为细薄，匀度较好，白度约30.5%，纸重约35.3克/米^2[4]。

"纸药"是造纸过程中用于防止纸浆纤维黏结的植物浆液。"纸药"之名始见于明，宋应星《天工开物》"杀青"条说："竹麻已成，槽内清水浸浮其面三寸许，入纸药水汁于其中（原注：形同桃竹叶，方语无定名），则水干自成洁白。"宋周密（1232—1298/1308）《癸辛杂识》续集卷下"撩纸"条载："凡撩纸，必用黄蜀葵梗叶新捣，方可以撩。无则占粘不可以揭。如无黄葵，则用杨桃藤、槿

① 孙宝明等：《中国造纸植物原料志》，北京：轻工业出版社，1959年，第157页。
② 打浆度也称为"叩解度"，用"° SR"表示，反映打浆中纸料脱水难易程度的指标，即"滤水性"，可综合反映出纤维被切断、润胀、分丝帚化、细化的程度。
③ 牛达生、王菊华：《从贺兰拜寺沟方塔西夏文献纸样分析看西夏造纸业状况》，《中国历史博物馆馆刊》，1999年，第2期。
④ 牛达生、王菊华：《从贺兰拜寺沟方塔西夏文献纸样分析看西夏造纸业状况》，《中国历史博物馆馆刊》，1999年，第2期。

叶、野葡萄皆可，但取其不粘也。"[1]此"黄蜀葵梗叶"显然是纸药。除了防粘外，纸药还有两个作用：（1）作悬浮剂，使纸浆中的纤维悬浮分散，以便均匀成型；（2）保护压榨，使湿纸免于"压花"，不为浆水冲破[2]。如前所云，纸药既可掺入纸浆中，亦可作为浸润剂，用于捶纸工艺中。

造纸工艺上，明代原料范围更广，品种类别更多，据屠隆《纸墨笔砚笺·纸笺》中记载："江西西山置官局造纸。最厚大而好者曰连七，曰观音纸。有奏本纸，出江西铅山。有榜纸，出浙之常山、直隶、芦州、英山。有小笺纸，出江西临川。有大笺纸，出浙之上虞。今之大内用细密洒金五色粉笺、五色大帘纸。洒金纸有白笺，坚厚如板，两面砑光如玉洁白。有印金五色粉笺，有磁青纸如段素，坚韧可宝。"应用最广的竹纸则以福建顺昌生产的最多，史称独专其盛，闻名天下。著名的宣纸，也是产生于宋代，发展、成熟于明代。明代是造纸术集大成时期，《天工开物》"杀青"一节中有专门的造纸工艺记载。

墨在唐代已经作为商品流通，宋代开始规模化发展并列入地方贡赋，还出现了专门烧烟的原料制作商。

北宋时，松烟墨因为原料匮乏而日渐式微，油烟墨逐渐占主流地位。宋代制墨技术的主要成就是：制墨原料有了扩展，较多地使用了油烟；松烟窑由立式转变成了卧式，烟黑收得率有了提高；较多地使用了和墨添加剂，并对其作用有了一定认识；和墨技术有了发展，采用多种措施提高了墨的润湿性；生产出了许多品质优良的墨锭。

油脂制墨工艺约始于宋，主要是植物油，另有部分矿物油（石油）。石油烟黑制墨始见于宋沈括（1031—1095）《梦溪笔谈》卷二四，云石油"燃之如麻，但烟甚浓，所沾帷幕皆黑。予疑其烟可用，试扫其煤以为墨，黑光如漆，松墨不及也，遂大为之。其识文为'延川石液'者是也。此物后必大行于世。自予始为之"。

松烟墨和油烟墨的工艺原理是一致的，但因原料不同，故具体操作又有差别。松烟是在窑炉中制备的，油烟在特殊油灯下获得；油烟粒度较细，松烟粒度稍粗，故在胶、烟配合比等操作上均有所不同。

---

[1]（宋）周密：《癸辛杂识》，北京：中华书局，1988年，第213页。

[2] 荣元恺：《纸药——发明造纸术中决定性的关键》，《中国造纸》，1988年，第6期。

松烟制作主要在窑炉中进行，制烟窑炉分立式和卧式两种。松烟的烧制大体上可区分为削枝、发火、取煤三项操作。削枝，指松枝采来后，须经适当加工方能入窑。发火是制烟的一项重要操作，关键在于不能使之完全燃烧。"取煤"即获取其中的烟煤。

油烟的获取是在一种特制油灯下进行的。宋李孝美《墨谱法式》卷下"油烟墨"条云："桐油二十斤，大麓碗十余只，以麻合、灯心旋旋入油八分，上以瓦盆盖之。看烟煤厚薄，于无风净屋内以鸡羽扫取，此二十斤可出煤一斤。"也可用"清油、麻子油、沥青作末，各一斤，先将二油调匀，以大碗一只，中心安麻花，点着旋旋掺入沥青，用大新盆盖之，周回以瓦子衬起，令透气薰取，以翎子扫之"。

松烟墨虽然在宋代得到长足发展，但由于长期的烧烟制墨，松材匮乏，直接影响到制墨工艺的传承，南宋以后逐渐走了下坡路。同时，宋代墨工中已有近半数墨工制墨工艺为油烟墨或松油兼制，宋代以后，可再生的桐子榨油油烟成为制墨原料，使传统油烟制墨工艺得以延续。

和墨，即把炭黑用胶和制。胶与炭黑的比例，炭黑的湿润性和它在胶液中的分散度，对墨的质量有重要影响。质地优良的墨色黑、莹润、坚硬、耐磨，关键在于控制好动物胶与炭黑的比例。一般而言，胶多煤少，则墨块硬度高、黑度低。

除了煤、胶、水外，制墨还要加入许多添加剂，主要目的是防腐、助色、增香、润湿，以及调节酸度等。添加剂的使用，是中国墨的一大特色。

宋代不但制作出质地优良的书写、印刷用墨，还涌现出一批制墨名家。宋张邦基《墨庄漫录》卷六记载："近世墨工多名手，自潘谷、陈瞻、张谷名震一时之后，又有常山张顺、九华朱觊、嘉禾沈珪，金华潘衡之徒，皆不愧旧人。宣、政间如关珪、关琪、梅鼎、张滋、田守元、曾知微，亦有佳者。"[1]当时不仅墨工造墨，士大夫也喜欢造墨、藏墨、品墨。茶以白为贵，墨以黑为胜，成为一时风尚。

《墨法集要》为明洪武年间沈继孙编撰的一本关于油烟墨制造的专著。全书基本依制墨过程分列为二十一节，每节文字后附精美插图，从浸油、烧烟至研试出品，插图选择场景式的画面，生动形象地还原了各制墨工序流程。插图包括浸油、

---

① （宋）张邦基等：《墨庄漫录、过庭录、可书》，北京：中华书局，2002 年，第 173 页。

水盆、油盏、烟椀、灯草、烧烟、筛烟、溶胶、用药、搜烟、蒸剂、杵捣、秤剂、锤炼、九擀、样制、入灰、出灰、水池、研试、印脱等，总计21幅，每幅插图都有相应的文字说明，详述制造油烟墨所使用的工具、用料及制造方法等。《四库全书总目提要》称"此书由浸油以至试墨，叙次详核，各有条理，班班然，古法具存，亦可谓深于兹事矣"。（图7-6）

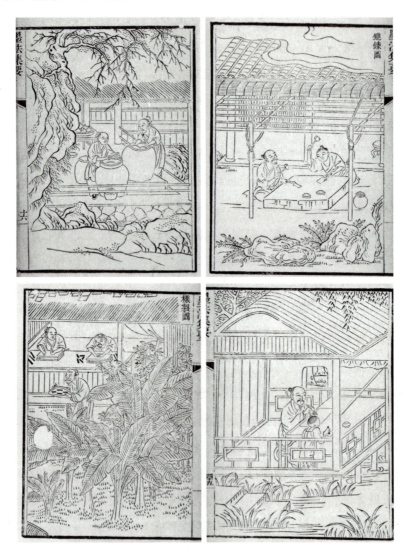

图7-6 明沈继孙《墨法集要》中制墨图①

---

① 引自（明）沈继孙：《墨法集要》，清乾隆时期，武英殿聚珍版。

第二节　信息新闻传播及其发展

宋元明时期在中国新闻信息传播技术发展史上有着特殊的历史地位。除了元朝新闻信息传播活动有短暂的停滞，宋明两朝无论是新闻传播形式、社会影响还是技术革新，都有了长足的进步。

一、新闻管理

宋朝开国之初，还是沿袭五代的旧制度，听任各州镇在京师自置进奏院，进奏官都由本州镇的行政长官委派。到了宋太宗接位的翌年，中央政府宣布：藩镇的子弟只能到京师供职，不得在辖地任亲兵将校；所有原由节度使直接管理的州郡，全部由中央直辖，各州郡大吏可以直接向中央汇报情况。

北宋初年采取加强中央集权的措施，铲除了自唐代以来藩镇割据的政治军事格局。在巩固中央统治和促进经济社会发展的同时，唐代沿袭下来的藩镇在京城设立进奏院制度失去了存在的政治基础，宋因唐制，地方各州府虽然都在京城设有进奏院，但宋代的州府与唐代藩镇相比则在军事上、政治上都受中央严格管理，也形成由中央政府实行统一的新闻管制。[①]

宋朝负责新闻管理与传播的最高机构是进奏院。太平兴国六年（981），朝廷对唐代进奏院制度进行改革，中央政府直接委派150人为进奏官，还派供奉官张文璨提辖诸道进奏院，次年又改为都进奏院，第三年改由中央政府门下省统一管理各州府进奏院，因为只有一个统一的进奏院，"都"字就失去了意义，从此简称"进奏院"，专门管辖新闻传播活动。

进奏院的职责是"掌承转诏敕与三省、枢密命令及有关各部门文件给诸路；摘

---

① 邱理、牛钰：《邸报、小报与宋代新闻传播的发展和繁荣》，《黄河水利职业技术学院学报》，2011年，第1期。

录各州章奏事由报告门下省，投递各州文书给有关部门"。①进奏院的官员称进奏官，进奏官是各州镇即地方政府派驻京师的代表，负有专门的使命，他们只对所属的本州镇负责，但也受中央政府管理。

进奏院直接向全国各州、军一级地方机构抄送文告，每个进奏官要负责三四个州的文报传递工作，他们只能将在进奏院公开发布的官方文书，选择与自己所辖的州、军有关的或有参考价值的一部分，抄报给当地政府官员，这种手抄件便是邸报。因为抄录的是由进奏院公开发布的官方文书，又称进奏院状，或进奏院报状，这几种名称在宋代都是通用的。宋代进奏院状抄送对象已从道（宋代称"路"）一级的节度使扩大到州、军一级的地方官，同时也将进奏院状抄送给各中央官署，并根据各官署职能不同，所抄送的进奏院报状机密程度也有差异。

元朝取消了进奏院，没有统一收受和发布官文书的机构，无论是秘密的还是可以公开的官文书，都是由省、部和各衙门自收自发，与汉、唐时代官文书的收发制度基本相似。一般文书，不分类别，统统放在大信封里，由承发司寄递到行省一级官署；带有机密性的重要文书，则封存在匣子里，专人快马急递。

明洪武十三年（1380），朱元璋废除了中书省和丞相制，把中书省的职权归入六部（ 吏户礼兵工刑），强化六部的功能与地位，六部尚书直接对皇帝负责。中央还改元代所设御史台为都察院，与刑部、大理寺合称"三法司"。明代的通政司是中央政府的一个独立机构，国家的最高新闻传播机构由皇帝亲自掌控，直接对皇帝负责。明代以后，改都进奏院为通政司，直接受皇帝管辖。通政使为主官，由皇帝任命，直接对皇帝负责。这超过宋代以前都进奏院的职能，成为皇帝直接掌控的新闻舆论的部门，朱元璋还建立了言官制度，言官成为皇帝重要的耳目与喉舌，这些客观上强化了新闻传播机构在国家与社会生活中的地位与作用。

二、信息载体

宋元明时期新闻信息传播活动快速发展，主要表现在新闻信息载体——报纸种

---

① 邓广铭、程应镠：《中国历史大辞典·宋史卷》，上海：上海辞书出版社，1984 年，第 176 页。

类的增多，报纸的发行范围也不断扩大，不仅在官吏、知识分子阶层，还走向市井社会，并由京城辐射到各个地区，传播的手段和方法更加多样化。

1. 官报文字新闻

宋朝报纸有朝报、内探、省探、衙探等多种。除由宋门下后省每日编定、报行天下的《朝报》外，其他多为"小报"。宋代的邸报是中国古代最早由中央政府统一编印发行的官报。《宋会要辑稿·职官二》中"进奏院"条云："五月十八日诏：自今朝省及都水监、司农寺等处，凡下条贯，并令进奏院摹印颁降诸路，仍每年给钱一千贯充镂版纸墨之费。"宋以后，《邸报》发行趋向固定，有五日刊、旬刊和半月刊等不同的发行方式，南宋光宗绍熙（1190）时又改为日刊，还出现雕版印制的报纸。

明代设立专门管理《邸报》出版发行的通政司。根据史料记载中的邸钞判断，明代邸报的内容丰富，从政治、经济、军事、社会生活到外交、天文、气象、灾异等，涉及面极广，报道范围遍及全国。

2. 民间文字新闻与其他

宋代的邸报和小报大多以手抄为主，少数辅以雕版印刷发行。"小报"始见于宋代，是中国历史上最早出现的非官方报纸。北宋末年，北方金国虎视眈眈，国家内忧外患，社会动荡，普通民众对国事、家事更为关心，小报也由此产生，并在南宋时期快速发展，成为传播新闻信息的重要载体。宋周麟之（1118—1164）《海陵集》中有《论戒守令遵守成法》：

小报者出于进奏院，盖邸吏辈为之。比年事有疑似，中外未知，邸吏必竞以小纸书之，飞报远近谓之小报。如曰："今日某人被召，某人罢去，某人迁除。"往往以虚为实，以无为有。朝士闻之，则曰："已有小报矣！"州郡间得之，则曰："小报到矣！"他日验之，其说或然或不然。[①]

小报无固定报头、名称，发行人广泛、内容复杂，既有手写，也有印刷；读者

---

① （宋）周麟之：《海陵集》卷三《论戒守令遵守成法》，钦定四库全书集部。

广泛。到了元代,类似的民间媒体被称为"小本",多为民间雕印私售,内容主要为宫廷官府的政务消息。到了明代,小报已经发展为民间报房和抄报行。这方面的最早记录主要是在隆庆、万历年间,如于慎行(1545—1607)《谷山笔麈》卷十一"筹边"①,万历年间平知县沈榜(1540—1597)在《宛署杂记》卷十三"铺行"中,也提到过民间报房与抄报行的存在。②民办报房很可能是从官方的提塘报房分离出来的。到了1465年前后,民间又创办了《京报》。

3. 其他新闻传播媒体

除了报纸,宋元明时期其他传播活动也日益丰富。明末孙承泽(1593—1676)《春明梦余录》记:"凡上所下:一曰诏,二曰诰,三曰制,四曰敕,五曰册文,六曰谕,七曰书,八曰符,九曰令,十曰檄。凡下所上:一曰题,二曰奏启,三曰表笺,四曰讲章,五曰书状,六曰文册,七曰揭帖,八曰会议,九曰露布,十曰译,皆审署而调剂焉。"③其中就有多种新闻信息传播载体与途径。

宋以来,"榜"的发布日益频繁,"榜"是一种由政府部门发布的、以张贴的形式公布信息的新闻传播手段,颁布法令。众多传播活动中,影响最大的是"榜",也称为告示,是一种古老而充满活力的传播工具,是一般民众了解朝廷动态和地方大事的重要渠道。

从朱传誉先生《宋代新闻史》一书来看,告示在宋代社会已经相当发达和成熟了。承袭宋元社会之文明果实的明代社会,它的告示要比宋代社会更加完善和普及,差不多渗透到社会生活的各个方面,成为明代社会生活中的重要内容。明代告示的种类较多,有晓谕、诏令、布告、榜文、檄文、广告等。

根据明代文献史料记载,除邸报、塘报外,有一种散布范围更广、密度更大的传播载体,就是告示。陆容(1436—1497)在《菽园杂记》里曾说,"吏部前粘壁,有染白须发药,修补门牙法"④。就是说,当时有一些小广告甚至张贴到吏部

---

① (明)于慎行:《谷山笔麈》卷十一"筹边",明王锜、于慎行:《寓圃杂记 谷山笔麈》,北京:中华书局,1997年,第127页。
② (明)沈榜:《宛署杂记》卷十三,北京:北京古籍出版社,1980年,第108页。
③ (明)孙承泽:《春明梦余录》,北京:北京古籍出版社,1992年,第326页。
④ (明)陆容在《菽园杂记》,北京:中华书局,1985年,第117页。

图 7-7　明仇英《观榜图》（局部），绢本设色，纵 34.4 厘米，横 638 厘米，台北"故宫博物院"藏

衙门的门前墙壁上。

在明代小说传记中，"新闻""消息""音耗""讯息""信息"等词汇，已大量使用，新闻信息传播活动愈加频繁，人们强烈地渴求着新情况、新问题、新信息的刺激。爱打听新闻，爱传播消息。明代属于官方的新闻信息有塘报和告示；官方体制以外的有竹筹、揭帖、旗报和牌报等。

旗报是用旗帜作为标志的一种特别的宣传品。方汉奇先生认为，明末农民军曾广泛地使用过旗报这种形式，旗上写有起义军的捷报、文告和口号等内容，由专人骑着快马，在前线和后方不停地奔驰传阅，起着鼓舞士气和动摇敌方军心的作用。[1]牌报跟旗报的形式差不多，写在木牌上的宣传内容，就是牌报。牌报刊登的主要是农民军的政策、法令和战报。方汉奇教授认为，牌报的发明权应授予李自成农民军。

烽火台依然是这一时期重要的军情传递载体。据毛文龙在东江塘报的记载，明朝末年，清军发明了一种比明军的烽火台传递消息还要迅速的传播手段，即传梆，

---

[1] 参见方汉奇：《中国古代的报纸》，北京：中国人民大学出版社，1979 年，第 50 页。

"以梆为号，较传烽尤速"。头一天梆声大响，第二天援军就到，极大地提升了军队快速作战的能力。

民谣也始终担负着"新闻"信息传播的功能。在中国历史上，每一次改换朝代或每一场重大的社会动荡的前夕，几乎都伴随着政治性民谣的出现。《明史·李自成传》记载：岩（指李岩）复造谣词曰"迎闯王，不纳粮"，使儿童歌以相煽，从自成者日众。这些民谣具有强烈的宣传性、鼓动性和影响力，对于农民军的壮大和发展起到了重大的组织和推动作用。

商品宣传中的新闻信息传递在宋明时期的城市生活中已经高度发达。明代《皇都积胜图》中的京城、《南都繁会景物图》中的金陵、《清明上河图》的苏州，街市招牌、幌子林立，商贩游人熙熙攘攘，说书的、看相的、讨价还价的、交头接耳的，热闹非凡。带着寺院挂轴化缘的僧侣在街头虔诚地乞讨，算命的术士神采飞扬地以图论相，在各种建筑宫殿、庙宇、房舍、虹桥到处可见相互沟通、交换信息的人群，把整个城市连成一个信息的网络。这些都在无声地告诉我们，当时的信息交换与新闻传播对民众生活已经有多么深刻的影响。

图 7-8　明佚名《南都繁会图》（局部）绢本设色，纵 44 厘米，横 350 厘米，国家博物馆藏

第三节　新闻信息采编、制作与传播技术

宋元明时期的新闻采集活动，依然因循政府主导的模式，但民间报业已经初露萌芽。在新闻采编与复制传播技术上也有了新的发展。

一、新闻信息的采编

宋代官报从官方文书中分离出来，出现了在政府中枢部门统一管理下统一发布的正式官报——邸报。负责邸报发布工作的机构是都进奏院："总天下之邮递……凡朝廷政事施设、号令赏罚、书诏章表、辞见朝谢、差除注拟等合播告四方通知者，皆有令格条目，具合报事件誊报。"[1]

邸报有一套完整的审稿制度，内容主要是皇帝谕旨、起居言行和有关皇家的各类消息，如官吏的任免、臣僚奏章、社会新闻。其在报道体裁、新闻结构、写作手法等方面与现代报纸有惊人的相似之处。

宋真宗咸平二年（999），皇帝下诏，要求进奏院每五日一次，将所供报状抄送枢密院，再由枢密院确定向各地抄报的"定本"。这一制度强化了统治者对邸报的控制，进奏官只能传报允许发布的内容。由于受多种限制，定本审查又会造成发行时间的延误，使得邸报难以满足人们对新闻的需求。例如，水旱蝗灾及日食地震等自然灾害和异常天象，往往被认为是上天对天子的不满和警告，有损帝王威望，甚至会引起人心不安，此类消息很少见于邸报。对涉及边防军事兵变农民起义等方面的消息，一般不准报道。[2]

尹韵公先生指出，朝报当是每天发行。外地官吏阅读最新一期邸报的时间，取决于他们的衙门所在地跟京城之间的距离。距离越近，周期越短；距离愈远，周期愈长。像保定府这样离京城较近的府县尚且五天才能看到一次邸报，那些较远的省份和府县，恐怕要好几个月后才能知道朝廷发生的最新事件。[3]

---

① （清）徐松：《宋会要辑稿》职官二，北京：中华书局，1957，第51页，据北京图书馆影印本重印。
② 李四明：《"邸报制度"与宋代新闻管制》，《新闻爱好者》，2009年，第16期。
③ 尹韵公：《论明代邸报的传递、发行和印刷》，《新闻研究资料》，1989年，第4期。

图 7-9　明仇英《清明上河图》（局部），辽宁省博物馆藏

有关边报，宋赵升《朝野类要·文书》卷四载：边报，系"沿边州郡，列日具干事人探报平安事宜，实封申尚书省、枢密院"；朝报，"日出事宜也，每日门下后省编定，请给事判报，方行下都进奏院，报行天下"。

在明代社会，管理审稿负责部门是号称明朝中央政府九大行政部门之一的通政使司，亦称通政司，以及它下属的六科廊房。明代的邸报由封建中央政府统一安排发布和传抄等事宜，其抄传活动的全过程可笼统地分为三个步骤：通政司汇集各类章奏和地方上报的消息；六科收集和发布有关的诏旨和章奏；提塘将这些诏旨和章奏从六科抄出，经过筛选和复制，传发到各省及府县。邸报就是由通政司及其六科编辑和发布的。《明史·职官志》卷七十四这样介绍六科的职能：

六科，掌侍从、规谏、补阙、拾遗、稽察六部百司之事。凡制敕宣行，大事复奏，小事署而颁之；有失，封还执奏。凡内外所上章疏下，分类抄出，参署付部，驳正其违误。……而主德阙违，朝政失德，百官贤佞，各科或单疏专达，或公疏联署奏闻。虽分隶六科，其属重大者，各科皆得通奏，但事属某科，则列某科为首。[①]……凡题、奏，日附科籍，五日一送内阁，备编纂，其诸司奉旨处分。

六科将皇帝批复的章奏分类抄出，交有关部门奉旨执行。那些可以公开发抄传报的章奏，便是朝报的报道素材，经过整理和编辑成册的章奏，就是朝报，将朝报的内容转抄传报于京城以外发行的报纸，则是邸报。朝报和邸报在内容上，并没有实质性差别。

提塘官在明代隶属于巡抚和总兵官管辖。《辞海》对"提塘"的解释是"明清制度，督抚派员驻在京城，传递有关本省的文书，称为提塘官"[②]。提塘官作为驻京代表，承担传递本省有关文书的职责，同时也负责邸报的传递。

明代的三百六十行有一行叫"抄报行"，专门为官府抄送邸报，以每月抄六本计算，每抄邸报一本仅给一钱一分多一点。因为路途遥远，外地官府一般会选择在

① （清）张廷玉等：《明史》卷七十四，北京：中华书局，1977年，第1805页。
② 辞海编辑委员会《辞海》（缩印本），上海：上海辞书出版社，1980年，第705页。

京城雇用抄手帮忙抄写邸报，并负责将抄写文稿通过驿传系统发送收取。当然，各省的提塘官也可能负责传递工作，雇员将传抄的邸报转交他们安排驿站递送。

明代邸报主要是通过自上而下的传递、官员相互转抄，以及同僚与亲朋好友之间的平行传递传播，互相借阅和互相寄看也是当时阅读邸报的重要方式。当时的各级衙门，由于官员们轮流传看的需要，都会供养专门的抄报小吏，一遇重要新闻或事件，就会责"令吏书抄写传送"。

宋代小报的从业者组织较为松散，其根本目的是获取商业利益，小报的采编、印刻与发售工作由专业人员与兼职人员组成，其中的专业人员可以说是中国最早的民间报业经营人员，兼职人员则是小报消息来源的中坚力量，其中不乏进奏院官、宫廷各级政府机关的工作人员。"有所谓内探、省探、衙探之类，皆私衷小报，率有漏泄之禁，故隐而号之曰'新闻'"，这是赵升在《朝野类要》第四卷对南宋小报新闻采集者的记载。

刊登小道消息的"小报"，经常有泄漏国家机密的嫌疑，且报道信息虚实、真假难辨，所以受到朝廷的严令禁止与控制。但小报内容多为官报没有刊载的新闻，出报速度又快，受到民众欢迎，屡禁不止。从南宋《西湖老人繁胜录》所载，"卖朝报"已经是京都四百四十行中一行，可见宋代报业的繁荣。

明代的民间报房，除了抄传一些邸报上刊登的消息外，为了寻找新闻来源，还雇用报子，专门传递和通报特殊来源或特定的讯息。报子经常守候在出新闻的衙门外，或者深入王府和官邸，刺探最新消息动态。如明代小说《醉醒石》里就讲到一些地方府县上，就有专门蹲在衙门里从事"日报抄传"的人。[①]这些人可能是民间报房指派，也可能是衙门任命的专门的抄报人员。

明代没有给事中判报的规定，也不需要呈请枢密院审定批准，只要根据司礼监的批红，便可决定应否抄发。不允许发抄的官文书，批示或奏章的封皮上会批有"不应抄传"或"不发抄"等字样。因此，皇帝才是邸报的最后审定者。由于皇帝在批阅文件时，往往只对奏章内容提出处理意见，并不注意在邸报上发布后的效应，因而对发抄的控制并不够严格。又因为六科每天可供发抄的文书有万余字，提

---

① 尹韵公：《略论明代的民间报纸》，《新闻大学》，1989年，第3期。

塘官可以自行选择有新闻价值的信息，所以明代邸报泄密情况严重。

二、新闻信息制作技术

五代历史短暂且多年战乱，但梁、唐、晋、汉、周五朝的文化发展没有遭到重大破坏，还首次完成了大规模刻印工程《九经》，代表人物冯道为五代瀛洲景城（今沧州相国庄）人，他所负责的《九经》工程，开创了中国历史上第一次大规模的刻印历史。即使朝代更替，《九经》刻印未曾易人，使这一工程得以完成，为宋代雕版印刷黄金时代的到来奠定了良好的基础。

唐宋时期多选用名家的书体。宋代以后雕版印刷达到鼎盛时期，印刷行业遍布全国各地，影响远及辽、金和西夏。宋代，雕版印刷技术达到一个新的高峰。印刷内容十分广泛，既包括经、史、佛学、道学，还有大量的子部、集部书籍，以及一些笔记小说、日常生活用书、考古研究、新闻报道性质的出版物（图7-10）。宋仁宗庆历年间，毕昇发明活字印刷术。活字印刷术的发明、图书的普及带动并促进了文化知识的广泛传播和交流。

辽为契丹族建立的地方政权，居于我国北方；西夏是以党项族为主体的地方政权，其原居于四川、西藏等地，后迁，散居于西北广大地区；金是女真建立的地方政权，居于我国东北和北方，在中原文化的影响下，其雕版印刷术都有了较大发展。此三个割据政权中，西夏的活字印刷尤为发达。

明代的出版印刷技术，还是以雕版印

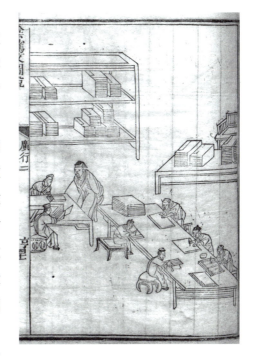

图 7-10　《阴骘文图说》广行三教图①

---

① （清）黄正元：《阴骘文图说》，清同治六年奉天锦府文英斋刻本。

刷为主，尽管当时已经出现了木活字和金属活字，但终明之世，活字印刷并没有成为印刷工艺中的主流，因为活字印刷还存在一些技术的难关，也存在市场需求与成本的现实难题。不过，饾版印刷的发明，把我国传统雕版彩色印刷发展到了顶峰；此时，活字印刷也发展到了集大成的阶段，并且还发明了铜活字。

1. 新闻信息的印制

雕版印刷的报纸与新闻传播方式，宋代以后已经比较普遍，只要是发行数量大的报纸内容与告示，往往会采用印制的方式。《宋会要辑稿·职官二》中"进奏院"条云："五月十八日（宋神宗熙宁四年，1071年）诏自今朝省及都水监司农寺等处，凡下条贯并令进奏院摹印颁降诸路，仍每年给钱一千贯充镂版纸墨之费。"宋高宗绍兴三年（1133）正月二十八日，"刑部大理寺言臣僚章疏议论边计及事理要害，不许誊报，合厘为在京法赏功罚罪，每月下六曹取索，择其可以惩劝事上省。进奏院承受镂板，颁降诸路州军监司及在京官司"。从之。四月四日，左右司言："进奏官颁降赏功罚罪，乞量行支镂版工墨钱。本司约度，欲每季支钱一百贯，五钞纸五千张，临时以字数多寡置历支使。如不足即贴之，仍限次权季申比部驱磨。"从之。[1]

国内目前现发现最早的有明确报头的报纸是明万历八年四月二十二日（1580年5月5日）的《急选报》[2]（图7-11）。它为雕版印刷，长24.6厘米，宽14.4厘米，册状，共6页，以黄纸为封面，左上端印有加黑框的报头，黑框内楷书"急选报"三个大字和"四月份"三个小字。正文部分以"吏部一本急选官员事，奉圣旨，计开"打头，以下分四栏，逐个刊出被选中的162名官员的姓名、籍贯和被任命的官职。这份《急选报》使用的纸张和印刷的质量都不高，从侧面说明是一份时效性很强的临时读物，按照月份出刊。[3]

明代的告示分为印刷和手抄两种。尹韵公先生认为，明代省级以上官府的告示普遍采用雕版印刷，主要是因为官府的级别越高，管辖的范围越广；而管辖的范围越广，告示的张贴量相应地就越发增大。哪些是印刷的，哪些是手抄的，这取决

---

① 转引自复旦大学新闻系教研室：《简明中国新闻史》，福州：福建人民出版社，1986年，第9—10页。
② 尹韵公：《急选报：明代雕版印刷报纸》，《新闻与传播研究》，1994年，第1期。
③ 李润波：《明清的"邸报"〈急选报〉为世界上最早雕版印刷刊物》，《新闻春秋》，2014年，第1期。

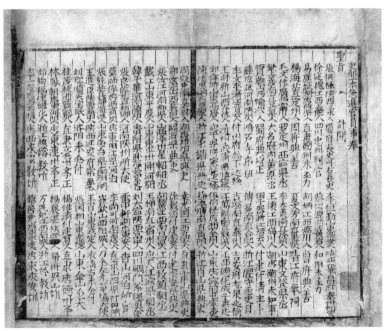

图 7-11　明代《急选报》，国家图书馆藏

于告示的内容和告示的级别。宫廷告示、中央政府告示和省以上的衙门告示，一般都是印刷张贴发布。[①]在山西省应县佛宫寺释迦塔内发现一份明成祖永乐二十年（1422）的大布告。这是目前所见最大的古代布告之一，布告纵94.5厘米、横276厘米，白麻纸，版刻墨印。每版印成一纸，第一纸横95厘米、第二纸横89厘米、第三纸横92厘米，三纸粘连成一张大布告。每纸上方有一纸制提纽，似为张挂所用。布告前二、三行间盖有三处朱文篆书方印，一、二纸和二、三纸接缝处亦分别盖有此印各一方。布告内容是推行钞法之事，发布者为"山西等处提刑按察司"，布告上盖有五个朱红的衙门官印；布告由三张印纸组成（图7-12）。[②]沈榜《宛署杂记》卷十四记载：

> 诏告天下，刊布通行，合用进呈本纸三百张，银一两八钱；净边本纸五百张，银二两；大梨板二十片，银六两；黄本纸五千张，银三十两；大黄连七纸七千张，银五两六钱；棕毛八斤，银四钱；烟墨十斤，银三两；油烛十五斤，银一两五钱；速香一斤，银四钱八分；大红烛一对，重四斤。银四钱；小红烛三对。重三斤，银三钱；大红本纸四十张。银一两二钱；大呈文纸八十张，银三钱二分；刷印刊刻匠工食银十两，二县铺税银办。[③]

这则史料详细记录了宛平县告示制作的财务账单，涉及各种纸张、大梨板、棕毛、烟墨、刷印刊刻匠工钱等，就是雕版印刷的基本材料。其中的连七纸是连史纸的一种。明屠隆《考槃馀事纸笺·国朝纸》中记载："永乐中，江西西山置官局造纸，最厚大而好者曰连七、曰观音纸。"[④]大红本纸是红色有色纸张，呈文纸则是一种质地较结实、价钱较便宜，主要用于下级机关向上级机关递交的文书。联通棕毛、烟墨等都是用于印刷的材料。

---

① 尹韵公：《论明代告示》，《新闻研究资料》，1989年，第3期。
② 郑恩淮：《应县木塔发现的明永乐二十年大布告》，《文物》，1986年，第9期。
③ （明）沈榜：《宛署杂记》，北京：北京古籍出版社，1980年，第137页。
④ （明）屠隆：《考槃馀事》，《新文丰丛书集成新编》第50册，台北：新文丰出版公司，1985年，第37页。

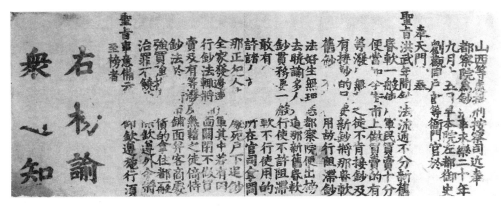

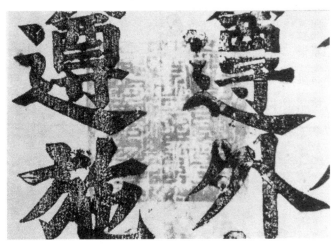

图 7-12 山西应县木塔明永乐二十年大布告及布告第二、三纸接缝处方印[1]

官府在镇压农民起义时，也会采用印刷告示的方式招安。张瀚（1510—1593）《松窗梦语》中谈到某年终南山区遇到饥荒："饥民啸聚，动至数千"，他"命工匠刻刷三千余张，用关防印识，给以大字榜文，遣抚民同知李愚驰往，谕以祸福，众皆欢呼，投弃戈梃，罗拜于地，领票而去"。[2]明末陈燕翼《思文大记》记载："监军兵科给事中张家玉安插难民，行各府州县村落深为得法，上嘉悦之。着工部依家玉所进告示册式刻板，刷印万张，吏兵二部选差能干承差才官数十人，赍送遭

---

① 引自《文物》，图版 8，1986 年，第 9 期。
② （明）张瀚：《松窗梦语》，上海：上海古籍出版社，1986 年，第 10 页。

寇残害处所，地方官遍行粘布。其腰牌内用正官印信，以防诈伪。"[1] 这张告示显然是中央官府用雕版印刷并广泛发布的。

为了获得更快的印制速度，宋代已出现"蜡版"印刷。方法是用蜂蜡和松香溶合，涂在小片木板上，在蜡上刻出阳文反体字，刷墨覆纸印刷，则源于北宋绍圣元年（1094），当时用蜡版印刷了新科状元的传报。[2]宋朝何薳，《春渚纪闻》记载了其间的一件事："毕渐为状元，赵谂第二。初唱第，而都人急于传报，以蜡版刻印渐字，所模点水不着墨，传者厉声呼云：'状元毕斩，第二人赵谂！'识者皆云不详。而后谂以谋逆被诛，则是'毕斩赵谂'也。"[3]这事发生在当时的京城开封，为了传报迅速，早有人将蜡版准备好，一经宣布立即在蜡版上刻字、印刷。为了求速则忽视了质量，将状元毕渐中"渐"字三点水漏印了，结果出现了宣报人大声宣读"状元毕斩第二人赵谂"的奇闻。事也凑巧，后来这第二人赵谂因叛逆而被斩，应了宣报人按蜡版印刷的那句"状元毕斩赵谂"的错话。这件事被何薳记载了下来，为后世留下了宋朝曾用蜡版印刷，类似于今日"号外"小报的历史资料。[4]

宋代以后，随着金石学、图书著录与印刷的发展，捶拓拓本由石刻、木刻文字延伸至青铜铭文、纹饰拓本，还有陶文瓦当和画像砖石拓本。在复制钟鼎文和碑文的过程中，金石拓片纸和碑帖纸也迅速发展起来。人们对拓片用纸要求是细、薄、致密、强度较高，对碑帖用纸的要求是坚实、受墨、表面平滑。捶拓复制的应用范围不断扩大，捶拓技巧也愈加多样，有乌金拓、蝉翼拓、朱砂拓等。

2. 印刷字体的规范与成熟

宋元明时期新闻信息传播的主要方式，还是书写与抄写。但随着印刷术的发展与普及，印刷的内容主要集中于书籍与日常生活类印制用品。这带动了印刷字体的不断发展与成熟，并在明朝晚期形成成熟的宋体印刷风格。

两宋时期是我国古代印刷技术蓬勃发展的重要阶段，并辐射影响到辽、金、西

---

① （明）陈燕翼《思文大记》，《偏安排日事迹／思文大纪／岭海焚馀（合订本）》《台湾文献史料丛刊》，第五辑，台北：台湾大通书局，1987年，第62页。
② 赵春英：《清代"蜡版印刷"实证综述》，《中国印刷》，2013年，第7期。
③ （宋）何薳：《春渚纪闻》，北京：中华书局，1983年，第18页。
④ 周腊生：《状元资料辑考二题》，《湖北职业技术学院学报》，2004年，第1期。

夏等周边政权，所刻书籍之多、刻印规模之大、印版工艺之精美、纸墨材料之精良，都达到了相当高的水平。整个宋代社会从上到下，对雕版印刷都十分重视。宋初战乱基本平定后，宋王朝便开始了对经、史书籍的收集、校勘和刻印。

宋人印书刻字注重品质，印刷字体的设计与编排追求源自名家的书法，雇高手刻板，力求纸墨精良、工艺精湛，以达到至臻至美的境界。宋代书体已经非常丰富，包括正楷、行书、古体以及俗体等，名家字体使用最多。正楷有唐代的颜真卿、柳公权、欧阳询、虞世南、褚遂良；行楷有宋代的苏轼、徽宗的瘦金体。浙江刻本多用欧体，福建刻本多用柳体，蜀本采用颜体。

到了南宋，刻板字体开始多元化发展。不再局限于对名家书体的刻意模仿，而是结合刻板的工艺特点，与刻板者个人性格习惯也有紧密关系，在不断发展的刻板实践中，字形开始出现方、长、扁等不同尺寸大小的变化，一些有经验的刻工为了更便于雕刻，提高效率，不断探索更适合刻板的字体，往往在吸收名家书体的基础上，开始尝试字体笔画的粗细适中、更具笔画规则与模式化的新字体风格。张秀民认为，宋代版本的"各种字体竞相比美"，"以方体较普遍，所谓字画斩方，神气肃穆"。所谓"方体"就是字形饱满，呈方块形状，"字画斩方"就是笔画硬朗明确、方起方落，"神气肃穆"就是风格端庄严正。在外形上较相对自由的楷书具有更规整的样态，这是书写字体在印刷中程式化发展的基本态势。

元代承袭宋、金遗风，字体依然以欧虞颜柳各名家书体为风范。元代后期流行赵体风格。赵体是指元著名书家赵孟頫（1254—1322）的字体，也称为"吴兴体"。当时元人以竞学赵书为时尚，一时赵体风格也遍布版刻印刷领域。元大德九年（1305）刻本《汉书注》的字形虽然还是具有楷体的典型特征，但笔形上已经明显简化，快速简约的刀法，改变了原有楷体笔形特有的温润柔和，横细竖粗，笔画因施刀方式的改变，更简洁干练，便于雕刻（图7-13）。而另一部于大德九年刊刻的《梦溪笔谈》，其横细竖粗特点，以及横笔画中的三角装饰已很明确。

明代字体仍然以楷书为主，但已不是完全照搬唐宋名家书体，而是兼收各家书体的风格特点，以更适应印刷的需要，为宋体风格的成熟与发展奠定了重要基础。明代前中期印刷，仍以楷体为主，欧、颜、柳、赵等名家书体，但宋体字刻本已经逐渐增多，虽然还保留了部分楷书的笔迹，但横平竖直、横轻竖重的宋体特征已经

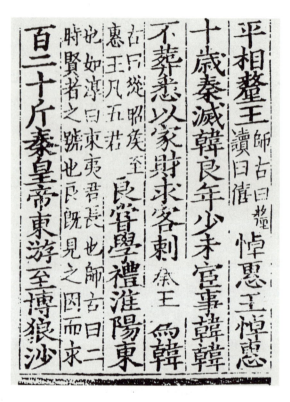

图 7-13　元大德九年刻本《汉书注》

成型（图7-14）。

　　宋体字是印刷术发展到一定水平的专业化产物。这种通过笔画构造的结体形态可概括为：横平竖直，横轻竖重，方正匀称，典雅庄重。由于笔画平直，装饰的造型规律化，更利于刻板中的技巧性处理。因为笔画粗细适中，疏密结构的巧妙配合，不但有整齐划一的外观效果，而且有利于阅读。之所以称宋体，是因为它萌芽于宋，在宋版书中有一种力求横平竖直、字形方正，笔画疏密适中的字体，这就是宋体字的前身。这种字体到了明代继续发展，开始演变为笔画横细竖粗、字体方正的形态。宋体因形成时代和风格不同，有多种称谓，如粗宋、细宋、仿宋等，粗宋，也叫老宋，多用于标题和书名，细宋多用于印刷品正文，而仿宋是介于宋体与楷书之间的一种书体，源于雕版书体正文的夹注小字，成为宋体字的重要组成部分。明万历年间，宋体字在版刻中占据了统治地位，而一衣带水的日本受其影响，称其为"明朝体"。

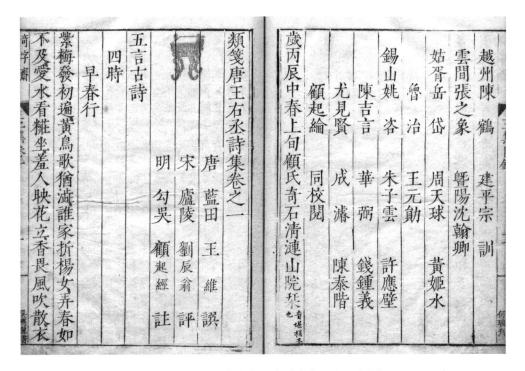

图 7-14　明无锡顾氏奇字斋刻本《类笺王右丞诗集》双页

　　刻版从业者熟悉各种书体，也熟悉雕版印刷的各个工序与特点，在不断研究与实践中，他们开始尝试创造更适合临习与雕刻的新字体。既要保留原有楷书的主要特点与美感，又要形成符合刀刻规律、规范标准的新字体，易学易用。

　　易于雕刻、便于印刷、利于阅读是宋体字得以形成的重要原因。宋体字具有共性特征的笔画逐渐替代了楷书中个性化的线条处理，更便于雕刻中拖、拉、切等刀法的使用。木质的版印大量印刷容易出现版面缺损，手写字体的雕刻，因为个性化的形状与风格，笔画的弯曲不规则，往往制作过程缓慢繁复，宋体字的笔画平直，写和刻都不存在字形失真的问题，刻刀随笔形转弯少，横竖划有意识地进行强调处理，使得印版寿命提高。尤其是大都可以在直线的条件下奏刀，少量如竖弯、撇、捺、弯钩等带有曲线的笔画，也可以不加圆角装饰，快捷便利，功效得到大幅度的提高。

　　宋体字将笔画较少的竖笔加粗而细化横线，很好地处理了笔画间隔、字与栏线间隔等问题，因为笔画宽度直接与印版使用寿命有关，与着墨是否均匀也有关系，这些印刷工艺问题都得到不同程度的解决。清孙宝瑄（1874—1924）《忘山庐日记》中记载，燕保云："刻必用宋字，其形横瘦直肥，彼为此者亦极有意。盖肥者较坚牢，免受侵损，并瘦者亦赖以保存之。且其外栏较粗，无非倚以固其内，诚不获已也。"[①]宋体是16世纪至今通行的主要印刷字体，也成为影响最为深远的汉字印刷体，并衍生出多种新的字形风格。

3. 套色与编排技术

我国古代织物印染的型版套色大约发明于汉，但纸上的雕版套色印刷到了宋代才发明出来，应是在宋、辽、金时期，兴盛于晚明。雕版印刷中的"套色"，是指根据同一版面中不同内容的需要，分别雕刻制版，然后用不同的墨彩依次施印。早期的套印多为朱墨两色，随着技术的提升，逐渐发展出三色、四色、五色印刷，使印制的文字与图像表现得更富视觉美感。

明曹学佺（1574—1646）《蜀中广记》卷六七"方物记"第九"交子"篇引云："大观元年（1107）五月，改交子务为钱引务，版铸印凡六：曰敕字、曰大料例，曰年限，曰背印，皆以墨；曰青面，以蓝；曰红团，以朱。六印皆饰以花纹。红团、背印则以故事。"[②]此"印"显然是指印刷钞票的雕版，说印钞需6套印版，且套墨、蓝、朱三色。这是我国古代套印中最早的明确记载。今人所见最早的朱、墨套印本是元中兴路（湖北江陵）资福寺所刊《金刚经注》。其卷首扉画坐着无闻老和尚注经，有侍童一人，旁立一人，连书案、云彩、灵芝，皆为红色，上方松树为黑色（图7-15）。[③]

1994年，温州国安寺石塔内发现的"蚕母"套色版画。"蚕母"套色版画以蚕母、蚕茧、吉祥图案为内容，有深墨、淡墨、朱红、浅绿四色套印，历史悠久，已经多有残破，尺寸高约21厘米，宽19厘米，印在质地柔软的纸面上。石塔建于元祐庚午至癸酉（1090—1093），套色版画当为元祐或此前的作品（图7-16）。[④]

① （清）孙宝瑄：《忘山庐日记》（下册），上海：上海古籍出版社，1983年，第996页。
② （明）曹学佺《蜀中广记》卷六七，文渊阁《钦定四库全书》，台北：商务印书馆，1982年，第592页。
③ 张秀民：《中国印刷史》，杭州：浙江古籍出版社，2006年，第231页。
④ 金柏东：《温州发现"蚕母"套色版画》，《文物》，1995年，第5期。

图 7-15　元套色印本《金刚般若波罗蜜经》

图 7-16　温州国安寺塔"蚕母"套色版画 [1]

---

[1] 引自金柏东：《温州发现"蚕母"套色版画》，《文物》，1995 年，第 5 期。

多色套印的工艺形式较多，有一版多色一次印刷，即在一张印版的不同部位涂以不同颜色，一次印成；一版多色多次印刷，即在一张印版的不同部位，依次涂以不同颜色，分别先后多次印成；多版多色多次印刷，即制作多块小印版，分别涂以不同颜色，分别先后印成。后者即明代的饾版印刷①。

除了"线版印刷，手工填色"法，方晓阳将"多版多色多次印刷"分成三种：（1）一版一色，套版色块印刷。操作步骤是：绘制画稿、分色摹绘、分色上版、雕镌阳刻、分色多次印刷。技术特点是：按色分版，一版一色，先印"大样"，再印色版，一色一印，多版套印。1973年发现的《东方朔盗桃》版画就是早期代表作；明末的《花史》亦属此法。（2）一版一色，套版线条印刷。基本步骤类似前者，主要区别是：此为线条印刷，而非色块印刷。宋代的纸币、钱引，以及明代的人物故事画，皆属此类。此二法的缺点是：版味较重，用色呆板，缺少浓淡变化，无中国水墨画的效果。（3）饾版印刷。基本步骤也与前两法相类似，但其克服了前两法的缺点②。

相较于过去抄写的简单布局，明代邸报编排的模式化程度很高，显然是受到书籍出版经验的传承和影响。这时候的报纸已经较有系统性，一般是先写标题，后引内容；标题提纲挈领，点出全文要旨，内文则进行阐述和解释，编排质量有了明显提升。

4. 活字印刷技术的突破

宋代活字印刷术成为具有划时代意义的重要科技发明，是在雕版印刷基础上的一次革命性的技术进步。但遗憾的是，从发明活字的宋朝到清朝前中期，由于各种技术与社会因素的制约，主要采用的还是雕版印刷。今天，公认的西夏文木活字本实物是佛经《吉祥遍至口和本续》。1991年，宁夏贺兰县拜寺沟方塔废墟清理出了10多万字的西夏文、汉文文献等大批文物，《吉祥编至口和本续》便在其中，共9册，约10万字。

---

① 潘吉星：《中国科学技术史·造纸与印刷卷》，北京：科学出版社，1998年，第431页。
② 方晓阳：《饾版印刷术之研究》，《中国印刷史学术研讨会文集》，北京：印刷工业出版社，1996年，第417—421页。

元代印刷的主要成就是木活字的使用，还有了排版转轮，进行了金属活字的探索，套色印刷也有了新的发展，木版和铜版印刷技术较广泛地使用起来。除了西夏木活字重要史料，1908年，甘肃敦煌千佛洞发现了数百个维吾尔文的木活字，硬木制成、大小不等、高矮一致，据卡特（Thmoas Francis Cartor，1882—1925）考证，为1300年左右制成。这些活字并非字母，而是一个个拼成的字，这表明了它与中原活字间的关系①。

活字印刷在明清时期已得到较大推广，尤其是清朝前期，多次出现了活字印刷的重要实践和成果。活字在我国沿用了相当长的时期，宋代有人使用，元代杨古（1216—1281）、清代吕抚（1671—1742）、翟金生（1775—1822）等都曾制作过。

明末清初的顾炎武（1613—1682）曾言："忆昔时邸报，至崇祯十一年方有活板，自此以前，并是写本。"②从《万历邸钞》中记载的"昨卧病初起，忽闻其为书传之邸报，刻录盛行。臣异之，以为悬书邸报，自来未有"推算，雕板印刷的邸报应是在万历年间出现。另有袁栋《书隐丛说》卷13载："印板之盛，莫盛于今日矣。……今用木刻字，设一格于桌，取活字配定印出则搅和之，复配他页。大略生字少刻而熟字多刻，以便配用。……近日邸报，往往用活版配印，以便屡印屡换，乃出于不得已。即有讹谬，可以情恕也。"③可见，明代邸报已有木活字印刷的应用。

三、新闻信息传播技术

宋元明时期信息传播活动已经非常繁荣。新闻信息传播技术也有了很大发展，但其传播的渠道与传播的方式依然以传统的邮驿系统为主。在京师与相对发达的市镇，则出现了专门的新闻小报的经营者与售卖者。

---

① ［美］T. F. 卡特：《中国印刷术的发明和它的西传》，吴泽炎译，北京：商务印书馆，1957年，第187—188页。
② （清）顾炎武：《顾亭林诗文集》卷3，《与公肃甥书》，北京：中华书局，1983年，第54页。
③ （清）王维德等：《林屋民风（外二种）》，上海：上海古籍出版社，2018年，第712页。

1. 邮驿设置与管理

宋时的通信系统除官府文书外，还可邮寄私人信件，仍然只能依靠人力、畜力与人力、畜力驱使的运输工具传递。当时的邮驿人员不再是普通民众而是由士兵替代，趋向军事化。中央机构由兵部掌管邮驿事务，负责管理邮驿的规约条令、人事调配、递马的配备等，枢密院则是负责驿马发放、凭信符牌的颁发等。

宋代实行急递铺制度，邮驿系统主要有驿馆和递铺两种。驿馆设置在驿道上，总称为"递"，分"急脚递""马递"与"步递"，后又出现比急脚递更快的金牌急脚递。[①]根据不同地域的自然地理条件，在没有驿道的地方还设置如水驿、驼驿等多种形式。宋代邮驿系统与前朝一个显著的不同，就是"驿"和"铺"功能是分立的。驿，也称馆驿，是政府性质的，供官员和公差中途饮食、住宿用。宋人王应麟《玉海》载："郡国朝宿之舍，在京者谓之邸；邮骑传递之馆，在四方者谓之驿。"

铺，则是专门递送官方文书、信件。"递"一般由地方上的"厢兵"充任，也称为"递夫"或"铺兵"，是传递文书的主要人员。太祖赵匡胤在建立宋朝的第二年就下令"诏诸道邮传以军卒递"[②]，其后遂为定制。"驿"的设置密度为六十至八十里一驿，一般是以步递负重一天的行程做参考。"铺"一般设置在两驿之间的驿道上，有些没有驿道的地方也设置递铺。递铺之间的距离一般认为是二十里，二十里是在急脚递马匹负重情况下以最快速度能奔走的最远距离做参考，实现不断换马以最快速度将新闻信息送达信宿（图7-17）。

南宋时期，因为军事部署需要，在东南沿海和北边沿防地区先后建立了"斥堠"。"斥"为侦察，"堠"即侦察用的土堡，便于瞭望观察，"斥堠"即土堡上的侦察兵。宋还设置"摆铺"，由铺兵承担通信任务，和斥堠互为补充。宋朝还在甘肃敦煌一带大力发展沙漠驿路的驼驿和驴驿，内蒙古翁牛特旗解放营子《毡车出

---

① 沈括在《梦溪笔谈》中对宋代驿传有这样的描述：驿传旧有三等，曰"步递""马递""急脚递"。急脚递最遽，日行四百里，唯军兴则用之。熙宁中，又有金字牌急脚递，如古之羽檄也。以木牌朱漆黄金字，光明眩目，过如飞电，望之者无不避路，日行五百余里，有军前机速处分，则自御前发下，三省、枢密院莫得与也。
② （元）脱脱等：《宋史·太祖纪》，北京：中华书局，1977年，第9页。

图 7-17　北宋张择端《清明上河图》中的急递铺（局部），故宫博物院藏①

行图》也记录了辽代的骆驼运输（图7-18）。

辽朝的邮驿以陆路为主，主要有牛、骆驼和马等车载交通工具，交通条件不如中原地区。辽代邮驿通行凭信一般以银牌为主，长1尺左右，刻有契丹文意为"宜速"，还有"敕走马牌"的字样。东京辽阳府是辽朝在东北地区的中心，到各地的驿路四通八达，还可直通黑龙江流域和朝鲜半岛。

西夏仿照中原地区的邮驿模式修治驿路。北宋曾巩（1019—1083）《隆平集》卷二十记载，当时西夏境内"其地东西二十五驿，南北十驿。自河以东北，十有二驿而达契丹之境"。西夏邮驿主要用马、牛、骆驼为交通工具，并有驿牌制度。上海博物馆收藏的刻有西夏文字"敕燃马牌"青铜敕牌，意为"敕令驿马昼夜急驰"，就是为当时西夏驿站传递文书所使用（图7-19）。

金朝自金太宗起，从京师会宁府（今黑龙江阿城）至今河南开封，每50里置一驿。金世宗时设立急递铺，规定每10里一铺，每铺铺头一人，铺兵三名。铺兵骑马传送文书，日行可300里。金朝也实行驿牌制度，有金牌、银牌、木牌三种，后又

---

① 参见余辉：《隐忧与曲谏：〈清明上河图〉解码录》，北京：北京大学出版社，2015年。

图7-18　《毡车出行图》（局部）① 内蒙古翁牛特旗解放营子辽代驼车壁画

图7-19　西夏"敕燃马牌"青铜敕牌，国家博物馆藏

制成绿漆红字牌。

　　元代官方新闻的发布，恢复到汉、唐时代的诏书和一般文书形式，只是在传递方式上有所改进。元世祖忽必烈建立了严密的"站赤（驿传）"制度，包括驿站管

---

① 引自金秋鹏：《中国科学技术史·图录卷》，北京：科学出版社，2008年，第403页。

理、驿官职责、设备以及赋税征收等。据统计，《元史》中记载元有1400处站赤，其中陆站614处，水站424处，步站11处，轿站35处，马站299处，牛站2处，狗站15处。①

元朝急脚递完全代替了宋朝的步递形式。每40—50里设一驿馆，每10里、15里或25里设一急递铺。每铺配置十二时轮子一枚作为标志，红色门楼一座，牌额一枚。驿站负责给使臣配备交通工具，陆行有马、驴、牛，水行有舟，山行有轿，东北边远地区还有用于冰上的驿狗。南方一些水运发达地区，主要是水驿运输，有水驿420多处，备驿船5920多艘。

元朝具体负责通信的人统称为"使臣"或"驿使"，有王公贵族，也有州县官吏，甚至还有低贱的百工匠人。元朝和宋朝一样，也通行遣使驰驿的牌符证件，最常见的是金、银字圆牌，还有一种叫"铺马圣旨"的证明。金、银字圆牌是紧急驰驿的证件，专门递送军情急务。这种印信有汉字、畏兀儿字和八思巴文三种，上刻有"天赐成吉思汗皇帝圣旨疾"字样，由中书省发给驿使作为凭证使用，事毕缴回。当地邮驿负责人接到递送文字时需用绢袋封存，用牌子记号，如果所接受的新闻信息为边关紧急之事，需用匣子来密封。《元史》中记载：本县官司绢袋封记，以牌书号；其牌长五寸，阔一寸五分，以绿油黄字书号；若系边关急速公事，用匣子封锁，于上重别题号，及写某处文字，发遣时刻，以凭照勘迟速。其匣子长一尺，阔四寸，高三寸，用黑油红字书号。②

马可·波罗游记记载，元朝每一个驿站，常备有400匹马，供大汗的信使们使用。驿卒们传递紧急信息，一日可以飞驰250英里。他们身上都带着一面画着白隼的牌子，作为急驰的标志。

《元史·兵志四》上说，凡铺卒"皆腰革带，悬铃，持枪，挟雨衣，赍文书以行，夜则持炬火，道狭则车马者、负荷者，闻铃避诸旁，夜亦以惊虎狼也"（图7-20）。为了保证文书不破损，并安全迅速抵达目的地，"凡有递转文字到，铺司随即分明附籍，速令当该铺兵，裹以软绢包袱，更用油绢卷缚，夹版束系，赍小

---

① 王子今：《邮传万里——驿站与邮递》，长春：长春出版社，2004年，第108页。
② （明）宋濂等：《明史》，北京：中华书局，1976年，第2596页。

图 7-20　元代急递铺令牌，上海博物馆藏

回历一本，作急走递"。[①]夹板是为了防止信件褶皱，油绢让信件不潮湿，铃铛则是告诫行人避让以及夜间惊吓虎狼，樱枪用来防身，回历则是用于登记验证送达情况。如果夜间没有月光，则有人提灯徒步来指引道路。

马克·波罗记载了当时铺兵中的步行信差，"身缠腰带，并挂上几个小铃，以便在较远的地方就能被人听到。……新的信差听到铃声就准备接上他的包袱立即出发。这样一站一站地传递，非常迅速，在两天两夜之内，大汗就能收到远处的消息，如果按普通的方法递送，则在十天之内也不能接到"。[②]

到了明朝，朱元璋称帝的第22天就下令整顿和恢复全国的驿站，第二年元朝的"站"一律改称为"驿"。朱元璋先后在西南、东北、西北及北部边疆地区开辟驿道，设置驿站，大大加强了中央和边远地区的联系。

明朝还建立了"会同馆"和"递运所"。会同馆有两种职能：一是邮驿书信；二是做国家级的高级招待所。《明会典》记载："自京师达于四方，设有驿传，在京曰会同馆，在外曰水马驿并递运所，以便公差人员往来。"

水马驿指各地的驿站，递运所则是运输机构，水马驿包括水驿和马驿两种。据《永乐大典》卷一九四二六《析津志》记载，天下站名有1100多处，洪武元年

---

① （明）宋濂等：《明史》，北京：中华书局，1976 年，第 2597—2598 页。

② ［意］马可·波罗：《马可·波罗游记》卷二，梁生智译，北京：中国文史出版社，1998 年，第 143 页。

规定，60里或80里置一驿，重要驿站设马50匹至80匹不等，小站少有5匹，多到10匹。水驿则备船。《土风录》有"夜航船"记录：货船日从苏郡上下曰航船，夜行者曰夜航船。《天工开物》卷九"舟车"有"四海之内，南资舟而北资车"。网蛛生《人海潮·泣残红泪肠断西泠，敲碎碧簪魂销南浦》有一段生活中的描写："湘林解开一瞧，笑道：'你信已写好，不容我写了。'衣云道：'你瞧，这是写给舅舅的，托你覆琼秋一信，附在其内。两种书另包一包，依封面号着，一起寄苏州航船投邮。邮费托航船上购贴了再算……'"[1]可见，当时的通信邮驿已经极为便捷。

明朝沿袭元朝规定，"常事入递，重事给驿"。普通文书交给步递，紧急、重要的文书交给马驿办理。递运所除一般的递和驿之外，还专门运送军需物资和上贡物品。运输任务陆驿由军卒承担，水路则由各地船户负责，把陆路运输和海、河运紧密联系起来。

明程春宇咏《水驿捷要歌》将明代驿站"逐一编歌记驿名，行人识此无差误"，还作《士商类要》以供行旅的需要。盂城驿始建于明洪武八年（1375），位于江苏省高邮县南门外馆驿巷北侧的大运河畔。规模宏大，是目前保存最完好的古代驿站。驿站正厅、后厅各5间，库房3间，廊房14间，神祠1间，马房20间，前鼓楼3间，照壁牌1座。[2]可见明代驿站的繁盛。

2. 新闻信息传播方式

南宋赵升的《朝野类要》记载："朝报，日生事宜也，每日门下后省编定，请给事判报，方行下都进奏院，报行天下。"朝报行文简约，以简讯形式报道帝王日常动态和官员升降任免，公开发布。周密《武林旧事》中介绍南宋临安各类"小经纪"的店铺情况，其中"供朝报"就排在第二位。为了防止擅自增加抄传的内容，还会有基层官员充当"承发朝报保头人"，一旦发现朝报出现不该传报的内容，唯"保头人"是问。

宋代的邸报因为只发行到州、军一级，完全可以由进奏院的邸吏负责抄发。到

① （清）网蛛生：《人海潮》，上海：上海古籍出版社，1991年，第135页。
② 王晓静：《中国古代的邮驿系统》，《中国文化遗产》，2009年，第2期。

了明代，邸报发行范围扩大，既有提塘主持的官方报房，也有民办报房。明代邸报一般仍为手抄，以"本"来计算，为五日一次由驿站递送，各府订阅邸报经费由官府支付，委托驿站传递邸报也要付费。例如，保定府每月须付给驿站银一两，如果是更远的省份与地方，费用则会更高。

告示张贴一般会选择交通要道，即"揭示通衢"。通衢，是指位于城市和乡镇的四通八达的道路，此处来往人员多，传播效果好。

北宋时期，朝报已经可以在市集上公开出售，小报便以朝报形式，叫卖街市，称为"新闻"。在宋代赵与时（1172—1228）《宾退录》卷一中有"京城印行绕街叫卖"，就是对小报的记载，同时在《宋会要辑稿》"刑法二之三十四"中，还可以看到"乞下开封府严行根捉，造意雕卖之人行遣"等有关捉拿印卖小报者的记载。

小报的内容在《宋会要辑稿》刑法二中有这样的记载："近年有所谓'小报'者，或是朝报未报之事，或是官员陈乞未曾施行之事，先传于外，固已不可。至有撰造命令，妄传事端，朝廷之差除，台谏百官之章奏，以无为有，传播于外。访闻有一使臣及合门院子，专以探报此等事为生。或得于省院之漏泄，或得于街市之剽闻，又或意见之撰造，日书一纸，以出局之后，省部、寺监、知杂司及进奏官悉皆传授，坐获不赀之利，以先得者为功。一以传十，十以传百，以至遍达于州郡监司。人情喜新而好奇，皆以小报为先，而以朝报为常，真伪亦不复辨也。"

丁淦林先生指出：南宋的小报"记者"，实际上是"情报贩子"。他们都有公职，一般都是中央各官署的下级官员、大吏的差官和新贵的家人，也有进奏院的官吏；由于他们信息来源不同，有所谓内探、省探、衙探之类，分别探听宫廷、中央机关和各个官署的内部消息。他们为小报提供情报，完全是为了谋利。[①]

为了迅速扩散消息，明代民间报人发明了一种类似号外的报纸，叫"报帖"，往往比官方邸报快几天。这种报纸有着灵活的传递方式，服务细致周到，不仅报道生动、鲜明、可读性强，还可以直接传递到家。

旗报源于秦汉时期的"露布"，基本为布帛材料制成，由专人扛着骑在马上，奔

---

① 丁淦林：《中国新闻事业史新编》，成都：四川人民出版社，1998年，第16页。

驰传送，牌报是书写在便携的木板上的新闻，也是骑在马上传送，供沿途军民阅读，在明末农民起义军中运用很广泛。揭帖属于官方文书，宋代已经出现，具有保密、安全等特点，可以是机密文件，也可以是上行文书，是类似纸质传单的印刷宣传品，明代农民军中也多有使用。方汉奇先生认为，这时已使用刊刻的，即印刷的手段。[1]

明时期，政府加强了省、府、县各级地方政权的信息传报职能，木铎的作用得到扩展。洪武三十年（1397），明太祖朱元璋推出著名的"圣谕六言"，又称圣谕六条、教民六条，下令每乡里各置一木铎，选年老或瞽者（眼盲者）每月六次持铎巡于道路，高喊"孝顺父母，尊敬长上，和睦乡里，教训子孙，各安生理，勿作非为"，以教化百姓。及至清末民初，"木铎"仍出没乡间，如浙江金华一带，常有老人手执四尺长的毛竹杖，杖上挂一块木牌，手摇木铎，巡行村落，劝人安分守己，奉公遵法。

3. 图像、声音信息新闻传播

从宋元到明，图像新闻传播主要存在于官府告示与商业宣传中。在明代，除了悬赏通缉的告示，政府对有些政府通告也会配上特别的图画，希望能够更加形象生动地说明告示内容，以加深民众印象。洪武年间，山西都指挥何诚等知法犯法，扰民敛财。朱元璋知道后指示："享这等大俸禄，如此害民，鬼神鉴察，岂能长远，恁都察院将他所犯凌迟，情罪图形榜示，教天下知道。"[2]大太监刘瑾被拿下后，也是"以招情并处决图状，榜示天下"。这种配画不同于缉拿逃犯的通缉图，通俗易懂，也更生动。

幌子到了宋元时期依然是商业活动的重要宣传标记。宋代的浴室在门前挂壶作幌子，元代面食铺子门前立一高竿，悬挂花式馒头。据《析津志》说，元时剃头铺的幌牌上"以彩色画牙齿为记"。这有趣的例子说明，当时的剃头匠或许还兼职牙医。再有，专治胎前、产前病症的稳生婆家的幌子是用竹篾条编的·双大鞋，并糊着红纸。助产收生婆家则在门前挂系着红布穗的草圈为幌。兽医以木板所制的壶形作幌子，尺寸很大；专门为家畜灌药的人在门前的幌牌上画一匹马为记号。

---

① 方汉奇：《中国新闻事业通史》第 1 卷，北京：中国人民大学出版社，1996 年，第 97 页。
② 转引自黄彰健：《明清史研究丛稿》，台北：商务印书馆，1977 年，第 272 页。

济南刘家功夫针铺标识，为目前已知最早的商标实物，铜版印制，长12.4厘米、宽13.2厘米，正中为白兔抱铁杵捣药图，铜版的上方标明"济南刘家功夫针铺"，图案左右标注"认门前白兔儿为记"，下方刻有关于商品品质和销售方法的文字："收买上等钢条，造功夫细针，不误宅院使用，转卖兴贩，别有加饶，请记白。"文字皆为反刻，可界定为广告印刷推广之用（图7-21）。在山西繁峙岩上寺大殿的壁画上绘有一处酒楼，高挑的酒旗中写有"野花攒地出，村酒透瓶香"，是南宋乾道三年（1167）的作品。

图7-21　济南刘家功夫针铺商标，国家博物馆藏

《眼药酸》（图7-22）为南宋佚名工笔绘画，以杂剧《眼药酸》为内容。"酸"是宋"官本杂剧"中三个角色名称之一。画面中右边为一手指右眼，示意有眼病的客官；左边一位眼科医生打扮，头戴皂色高帽，身穿橙色大袖袍，身上挂满画有眼睛的药葫芦，斜背的药包上更是醒目地绘制有一只浓眉精睁的大眼。眼科儒医一只手上握着一个小药瓶，向买家眉飞色舞地介绍眼药。该图是反映宋代市井商品交易活动的珍贵资料。

南宋商人吸引顾客的手段同样花样百出。吴自牧《梦粱录》卷十六"茶肆"中载："向绍兴年间，卖梅花酒之肆，以鼓乐吹《梅花引》曲破卖之，用银盂杓盏子，亦如酒肆论一角二角。今之茶肆，列花架，安顿奇松异桧等物于其上，装饰店面，敲打响盏歌卖，止用瓷盏漆托供卖，则无银盂物也。"[1]

---

[1]（宋）吴自牧：《梦粱录》卷十六，《东京梦华录（外四种）》，上海：古典文学出版社，1956年，第262页。

图 7-22　南宋佚名《眼药酸》册页，绢本设色，纵 23.8 厘米，横 24.5 厘米，故宫博物院藏

在南宋都城临安，民间茶肆习惯敲响盏吸引茶客前来。打击乐器铜锣、云锣等也是商贩常用的响器。大都卖糕饼的人也有敲木鱼为市声的，卖陶盆的人则敲响陶盆为市声。宋话本《勘皮靴单证二郎神》中有："冉贵却装了一条杂货担儿，手执着一个玲珑珰琅的东西，叫做个'惊闺'，一路摇着。"熊梦祥《析津志》记载了不少元代大都（今北京）的风物精粹和民俗掌故，书中谈到街头卖吃食的小贩时说："街市蒸作面糕。诸蒸饼者，五更早起，以铜锣敲击，时而为之。"而"小经纪者，以蒲盒就其家市之，上顶于头上，敲木鱼而贷之"。[①]

《祥符县志》中的一段文字详细、生动地再现了明清时期古城开封的商贩以响器、实物与现场演示招徕顾客的情形，如有摇小鼓，有鳞砌铁叶，有摇郎当，有小旗招展，有阁阁析声，执有拍小铜钹，有求卖者，有挑卖者，还有"入夜击小钲卖饧者，有悬便面于担易新者，有求残金笺扇等器熔出金者；有买肆中柜底土，及掏市沟刷街泥以搜遗钱银屑者；又有攒花于筐，灿然锦色，卖与人种植者。往来梭织，莫可殚记"。

---

① （元）熊梦祥：《析津志辑佚》，北京：北京古籍出版社，1983 年，第 207 页。

古代对声音语言的研究，主要集中于韵书，即将同韵字编排在一起供查检的字典。最早的韵书据传为魏时左校令李登的《声类》，西晋时吕忱之弟吕静曾仿照《声类》写过《韵集》，分作五卷，宫、商、角、徵、羽各一篇，这两本书均已失传。此后，南朝齐、梁时，沈约、周颙等人发现了汉语四个声调的存在，各类韵书频出，但多已亡佚，目前可见的为隋陆法言所撰的《切韵》。《广韵》全称《大宋重修广韵》，是北宋时代官修的一部韵书，为宋真宗大中祥符元年（1008）陈彭年、丘雍等人奉诏根据前代《切韵》《唐韵》等韵书修订而成，是我国历史上完整保存至今并广为流传的最重要的一部韵书，是宋以前韵的集大成者，是古音研究的重要材料。在音韵学史上，《广韵》一直起着承前启后的作用，就如同《说文解字》在汉字研究史上的重要地位（图7-23）。

具有丰富民俗内涵的说唱叫卖，在宋代已蔚然成风。宋高承《事物纪原》中有专门的"吟叫"卷，其中有："京师凡卖一物，必有声韵，其吟哦俱不同，故市人采其声调，间以词章，以为戏乐也。今盛行于世，又谓之吟叫也。"[1]"吟叫"

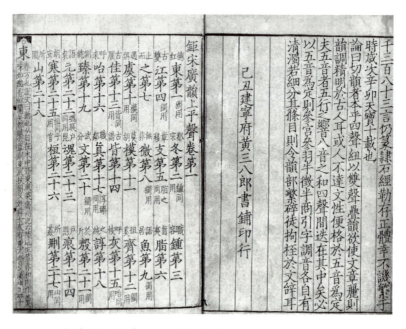

图7-23　宋《宋钜广韵》双页，陈彭年等撰，南宋乾道五年建宁府黄三八郎刻本

---

[1]（宋）高承：《事物纪原》，北京：中华书局，1989年，第496页。

在宋代又称"宣唤""吟哦"或韵语说唱、招徕市声等，不断被民间艺人模仿，进而发展成一种说唱艺术。《梦粱录》卷二十"妓乐"中也言："今街市与宅院，往往效京师叫声，以市井诸色歌叫卖物之声，采合宫商成其词也。"①也就是说，娱乐艺人模仿市井的唱卖声已被制成曲牌、乐典。另外，南宋时代社会上不仅出现了"吟叫"唱曲的艺人，同时还出现了民间团体。周密《武林旧事》卷六之"诸色伎艺人"中专门记录了姜阿得、钟胜、吴百四等吟叫能手。②古老的言语吟唱，积累了丰富的声音语言技巧与方法，是声音信息与新闻传播的早期形态。

小　结

宋元明时期是中国古代新闻发展重要的上升时期，新闻传播活动已经从官方到民间成为社会、政治生活中不可缺少的重要组成部分。进奏院报状在宋代发展为邸报，并出现民间小报形式，民间社会开始有了更便捷的新闻获取手段。

雕版印刷工艺在宋代达到一个高峰，印刷专用体——宋体出现并逐渐完善。在印刷复制技术的助力下，邸报与小报已经出现印刷的模式，初具现代报纸的形态。图像与声音新闻传播在商业领域得到很大的推进，为清以后新闻信息传播的多元发展奠定了坚实基础。到了明代，新闻舆论环境更为成熟，新闻信息传播已成为日常生活常态。

然而，宋元明三朝的印刷环境和技术虽然有了巨大的发展，但报纸的主流传播方式仍然是手抄，只是时而有雕版印刷，木活字印刷在明末才开始出现。而泥活字、金属活字尚且处于小范围试验与使用阶段，没有应用于新闻报纸的印刷。不过，邸报的实质性发展，木活字印刷术的逐渐成熟，甚至使用到邸报与公告文书中的事实，说明了宋元明时期社会对信息需求的日益增强，驿道邮驿的迅猛发展与进一步完善，也反映了社会传播基础设施日趋完备，推进了传播范围的扩大，读者人数和发行量不断增多。

---

① （宋）吴自牧：《梦粱录》卷二十，《东京梦华录（外四种）》，上海，上海文学出版社，1956年，第310页。
② （宋）周密：《武林旧事》，杭州：西湖书社，1981年，第113页。

第八章
活字印刷术的产生与发展

Chapter 8
Technologies of Information Communication with Movable Type

成形于隋唐时期的雕版印刷，一直采取整版雕刻的方式，极大地推动了文图信息复制与传播的规模，但是由于雕版一经完成就难以修改，只能应用于特定的文本信息，因此其规模化传播效力仍然受到很大限制。直到宋仁宗时代的毕昇通过研究实验，发明了胶泥活字印刷，才完成了印刷史上一场极富意义的重大革命，并产生全球性影响，为人类社会信息与新闻传播发展做出了卓越贡献。

第一节　活字印刷技术与毕昇

据史料记载，毕昇（约970—1051）是世界上第一个发明活字印刷的人，比德国古登堡活字印刷技术早了近400年（图8-1），对人类历史与传播发展产生深远影响。

一、活字印刷的发明

1990年秋，在大别山安徽霍山县与湖北英山县接壤的草盘地镇五桂墩村睡狮山麓，人们在修造水渠时，发现了一块墓碑。经考证确认为北宋活字版印刷术发明者毕昇的墓碑，并相继发现有毕昇子孙墓地。至此，长久难解的毕昇籍贯、卒年之谜得以揭开。1996年4月，毕昇墓碑被送至中国印刷博物馆收藏（图8-2）。①

图 8-1　北宋毕昇塑像，　　　　图 8-2　北宋毕昇墓碑，中国印刷博物馆藏
中国印刷博物馆藏

毕昇为北宋歙州人，关于他的生平以及他发明活字版的经过，未有其他史料，只知其在宋仁宗庆历年间（1041—1048）发明活字印刷术。不过他用胶泥制造活字的方法，与毕昇同一时代的沈括在《梦溪笔谈》中有比较具体的记载："板印书籍，唐人尚未盛为之。自冯瀛王始印五经，已后典籍，皆为板本。庆历中，有布衣毕昇，又为活板。"（图8-3、图8-4）

从历史脉络看，毕昇的活字印刷发明绝非偶然，它是在前人丰富的活字经验

---

① 苏勇：《活字印刷术发明者毕昇墓碑26年前在大别山区被发现》，《扬子晚报》，2016年4月21日。

与雕版印刷技术基础上创造出来的，也有着深厚的历史文化与社会土壤。活字排版印刷至少可以追溯到春秋时期，已经出现的青铜器铭文中。主要通过刻制单个泥范，拼组模板的方法翻铸出青铜器铭文。这种单个字范的刻制，是后来的活字印刷的最早雏形。以秦公簋为例，器高19.8厘米，口径18.5厘米，足径19.5厘米，腹径23厘米。其器身与盖各有铭文，盖54字，器身51字，器、盖联铭，合而成一篇完整的祭祀文章，共计105字。它的纹饰已使用可连续反复压印的印版，文字是用一种方块印模，就是同一个字模范铸成若干字模，先是制好字模，然后印到范上，最后浇铸。这些字采取的是当时泥活字方法，字字相连印制，器物上可以清晰辨别活字的边痕（图8–5）。这种“活”字的方法与技巧在此后各类秦砖汉瓦与公文玺印的常用字体中频繁被应用。

图 8–3　北宋沈括像，马俊伟 绘

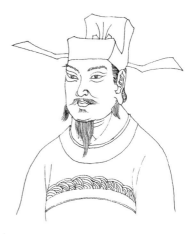

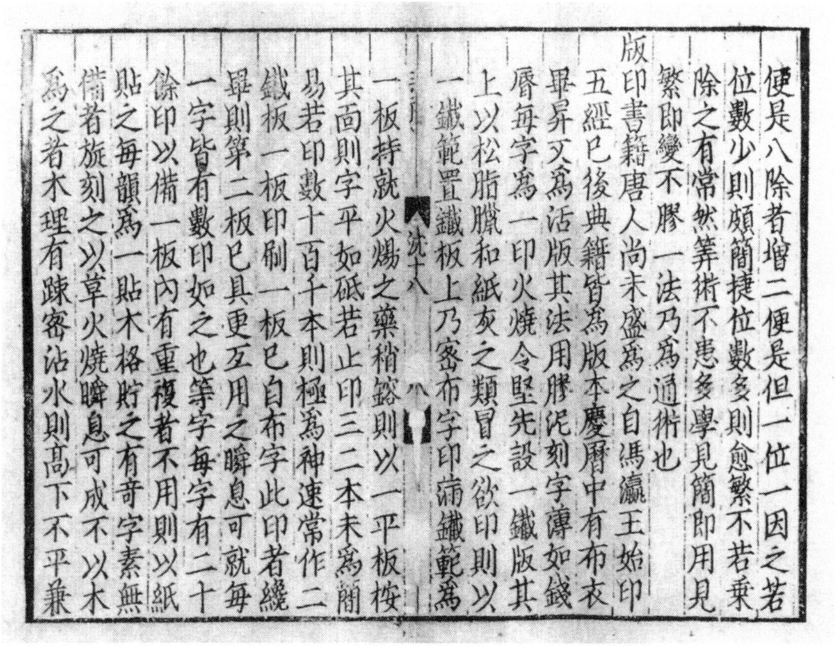

便是八除者增二便是但一位一因之若
位數少則頗簡捷位數多則愈繁不若乘
除之有常然算術不患多學見簡即用見
繁即變不膠一法乃爲通術也
版印書籍唐人尚未盛爲之自馮瀛王始印
五經已後典籍皆爲版本慶曆中有布衣
畢昇又爲活版其法用膠泥刻字薄如錢
脣每字爲一印火燒令堅先設一鐵版其
上以松脂臘和紙灰之類冒之欲印則以
一鐵範置鐵板上乃密布字印滿鐵範爲
沈十八　八
一板持就火煬之藥稍鎔則以一平板按
其面則字平如砥若止印三二本未爲簡
易若印數十百千本則極爲神速常作二
鐵板一板印刷一板已自布字此印者纔
畢則第二板已具更互用之瞬息可就每
一字皆有數印如之也等字每字有二十
餘印以備一板內有重複者不用則以紙
貼之每韻爲一貼木格貯之有奇字素無
備者旋刻之以草火燒瞬息可成不以木
爲之者木理有疏密沾水則高下不平兼

图 8–4　北宋沈括《梦溪笔谈》大德九年（1305）陈仁子东山书院刊行

图 8-5　秦公簋铭铭文，国家博物馆藏

中华数千年文化传承与积累，到了宋代达到一个高峰，产生了大量政治、经济、文化与社会的信息交流与管理需要，信息传播的社会需求越来越大，这就促使人们不断探索比雕版印刷更为方便高效的技术。从物质基础与条件看，宋代的笔墨纸砚发展较唐代有了更大提高，雕版印刷业发展迅速，宋版书的制作技术与印刷品质为活字印刷技术的产生奠定了坚实基础。

明正德年间，强晟《汝南诗话》记载，汝南有武弁家治地，忽得黑子数百枚，竖如牛角，每子有一字，如欧阳询体。识之曰："此即宋活字，其精巧非毕昇不能作。"①此为推测之言，离毕昇发明活字已经相隔四五百年，可见毕昇活字的巨大影响力。

二、泥活字印刷与制作技术

雕版印刷一版能印几百部甚至更多的书籍，但费时费工，且只能用于特定文本的印制，遇到内容多的书稿往往要花费很长的时间，出现错别字与笔误也难以修改，存放版片还会占用很大空间，而且常会因变形、虫蛀、腐蚀而损坏，直接带来

---

① 陈广宏、侯荣川编校：《稀见明人诗话十六种》，上海：上海古籍出版社，2014年，第49页。

储存与维护的问题。

活字印刷则优势明显。如果准备一套储备完整的活字系统，就可以灵活排印任何文本、书籍内容。因为活字印刷可以根据内容需要灵活拼版、随用随拼，印刷任务完成后，也方便拆版、重复使用，极大地提高了印刷的效率。从印刷材料储存来说，活字印刷材料占用空间小，更容易存储和保管。这推动了宋代以后活字印刷术的发明与探索实践，也是毕昇发明活字版的根本原因。

泥活字版印刷是现知最早实用的活字版印刷，毕昇之后，泥活字版印刷也多有应用。沈括所著《梦溪笔谈》卷第十八《技艺》，详细记载了宋代庆历年间毕昇所总结的活字印刷术：

其法，用胶泥刻字，薄如钱唇，每字为一印，火烧令坚。先设一铁板，其上以松脂、蜡和纸灰之类冒之。欲印，则以一铁范置铁板上，乃密布字印，满铁范为一板，持就火炀之；药稍熔，则以一平板按其面，则字平如砥。若止印三二本，未为简易；若印数十百千本，则极为神速。常作二铁板，一板印刷，一板已自布字，此印者才毕，则第二板已具，更互用之，瞬息可就。每一字皆有数印，如"之""也"等字，每字有二十余印，以备一板内有重复者。不用则以纸帖之，每韵为一帖，木格贮之。有奇字素无备者，旋刻之，以草火烧，瞬息可成。不以木为之者，文理有疏密，沾水则高下不平，兼与药相粘，不可取；不若燔土，用讫再火令药熔，以手拂之，其印自落，殊不沾污。[①]

毕昇造字主要可分为造字、存放、排版与拆版几个技术环节。首先要用胶泥做成一个个规格一致的字坯，在一端雕刻字形，笔画凸起部分像铜钱边缘一样薄，用火烧使它坚硬，每字一个独立的字坯。制成后存放在特制的木格子里，用纸标注，以备后用。准备印刷时，需要先设置一块铁板，在它的上面用松脂、蜡和纸灰等一类东西混合并覆盖好，用一铁框放置在铁板上，把需要的胶泥活字排进铁框内。排满一框就成为一版，再用火烘烤，等药剂稍微熔化，用一块平板把字面压平，药剂

---

① （宋）沈括：《梦溪笔谈》，北京：中华书局，2009 年，第 198 页。

冷却凝固后，就成为板型。印刷的时候，只要在板型上刷上墨，覆上纸压印即可。为了可以连续印刷，就用两块铁板，一版加刷，另一版排字，两版交替使用。印刷工作结束以后就需要拆版，用火把药剂烤化，用手轻掸，那些字模就会自动落下来，不会被药物弄脏。收藏时，按照每一个韵部为一个标签，用木格把它们贮存起来放回原木格，以备再用。

毕昇的活字印刷术已经基本具备了近现代活字印刷的基本技术原理与操作程序。毕昇通过研究实验发明的胶泥活字印刷，完成了印刷史上一项重大的革命。毕昇发明的活字印刷方法既节省材料、简单灵活，使用也便捷轻巧，极大地提高了印刷的效率（见图8-6）。

图8-6　北宋毕昇活字版复原模型，国家博物馆藏

由于技术的局限性，胶泥活字制作稳定性不够，易爆裂；众多字拼合而成的印版尚未解决版面平整问题，导致印刷品墨色不均匀，排列上也不如雕版与手书整齐美观，影响了其应用和推广。

毕昇制作的泥活字没有遗存下来，至于毕昇用泥活字印了什么书，也没有具体的文献记载。1965年温州市白象塔内出土的回旋式北宋佛经《佛说观无量寿佛经》，是毕昇发明活字术后约半个世纪的泥活字印品，文中有倒排"色"字（图8-7）。武威出土的西夏文佛经中，就有几种是宋时西夏泥活字印本。而南宋光宗绍熙四年（1193），周必大（1126—1204）"用沈存中（括）法，以胶泥铜版、

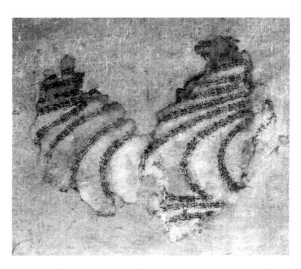

图 8-7 浙江温州白象塔内发现的北宋泥活字本《佛说观无量寿佛经》残页，温州博物馆藏

移换摹印"偶成《玉堂杂记》[1]。

正如张秀民先生所说，"泥字、木字、铜字一般的区别，则在几微之间，更为不易"[2]。虽然根据遗存的活字印刷品来鉴定是泥活字还是木活字印刷非常困难，然而根据早期活字印刷可能带有的不完善、不成熟的某些特点，加之泥活字的先天不足所导致的质量缺陷，我们还是能找到一些西夏泥活字印刷的痕迹。甘肃武威新华乡亥母洞遗址出土的西夏文《维摩诘所说经》的某些缺陷和特征，就符合泥活字印刷的这些特点。例如，其中一部分文字笔画不流畅，边缘不整齐，笔端圆钝，缺少尖锋，甚至有残断现象。我们知道，泥活字虽然也是经过"火烧令坚"的，但它经过多次反复涂墨和印刷后还是会出现圆钝甚至残裂。从现存印刷品来看，有些字列歪曲不直，这是早期泥活字行间没有夹条、聚版不够紧凑而导致的印刷效果（图8-8、图8-9）。

15世纪朝鲜学者金宗直（1431—1492）说过：泥活字"率皆烧土而为之，易以残缺，而不能持久"[3]。胶泥实质是一种黏土，因此后人多认为毕昇的泥活字可能是用高岭土烧制而成的。古朝鲜人把毕昇的活字版称为"陶活字"，现在朝鲜还

① （宋）周必大：《与程元成给事札》，《周益文忠公集》卷一九八，静嘉堂宋本。
② 张秀民：《中国活字印刷简史》，载《活字印刷源流》，北京：印刷工业出版社，1990年，第51页。
③ 张秀民：《中国活字印刷简史》，载《活字印刷源流》，北京：印刷工业出版社，1990年，第51页。

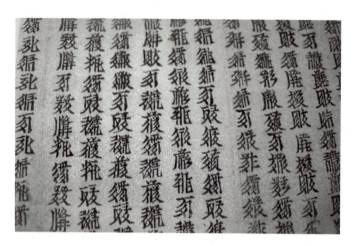

图 8-8　西夏文经折本佛经《维摩诘所说经》，武威博物馆藏

图 8-9　西夏文经折本佛经《维摩诘所说经》活字结构①

保存着220余个陶制大小的活字。②

　　毕昇活字印刷术启发和影响了后来人不断地实验与改良。杨古曾用泥活字印制过《小学》等书；元姚燧（1238—1313）《牧庵集》卷一五说，忽必烈谋士姚枢（1201—1278）曾因"《小学》书流布未广，教弟子杨古为沈氏活版，与《近思录》《东莱经史说》诸书散之四方"③。杨惟中（1205—1259）也曾依仗官府力量，做泥活字版印刷了许多书籍。浙江新昌吕抚于乾隆元年（1736）用活字泥版印刷《精订纲鉴二十一史通俗衍义》；李瑶和翟金生（1774—1822）研制泥活字印刷《校补金石例四种》《泥版试印初编》等书籍。上述活字印刷品的工艺技术不尽相同，但均以毕昇泥活字印刷术为基础。

① 引自金秋鹏：《中国科学技术史·图录卷》，北京：科学出版社，2008年，第480页。
② 张秀民：《中国印刷术的发明及其影响》，上海：上海人民出版社，2009年，第88页。
③ （元）姚燧：《牧庵集》（第四册）卷一五，《钦定四库全书》抄本，武汉：武汉大学出版社电子版，第415页。

第二节　活字印刷技术发展

　　木活字印刷曾于毕昇发明泥活字之前试制。沈括在《梦溪笔谈》中记载了毕昇曾经试过木活字印刷，然"不以木为之者，木理有疏密，沾水则高下不平，兼与药相粘，不可取"。也就是说，使用的木活字纹理疏密不一，遇水后易膨胀变形，与铁板上粘药固结后又不易取下，因此未获成功。

一、木活字印刷技术

　　制字是活字印刷的首道工序。从11世纪毕昇发明活字印刷以来，所使用的材料主要有泥活字、木活字与金属活字三种。金属活字则包括锡活字、铜活字、铁活字、铅活字等。不同材料制字，其技术差别很大，甚至截然不同。我们尚未有证据可以证明，北宋时期没有木活字印刷的存在，但同一时期的西夏与新疆地区都有重要的实物证据。

　　1. 西夏与回鹘活字印刷技术

　　宋时中原地区文化高度发展，对周边各少数民族地区政权的文化、科技也有巨大的推进作用。在复制印刷方面，尤以西夏和回鹘的活字印刷术最为突出。

　　① 西夏的泥活字和木活字印刷　西夏是以党项羌族为主体建立的封建王朝，境内还有人数众多的汉族、回鹘以及吐蕃等族。西夏各族与汉族相融杂处，深受中原汉文化的影响。西夏在吸取中原文化和其他民族文化营养的同时，注重建构本民族文化，创制出蕃文，即西夏文字，并推动西夏文字和汉文字间的汉蕃互译。在文化上，西夏统治者还借鉴以儒学为主体的汉文化，采用中原科举制度；在宗教信仰上，和汉文化一样尊崇佛教，散施佛经，这些都为西夏印刷业的繁荣发展奠定了基础。文化的发展和繁荣，促进了科技的进步。从北宋输入西夏的印刷书籍无法满足西夏社会对书籍的需要，同样积极引进北宋的印刷技艺。雕版印刷是西夏印刷业的主体，随着北宋毕昇发明泥活字印刷术不久，泥活字印刷术便被引进西夏，改进了毕昇采用松脂、蜡和纸灰混合物黏结成版的做法，并采用木活字制作出印刷水平较高的印刷品，比王祯的木活字印刷早了一百多年。

毕昇所试验以木为原料制作的活字，因木字木纹疏密不一，遇水后易膨胀变形，与铁板上粘药固结后不易取下，未获成功。而远在西部的西夏王朝在木活字上取得了重要突破。1991年9月，宁夏考古研究所在宁夏贺兰县拜寺沟方塔废墟中，发现了西夏文佛经《吉祥遍至口和本续》（以下简称《本续》）九册，约十万字，皆为蝴蝶装本。据宁夏考古研究所研究员牛达生研究考证，此经卷为12世纪下半纪的西夏中后期遗物，系木活字印本。

1996年11月6日，由文化部科技司主持召开了"西夏文佛经《本续》是木活字版印本研究项目鉴定会"。与会专家一致认为西夏文佛经《本续》，具有典型的活字本特征，为西夏中晚期的木活字印本。在已经发现的十多种西夏活字印刷品中，国家图书馆藏《大方广佛华严经》60多卷，史金波先生在经卷中发现两行题记，其中一处即可译作"选字出力者"，即拣排活字的工匠。[①]

② 回鹘木活字印刷　元代木活字印本书虽已失传，但发现了以硬木制作的维吾尔木活字。公元9—13世纪，回鹘人曾在吐鲁番、敦煌建立过政权。这里地处东西方交通要道，也是丝绸之路上重要的政治、军事、文化和经贸中心。敦煌莫高窟先后四次发现了回鹘文木活字实物，是迄今我国唯一发现回鹘文木活字的地方。第一次是1908年，由法国人伯希和在莫高窟北区伯编181号洞（今第464窟）盗掘所获回鹘文木活字968枚。其中960枚现存法国巴黎基迈博物馆，另8枚伯希和分别送给日本东京东洋文库（4枚）和美国纽约大都会博物馆（4枚）。第二次是俄国人奥登堡（Oudenburg，1863—1934）率领的考察队于1914年在莫高窟北区洞窟中盗掘时发现的，共计130枚，现存俄罗斯圣彼得堡艾尔米塔什博物馆。第三次是1944—1949年，国立敦煌艺术研究所收集的回鹘文木活字6枚。至于这6枚回鹘文木活字是何人何时何地所收集，已无从考辨，估计也出自莫高窟北区。第四次是敦煌研究院考古所于1988—1995年发掘莫高窟北区时，在B56窟、B59窟、B160窟、B162窟、B163窟、第464窟6个洞窟内发现的，共计发现回鹘文木活字48枚。这是唯一一次经过科学考古发掘所发现的回鹘文木活字，因而具有更为重要的学术价值（图8-10）。

这四次发现的回鹘文木活字在大小、形制、质地、构成上完全相同，均宽1.30

[①] 杜羽、方莉：《在"死文字"中发现"活历史"》，《光明日报》，2017年3月31日05版。

图 8-10 回鹘文木活字，巴黎基迈博物馆藏

厘米，高2.1—2.2厘米，厚薄则依该木活字所表示符号的大小而定。因每枚木活字表面均有墨迹，说明曾经印刷过。目前史料中没有关于回鹘文木活字使用的有关确切记载，其使用年代是根据敦煌地区回鹘人活动的史料以及莫高窟兴衰的历史等推测，应在12世纪到13世纪上半叶之间。这些木活字是回鹘文单字，不是字母，因此学者多倾向于它们是受内地影响仿制的。

2. 王祯木活字印刷技术

王祯（1271—1368），字伯善，山东东平人，对活字印刷技术发展做出了重要贡献。元大德二年（1298），王祯请工匠刻制自己设计的木活字3万多个，用这套木活字排印有6万多字的《旌德县志》100部，取得了木活字印刷的成功。王祯木活字印刷解决了沾水则高低不平的问题，活字不再用"松脂、蜡和纸灰"等药黏附，而用楔子固定，解决了拆版时活字"不可取"的困难。为了更好地排版活字，王祯还发明了木制旋转式贮字盘，使用转轮排字架和转轮排字法，排

图 8-11 元王祯像，马俊伟绘

字工坐在两副轮盘之间，转动轮盘找字。拣字排版工序运用了简单的机械设备，这是活字排版由手工向机械操作发展的一次重要尝试，大大提高了排字效率（图8-11）。

王祯是元朝初年著名的农学家，所著的《农书》为古代综合性农学研究做出了重要贡献。在这本书里，王祯将木活字的制作过程与印刷工艺详细整理，写成"造

活字印书法"的专门章节，较为完整、详细地记录了木活字印刷工艺技术，是历史上最早、最系、最详细的木活字制作与印刷工艺中的记录，包括刻字、修字、选字、排字、印刷等方法，这其中包括相关的六个辅助工序：

1. 写韵刻字

依国子监颁布的官韵选取可用字，依上、下平、上、去、入五声韵头制定字样，抄写完备后，请善于书写者依要求在白纸上写出各种字样，糊于板上，命刻字工刻出阳文反字。每字四边须稍留空隙，以便锯开。之、乎、也、者等语气词，数目字、常用字，各为一门类，且要多刻一些。总字数计三万余字。最后，将这些刊刻好的活字抄写成一本与监韵相对应的活字表，在活字表上注明所在行、列的数码，以方便在检字时快速查找到。适合制作木活字的木料多为梨木、枣木或者苹果木等，木质细腻，纹理均匀，软硬适中，易于雕刻。这些木料首先要经过锯解，裁切成适合制作雕版的尺寸，厚薄均匀。自然阴干以使不易变形，再用刨子反复刨平，这样能保证制作出的木活字高低一致，字版平整，方便印刷。

2. 锼字修字

主要介绍锯字修字的基本操作。"将刻讫板木上字样，用细齿小锯，每字四方锼下，盛于筐筥器内。每字令人用小裁刀修理整齐。先立准则，于准则内试大小高低一同，然后另贮别器。"

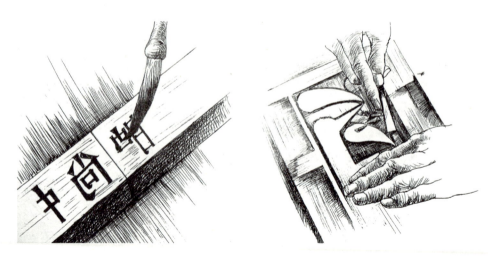

图 8-12　写韵刻字，马俊伟 绘

3. 作盔嵌字

介绍活字在贮字盘内的排序法。王祯认为："以人寻字则难，以字就人则易。以此转轮之法，不劳力而坐致，字数取讫，又可铺还韵内，两得便也。"转轮排字架主要由大轮盘与轮轴组成，轮盘大似圆桌，直径约7尺，轮轴高3尺左右，质地为较轻的木料。轮盘主要用于贮存木活字，可自由旋转方便提取。轮盘上铺有圆形竹制的框子，将木活字按韵分类放在里面，每韵每字都依次编好号码。同时准备两架轮盘，一架存放选出可用的字，一架存放语气助词如"之""乎""者""也"和数字等常用杂字。另有两本册子，登录轮盘上木活字的号码次序。排版时一人从册子上报号码，另一人坐在两架轮盘之间，根据需求可左右推转轮盘取字，这样就可以较快地取到所需活字。等印版印刷完毕，拆解下来的木活字，重新按照先前的归类放到原来的声韵内，这样无论是取字还是归字，储存都会很方便。

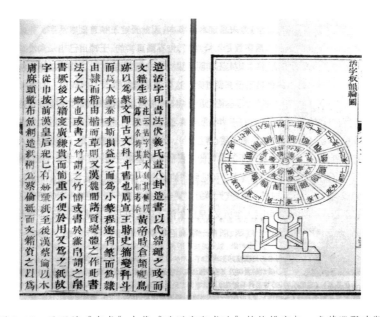

图 8-13 元王祯《农书》中载《造活字印书法》转轮排字架，武英殿聚珍版

4. 造轮

介绍旋转式贮字盘的构造和使用方法："用轻木造为大轮，其轮盘径可七尺，轮轴高可三尺许，用大木砧凿窍，上作横架，中贯轮轴，下有钻臼。立转轮盘，以圆竹笆铺之。上置活字，板面各依号数，上下相次铺摆。凡置轮两面，一轮置监韵

板面，一轮置杂字板面，一人中坐，左右俱可推转摘字，盖以人寻字则难，以字就人则易……字数取讫，又可铺还韵内。"

5. 取字

介绍排字、取字的一些基本操作："将元（原）写监韵另写一册，编成字号，每面各行各字，俱计号数，与轮上门类相同，一人执韵依号数喝字，一人于轮上元（原）布轮字板内，取摘字只，嵌于所印书板盔内。如有字韵内别无，随手令刊匠添补，疾得完备。"

图 8-14　元王祯转轮排字盘，扬州中国雕版印刷博物馆

6. 作盔、安字、印刷

用一块干燥的木板，尺寸稍大于待刻印书籍的版面，根据刻印文本尺寸大小，周围用木条围起来，留下右手边口，即"盔"，盔面右边安置界栏，然后"以木楒楒之。界行内字样，须要个个修理平正。先用刀削下诸样小竹片，以别器盛贮，如有低邪，随字形衬嵩（垫）楒之"。

整个字版固定平整以后，就可以刷印了。用棕刷蘸墨后沿界行竖直在字版上均匀刷墨，尽量不要横向刷墨，因为这样可能导致界行线上着墨过多印刷时洇染。墨刷均匀后，将印纸平铺版面上，再用干净的棕刷在印纸的背面沿界行竖直均匀刷拭（图8-15）。"此用活字板之定法也。"

图 8-15　活字印刷中的刷印，马俊伟 绘

当刷印工作完成后，需要匀速揭下印纸，放置一边自然晾干。当一版印够一定的数量后，即可将印过的字版拆成单个的活字，拆版时以不使木活字损坏为原则。拆下的木活字擦拭干净后，按照之前的归类方法，重新放回转轮盘中储存，以备再次检字排版印刷，如此可反复使用。

二、元明清时期活字印刷技术的发展

毕昇发明活字印刷之后，宋与西夏陆续采用泥活字和木活字印刷书籍。金属活字中的锡活字也被制作出来，但只在小范围内应用。到了元代，王祯创制转轮排字架，发明转轮排字法，对木活字印刷做出重要贡献。明朝活字印刷有了较大发展，各种活字印刷并行使用，其中尤以铜活字为多。到了清朝，不仅泥、木、铜、锡、铅各种活字并行发展，还出现了《钦定古今图书集成》和《武英殿聚珍版丛书》这样大规模活字印刷工程，同时还有"泰山磁版"与吕抚"泥版"，中国传统的活字印刷空前繁荣。[1]

---

[1] 蔡渊冰：《浅议印刷术对中国档案事业史的影响》，《第九届沈阳科学学术年会论文集》（经济管理与人文科学分册），2012 年。

1. 元明清时期金属活字印刷的盛行

元明清时期金属活字的尝试分锡活字、铜活字、铅活字等几种。其中，锡活字出现在南宋时期，是活字印刷发明后出现得最早的金属活字印刷技术。所有金属活字印刷都是在毕昇活字印刷术基础上改进而成。自北宋毕昇发明泥活字印刷以来，历代印刷术的制字材料和印刷工艺也在不断的发展变化。木活字印刷由于经济方便，自活字印刷发明以来一直被关注和使用。明清时期除盛行各地的木活字印刷外，金属活字印刷也被广泛应用。

金属活字的制作材料有锡、铜和铅，其中又以铜活字最为普及。我国最早的金属活字印刷，可以追溯到元代。王祯在《造活字印书法》中写有"近世又铸锡作字，以铁条贯之，作行，嵌于盔内，界行印书。但上项字样，难于使墨，率多印坏，所以不能久行"。这是我国金属铸造活字的最早记录。

然锡活字熔点低，硬度不够，印多了就容易坏，加上金属活字印刷时，需要上等的油墨，而中国古代绝大部分是水墨，造成印刷质量不过关，字迹模糊不清。由于中国印刷使用的转印材料是水墨，不适宜金属版面印刷，故锡活字印刷未能推广开来，但其首创金属活字版，为后来的铜、铅等活字创制奠定了基础。明、清二朝都曾采用锡活字版印刷。明代无锡会通馆印书《宋诸臣奏议》，据潘天祯（1919—2004）先生考证为锡活字本；徽州歙县程敦印《秦汉瓦当文字》1卷，清乾隆五十二年（1787）锡浇版印刷（图8-16）。

锡活字版之后出现的是铜活字版印刷。铜活字版始用于何时，因史料缺乏，尚难以断定。清孙从添（1692—1767）《藏书纪要》有"宋刻有铜字刻本、活字本"一语。据此，铜活字版应始于宋代。遗憾的是，无其他文献作旁证。[①]

明代福建、浙江、江苏、广州等地都有铜活字印刷，其中尤以江苏最多。江苏无锡、南京、常州、苏州一带为当时铜活字印刷集中地。在明代铜活字印刷中，使用较早，且有较大影响的是无锡华氏家族，包括华理、华燧、华坚，其中又以华燧（1439—1513）的会通馆为代表。如弘治三年（1490）华燧会通馆印制的《会通馆印正本诸臣奏议》铜活字印本（图8-17）。无锡安国（1481—1534）用铜活字

---

① 李英：《汉字排版印刷技术古与今》，《中国新闻出版报》，2005年10月27日。

图 8-16　徽州歙县程敦印《秦汉瓦当文字》 1 卷，清乾隆五十二年（1787）锡浇版印刷

图 8-17　《会通馆印正本诸臣奏议》，弘治 三年（1490）华燧会通馆铜活字印本

印书约始于正德七年（1512）前后。嘉庆十二年（1807）台湾镇总兵官武隆阿刻制铜活字，印刷《圣谕广训注》。据张秀民统计，明铜活字本约61种[1]，成了明代金属活字的主流。

铜活字在清朝有了较大的发展，突出体现在清政府大规模铜活字印刷工程《钦定古今图书集成》和福州林春祺（1807—？）出资制作四十万枚铜活字。[2]今天可见的铜活字传世本中，年代较早的是康熙二十五年（1686）《文苑英华律赋选》四卷，封面左下颙"吹藜阁同板"五字。此书为虞山钱陆灿选，其在"自序"中说："于是稍简汰而授之活板，以行于世。"[3]福州林春祺《音学五书》写"铜板叙"，并题有"福田书海，铜活字板"的字样（图8-18）。

清代著名的铜活字印刷工程是雍正四年（1726）至六年（1728）内府排印的

---

① 张秀民、韩琦：《中国活字印刷史》，北京：中国书籍出版社，1998 年，第 46 页。

② 李英：《汉字排版印刷技术古与今》《中国新闻出版报》，2005 年 10 月 27 日。

③ 张秀民、韩琦：《中国活字印刷史》，北京：中国书籍出版社，1998 年，第 88 页。

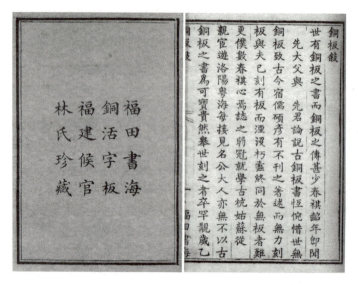

图 8-18　清《音学五书》林春祺"福田书海"铜活字版印本

《钦定古今图书集成》1万卷，目录40卷[①]；书中文字用铜活字排版，插图用木板刻印。因"武英殿聚珍版丛书"所刻木活字为25万余，其卷数不及《钦定古今图书集成》的四分之一，故今有人估计，《钦定古今图书集成》的铜活字数应达100万至200万个[②]。吴长元（1743—1800）《宸垣识略》（1788）卷三有："武英殿活字板处在西华门外北长街路东。长元按活字板向系铜铸，为印'图书集成'而设。"[③]

据现有史料，中国采用铅活字印刷始于明弘治末年至正德年间，常州曾有人制作铅活字排版印刷。陆深（1477—1544）《金台纪闻》记有："近日毗陵人用铜、铅为活字，视版印尤巧便，而布置间讹谬尤易。夫印已不如录，犹有一定之义，移易分合，又何取焉？兹虽小故，可以观变矣！"金简（？—1794）认为，陆深所云铅字之法"则质柔易损，更为费日损工矣"[④]。这种铅活字很可能是一种以铅为基的铅锡二元合金，或者还含有少量其他金属元素。需要指出的是，自明迄清的铅活字，乃国人自制，并非西方传入的近代印刷术中的铅活字。即在西方近代

---

① 杨绳信：《中国版刻综录》，西安：陕西人民出版社，1987年，第528—532页。
② 潘吉星：《中国科学技术史·造纸与印刷卷》，北京：科学出版社，1998年，第424—427页。
③ （清）吴长元：《宸垣识略》卷三，北京：北京古籍出版社，1982年，第55页。
④ （清）金简：《钦定武英殿聚珍版程式》，清乾隆时期浙江重刊。

铅活字印刷术传入之前，中国已用铅活字在排印书籍。[①]

2. 元明时期木活字的发展与清代木活字的普及

元英宗至治二年（1322），浙江奉化知州马称德，用十万木活字排印《大学衍义》四十三卷二十册。明代木活字本多采用宋元传统技术，比之元代更为普遍。遍及江浙皖闽及四川、云南等地，有封于外地的藩王，也有各地书院、私家和书坊等。木活字印本有书名可考的有100多种，内容多是名家诗词文集，也有军事、历史、艺术和科技图书等（图8-19）。[②]

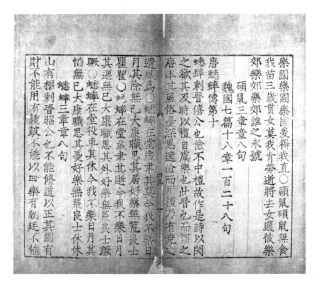

图8-19　明木活字本《毛诗》，清官天禄琳琅旧藏

明嘉靖年间的《璧水群英待问会元》、万历十四年（1586）的《唐诗类苑》《世庙识余录》等都是木活字的印本。由于木活字本身经济方便，在清代，木活字技术得到政府的支持，获得空前的重视，在官府、私家、坊间都很兴旺。大规模使用木活字印书，始于乾隆年间。

《四库总目提要》介绍了成书的缘由。乾隆三十八年（1773）诏纂修《四库全书》，复命择其善本，校正剞劂，以嘉惠艺林。当时，总理武英殿刻书事务的金简

① 李英：《汉字排版印刷技术古与今》，《中国新闻出版报》，2005年10月27日。
② 引自张秀民：《中国印刷史》，杭州：浙江古籍出版社，2006年，第538页。

321

担任四库全书馆副总裁，负责这项工程。金简考虑成本问题，决定使用木活字刻印，以"力省功多"。乾隆听从金简的建议采用木活字印刷，这一巨大的工程中，采用枣木原料，总计雕刻不同大小文字二十五万三千五百个，还有备用的枣木子，摆字楠木槽板、夹条，检字归类用的松木盘、套板格子、字柜、板箱等，形成一套系统的活版印刷工具。

乾隆四十一年（1776），金简进呈《钦定武英殿聚珍版程式》。他认为活字之法，斯其权舆。然泥字既不精整，又易破碎。松脂诸物亦繁重周章，故王祯《农书》所载活字之法，易以木版。其贮字之盘，则设以转轮，较为径捷，而亦未详备。至陆深《金台纪闻》所云铅字之法，则质柔易损，更为费日损工矣。是编参酌旧制，而变通以新意。首载诸臣奏议，次载取材雕字之次第，以及庋置排类之法。凡为图十有六，为说十有九。皆一一得诸试验，故一一可见诸施行。并由此"亦足见圣朝制器利用，事事皆超前代也"[①]。

金简通过《钦定武英殿聚珍版程式》提出刻制枣木活字套版刷印各种书籍的办法，记载了木活字印刷设备的制作、殿本书籍印刷流程及管理。他以《御定佩文诗韵》为例，提出"除生僻者不常见于经传者不均集外，计应刊刻者约六千数百余字"。这些字中，虚字、常用熟字，在书中会数十、数百次地出现，照旧法雕版，累计刊字十万以上，若刻成活字，就可省去大量工料。且"遇有发刻一切书籍，只需将槽板照底本一摆，即可刷印成卷"。[②]他组织臣工着手雕造木活字，当25万木活字最后雕刻完毕后，乾隆认为"活字"称谓不雅驯，因以"聚珍"名之。因此，乾隆年间用这套活字排印的书籍就叫《武英殿聚珍版丛书》[③]（图8-20）。

乾隆四十一年，《钦定武英殿聚珍版程式》出版，对两年多来木活字印刷实践进行了系统的总结，提出了一整套工艺规范。其规范的"程式"共有十六道程序，即奏议、成造木子、刻字、字柜、槽版（植字盘，印盔）、夹绦、顶木（填空材料）、中心木（中缝木）、类盘（检字盘）、套格、摆书（植字）、垫板、校对、

---

① （清）金简：《钦定武英殿聚珍版程式》，清乾隆时期浙江重刊。
② （清）金简：《钦定武英殿聚珍版程式》奏议，清乾隆时期浙江重刊。
③ 向功晏：《武英殿聚珍版丛书刊印经过》，《图书馆杂志》，1986年，第2期。

图 8-20　清内府武英殿修书处以木活字排印书籍的工艺过程图，金简《武英殿聚珍版程式》

刷印、归类（拆版并将活字人柜）、逐日轮转（交叉排字）①。

《武英殿聚珍本程式》载，金简造木子之法是："利用枣木解板，厚四分许，竖裁作方条，宽一寸许，先架叠晾（晾）干，两面用鏒（刨）取平，以净厚二分八厘为准，然后横截成木子，每个约宽四分。"将数十个木子（字坯）放在硬木制成的排槽内，以活闩挤紧。刨之以平槽口为度，使木子尺寸匀称统一。大木子尺寸为：厚0.28寸、宽0.3寸、长0.7寸。小木子厚长与大木子相同，唯宽只有0.2寸。大字用于正文，小字用于小注。凡刨必须轻捷。刨完后，再用标准的铜制大小方漏子逐个检验大小木子，视其尺寸是否符合要求。之后刻字，先将需刻的字写在薄纸上，再翻过来贴在木子上，形成反字迹，再置刻字床上刻字。之后再将刻好的字，依《康熙字典》分为子丑寅卯……十二部，排列入12个字柜中，每柜有200个抽屉②。

3. 清代磁板和泥活字印刷

磁活字印书渊源较早，北宋毕昇始创泥活字之初，就是用胶泥制字"火烧令坚"，朝鲜的陶活字也承自毕昇制字之影响。明代铜活字、木活字盛行，以泥火烧制字的方法逐渐沉寂。清初曾有人试造磁活字，在清代文献中，至少有两例资料，即泰山徐志定"泰山磁板"、益都翟进士"青磁《易经》"都涉及了"磁（瓷）活字"的问题。康熙五十八年（1719）泰山徐志定（1690—1753）印《周易说略》四卷，清张尔岐（1612—1678）撰③。版框上有"泰山磁板"4字，印者在"序"中云："戊戌（1718）冬，偶创磁刊，坚致胜木，因亟为次第校正，逾乙亥（1719）春，而《易》先成。"（图8-21）

清初王士禛（1634—1711）《池北偶谈》（1691）卷二三"瓷《易经》"载："益都翟进士某，为饶州府推官，甚暴横。一日，集窑户造青磁《易经》一部，楷法精妙④。"关于"青瓷《易经》"，张秀民认为是青瓷器，工艺"可能是把正字写在磁板上，加釉烧制而成"⑤。与"泰山磁版"同样，潘吉星先生认为它"仍然

---

① （清）金简：《钦定武英殿聚珍版程式》，清乾隆时期浙江重刊。
② （清）金简：《钦定武英殿聚珍版程式》，清乾隆时期浙江重刊。
③ 杨绳信：《中国刻板综录》，西安：陕西人民出版社，1987年，第179—189页、第528页。
④ （清）王士禛：《池北偶谈》，北京：中华书局，1982年，第551页。
⑤ 张秀民、韩琦：《中国活字印刷史》，北京：中国书籍出版社，1998年，第52页。

图 8–21 《周易说略》，清徐志定瓷版印本

是以制青瓷的瓷土素烧成的陶活字排版印成"的书，而"不是挂青釉的瓷雕版或瓷活字印本"。[①]

今在天津、湖南、安徽等地都发现过与泥活字印刷有关的实物。具体实例主要有：吕抚活字泥版、李瑶活字泥版、翟金生活字泥版印刷。

清代李瑶用活字排印的两种书——《南疆绎史勘本》和《校补金石例四种》，因为是"仿宋胶泥版印法"印制，被视为毕昇以降现存最早的"泥活字本"（图8–22）。

吕抚在《精订纲鉴二十一史通俗衍义》第25卷42回"说鬼神"之末，详细介绍了其活字泥版工艺，并在《印字物件列后》附文中，记述了活字泥版工艺所需的工具、形状和使用方法。

吕抚创制的活字泥版与技术，早于西方的泥版数十年。作为中国传统印刷术中

---

① 潘吉星：《中国科学技术史·造纸与印刷卷》，北京：科学出版社，1998年，第419页。

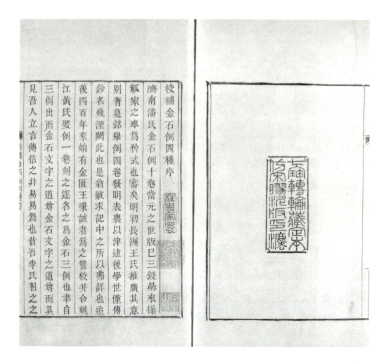

图 8-22　清李瑶居杭州仿宋胶泥印成《校补金石例四种》

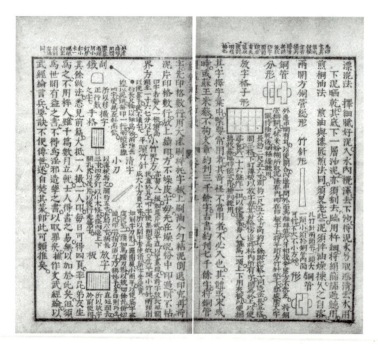

图 8-23　清吕抚《精订纲鉴二十一史通俗衍义》中关于泥活版工艺的记载，天津图书馆藏

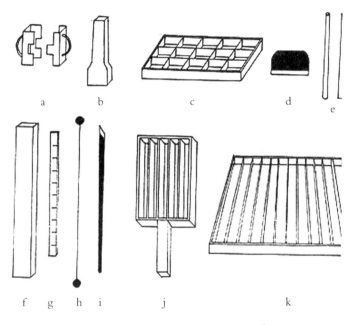

图 8-24　清吕抚泥版制作工具图[1]

独树一帜的泥版印刷，工艺简单、成本低廉，质量远胜于蜡版印刷[2]（图8-23、图 8-24）。

翟金生，字西园，又名文虎，他因科场失意，中年决心"专以经述文章，垂教后学"。翟金生受《梦溪笔谈》中泥字排版印启发，尽管已经"家徒壁立，室似悬磬"，但他依然决心效仿研制。翟金生潜心研究了泥活字三十年，制作了十万多枚，并先后印刷了《泥版试印初编》《牡丹唱和诗》《仙屏书屋初集》《水东翟氏宗谱》等书。

翟金生泥活字制作首先是"抟土爇炉、煎铜削木"，然后以铜为范"调泥埏埴，磨刮成章"。张秀民先生认为，是先做木模或浇铸铜模，后造泥字，入炉烧炼，再加修正。[3]刘云先生则认为，应是指泥活字的排版工艺。用泥活字排版印刷时，需用脂蜡类位置做粘固剂，这里的"煎铜"即用融化铜范中的粘固剂，熔化

---

① 引自张树栋、庞多益、郑如斯：《中华印刷通史》，北京：印刷工业出版社，1999年，第384页。
② 张树栋：《中国印刷术起源与发展史略》，《中国印刷》，2001年，第2期。
③ 张秀民：《清代泾县翟氏的泥活字印本》，《文物》，1961年，第3期。

图 8-25　清翟金生《泥版试印初编》清道光二十四年（1844），泥活字版印本

后再用平版按压，使版面平整，适于印刷。此外，在排版过程中，活字之间的间隔或版面布置需要填充"削木"，如同元代王祯和清代金简在木活字排版印刷过程中使用木屑、竹片和纸片填版一样。[1]因为制作工艺复杂，又需较高的费用，所以，他花费三十年时间，才于道光二十四年（1844）用白连史纸试印了《泥版试印初编》11卷（图8-25）。澄浆细泥经过烧炼，硬度会同石头骨角一样坚实。翟金生在这套泥活字诗集上标注"自造泥斗板"（也称"澄泥板"或"泥聚珍"），还注明与其子同造泥字，另有检字、校字与归字的技术分工，他则亲自负责印刷。另外，据美国卫三畏（S. Wells Williams，1812—1884）记载，广东佛山一位唐（táng，音读）姓印刷工人，为了印刷用于赌博的彩票，于1850年开始铸制锡活字，前后铸了三副，一副扁体字，一副大字长体，一副小字长体，作正文小注用，字数超过20万个。其铸造法的工艺程序是先刻出活字的木模，为阳文反

---

[1] 刘云、林碧霞：《翟氏泥活字制造工艺研究及泥活字印刷术模拟实验》，《文物》，1990年，第11期。

书，然后用木模翻制澄清泥的模铸，为阴文正书，再用泥模浇出锡活字，为阳文反书，最后是修整锡活字。为节省金属，其锡活字只有4分多高。咸丰二年（1852）刊印了元马端临《文献通考》三百四十八卷，凡19348面。[1]该印本字迹清晰，排列规整，其铸字、排版、着墨技术都达到了相当高的水平，是世界印刷史上已知的第一个锡活字本。

第三节 活字印刷技术的全球传播

传统印刷技术主要是雕版和活字两种。历史上，雕版印刷一直是古代中国主要的印刷方法之一，中国虽然最早发明活字印刷，但因为成本高，一直未能在国内推广应用。直至19世纪，国外活字印刷术传入后才发生根本改变。

西传到欧洲的活字印刷与中国有着截然不同的命运，其技术革新与广泛应用对欧洲文化传播与社会生活产生了深远影响。相比较而言，欧洲的文字以字母为基础，成本极低，因此，当欧洲谷登堡发明铅活字印刷术之后，该项发明成为席卷欧洲乃至全球印刷传播领域的重大变革。

一、朝鲜活字印刷

至少在隋唐时期，雕版印刷在中国已非常盛行，后来，活字印刷先后传到东亚的朝鲜、日本，以及中亚与西亚地区，特别是伴随着印刷术的传入，有力推动了欧洲文艺复兴和宗教改革，对欧洲的现代崛起和人类文明进程产生深远影响。

大约13世纪，毕昇的胶泥活字传到朝鲜，被称为"陶活字"。大约在高丽王朝高宗二十一年（1234），便用铸制的金属活字印刷了《详定礼文》五十卷，宰相崔怡在《新序详定礼文跋》中说："遂用铸字印成二十八本，分付诸司藏之。"此"跋"是翰林学士李奎报代为起草的。[2]现存最早的用金属活字印制的书，可以追

---

[1] 张秀民、韩琦：《中国活字印刷史》，北京：中国书籍出版社，1998年，第725—729页。
[2] 李奎报：《代晋阳公崔怡新序详定礼文跋》，《东国李相国后集》卷一一，载《朝鲜群书大系》"续集"，汉城，朝鲜古书刊行会，1913年。关于朝鲜铸造金属活字的具体时间，张秀民认为是1234年，潘吉星认为是1242年前后。

溯到1377 年铸字印刷的《白云和尚抄录佛祖直指心体要节》。太宗三年（1403）政府置"铸字所"，1436年，朝鲜《文献撮录》有"范铅为字"印《通鉴纲目》的记载，这是世界上最早的铅活字印刷书籍。15世纪，朝鲜学者金宗直在曹县印刷的活字本《白氏文集跋》中说："活板之法始于沈括而盛于杨惟中，天下古今书籍无不可印，其利博矣。"徐有榘（1764—1845）《镂板考》言："活板之式，始见沈括《笔谈》，而东书最多用其法。"

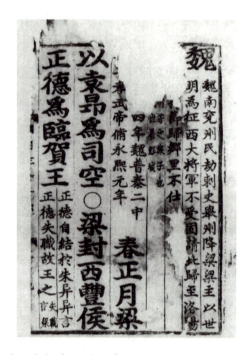

图8-26　朝鲜铅、铜活字版《通鉴纲目》（最大字为铅字，中小字为甲寅铜活字）[1]

据日本加茂仪一的分析，朝鲜1455年乙亥铜字成分为：铜79%、锡13%。此外，还有少量锌、铁、铅。这是以锡为主要合金元素的铜合金，铁为杂质，铅锌可能是有意加入的。这种成分选择不错，强度适中。

巴黎国立图书馆藏有高丽青州牧兴德寺印刷的《白云和尚抄录佛祖直指心体要节》，约在1377年，被认为是金属活字印刷，也是朝鲜最先发明金属活字印刷的重要证据。高丽朝创制了活字，没有来得及广泛应用。李氏王朝太宗三年（1403）开

---

[1] 引自曲德森：《中国印刷发展史图鉴》，太原：山西教育出版社，2013 年，第 552 页。

始铸造铜活字，500余年的历史上有多次大规模铸造，每次数量有几十万字。1434年铸造的"甲寅字"，字体美观，又称"卫夫人字"。1436年的"丙辰字"则被认为是铅活字，比古登堡铅活字要早十几年。[①]数字最大的是曹炯镇的统计：共铸金属活字40次，壬辰倭乱（1592）前19次，之后21次。其中铜活字28次，其余为铅活字2次（首铸于1436年），铜铁合金2次（首铸于1573年），铁活字8次（首铸于1592年前）。木活字27次，其中18次在壬辰倭乱之后，陶土活字1次（1729）。[②]朝鲜半岛至今还保存有15世纪的大量铜活字印本。

关于铜活字的铸造方法，朝鲜李朝学者成伣（1439—1504）《慵斋丛话》卷三曾有明确记载："大抵铸字之法，先用黄杨木刻诸字，以海浦软泥平铺印板，印着木排刻字于泥中，则所印处凹而成字。于是合两印板，镕铜从一穴泻下，流液分入凹处，一一成字，遂刻剔，重复而整之。"其印刷过程的分工十分明确，且有一整套工艺规范。同卷接着说："遂分诸字，贮于藏柜。其守者曰'守藏'，年少公奴为之。其书草唱准者曰'唱准'，皆解文这为之。守藏列字于书草上，移之'于板'，曰'上板'。用竹木破纸填空而坚致之，使不摇动者，曰'均字匠'。受而印之，曰'印出匠'。其监印官则校书馆员为之，监校官则别命文官为之。始者不知列字之法，融蜡于板，以字着之，是以庚子字尾皆如锥。其后始用竹木填空之术，而无融蜡之费，是知人之用巧无穷也。"[③]

日本约在8世纪获得中国雕版印刷技术，到了宋代该技术开始大规模传入，但活字印刷术的引进则较晚。1549年，第一批基督传教士在日本鹿儿岛登陆，他们通过发放金属活字印刷的教义书等方法进行宣传。1582年，日本派遣4名13岁少年到欧洲进行考察，于日本天正十八年（1590）带回了当时欧洲先进的活字印刷机与铅活字，但由于当时日本政府对欧洲思想的压制，使欧洲传入的活字印刷术在日本失传。1592年，丰臣秀吉发动侵朝战争，将活字印刷书籍、数以万计的铜字连同工匠一起带回日本。据日本史料记载，丰臣秀吉的军队将朝鲜活字印刷术献给了当时的后阳成天皇，得到了后阳成天皇的大力推崇。日本史上著名的《古文孝经》就是在

① 高博：《谁发明了金属活字印刷？》，《科技日报》，2014年02月27日。
② 引自郑也夫：《活字印刷的起源》，《北京社会科学》，2015年，第9期。
③ 引自张秀民、韩琦：《中国活字印刷史》，北京：中国书籍出版社，1998年，第141—142页。

这一时期通过活字印刷术印刷完成的。之后，后阳成天皇又命令德川家康、丰臣秀吉等人使用活字印刷经书、记录集等，仅6年时间就铸木活字10万余个，之后又铸铜活字9万余个。由于统治者的推广，朝鲜活字印刷术在日本民间也得到较好的发展，产生了"光悦本""嵯峨本"等民间装订精美的书籍。德川家康晚年归隐后，更是致力于活字印刷的研究与铸造，成就了传承至今的有名的"骏河版"——《大藏一览集》与《群书治要》。[①]这对日本活字印刷技术发展产生了巨大影响。

二、古登堡活字印刷时代

西方人奉活字印刷为"神圣的艺术""文明之母"，发明者被认为是德国人约翰·古登堡。1456年，古登堡用活字印制了欧洲第一部活字印刷品《四十二行圣经》，但比中国的活字印刷晚了四百年。活字印刷术随后传播到其他国家，推进了文艺复兴运动的到来（图8-27）。

图 8-27　约翰·古登堡木刻肖像，尼古拉斯·德·拉梅森（Nicolas de Larmessin）作，1682 年

---

① 蒋瑜洁：《日本活字印刷技术起源考》，《西部学刊》，2018 年，第 1 期。

1397年，古登堡出生于德国美因茨一个城市贵族和商人家庭，从1436年开始研究活字印刷。1440年，古登堡制成螺旋式手板木质印书机。1434—1444年，古登堡住在斯特拉斯堡，在那里他办了一家公司，研制出由铅、锑、锌等金属组成的合金字母，不仅冷却快，硬度也大大增加，可以承受机械印刷的压力。由于这一重大成果契合了字母文字的优势，引发了欧洲信息与新闻传播的革命，极大地推动了西方科学和社会的发展。

古登堡对于印刷术的突出贡献主要体现在活字铸字技术的推进、机械印刷设备的研制，以及油墨的制造生产三个方面。古登堡的铸字法首先在钢质凸版字范雕刻出一个凸版字母，然后用一种相对较软的金属制造出一个字模（反体的阴文字母）。古登堡发明的铸字盒底部由字模构成，将熔化的铅合金灌入铸字盒中，浇铸出一个标准高度的活字字身。一旦活字冷却，它们有统一的高度，但是宽度可以根据字母的不同而有所变化。然后，每一个活字都能够用来组合成多达半页的词语、行或段落。由于欧洲语言中的单词长短不一，排版中要使用空格使每行行尾对齐。既然活字有同一高度，它们便可以被放进一个长方形的活字盒中——活字被固定在一个版框内，以形成一个坚硬的印刷表面，即印版。利用古登堡铸字盒及一小杯熔化的锡和铅，一名工人在每天10小时的工作中可以铸造出大约4000个罗马字母铅字。不久，通过模具压制的活字出现了。在1450到1800年的几个世纪中，这两种类型的铅字是主要的印刷工具。[①]

古登堡在欧洲压榨葡萄和油料的螺旋压榨器的原理基础上，设计改造了历史上第一台印刷机——螺旋压印机（图8-28）。这种压印机与雕版刷印不同，木制，底部座台可以固定活字版，通过铁制螺旋杆控制，压印板可上可下，螺杆下有拉杆，在人力推动下获得印刷时所需的压力。使用时用羊皮包着，用羊毛的软垫蘸墨，将墨刷在排好字的活字版上，再铺上纸，摇动螺杆位杆，压印出字迹。可以用于厚纸、羊皮纸的双面印刷。古登堡还利用煮沸的亚麻仁油，以及少量蒸馏松树脂获得的松节油精，与炭黑搅匀后，调成适用于铅活字的油性墨。

---

① [美]芮哲非：《古腾堡在上海：中国印刷资本业的发展（1876—1937）》，张志强等译，北京：商务印书馆，2014年，第37页。

图 8-28　15 世纪，古登堡时期的压印机①

图 8-29　欧洲最早的活字印刷工场②

---

① 引自《艺文印刷月刊》，1939 年第 2 卷，第 3 期，第 40 页。
② 引自钱存训：《中国纸和印刷文化史》，桂林：广西师范大学出版社，2004 年，第 288 页。

图 8-30　位于安特卫普的克里斯托弗·普朗坦印刷社的手动印刷机、字印与墨水球[1]

古登堡的印刷术大大降低了印刷成本，印刷速度也提高了许多。1456年后，古登堡发明的印刷术很快向欧洲各国传播。以"摇篮刊本"的印刷数量为例，即在活字印刷术处于摇篮时期所刊印的图书（截至1500年），也可以证明。各种书的印数刚开始只有100—200部，在1480年以后每年400—500部，当时的"畅销书"甚至超过了1000部。16世纪初，印刷图书已经相当普遍，图书馆的很多藏书都是印刷本，抄写本已经大大减少了。而"在公元1400年，一个人100天抄写一本书，而到公元1500年，一天就能印刷100本书"[2]。这项发明在西方应用了300年才被新的技术代替。

关于古登堡活字印刷术发明是否受中国影响，在学界尚有争议。不过，1584年门多萨所著《中华大帝国史》已经记载了这"令人赞叹不已的印刷术的发明"。他认为，古登堡的印刷术实际是受到中国的影响。他记述了当时传播的两条线路，一条是通过俄罗斯传到德国，另外还有中国商人通过陆路，经红海和阿拉伯腹地把很

① 引自［英］马丁·里昂斯：《书的历史》，龚橙译，北京：中央广播电视大学出版社，2017年，第53页。
② 黄瑞玲·《探析活字印刷术对西方图书的影响》，《出国与就业》，2011年，第14期。

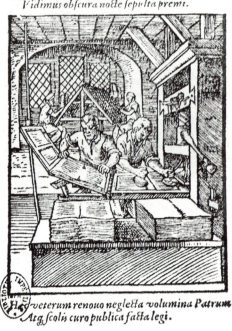

Imprimo dum varios ære micante libros.
Quæ prius auetta situ, quæ pulvere plena iacebant,
Vidimus obscura noete sepulta premi.

Haec veterum renouo negletta volumina Patrum
Atq scolis curo publica facta legi.

图 8-31 哈特门·效派尔：《工作中的印刷工人》《论一切
低下艺术或者粗俗艺术》，1574 年刊印于法兰克福①

多书籍带到德国，使古登堡见后深受启发。②法国学者布罗代尔（Femand Braudel，
1902—1985）也认为："去过中国的旅行家的确很多，其中一些人还是饱学之
士，因而欧洲发明活字的说法值得怀疑。"③也有学者认为，活字印刷技术由新疆
传入波斯，蒙元时期因为丝绸之路的联系，以及传教士的因素传播传入欧洲。1925
年出版的美国学者卡特的《中国印刷术的发明和它的西传》，对中国印刷术西传有
较多史料的考证。他认为，中国的雕版及活字印刷术西传，可以从丝绸之路、阿拉
伯人、新疆考古发现、元朝与欧洲的接触，以及蒙古军的西征等考察，为中国印
刷术传播提供了通道。也有人将活字印刷术传入欧洲归功于出生在意大利伦巴地

---

① 引自［法］费夫贺等：《印刷书的诞生》，李鸿志译，桂林：广西师范大学出版社，2006 年，第 45 页。
② ［西班牙］门多萨：《中华大帝国史》，孙家堃译，南京：译林出版社，2011 年，第 77—78 页。
③ ［法］布罗代尔：《15 至 18 世纪的物质文明、经济和资本主义》，施康强、顾良译，北京：生活·读书·新
　知三联书店，1992 年，第 470 页。

的印书家帕菲洛卡·斯塔尔迪。据信，他见到马可波罗从中国带回来的活字版书籍，采用的就是活字技术印书。钱存训先生则认为，传说古登堡的妻子来自威尼斯的孔塔里尼家族，因此他见到过带回威尼斯的中国书版。这使他受到启发，才发明了活字印刷。[①]1550年，意大利历史学家约维斯（Paul Jovius）研究了葡萄牙旅行家从广州携回献呈国王、由国王赠送教皇的几本中国雕版书，断言欧洲的印刷术，渊源来自中国。[②]它们之间确乎存在着某种必然的联系。

民国早期著名新闻报人戈公振认为："西人以文明师祖尊德国古登堡，而不知其发明活字以后此五百年。"[③]1934年，《科学的中国》杂志刊登了一篇讨论古登堡的文章《中国印刷术与谷登堡》。[④]作者香冰认为，古登堡是"西方"活字的发明者，同样声称中国人（毕昇，1040）比西方人提前4个世纪发明出活字印刷术。英国学者李约瑟（Joseph Terence Montgomery Neednam，1900—1995）认为："直到今天，没有人认为古登堡曾看到过中国的印刷书籍，可是不能排除他听到人们谈论过这件事的可能性。不过，这种发明（古登堡的活字印刷）是一种再发明，而不是很有独创性的发明。"[⑤]

毫无疑问，古登堡推动的铅活字印刷术在推动西方文化体育科学技术发展时起到了不可估量的作用。因此，西方称其为"现代印刷之父"。

令人惋惜的是，中国活字印刷在北宋发明，元朝已经拥有较成熟的技术。但为什么直到清末，中国仍然未能很好地将之发展普及呢？罗树宝先生指出："活字印刷对于西方拼音文字来说，更具有优越性，因为只要制作50多个字模，就可浇铸活字进行印刷。对于有近万个汉字（的中文）来说，使用活字的早期投资是十分巨大的。这是中国的活字总是推广很慢的一个重要原因。但如果中国的活字技术一旦被西方发现，他们肯定会很快接受的，因为这种方法更适合于西方拼音文字。"[⑥]

① 钱存训：《中国纸和印刷文化史》，桂林：广西师范大学出版社，2004年，第294页。
② ［美］卡特：《中国印刷术的发明和它的西传》，吴泽炎译，北京：商务印书馆，1957年，第11页。
③ 戈公振：《中国报学史》，北京：中国文史出版社，2015年，第223页。
④ 香冰：《中国印刷术与谷登堡》，《科学的中国》，第4卷，第5期（1934年），第187—190页。
⑤ ［英］李约瑟：《中国科学技术史·第一卷》，导论，北京：科学出版社，1990年，第255页。
⑥ 罗树宝：《关于中国印刷术传入欧洲几个问题的探讨》，《中国印刷史学术研讨会文集》，北京：印刷工业出版社，1996年。

中国的汉字数量庞大，从制模到浇铸，每个汉字可能都需要铸造多个，有的甚至需要几十，甚至上百，成本巨大；另外，中国人口众多，文本的印量大，还需要考虑重印成本，活字的局限性在这种特定历史时期就比较突出，木版雕印优势明显，并成为主流印刷形态，也正是得益于此。

古登堡是现代印刷术的开创者，也是西方印刷术走向大规模使用的开端。爱森斯坦（Elizabeth Eisenstein）认为，在古登堡印刷机成功研发之后，印刷书籍对文化的全面影响需要时间来显现："至少在这一变化之后的50年里，并没有发生明显的文化变迁，古登堡的发明过了整整一百年，新世界的轮廓才开始进入人们的眼帘。"[①]

三、改变人类历史的伟大进程

从全球发展视野来看，中国活字印刷术的发明与推广，改变了以往雕版印刷的诸多局限，推进了信息复制技术的快速发展，进而影响了全球文化与社会发展的历史进程。

由于中国古代新闻性信息发布受到严格控制，衍生出流通人群小，复制传播数量与需求不大等问题；同时，书籍与民俗文化用品，受众多，发行量大，雕版印刷的成本回收可以得到充分保障。这些都影响了活字印刷技术变革的内在动力，以致到了清朝仍没有实质性的发展与普及。但活字印刷传到欧洲社会，则呈现了完全不同的命运。

欧洲拉丁字母语系的文化传统，使其在活字制作与应用上有着得天独厚的条件。制模铸字难度相对较小，因为字母数量有限，成本小，使用灵活，比雕版印制更省工，也更为便捷。

古登堡活字印刷术的发明与应用，正值欧洲文艺复兴前期，社会经济、科学文教发展与宗教改革的需要，极大地刺激了印刷产业的发展。古登堡印刷技术迅速扩

---

① ［美］伊丽莎白·爱森斯坦：《作为变革动因的印刷机：早期近代欧洲的传播与文化变革》，何道宽译，北京：北京大学出版社，2010年，第20页。

散到德国其他城市，进而席卷欧洲各地，极大地推进了欧洲科学、文化与教育的繁荣进步。"迄今为止，还没有任何一项发明像印刷媒介那样充分地满足人脑的知识需要，人的思想把纸上的小小符号转变为一定意识的能力，正是人类文明获得基本动力的方式之一。"①

汉字结构复杂，数量庞大，对普通公文书籍、印刷而言，如果采用活字的方式，需要庞大的人力、物力与财力投资。这对于宫廷官刻还可以承受，但对于民间的刻坊、书局来说，并不是都承受得起。从长远来看，活字印刷虽然效益颇丰，但不如眼前的利益更直观。因此，拥有庞大资源的官府对活字印刷不重视，民间虽想突破，但因为资源财力的局限，多有夭折。中国活字版印刷发展迟缓，始终停留在手工操作的水平上。

新闻信息传播不同于公文书籍，有着较强的时效性，传统的雕版印刷更难以适应。而且，新闻印刷品通常属于一次性消费，印后不再重印。采用雕版技术印刷报纸，不仅速度上不能满足要求，而且经济上也不合算。因此，雕版印刷不适宜于报刊印刷，遂有蜡版、豆干儿版应运而生。蜡版、豆干儿版虽能解决雕版刻印速度慢的问题，但质量不佳。在当时的社会条件下，只能是权宜之策。

在欧洲，古登堡金属活字印刷术迅速推广，对西方文艺复兴以来的宗教改革、文化传播科技进步起到巨大的推动作用。特别是经过欧洲工业革命的强劲发展，西方近代印刷技术不断改良，印刷产量急剧增加，并形成了庞大的印刷出版产业。16世纪，印刷业加速发展：巴黎有25000种出版物，里昂有13000种，德意志有45000种，威尼斯有15000种，英格兰有10000种，尼德兰可能有8000种。每种出版物平均印数约1000册，14万至20万种书共印1.4亿至2亿册。②据日本学者庄司浅水统计，从1450年古登堡活字技术研发成功，到1500年半个世纪内，印刷厂已遍布欧洲各国，总共约250家，出书达2.5万种。如每种以300部计，则欧洲在这50年间印刷金

---

① ［美］梅尔文·L.德弗勒、埃弗雷特·E.丹尼斯：《大众传播学通论》，颜建军、王怡红、张跃宏等译，北京：华夏出版社，1989年，第42页。

② ［法］布罗代尔：《15至18世纪的物质文明、经济和资本主义》，顾良、施康强译，北京：商务印书馆，2017年，第488页。

属活字本书籍达600万部。[①]其中一个重要的因素，就是新闻信息传播产业的突飞猛进。现代报纸承担刊载新闻，定期出版与公众发行的任务。因为谷登堡铅活字技术的发明，以及印刷设备的机械化，报纸得以获得更大规模地印刷与传播，所以在很短的时间内，报纸迅速普及。

现代新闻传播发展加速了思想与文化的交流，从而促进了西方文化、科学的发展，并推动了西方思想与文化的变革，欧洲文明走出中世纪的漫漫长夜，迎来了文艺复兴的曙光。印刷与新闻传播在社会生活中扮演着越来越重要的角色，催生了此后全球范围内人类思想、传播和社会结构根本性的变革。

小　结

活字印刷技术对人类文明的影响是划时代的。这首先要归功于中华文化与技术发展的巨大意义与价值，其内涵的是中国古代先民在探索世界、改造世界过程中展现出的超凡卓绝的认知理念与精神智慧。

维克多·雨果（Victor Hugo，1802—1885）称印刷术为世界上最大的发明，它的最原生的推动力就来自中国。在可以考证的宋代到明清时期，活字印刷越来越多地应用于书籍出版、报纸印刷与信息宣传活动，尽管没有在本土转化为更加先进成熟的生产方式，但其长期的实践探索，直接影响与推动了欧洲的活字印刷革命与发展。

活字印刷术是雕版印刷技术后的进一步发展，其对于世界的意义，甚至超越了雕版印刷的历史意义。

---

① ［日］庄司浅水：《世界印刷文化史年表》，《出版周刊》，陈啸仙译，上海：商务印书馆，1938年。

Chapter 9
Technologies of Information and Journalistic Communication in the Dynasty of Qing

14世纪末到17世纪中叶，世界已经进入全球化发展的关键时期。从1644年清军入关到宣统溥仪退位，1912年中华民国成立，清朝走过了268个春秋，是中国最后一个封建帝制国家，处于由传统向近现代过渡的关键时期，在西学东渐的历史进程推动下，加速了我国传统新闻传播技术的现代转型。

第一节　现代新闻传播技术的开端

清期是全球历史大变局的重要时期，也是欧洲国家摆脱中世纪黑暗走向全面复兴的重要历史阶段。16世纪，欧洲宗教改革运动加速了欧洲现代社会的转型，文艺复兴运动也带来持续的文化繁荣的动力，而地理大发现更是引发欧洲列强在全球范围野心勃勃的扩张，逐渐累积了欧洲文明此后控制和主宰世界的基础，也奠定了西方资本世界的市场体系，加快了中西方接触与交流的步伐。尤其是鸦片战争以后，西方新闻传媒与技术加速传入中国，推进了中国近现代新闻事业的迅速转型。

一、清前中期新闻传播环境

清前中期，是指清朝建立至鸦片战争爆发前这一特定历史时期。这一时期我国信息传播活动还延续着传统体制与模式。清朝沿袭明朝的新闻信息传播制度，继续在全国范围发行邸报，社会上居于主导地位的仍是邸报、京报等传统报刊，民间小报仅是作为一种特殊的满足基层社会新闻需求的补充。

清朝的农耕面积达到历史高点，人口数量持续攀升。清初之时，全国人口总数1亿多，乾隆六十年（1795）全国耕地达到10.5亿亩，粮食产量2040亿斤，人口数量达到3亿人，19世纪中叶突破4亿。手工业、商业同样对外贸易都达到历史巅峰。19世纪初，全世界10个拥有50万以上居民的城市，中国就有6个。

清朝地域辽阔，人口众多，文化出版领域持续繁荣，交通邮驿发达，新闻信息传播需求持续扩大，为清新闻传播活动提供了坚实的基础。但此时资本主义文艺复兴已在西方兴起，欧洲列强雄心勃勃、气势逼人，其扩张的步伐不断推向全球，而清朝在对外关系上采取了逆时代大潮的封闭国策，幻想怀柔远人、外夷归附，在国内采用高度的中央集权，在思想文化传播上实行严厉禁锢的政策，使新闻事业的发展始终受到封建统治者的严厉约束与限制。清朝晚期，迅速陷入积贫积弱、备受欺凌的境地。

1. 清朝官报和官方新闻传播活动

清朝的社会经济与城市发展经历初期的休养生息逐渐繁荣起来，极大地促进了新闻传播活动的发展。

清朝邸报的发行经由通政使司、六科、提塘三大环节。通政使司主要是"掌受各省题本，校阅送阅"（《清史稿·职官志》），六科主要发抄皇帝谕旨和官员奏章，提塘则是负责抄传发行工作。为了更有效地履行职能，清政府还规范了驿传系统中邮驿的管理与运行方式，对误期、滥用等行为有严厉的惩罚措施。据现有资料，清朝邸报为官办报纸，政府内部发行，所刊内容由政府直接管理。基本上是日报，每日定期发行，大大提高了新闻时效。邸报报道的范围很广，如重要人事任免、皇帝恩赐、奖惩、外藩使节的觐见、进贡礼物、民变骚动，甚至包括少量的社会新闻等。读者主要是政府各级官员。雍正初年，曾有地方官明令禁止"胥役市贩"阅读邸报，"倘有犯者，立拿重惩"。

清朝的提塘分京塘与省塘两种。京塘是指各省在北京驻守的提塘，省塘是指驻在各省省会的提塘。京塘一般在自己的寓所设立办事机构，处理日程事务，包括收受与转呈地方上报的各类公文，同时收受与下达中央各部门发给本省的一般公文、皇帝谕旨与赏赐品，还有一项重要的工作就是发行邸报，包括邸报稿件的誊录、筛选、整理、封发、付驿等工作。为了及时处理邸报的誊录发行，清初就出现了提塘自设的报房，到了雍正年间取得合法地位。

清朝的提塘官们还发行过一种小报，又称小抄，所刊载的内容主要是提塘的工作人员自行采录的消息，目的是为有关省份的官员提供更多的有关朝廷的信息。但这种小报由于刊载了政府所不允许刊载和严重不实的消息，遭到官府严控。

当然，中国从唐代到清朝末年，官报"远未能成为民众的'耳目喉舌'，也不是舆论的载体"[1]。这种落后的新闻信息内容与传播模式，首先受到民间小报的冲击，进而在清朝后期面对欧美国家现代新闻运作体系时，受到更巨大的挑战。

2. 民间报房与抄报

清朝北京的民间报房兴盛，其各自抄录、刊印的邸钞统称京报。京报都有各自的名号，如聚兴、周文、永兴等。报道中央信息的北京报房京报有各种地方版，同时，以地方官场消息为主要内容的地方私营报纸辕门抄普遍出现，拓宽了地方获取信息的渠道。地方辕门抄的产生，使政府舆论的影响力深入最底层，加上民间小报的延续，使清代前中期报业呈现出多层次发展的格局。

清朝地方报业的发展较迅速，不仅翻印京报，还经常印制报道重大突发性事件的单页小报。小报有时有插图，有时没有，通常采用雕版印刷，因为赶时间与节约成本，制作和印刷都比较粗劣，每份小报售价为一两个铜板。清朝对提塘所办邸报与民间报房所办各类报纸，并未加以取缔或禁止，而是采取严格的管制，只能在许可的范围内进行新闻传播。例如，严格限定其内容，禁止传报未经御览和批发的

---

[1] 林语堂：《中国新闻舆论史》，刘小磊译，上海：上海人民出版社，2008年，第5页。

奏折，严禁自行采听传播新闻，不得擅自传播朝廷机密、军情、灾害消息等，严禁伪造御批、折奏或其他不实的消息，违者严惩不贷。

民间报房刊发的京报推进了中国报纸媒体的新发展。在北京，先有"白本报房"发行手抄的报纸；后有"黄皮报房"发行刊印的报纸。从目前发现的原件看，最早有封面的是道光十年间，没有封面而内页顶天有"京报"字样的，以乾隆二十五年为最早。从时间上看，同治年以前报房名称不在封面而在首页，光绪年间才在封面印上报房名戳。根据文献记载，清光绪年间北京民间报房已达15家以上。发行《京报》逾万份，从事编报、印报、送报的从业人员最多时达到300人。在诸报房中以公慎堂为最早，以聚兴、聚恒、聚升报房之京报发行量最大。京报内容编排基本相似，由宫门钞、谕旨、章奏三大部分组成，出于时效性的出刊需要，文字刻印仓促，字形笔法粗糙。"宫门钞"部分主要是当天上午或前一天的朝廷重大政事活动，多数与皇帝有关，包括召见、引见、觐见官员，王公大臣请安、请假、消差，臣僚谢恩、谢赏、衙门奏事及皇帝起居等；[1]谕旨部分则为照发皇帝谕旨，包括任免、褒赏之类的内容。章奏是在京各衙门和各省督抚将军的题奏（图9-1）。

3. 其他新闻传播方式

清朝前期就重视传播。在中国国家图书馆的善本库里，收藏有一份《后金檄明万历皇帝文》残件。该檄文采用书册方式印刷，撰于天命四年八月灭亡北关叶赫之后，列举历史上国家兴亡的19个例子，以证明后金必胜、明朝必败的道理，总共4000余字。该文显然是后金用于宣传的材料，目的是以檄文的方式否定明朝的正统性，也为日后入主中原、夺取全国政权制造舆论。这一时效性很强的政治宣传文本，有丰富的信息内容与即时性的诉求，产生了广泛的新闻传播效应。

随后几年，努尔哈赤陆续攻占开原、铁岭、沈阳、辽阳等地。檄文伴随着军事上的节节胜利而广泛传播，"后金席卷辽河以东，数日间，金、复、海、盖州卫，悉传檄而陷"[2]。

---

[1] 参见李润波：《明清的"邸报"〈急选报〉为世界上最早雕版印刷刊物》，《新闻春秋》，2014年，第1期。
[2]（明）王在晋：《三朝辽事实录》卷四，上海：上海古籍出版社，1994年，第117页。

图9-1　光绪二十五年（1899）一月十一日出版的京报，张挺藏

　　除檄文宣传，清代更多地使用榜、帖示、告示等发布官方信息。例如，清翁洲老民在《海东逸史》中记有："南郡亡，北兵至杭……北帅使人以榜至。"顺治五年有上谕："刊刻告示，晓谕山西各处。"告示的复制主要由地方官吏完成。地方官吏不仅要印制自己发布的告示，其他来自上层的文告也要承担，包括皇帝的诏书、谕旨与中央政府的政令，这些文告颁发给地方后由地方长官印制颁发。清代告示的发行数量从一份到数万份不等。

　　清代告示大部分是印刷的，只有发行量少的告示由人工书写，一般是用楷书抄录。在多数情况下，纸张告示会被张贴在城乡各处的市口与交通要道，以便于告示内容的广泛传播。作为交通咽喉的城门，是告示张贴的重要场所。各地官府门口的墙壁上，也是张贴告示的重要位置（图9-2）。

　　清代还有一种比较特别的石碑告示，被称为告示碑。浙江宁波"天一阁"藏书楼藏有十余方清代官府"勒石永禁"的告示碑。其中七方是针对自咸丰九年至光绪二十三年这半个世纪中，宁波部分手工业工人罢工，引起劳资纠纷而发的告示。[1]

---

[1] 参见骆兆平：《天一阁藏碑帖概述》，《文献》，1989年，第1期。

图 9-2　清代悬诸象魏习俗

这些告示牌在行文上，与刊刻在纸张上的相同，碑首刻标题，右侧首先刻发布告示官员的头衔和姓氏，中间为告示内容，左侧刻发布日期。

4. 从说唱文化到语音技术的艺术化

我国宫廷礼乐、民间戏曲以及说唱文化历史悠久，一直沿袭至清末，行吟、唱经、歌颂等口语修辞技巧与能力不断提升，这些说唱技巧和经验成为后来语音传送与广播的重要基础。另外，自古以来，市井艺人、小贩常用不同乐器与物件为响器，吹奏、弹击出美妙的声音招引客人，也成为民间重要的新闻信息传播方式。唐代尊崇佛教，大量信众定期向寺院捐献财物，僧人常将寺库中的多余的衣物等拿出来"唱卖"，将所卖之物巧妙地融入优美的节拍中，起到了良好的传播效果。据宋人笔记所载，两宋都城中有唱赚、说话、学乡谈、叫果子、学像生等说唱形式，这些曲艺形式植根于民间，从市井风俗、日常生活，甚至是行商贩夫身上广泛汲取营养。

　　清代的吟叫招徕已成为商贩很普遍的信息推广手段。唱卖的语言形式生动多变、抑扬顿挫、节奏明快、悠扬动听。《燕京杂记》中说："京师荷担卖物者，每曼声婉转动人听闻，有发语数十字而不知其卖何物者。"又言："呼卖物者，高唱入云，旁观唤买，殊不听闻，惟以掌虚覆其耳无不闻者。"①

图 9-3　清末民间卖唱艺人影像

　　"字正腔圆"的语音研究最早见于清黄旛绰《梨园原》中"明心鉴"与"曲白六要"等内容，②是清乾嘉年间昆曲艺人舞台经验的总结，距今已两百多年。因为强调以字行腔、腔由字生、字正而腔圆，传达了以行腔韵味为特点的审美理念。（图9-3）字正腔圆的语音美学技巧正是根植于民族语言得天独厚的条件。例如，元音（乐音）占据着每一个音节的主体位置，调值的丰富变化，调类的简约明晰，词组明朗的轻重格式，双声叠韵、平仄交错，常使我们感叹口耳之学，幽眇难知；遗憾于听而不闻，用而不谙。"字正腔圆"中的"字正"与"腔圆"乃是两个含义不同的概念，包含吐字与发声两方面的内容："字正"是指语音标准、规范，语意明晰，能让人听清楚说的是什么，包括字音结构中音素的准确发音、四声的声调准

---

① （明）史玄、（清）夏仁虎、（清）阙名：《旧京遗事 旧京琐记 燕京杂记》，北京：北京古籍出版社，1986年，第120页。
② 中国戏曲研究院：《中国古典戏曲论著集成（九）》，北京：中国戏剧出版社，1982年，第13—20页。

确；"腔圆"则是指声音圆润、集中自如。①

广播新闻中声音起到关键的作用。"字正腔圆"的技术指标来源于说唱文化的历史积淀与审美范式的拓展，是长期的语言表演实践的总结。"有声语言最为明显的特征就是'韵律美'，包括清浊、平仄、四呼、共鸣、双声、叠韵、语流音变、轻声儿化……还有种种表达技巧的美感……韵律已经成为我们民族语言的突出表征"。②王德晖在《顾误录·头腹尾论》中指出，注重吐字的各个环节，"字各有头腹尾……三者之中，韵居其殿，最为重要"③。

汉语有元音的优势特点，元音辅音相间，形成音节整齐、界限分明、铿锵入耳的效果，尤其是四个声调的变化，强化了汉语有声语言气韵生动的艺术特色，也因此在声音上有了建构与传承汉语传统审美价值的可能，为20世纪广播、影视、表演的新闻语言传播奠定了重要基础。

5. 商业销售与广告传播

商业营销与广告信息传播一直被视为一种特殊的"新闻"，原因就在于其本质也是最新信息的媒体公众传播。我国古代一直将具有广告性质的各类宣传称为"告白"，直到19世纪中后期，源于拉丁文Advertere的"广告"一词传入中国，才有了现代意义的商业信息传播概念。

工业革命后的西方列强迅速崛起，凭借强大的军事、文化与经济实力不断向全球殖民与扩张。这一时期清王朝正处于内忧外患、封建体制日渐削弱瓦解的衰落之时，而不平等条约使西方列强通过通商口岸与货物贸易将中国变成不设防的商品倾销地。从工业革命中收益的西方商品不仅质优价廉，而且在商品销售与宣传上也有得天独厚的优势。

第一次鸦片战争以后，西方近现代广告媒体迅速登陆中国，带来了新的销售观点、技术手段与设计方法。不过，当时"告白"的名称依旧遍及天下。同治十一年（1872），上海《申报》创刊几天后即在头版刊出长篇的《招刊告白引》，宣传报

---

① 赵琳：《论新闻播报"字正腔圆"的文化传承价值》，《现代传播》，2012年，第5期。
② 张颂：《朗读美学》（修订版），北京：中国传媒大学出版社，2010年，第14页。
③ （清）王德晖、徐沅澂：《顾误录·头腹尾论》，《中国古典戏曲论著集成（九）》，北京：中国戏剧出版社，1982年，第68页。

纸广告的作用，认为"告白之事，俗之所不能免，而事事相关也"。光绪二十五年（1899），梁启超（1873—1929）在《清议报》上使用了"广告"一词。此后，在各类报纸与画刊上，"广告"与"告白"并行，并逐渐取代"告白"成为商业宣传的专门用语（图9-4）。

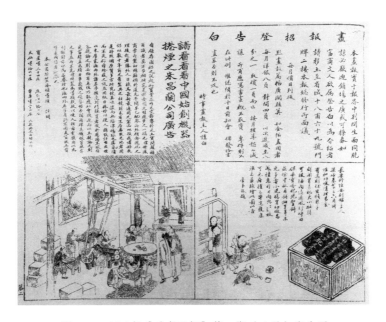

图 9-4　1905年《时事画报》第一期（八月）广告页

商业传播的形式有多种，既有视觉媒体的信息形式，也有各种声音载体。刊行于道光年间的佚名著述《韵鹤轩笔谈》（下卷）记载："百工杂技，荷担上街，每持器作声，各为记号。修脚者所摇折叠凳，曰'对君坐'；剃头担所持响铁，曰'唤'；医家所摇铜铁圈，曰'虎撑'；星家所敲小铜锣，曰'报君知'；磨镜者所持铁片，曰'惊闺'；锡匠所持铁器，曰'闹街'；卖油者所鸣小锣，曰'厨房晓'；卖食者所敲小木梆，曰'击馋'；卖闺房杂货者所摇，曰'唤娇娘'；卖要货者所持，曰'引孩儿'。"（图9-5）

招幌作为一种特定的行业标识和标榜手段，在清代仅北京地区就有二百五十余种，分别代表不同的行业。同行业的幌子都会形成固定的模式与行规，基本是一种造型、一种颜色与近似的构成方法。招幌的结构主要分为幌杆、幌挑、幌挂、幌盖、幌披、幌架、幌体、幌座、幌坠等，材料大体都是木板、油漆、竹篾、棉布、

图 9-5　手持响锣的货郎与卖灯笼的货主①

图 9-6　帽子店内的幌子、灯笼、青龙牌等广告载体，托马斯·阿罗姆
（Thomas Allom）作

---

① 引自王鹤鸣：《西方人笔下的中国风情画》，上海：上海画报出版社，1999 年，第 103 页、105 页。

丝绸、棉花、皮革、丝绒、纸张、铜金属、柳藤、马尾、麻丝、发束、牛角、鸟羽、葫芦、铁丝、锡锭、粗陶、蒲包等。有的用牌匾，有的用旗帘，还有的使用灯具，用于夜市经营，可以很好地宣传与烘托店铺气氛。实物幌子是卖什么悬挂什么，或用实物一部分来代替，草帽店悬挂笠帽，烟袋店悬挂旧式烟管，绒线铺子挂线团。如果实物太小或者不易存放悬挂，便将特定的模型做成幌子，它是实物的放大、夸张或变形处理，有竹木、金属、绸布等各种材质。兵器店门前的巨型刀枪、烟袋铺门前的木制大烟袋、胡琴铺门前的雕刻绘制的琵琶形木板、笔铺的木制大笔头等。[1]还有文字类招幌多用牌匾与旗帘等，直接起到提示经营内容的作用，如当铺"当"字、茶馆"茶"字、酒家"酒"字及米铺"米"字等（图9-6、图9-7）。

图 9-7　清朝末年广州老街林立的路牌幌子 [2]

在新闻报刊媒体方面，《遐迩贯珍》月刊由英国传教士于咸丰三年（1853）在香港创办，刊发香港及内地新闻的同时，也开始刊登一些商品信息或航运消息。咸

---

① 王君：《中国的幌子广告》，《新闻爱好者》，2010 年，第 2 期。
② 引自［美］约翰 斯塔德：《1897 年的中国》，李涛译，济南：山东画报出版社，2004 年，第 42 页。

丰四年（1854）末，《遐迩贯珍》刊出了招揽广告的告白，说明广告的好处，还附录了不同广告的价格。各类兴办的中文报刊也非常注重商业产品宣传，会在期刊专栏发布各类广告（告白）的信息。

清代中叶以来，产品的标识设计、包装信息宣传均得到高度重视，成为助推商品的无声销售员。宣传单页也是产品的重要宣传载体，例如，春永堂药铺就会在自己的药材包装上覆一张木版印刻的宣传单，印有药铺的标识、药材名称、药性的简约文字和图画。商业广告与新闻媒体一起成为19世纪中后期信息新闻传播的亮点，作为特殊的新闻形式受到广泛关注（图9-8、图9-9、图9-10）。

图 9-8　清春永堂药铺广告

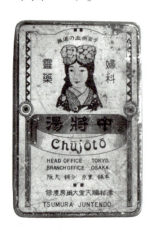

图 9-9　最早进入中国的日本汉方药"中将汤"包装盒，由国庆藏

图 9-10　看戏报的人多，《人镜画报》（1907）

二、西学东渐

清王朝严格限制报纸新闻出版，新闻传播技术发展缓慢。实际上，至少从明末清初开始，随着欧洲传教士的步伐，欧洲印刷技术与产品已经通过澳门、南洋地区逐渐进入并影响大陆。但只有到了19世纪初，欧洲印刷与传媒因为宗教的福音传播需要才正式拉开影响中国内地的序幕。鸦片战争后，为了维护风雨飘摇的政权，清廷开始兴办"洋务""洋务运动"，极大地推动了交通、运输、通信、印刷出版的发展，开启了现代中国新闻传播技术的全面转型。

1. 现代意义的新闻出版媒介

马礼逊（Robert Morrison，1782—1834）是最早由伦敦布道会来中国的传教士，1807年9月抵达广州，先后在广州、澳门学习中文并传教（图9-11）。1815年以前，马礼逊所有传教的中文著译都是木刻版印的，主要是为了使中国人产生亲近感而更容易接受。但由于清政府严禁外国人传教、印书，1813年他把出版基地设在马六甲，由另一个传教士米怜（William Milne，1785—1822）带上刻字工人梁发建

图 9-11 英国传教士马礼逊，W.Holl 刻

立印刷所，进行宗教宣传。1815年8月5日《察世俗每月统计传》诞生，这是世界上第一份近代中文期刊。该刊以传教为宗旨，也会宣讲伦理道德与一些科学知识，后来增辟专栏介绍世界各国概况，涉及时政消息（图9-12）。

1833年8月，《东西洋考每月统计传》在广州创刊，是国内第一份中文报刊，而《遐迩贯珍》1853年创刊于香港，麦都思（Walter Henry Mednurst，1796—1857）等主编，是中国境内最早使用铅字排印的刊物（图9-13）。

1874年，王韬创办我国历史上第一份宣传西方文明思想的报纸《循环日报》，率先开设专栏社论，主打中外新闻，被林语堂誉为"中国新闻报纸之父"。现代新闻传播媒介的产生与发展带动了中国新闻传播形态与技术的全面转型，也预示着中国新闻与信息传播活动正式迈入现代历史阶段。

图9-12 《察世俗每月统记传》1815年马礼逊在南洋创办

图9-13 《遐迩贯珍》1853年创刊于香港，麦都思等主编

2. 图像新闻传播的兴起

图像信息在报纸中的采用，使新闻人物、事件等各种感官信息内容得到更生动形象的传递，对丰富与深化新闻传播发挥了巨大的作用。应该说，图像在新闻传播

中能普及使用，得益于欧洲近代印刷技术与新闻媒体的传入和影响。过去，尽管中国古代图像制作与表现技术已经达到很高的水准，但是在新闻信息传播领域，因为涉及传统政府管理的信息抄写发布方式，以及时效性、规模化印制等技术难度，具有新闻性质的图像极少应用于官府公告和宣传。

随着清朝中后期西学渐进下印刷技术的引入，中国图像印刷已经处于木版雕刻向石版印刷过渡的关键期。因为突破了以往的技术障碍，通过石印技术复制传播成为可能。而摄影术引入新闻领域，也是视觉图像新闻发展的重要里程碑。

图像新闻构成的技术形式，包括手绘的纪实图像与漫画，以及摄影的记录，强化了新闻信息的表达力，也更能满足人们对新闻信息的阅读需要。所见斋主人在1884年9月19日《申报》发表的《阅画报书后》中谈道："方今欧洲诸国，共敦辑睦，中国有志富强，师其所长。凡夫制度之新奇与器械之精利者，莫不推诚相示，资我效法，每出一器，悉绘为图。顾当事者得见之，而民间则未知也。……岂非民间未有之观，乍见之而可惊可喜哉！则又不徒以劝戒为事，而欲扩天下人之识见，将遍乎穷乡僻壤而无乎不知也。"①

在西方石印技术引入后，清朝中后期图像新闻进入蓬勃发展时期。据不完全统计，在1872年到1919年的近50年间，我国出版的带有新闻图像性质的画报共有190多种：初创时期多为绘画镂版，继而石印渐渐取而代之，后期也出现了照相铜版画报。其中以在上海出版数量为最多，北京、广州、天津、汕头、杭州、成都、长沙等地都相继有画报出版。②同时，也出现了各种形式的图画新闻小报，这种非正式的图画新闻通过小贩的沿街售卖流行于民间（图9-14、图9-15）。

英国商人、上海《点石斋画报》创办人美查（Emest Major，1830—1908）认为："此前中国人使用图像，只是补充说明，而非独立叙事。"因此他要创办图像叙事性质的刊物，并详述以图像为主的叙事策略："因'仅以文字传之而不能曲达其委折纤悉之致'而采用图像，与有意让图像成为记录时事、传播新知的主角，二者仍有很大的差异。而画报的诞生，正是为了尝试第二种可能性。即以'图配文'

---

① 引自韩丛耀：《清末民初"图像新闻"研究》，《江苏社会科学》，2007年，第S2期。
② 参见韩丛耀：《中国近代图像新闻传播的兴起与发展》，《江海学刊》，2010年，第3期。

图 9-14　清京城风俗画中小贩正在售卖时兴图画见闻小报 ①

图 9-15　《星期画报》40 期《压榨机》杨竞夫文，顾月洲绘

---

① 引自 Les Rues de Pekin. tome second，19 世纪，第 102 图。

而非'文配图'的形式，表现变动不居的历史瞬间。"①画报在图形新闻的实践成就是卓越的。不仅有生动形象的图像记录与叙事，还有隐喻象征的时事讽谏与批判（图9-14），彰显了图像新闻传播的独特能量。为了突出新闻价值，创刊于1909年的《图画日报》更是将"新闻性""时效性"作为办刊的宗旨。原《时事报图画旬报》在光绪三十三年（1907）加大彩绘图像新闻的力度，并将《时事报图画旬报》直接改为《图画新闻》独立出版发行②（图9-16）。

图9-16　《时事报图画旬报》（1909）

1872年出版的《中西见闻录》和1876年出版的《格致汇编》是较早刊出绘刻与摄影新闻图像的刊物。1876年8月18日《申报》在刊出"浙江股会党被官军缉获"消息的同时，刊载了一幅会党的臂章图样，而广州《述报》从第一期起"每期都登一幅或多幅新闻纪实图画，与文字新闻穿插编排，力求做到图文并茂"。③

1872年以来的画报中，前期多是图画，后期出现摄影图片。美国传教士范约翰（John Marshall Willoughby Farnham，1829—1917）创办的《小孩月报》开始是自己创作、自己编辑，后期聘柴连复等人任主编并承担部分编务工作。画师获得独立的创作地位后，他们就"经常根据报纸消息、通讯、传闻以及现场采绘，作出图画"。《时事画报》1905年7期开始已经将"本报美术同人表"列于画刊第一页，显示出对图像新闻创作的高度重视（图9-17）。

《格致汇编》由上海《申报》馆负责铅字印刷，图文印制精美，其中，部分图像是用铜版镂刻的。如李鸿章、李善兰像是在英国照相石印制成的，徐寿像则

① 陈平原：《点石斋画报选》，贵阳：贵州教育出版社，2000年，第41页。
② 韩丛耀：《清末民初"图像新闻"研究》，《江苏社会科学》，2007年，第S2期。
③ 方汉奇等：《中国新闻传播史》，北京：中国人民大学出版社，2002年，第84页。

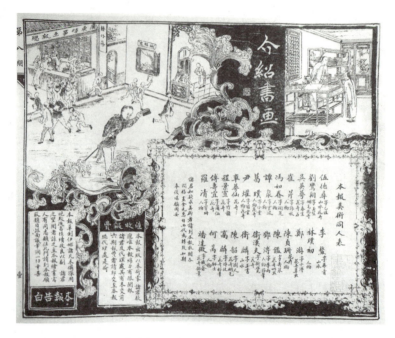

图 9-17　《时事画报》刊登的"本报美术同人表"

是在英国制成钢板画像后再石印而制成[1]（图
9-18）。因为石印制版技术得到改进，"石印
书籍，用西国石板，磨平如镜，以电镜映像之
法摄字迹于石上，然后傅以胶水，刷以油墨，
千百万页之书不难竟日而就，细若牛毛，明如
犀角"[2]。不仅可以忠实于画师创作的图画，批
量生产问题也得到解决。可以说，正是印刷技
术的进步推动了图像新闻的广泛传播。

图 9-18　《格致汇编》刊载的徐寿像

---

① ［英］傅兰雅：《格致汇编：李俨藏本》壹，南京：凤凰出版社，2016 年，第 21 页。
② （清）葛元煦、黄式权、池志澂：《沪游杂记·淞南梦影录·沪游梦影》，上海：上海古籍出版社，1989 年，
　第 118 页。

第二节　新闻采编技术

从彩印技术、活字印刷到清代武英殿聚珍仿宋体，明清时期图文印刷技术达到古代社会的巅峰状态。清中期以后，新闻制度逐渐规范化和常态化，民间新闻机构也迅速发展，其采集与编辑内容的方法和技术较过去也有了明显的提升，为西学东渐后的现代印刷与现代新闻传播发展奠定了重要的社会环境与技术基础。

清朝后期，新闻采集方式发生重要变化，原因主要来自欧美国家近现代新闻观念与技术的深刻影响，新闻传播活动逐渐专业化和规模化。新闻信息需求的急剧扩大，不仅在信息文本复制数量上，在新闻信息内容层次上要求也越来越高。专门的新闻采集人员、组织与机构开始出现，在人员上，不再仅限于相关文职人员，而扩展至独立的新闻信息采集人。

一、传统新闻采编

清初承袭明制，设通政使司收受臣僚章奏，并呈送皇帝批示。还设吏户礼兵刑工六部，隶属检察院，掌发钞事件。与此同时，为了加强皇帝集权，还实行奏折制度，并在雍正年间设军机处，担当起谕旨与奏折的主要处理任务。因隶属兵部，在康熙初年还规定："凡各省坐京提塘，均赴兵科画卯，月以朔望为期。"[1]清末时"改隶邮传部"[2]。另根据《清会典》卷二的记载，内阁的职责之一就是"凡承宣谕旨、若奏章之批答者，既下乃布于百司而钞焉"。邸报的一部分内容是源自各部院衙门的发钞事件，这部分内容的审查，也由各部院衙门执行。可见，清代邸报的主要信息都是源自内阁发钞的皇帝谕旨与臣僚奏折。

发钞，顾名思义，就是发放钞写。从技术层面上看，还是传统的人工书写方式。发钞程序《清会典》卷二有相关记载："每日钦奉上谕，由军机处承旨，其应发钞者，皆下于阁。内外陈奏事件，有折奏、有题本。折奏或奉朱旨谕旨，或由军

---

① （清）《清会典事例》（第一一册）卷一〇一六，北京：中华书局，1991 年，第 202 页。
② 赵尔巽：《清史稿》志八十九，北京：中华书局，1976 年，第 3286 页。

机处拟写随旨；题本或票拟钦定，或奉旨改签。下阁后，谕旨及奏折，则传知各衙门钞录遵行；题本则发科由六科传钞。"

清永瑢（1744—1790）《历代职官表》卷二十一"国朝定制"载，"谕旨及奏疏下阁者，许提塘官誉录事目，传示四方，谓之邸钞"。清代邸报是由各省驻京提塘负责钞录、印刷和传送，由各省驻京提塘、驻各省提塘和各镇提塘等区分。其中，各省驻京提塘负责递送中央与地方往来公文官员，称提塘官。他们在京师设有自己的办事机构，处理"塘务"。乾隆二十一年（1756）奏准："各省发递科钞事件，例应责令提塘办理，以杜讹传、私讹传、泄露之弊。嗣后令各提塘公设报房，其应钞事件，亲赴六科钞录，刷印转发各省。所有在京衙门钞报，总由公报房钞发。仍令六科五城御史严行访察。如有讹传、私钞、泄露等弊，交部治罪。"[1] "以使各省臣工周知天下情形，凡有关涉事件，可以随时办理。"[2]

驻在各省省会的提塘由兵部在所属的车驾司和捷报处"派出差官十六员"充任。 提塘的主要职责是负责本省与京师之间的公文往来，而钞发邸报又是提塘的各项日常工作中重要的一项。清代内阁每日发钞，提塘需要日日钞录，既费时又费力。为了能及时复制邸报，封发地方，提塘创办报房，代为分劳也就势在必行。

邸报是清代对提塘所办官报的通称。这种官报从来没有得到官方的定名，也始终是没有封面、没有报头的书册状。邸报的钞传从专职官员的设置，到报房的设立、送审受检、付驿发递等都有一套规章制度可循。处理邸报、文书，仍然是地方提塘日常的主要工作。与驻京提塘相同，为了更快捷地处理文书、邸报，这些地方提塘也都设有报房，负责文书、邸报的传递。他们的报房有被称为"走报人""送京报人"的报纸发行人员，还有"写字人""帮写钞报之人"等从事文字抄写工作的人员。这些报房还被称为"钞报房"。民间报房的报纸以"京报"称谓始于乾隆年代，内容基本与官报邸报一致，不同的是，京报对各类奏折刊载有选择权，但没有自由撰稿的权利。

每天早晨，各衙门派专人去宫门钞录，各报房也派人到午门外公报房等待钞

① （清）《清会典事例》（第八册）卷七〇三，北京：中华书局，1991 年，第 758—759 页。
② 中国第一历史档案馆：《鸦片战争档案史料》第五册，上海，上海人民出版社，1978 年，第 760 页。

报，即"宫门钞"。各衙门钞完后，报房人进去钞录，并迅速回报房誊写与排版，早期发行是靠专人抄写，后来因发行量加大而开始采用印刷方式。《北京报纸小史》提及"当年东华门外，设有白本报房一所，该所雇佣数十名文贫，由内阁领到宫门钞，众文贫分写数百本，派人送投各衙门，各大员邸第……但因代价昂贵，中下级官吏及商民等无力订阅，于是黄皮报房应时而出。……经营黄皮报者，均为山东人，所谓京报房是也"①。戈公振在《中国报学史》中说："据北京报房中人言，清初有南纸铺名荣禄堂者，因与内府有关系，得印《缙绅录》及《京报》发售。时有山东登属之人，负贩于西北各省，携之而往，销行颇易。此辈见有利可图，乃在正阳门外设立报房，发行《京报》，其性质犹南方之信局也。"②

各省发表之事曰辕门钞，清代各地官民赖以了解地方新闻的主要媒体形式。辕门钞以报道地方官场消息为主，主要出现在各省省会和一些重要的府城，由钞报人和报房采写、编印与发行。因其内容是以抄录各省巡抚衙门在辕门发布的公报信息而得名（图9-19）。例如，道光十三年（1833）广州有人采用蜡版印刷《辕门钞》，专门刊载本地区衙门里的一些消息，一般随京报送阅，在北京发行。据美国传教士裨治文（E.C.Bridgman，1801—1861）在一篇文章中描述，广州的蜡版是"单面印刷，字迹模糊，每日出版一张。刊载内容无须政府检查。每日黄昏时节，报房派员至督抚衙门，向值班的执事人取得辕门钞，内中列述当日总督大人接见宾客及拜会活动。翌日清晨，辕门钞便行出版"③。美国传教士卫三畏在《中国》（*Middle Kingdom*）中说："在中国各省，有上千的人以重抄或摘录《京报》为生，用以供给无力购买全份《京报》的读者。"④（图9-20）

道光十三年（1833）广州出版了中国第一本中文期刊《东西洋考每月统纪传》，是用雕版印刷的。咸丰八年（1858）伍廷芳与黄胜一起在香港创办了第一家中文报纸《中外新报》，以四开白报纸单张印刷，是我国报纸由书本模式改为单张印刷转变的开始。

---

① 管翼贤：《新闻学集成》第6辑，北平："中华新闻学院"，1943年，第280页。
② 戈公振：《中国报学史》，北京：中国文史出版社，2015年，第33页。
③ 潘贤模：《清初的舆论与钞报》，《新闻研究资料》第三辑，北京：新华出版社，1981年，第255页。
④ 潘贤模：《清初的舆论与钞报》，《新闻研究资料》第三辑，北京：新华出版社，1981年，253页。

图 9-19　1889 年江苏两江总督府西辕门 ①

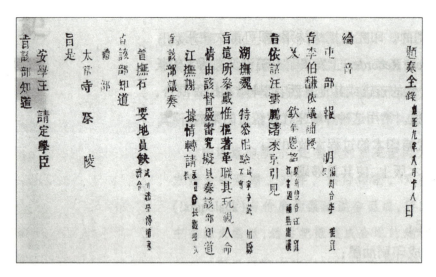

图 9-20　雍正九年（1731）《题奏全录》，现存最早的蜡版印刷品，维也纳奥地利国立图书馆藏

---

① 引自南京近代史博物馆：《总统府旧影》，南京：江苏美术出版社，2006 年，第 31 页。

近代报纸产生后，作为中国古代报刊的邸报、京报、辕门钞等并没有消失，一直延续到清代灭亡，从而出现了中国传统报纸与近代报纸并存的奇特景观。在一些省会与府县，有一些人以个人名义印售新闻小报，这种单张的新闻销售方式主要目的是牟利，往往是将某一新闻事件刊刻在一张纸上，没有报头、标题。沿街叫卖，售价一文或二文。小报内容都是在发钞以外，是对邸报与报房《京报》信息的补充，尤其是自采自编的内容，在某种程度上，突破了官文书模式，更具有新闻特点。

二、职业化

清代邸报与近代报刊之间存在着巨大的差异。邸报的采编过程是由各省提塘亲赴六科或各衙门，在其发钞的众多文件中进行选择、抄录。然后，将要发报的底稿，呈科查验。查验合格后，就可以"刊刻""印刷"，并封发各省督抚提镇。如此这般，提塘的采编，实质就成了对官文书的摘录。

与古代左史记言、右史记事的史官不同，也与传统新闻信息采集与处理编辑的模式不同，现代意义的新闻记者负责采集、处理与传播信息工作。这样的新闻报道工作，需要记者兼有采访者、文本编辑者与传播投送者的角色。这种角色，在清朝地方性新闻信息采集中已经出现。例如，地方的辕门钞依据巡抚衙门有无新闻而定。除了抄录督抚衙门所发布的信息外，辕门钞中有不少新闻是出版者采写的，这种自采自编的新闻，不再是单纯的政府传声筒，而是有了自己独立的新闻来源与内容，是中国古代新闻发展的重要进步，打破了中国古代报刊传承近千年的旧模式，向近代新闻模式转型。

因为报纸新闻出版体系的建立，新闻采编开始专业化，并推动了从业人员的职业化发展。

最早的"新闻记者"被认为是宋代的内探、省探和衙探。内探是专门打探皇宫消息的人；省探是打听中书省、门下省、尚书省等中央机关消息的人；衙探是专门打听省属各部门消息的人。[①] 1905年以前，新闻采编人员的称呼还比较庞杂，如"笔者""笔耕者""撰述员"等，然后又由"访事""采访""访员"到"记者"。据考证，"记者"一词最早出现于1899年保皇会在日本横滨创办的《清议报》，主编是梁启超；1905年3月10日《申报》之《论今日各国对中国之大势》中也使用了"记者"二字。此后，"记者"概念频频出现，逐渐成为新闻从业人员的正式称谓。1875年7月7日，《申报》首次刊登招聘"访事"，应聘这一职务的条件是"必须学识兼长，通达事务，并为人端正，实事求是者"。"访事"就是"记者"的前身。

随着新闻信息采集的现代转型，新闻采编中信息记录需求更为迫切，使用不便的传统毛笔书写逐渐为外来的铅笔、蘸水笔及自来水笔所替代，成为新闻采编的重要工具。自来水笔性质的钢笔成本相对昂贵，19世纪中后期传入国内，主要在上层社会流传，以及在特殊职业的记者采编中使用。

三、电信与影像技术

吴伯凡先生曾言，在人类发明电报之前，"通信"问题基本上等同于交通问题。晚清时期，新闻采编出现两项重要的技术革新：一是电报电信技术的应用，一是摄影技术的普及应用。这是新闻信息获取途径的重大突破，不仅远程新闻信息快速传输问题得到解决，真实生动的即时影像也迅速成为图像新闻采编的重要手段。

电报是一种用电传送信息的即时远程通信方式。1838年，莫尔斯（Samuel Finley Breese Morse，1791—1872）发明电报机，1844年5月24日，他从华盛顿拍发的到巴尔的摩的电报是人类历史上第一份电报。1871年5月23日，丹麦大北电报公司用中国文字打电报至香港。1907年，德国物理学阿瑟·柯恩教授发明并改进了传真电报。同年11月8日，法国《画报》和英国《明镜日报》运用这种技术将一张英国国王爱德华七世的照片经海底电缆从巴黎传到伦敦，诞生了世界上第一

---

① 参见翟边：《中国最早的"新闻记者"》，《新闻采编》，1997年，第4期。

张传真照片。[1]

19世纪末，电报成为新闻、通信的重要方式，电报知识也进入中国民众视野。1865年，派驻欧洲的使节斌椿和张德彝（1847—1918）目睹了意大利物理学家乔凡尼（Giovanni Caselli）从巴黎向马赛发出的传真试验。张德彝在笔记中写道："此气机与他处迥异，支于架上，中悬一铜针。将信稿以水贴于一纸如银箔者之上，铺于针下。针自往来横行，针过之处，字皆印出，在对面亦然。针下只铺银箔，彼处针动出一字，此处亦显一字，虽隔千万里亦然。……此线不惟能传信文，且能传送小照，其法有拟议所可得者。"[2]1898年2月11日，《知新报》上刊载了一篇《显字新机》通讯，讲述奥地利人发明"电气传字"的机器，这是目前所见国内报刊上最早出现的介绍传真术的文字。1908年9月，上海《万国商业月报》第6期刊载《无线电照相技术》，是目前可见的第一篇介绍无线电传真技术的文章。[3]

早在1860年第二次鸦片战争之后，列强就试图在中国架设有线电报机，但被清廷一再回绝。洋务运动中，北洋大臣李鸿章意识到电报的重要性，于1865年上书朝廷，提出开办电报局。1879年，李鸿章在天津与大沽海口炮台之间架设电线，试通电报，这是中国修建的第一条电报线路。1880年，清政府决定架设天津、上海间军用电线，由大北电报公司勘察设计和架设，全长3075华里。同年10月，中国电报总局在天津设立。1881年12月，津沪线开通，12月28日全国第一条长途公众电报电路——津沪电报线全线开放使用。沿途紫竹林、大沽口、临清、济宁、清江浦、镇江、苏州、上海八局同线工作电路正式通报。1887年，台湾巡抚刘铭传主持铺设了长达433里的福州至台湾的闽台海缆，是中国自主建设的第一条海底电缆。

1873年，中国最早的汉字电码出现，由于汉字由许多部首组成，结构复杂、字形繁多，拍电报不易直接用电码来表示，因此采用由四个阿拉伯数字代表一个汉字的方法，简称"四码电报"。1873年，法国驻华人员威基杰（S.A.Viguer）参照《康熙字典》的部首排列方法，挑选了常用汉字6800多个，编成了第一部汉字电码本，名为《电报新书》。后由我国的郑观应将其改编成为《中国电报新编》。这是

---

① 易欣、郝慧媛：《新闻图像：展示媒体传播力》，《东南传播》，2008年，第4期。
② 张德彝：《航海述奇》，长沙：湖南人民出版社，1981年，第52页。
③ 引自王明亮：《传真技术传入中国考——兼论其在新闻事业中的应用》，《国际新闻界》，2013年，第9期。

中国最早的汉字电码本。（图9-21）

图 9-21　清朝末年中国使用的电报机

华侨商人王承荣认为："中国之驿站、烽火虽速，究不如外国之电报瞬息可达千里。" 1873年，他与福州的王斌研制出我国第一台电报机，但未被清廷采用。1875年，福建巡抚丁日昌（1823—1882）在福建船政学堂附设了电报学堂，培训电报技术人员。1877年2月，《格致汇编》第二卷告白栏目中，已出现电报行业的广告。1884年8月，电报线路得以进入清廷政治中心，这也加快了清政府对电报技术的接受速度。有线电报与无线电报正式引进中国之初，因其传递信息快速，首先被用于军事领域进行拟稿、收发、阅读。[1]1882年1月14日，云南按察使衔候补道台张承颐被渎职查办，当天晚上11点，《申报》驻天津记者用电报向上海编辑部发回这条新闻，成为中国新闻史上第一条新闻专电。

1882年10月24日凌晨，顺天乡试刚刚在北京发榜，《申报》就雇用快马，带着中榜名单，早上8点到达天津电报局的发报房，信差在名单中节选出的江苏、安徽、浙江中榜人姓名及名次，通过长达3000多里的津沪电报线迅速发到上海。次日凌晨，印着中榜者名单的《申报》就已经送往各售报点和订户宅院，离北京发榜还

---

① 姚璐、朱玉杰、战涛：《〈石斋画报〉与电报在中国的最早图文报道》，《新闻传播》，2015年，第3期。

不到24小时。①1898年为提高政务效率，清政府正令："嗣后明降谕旨，均著由电报局。"

1877年，丁日昌提出设立台湾电报局，拟定了由旗后（今高雄）造至府城（今台南）的电报线路方案，这是中国人自己修建、掌管的第一条电报线。国家图书馆藏有1896年以绘本方式制作的彩色舆图电报官线图，绘有北京、天津、锦州、盛京等地电报线路，还标注了相邻两地间电报线路里程，另有同为1896年的电报官局图，绘有北京、天津、山海关、锦州、旅顺口、盛京等地电报线路，标注了电报总局、分局及报房名称，显示出电报业在中国的迅速发展。

我国的广播事业是从无线广播开始的，无线广播的基础是无线电传送技术。1889年，清政府首次装设了两广军用无线电报机，并以此为基础建设成无线电台，为军事或官商信息传输服务。②但民间还禁止使用，直到民国以后无线电台才正式发展起来。1906年，琼州和徐闻两地设立了无线电机，并开通了民用无线电通信，这是中国最早的民用无线电通信。1911年，中国最早的远距离无线电报通信开通。

晚清电报的兴起改变了近代中国新闻信息采集的传统模式，也极大地提高了新闻报道的时效。同时，电报的兴起大大丰富了近代报刊的新闻内容，拓展了报道范围，"专电"等电讯栏目的设立，改变了报刊的编排布局，由于电报价格昂贵，迫使电讯作者用最精练的文字传递人们最急需了解的信息。③

正如郑保卫先生指出的，电报技术的发明，为实现信息的远距离传递送来了第一声福音，它使信息传播一改过去传统的以人和物为载体的实体传播，变成以电波信号为载体的电子传播，大大简化了传播程序，提高了传播效率。电报技术的出现还给通讯社的建立和发展带来了福音，成了一批现代通讯社发展的助推器。④

1860年，美国安东尼奥·穆齐（Antonio Meucci，1808—1889）在纽约公开展

① 雪珥：《新媒体改变大清》，《国家人文历史》，2014年，第12期。
② 王润泽：《中国新闻媒介史（1949年以前）》，北京：北京大学出版社，2011年，第248页。
③ 邓绍根：《论晚清电报兴起与近代中国新闻业的发展》，《安徽大学学报（哲学社会科学版）》，2013年，第4期。
④ 郑保卫：《论传播科技与世界传媒业的发展》，《中国传媒科技》，2004年，第7期。

示了被称为teletrofono的机械，已经具备了电话的功能，被认为是电话的发明人。1881年，上海英商瑞记洋行在英租界内设立华洋德律风（telephone）公司，免费为商户装用电话，并收取一定费用。1882年2月21日，大北电报公司在上海外滩7号正式开设了电话交换所，设置了第一台人工交换机，为外商公司、洋行等装了二三十部电话，并在租界内的马路上架设了话线杆。3月1日，大北电报公司在外滩7号安装了我国第一部公用电话，任何人只要付费，即可与本所内用户通话。1899年，盛宣怀（1844—1916）奏请办理电话业务，中国开始建设自己的电话工程。1900年，中国第一部室内电话在南京问世。1905年，中国长途电话开通。① （图9-22、图9-23）

中国第一历史档案馆馆藏有一份1909年的《北京电话簿》。有学者统计，出现在名单中的报馆共有11家。上海《申报》自1905年4月8日在报头下出现"得律风②一千五百九十六号"字样；天津《大公报》自1906年9月5日开始在报头下方出现"电话四百五十号，得律风三百二十二"字样。这些意味着，电话或被用于采访和传递消息。而另一份间接材料印证了，早在清末，许多报馆已经将电话作为传递消息的重要手段。宣统二年（1910）六月十六日，直隶总督陈夔龙（1857—1948）在给民政部的一份咨文中透露，此前天津出版的《中国报》，与"邸钞""谕旨"等并列，专门列有"电话"一门。而宣统三年（1911）三月十七日，陈夔龙为天津创设《津话日报》等事致民政部的另一份咨文，则显示定于该月二十八日出版的《津话日报》体例共分八门，其中专列"北京要闻及各省电话"一门。可以说是电话用于传递新闻消息的间接例证。③

1839年8月19日，法国人达盖尔（Louis-Jacques-Mandé Daguerre，1787—1851）发明的摄影术，标志着银版摄影技术的诞生，同时出现了世界上第一台装有新月形透镜的伸缩木箱照相机。1840年，法国科学家菲祖（L.H.Fizeau）经过反复试验，发明了加固铜版影像的"镀金法"。法国人尼埃普斯·圣·维克多（Niepce de Saint-Victor，1805—1870）通过使用一种黏稠而透明的液体作为感光剂的载

① 参见王润泽：《中国新闻媒介史（1949年以前）》，北京：北京大学出版社，2011年，第280页。
② 得律风，telephone的音译。
③ 引自王明亮：《电话在早期中国新闻事业中的应用》，《新闻春秋》，2013年，第4期。

图 9-22　中国最早引入的电话机，为专供皇室使用的专线电话机，国家博物馆藏

图 9-23　1910 年，北京电话总局的工作场景

体，得到玻璃板上的负像来复制正像。英国人阿切尔（Frederick Scott Archer，1813—1857）把火棉胶作为感光剂的载体涂布在玻璃板上，形成感光底版。[1]因而，称之为湿版摄影。物理学教授陶配诺（J.M.Tau-Penot，1824—1856）于1855年用鸡蛋清作为火棉胶的保护层，解决了火棉胶干燥的问题——诞生了干版。

---

① 吴钢：《摄影史话》，北京：中国摄影出版社，2006年，第157页。

将照片复制到报刊上的印刷技术不断改进，先后有了锌版法、铜版法、锌版加网线制版法。1880年，美国人斯蒂文·霍根发明照相铜版术。1892年，奥地利人布兰迪威纳又发明了轮转式照相凹版印刷术。[①]19世纪末，西方纸媒开始使用摄影传播新闻信息。

关于中国使用摄影的具体时间，据胡志川先生等考证：最早的记载是在1844年，两广总督兼五口通商大臣耆英，在给皇帝的奏折中提到他把"小照"分赠给英、法、美、葡四国使臣。这批照片由勒·埃及尔（Jules Ltier）拍摄。[②]两年后，1846年10月8日，香港《中国邮报》刊登了商业摄影广告："银版摄影和锌板印刷公司，威灵顿路，中国（含香港地区）的彩色及黑白风景照，每晨九时营业至下午三时。"[③]这说明此时摄影技术已经影响中国。到了20世纪初，摄影进入中国日常生活，摄影图片也成为报刊新闻的重要内容。（图9-24）

图 9-24　1909 年，《时事报馆戊申全年画报》河南女学堂第一学期考试合影

在电信技术发明以前，中国古代新闻信息传播一直受到时间、空间的限制，信

---

① 吴建：《新闻摄影学》，成都：四川大学出版社，2005 年，第 52 页。
② 胡志川、陈申：《中国早期摄影作品选（1840—1919）》，北京：中国摄影出版社，1987 年，第 1 页。
③ 引自范文霈：《中国近代摄影新闻的兴起》，《新闻记者》，2008 年，第 11 期。

息传播技术缓慢发展，没有大的突破。在西方信息传播技术的强劲影响与推动下，以铅印术及石印术的推广为代表，特别是照相制版术和彩色印刷术，使中国的印刷工业步入一个新的历史阶段。而电报与摄影技术更是从根本上改变了传统新闻信息采集、编辑方式，不仅可以不在场接收与发布新闻，还可以通过客观对象与事件的真实影像记录，传递生动形象的信息内容，这是具有里程碑意义的技术革命，对现代新闻传播发展产生深远影响。

第三节　新闻制作技术

在新闻编辑与制作技术中，铅字铸造或雕刻、排版设计和印刷这三种操作对前工业时代及工业时代的文本复制均起着决定性作用。清朝中期前后，正面临着这一革命性的转折。

1807年之后，昂贵且技术含量较高的印刷技术缓慢地传入中国。在随后的60年中，廉价的中国传统印刷技术并没有被西方印刷机取代。从19世纪70年代开始，中国人对西方印刷技术的冷漠态度才有所变化，最终将印刷机视为西方先进科技并全面接受。

一、专业化生产萌芽

报刊编辑稳定的周期性，专门机构的设立，传播发行方式的改变，是新闻编辑专业化、职业化发展的必然趋势。到了清朝，报业新闻传播有了进一步的发展，出现了京报、宫门钞、塘报、辕门钞等多种报纸形式并存的局面，专业化运营有了明显进步。

《京报》是清中央政府的官报，为书本式小册子，每日发行。页数少则二三页，多则十数页不等；长六七寸，宽约三寸；用薄竹纸印刷，外裹黄色薄纸，并盖有木戳朱印"京报"二字。《京报》的印刷由民营报房承担。因报纸时效性强，承印《京报》的报房不止一家，且各家所发京报内容也不尽相同。从现存的清代报房京报实物来看，同治之前民间报房所出的报纸，一般没有报头，也没有封面，采用白色的连史纸印刷，有"白本"之称，一般每天出一期，呈书册状。"每册4页至10页不等，每页长宽约为24×18厘米，每册第一页的第一行印有出版那一天的年月日，版心部分印有'题奏事件'4个字，每册第一页和最后一页的空白处都印有报房的堂名。"①

同治以后，北京民间报房所出报纸开始有了封面与报头。因普遍采用黄色连史纸做封面，而有"黄皮京报"之称。在封面上普遍使用"京报"二字做报头，报头的下方，通常是用刻有楷书"京报"的木戳，蘸上红色颜料，盖在封面的左上角。报房的名戳通常也是用红颜料盖在封面的右下角。个别使用白色的连史纸做封面的，则在封面上加印写有"加官晋禄""天官赐福""一品当朝""指日高升"等红色文字的吉祥图案。一般情况下，"京报"会被嵌在图案的上方，报房名称则嵌在图案下方的空隙中（图9-25）。

图9-25　清朝聚恒报房《京报》封面②

各报房所出黄皮京报比较整齐划一，每期页数一般都是在4页至10页。在个别情况下，"要紧的奏折多，则每本可到百余页"③。每页对叠之后，用纸捻装订成

---

① 方汉奇：《中国新闻事业通史》第一卷，北京：中国人民大学出版社，2000年，第209页。
② 引自曲德森：《中国印刷发展史图鉴》，太原：山西教育出版社，2013年，第512页。
③ 齐如山：《清末京报琐谈》，（台北）《报学》杂志，第一卷第3期。

册。每册的宽度在9厘米左右，长度在22厘米左右。文字全部为竖排，宫门钞部分单独一页，从两三行到几十行不等，一般多为七八行。奏折部分每页为14行到18行，每期字数从一千来字到五六千字不等。

清初报房京报曾经有过手抄的历史，根据记载和实物所显示，乾隆以后的各朝京报房所出报纸都已是印刷。在技术上，既有泥板印刷，也有活字印刷。所谓泥版，又称"豆腐干儿板"，是直接刻在石膏一类的泥板上，用火烤硬后付印的。在使用活字印刷上，各报房一般使用的是木活字印刷，也有用胶泥活字的。

聚兴报房所使用的就是这种胶泥活字。印刷时，一般都用锅煤烟子加胶水调成墨水，刷印在一种极薄、质量很差的、俗称"薄川连"的纸上，纸色墨色都十分暗淡。因为加了大量胶水，气味难闻。京报房采用铅活字印刷，则是光绪末年的事了。与同期书籍印刷相比，报房《京报》无论是在印刷技术，还是在

图9-26　清同治四年（1865）《京报》① 单页图，韦力藏

纸张的选用上，都选择低廉的材料，以降低生产成本，获取商业利益。京报印刷字体歪斜、墨色漫漶，质量不佳。加之为抢时间，校对不精，错字较多。然因内容新颖，销路不错，印数多过一万份。到光绪二十三年（1897）已出版六千零七十七期。随着西方近代印刷术的传入和发展，到清末《京报》改用铅字版印刷。

19世纪后半叶，新闻报刊版面编辑在欧美新闻出版的深刻影响下，也发生了深刻的变化。因为字体形态、字号大小，色彩、装饰与版面编排的布局，同样是广义视觉图像与设计的重要内容。不仅出现了专业的插图画家提供新闻性图像创作，也受到更多欧式风格的影响。

清中期以前涉及新闻的信息文本方式，基本是采用木刻雕版或抄写等传统手

---

① 引自张挺：《老东北报纸图录》，北京：中国文史出版社，2009年。

工制作方式，也基本沿袭传统的文书与书籍编排模式，多为书册式，无标题、无栏目、无插图，缺少版面编辑与设计，不论是字体还是编排方式都较单一和模式化。19世纪中后期，欧美国家新闻媒介与报刊设计开始影响我国，从刊头、封面到版面整体设计均得到高度重视，图像、版面绘制设计的专业化分工，字模与印刷工艺的不断提升等，使得新闻报刊的整体视觉设计迅速提升（图9-27）。

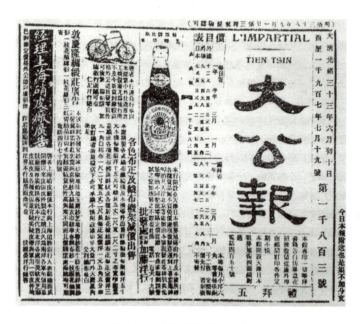

图9-27　清光绪年间大公报

　　早期外国人主办的中文报刊，多是采用中国传统书籍版式，以贴近国人情感与习惯。鸦片战争以后，因为政治经济环境改变，西方报纸杂志的版式也开始模仿外文报刊的版式特点进行改进。如用铅活字"香港字"印刷并首开广告栏的《遐迩贯珍》，开中文报刊登广告之先河。《香港中外新报》成为中国第一份双面铅印的、每日发行的单张商业类报纸，其版面信息编排也分版分栏目，成为众多报纸效仿的样板。1868年，《上海新报》在第四版刊登"机器图说"，开创了连续图文广告；1871年创刊的《申报》注重版面设计，创刊第一年就刊载了带有插图的缝纫机广告。《时务日报》是晚清报刊版式改革最具代表性的案例之一。1898年5月创刊之日起，报纸即每日出报两大张，4开，8版，采用机制白报纸两面印刷，整个纸形不再是过去人们习惯的方形，同年8月更名《中外日报》。《中外新报》题目采用比正文大得多的字号，有时还是黑底白字，并选用不同的字体，重点突出，层次分明。内文当中，还使用了句号，版面分看、新闻分类，还有首页的"开明目录，告白分门别类，以便检阅"[①]（图9-28）。这些都极大地推动了中国近现代报刊向现代的转型。

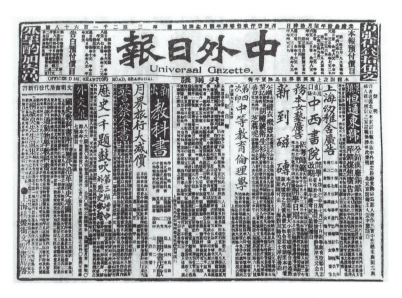

图 9-28　1904 年 8 月 24 日上海《中外日报》，张挺藏

随着机械印刷的引进，铅字字体设计需求开始出现，本土的报刊发行者开始探索开发更多适合出版编辑的新字体。

二、从手工到机械铸字

自宋代活字技术发明以来，一直采取的都是手工铸字技术，直到19世纪中后期，这一状况才得到根本改变，逐渐引入与推进机械铸字的产业发展。

1. 传统手工铸字

清朝是中国原生的古代印刷术和近代西方印刷术东传交递时期。传统的印刷模式依然占据主导地位，各种名家书体在印刷品中继续得到应用，还有名家亲手写版

① 戈公振：《中国报业史》，北京：中国文史出版社，2015 年，第 145 页。

的刻本，宋体的应用更加普遍，遍及官方和民间的印刷文本。乾隆以后，宋体的使用日渐广泛，最终占据版刻字体的主流地位。

康熙十二年（1673）爱新罗觉·玄烨（1654—1722）在《文献通考》序中说："此后刻书，凡方体，均称宋字，楷书，均称软字。"由于形成了一支以写宋体为专长的写版者，也不断推出新的宋体字品种。在字形上有方形、长形和扁形；在笔画上有粗体与细体之分，为活字技术进一步发展提供了更好的条件（图9-29）。

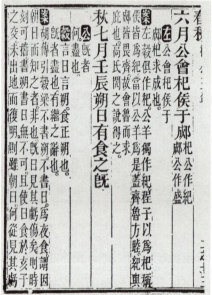

图 9-29　清内府刻本《医宗全鉴》与《春秋》旧刻本

活字印刷到了清朝开始增多。这时候的铸字还是依靠手工技术完成，主要有金属活字、泥活字、木活字等。翟金生历时三十年，与家人共同创制不同大小的五种泥活字，共计十万多个；福州林春祺刻制大小铜活字四十多万个，印刷了《音学五书》等书籍；广东佛山镇唐（táng，音读）姓印工铸造锡活字二十多万个，印成《文献通考》等书籍；苏州李瑶"仿宋胶泥版印法"采用胶泥活字，排印了《校补金石例》四种、《南疆绎史勘本》等书。

木活字印刷在清代得到了空前的发展。清代木活字的大量使用是乾隆刊行"武英殿聚珍版丛书"时开始的，鉴于出版《钦定古今图书集成》等的铜活字已改铸铜钱，而雕版又费工费时、耗资巨大，"武英殿聚珍版丛书"负责人金简便奏准清高宗使用木活字刊印；因"活字板"其名不雅，高宗特赐名"聚珍版"①。

清朝末期，即19世纪初期开始，西方的铅活字版印刷、石版印刷、珂罗版印刷及凹版印刷等技术相继传入中国，推动了中国印刷技术的转型。

2. 机械铸字与编排

最先接受西方印刷技术的是位于中国东南沿海的澳门、广州、香港、上海和其他通商口岸。1589年，西方的铅活字和印刷机就已经零星传入中国。

西学东渐的中国印刷革命，突出体现在机械铸造的汉字活字技术上。早在16世纪，欧洲人就已经在探索中文印刷的技术。唐纳德·F.拉赫（Donald F.Lach）指出，第一批中国活字于1570年在葡萄牙的科英布拉（Coimbra）应用于印刷机。1585年，两个日本人来到里斯本，教葡萄牙的印刷工如何提高他们雕刻活字的水平。同一年，一本《教理问答》和一份拉丁–中文词汇表在澳门用雕版印刷完成。印刷机第一次出现在澳门是1614年。除了葡萄牙，弗兰德斯（Flanders）也雕刻中文活字。②但是进行凸版印刷需要制作一种标准尺寸的、不可分割的单字，而不仅仅是制造组成词语的字母，因为汉字数量庞大，这些努力见效甚微。

在亚洲的欧洲传教士，起初仍然用雕刻的方法生产中文活字。嘉庆十二年（1807）英国传教士马礼逊来到澳门，雇人刻制中文活字字模铸造铅活字。嘉庆二十年（1815）马礼逊请英国印工汤姆斯（Peter Perring Thoms）在澳门雕刻金属活字，印刷了著名的《华英字典》（*A Dictionary of the Chinese Language*）。这是国内最早用西方铅活字印刷术排印中文，字典共约有4万个词条。

1818年，马礼逊和米怜创办了墨海书馆，第二年他们完成了中文《新约》的印刷，同样使用了手刻活字。因为书馆附属于马六甲英华书院，被称为马六甲字体。1931年，商务印书馆的印刷专家贺圣鼐先生指出，当时的马六甲字体是由中国人綮

---

① （清）金简：《钦定武英殿聚珍版程式》，清乾隆时期浙江重刊。
② Donald F. Lach, Asia in the Making of Europe. Chicago: The University of chicago Press, 1965, pp. 679–680; p. 527.

高（1787？—1818）刻制的。[1]刻制活字与雕刻书版几乎一样，蔡高对整个雕刻过程已经非常熟悉，在透明的纸上写出汉字后，将汉字反过来粘在空白的活字字模上，再对上面多余的部分进行切割和锉除。接下来的40多年里，汤姆斯的助手们在澳门雕刻了20多万个两种字号的汉字，以及2万多个复合词。

1838年，麦都思在伦敦发表了一部关于中国传教近况的总结性著作，论及西人对于当时三种主要的技术手段木版印刷术、石印术、活版印刷术在实践后的综合评价。在相同的任务基数前提下（排版或转写2689张，印刷537.8万张），三者所需如表9–1：

表9–1　木版印刷术、石印术、活版印刷术成本比较

技术	人员	材料、设备	耗费	耗时
木版印刷术	9个刻工；5个印工和装订工	2000块木板；210担纸；凿刻工具	1901磅6先令11便士（含中国工人遣送费）	约3年
石印术	1个写工；4个印工；1个装订工	2台附石头的石印机；210担纸	1262磅16先令（含维修费）	2年
活版印刷术	4个排字工；2个印工；1个装订工	戴尔的字符、字模；金属原料；铁制印刷机；铅空、字盘，168担纸	1515磅11先令6便士	1年

最初，中文金属活字只能通过费力且昂贵的方式刻制，没有铸字车间提供生产活字的字模。汤姆斯是创造中文铅字铸字盒的先驱之一，1815年马士曼（Joshua Marshman，1768—1837）约在1815年最早使用了他的字模，但并没有得到推广。英国牧师塞缪尔·戴尔（Samuel Dyer，1804—1843）1828年到达马六甲，按照古登堡方法铸造中文铅字。他先是模仿雕版书籍浇铸成铅版，然后分割制成活字，后来他又带领中国工人制作钢模字范，同时用更柔软的金属制成大小字模两种于鸦片战争后在香港开局印刷（图9–30）。1851年，美国理查德·科尔（Richard Cole）在香

---

[1] 贺圣鼐：《三十五年来中国之印刷术》，张静庐：《中国近代出版史料·初编》，上海：群联出版社，1954年，第258页。

港改良了戴尔的字体，刻成字体大小相当于今天的四号字，因制成于香港，又称为"香港字"。1859年前一直是中文印刷的标准字体。

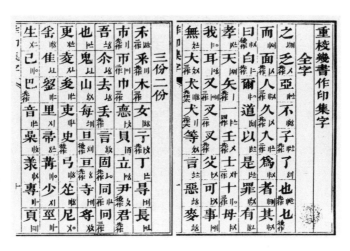

图9-30　拼合活字创始者戴尔《重校几书作印集字》（1834年印于马六甲）

1844年，美国长老会设花华圣经书房在澳门，使用的铅字都从巴黎运来。这些铅字是法国葛兰德（Marcellin Le Grand）倡导设计的"华文叠积字"，也就是将原字的部首分刻，使用时进行拼合，以减少字模数量。1834—1836年，葛兰德把印刷所需汉字总数减少至214个康熙部首和另外1100个常用汉字，从而形成一种新的中文字模系统。这1314个单字可以进行组合而形成新的复合汉字。葛兰德字体的最终规模达到了3000个单字，由在巴黎的中国留学生刻制，这些字体比戴尔的更小，通过组合，最多可以造出22741个汉字。后因这种"华文叠积字"组合排版繁复，质量难以保证，逐渐停用。

第二年，花华圣经书房迁至宁波，改名美华书馆。1846年，新的印刷机、电铸设备和铸字炉各一台被运到该馆，这预示了雕刻活字的终结。1859年，美华书馆迁往上海。该馆技师美国人威廉·姜别利（William Gamble，1830—1886）改进了汉文活字规格，定出了37种标准，奠定了汉文铅字制度的基础。他改进了电铸版技术制作字模的过程，采用电铸版的方法制作了七种规格的字体，为传统宋体形态，被称为"美华体"（图9-31）。

图 9-31　姜别利的美华书馆字体 [1]

姜别利的电铸版技术需要把汉字写在黄杨木上，由刻工雕刻阳文，然后电镀紫铜阴文，镶入黄铜壳子，雕镌之工于是大减，蝇头小字亦得镌制。[2]电铸版印刷是个高效的技术，因为所有的页面一起印刷，省去了使用活字单个排页的需要。1895年一份来自欧洲的报告显示，"相比钢质凸版字范而言，通过这种方法得到的汉字，字体更加精致，拥有更多被中国人称赞的书法美感"[3]。

19世纪30年代之前的字母活字主要由手工铸造。直到1838年，美国戴维·布鲁斯（David Bruce）取得了第一台铸字机的专利。那个时候中国的手工铸字速度极慢，一名熟练工每小时也不过铸10个汉字，每天工作10小时的情况下，与雕刻书版的速度相差无几。姜别利将他1858年带到中国的铸字机进行改良并用来铸造汉字。几年之内，中国的印刷商使用手动或者脚动的铸字机器每小时可以铸造700到800个汉字，并且在中文字模的基础上改进了原来的技术，进一步把速度提高到雕版印刷不可能达到的水平。这种铸字机器也称为手拍铸字炉、脚踏铸字炉或手摇铸字炉。

---

[1] 引自［美］芮哲非：《古腾堡在上海：中国印刷资本业的发展（1876—1937）》，张志强等译，北京：商务印书馆，2014年，第56页。

[2] 贺圣鼎、赖彦于：《近代印刷术》，上海：商务印书馆，1933年，第5页。

[3] Gilbert McIntosh，The Mission Press in China. Shanghai：American Presbyterian Mission Press，1895，p. 20.

手工铸字及其技术是凸版印刷中必不可少的第一步。在印刷程序中，排字和铸字密切相关。华文手工排字效率低，对排字架要求就很高。1860年，姜别利重新设计了中文排字架。根据《康熙字典》中的部首检字法分部排列，将16万之多的汉字分为常用、备用与罕用三大类，整个排列呈U字形，其中，正面置二十四盘，中八盘装常用字，上八盘与下八盘均装备用字，两旁六十四盘皆装罕用字。这样一来，排字工中间站立，就架取字，所需的时间可以缩短到原来的三分之一，生产效率大大提高（图9-32）。此后，排字架经过多次改良，逐渐完善，中国也开始出现活字印刷机构，印刷业走上机械化发展的道路。

图 9-32　姜别利所在美华书馆的印刷排字车间

欧洲的造纸行业因为工业革命的推动，实现了技术与产量的惊人突破。造纸工艺的机械化和制浆技术的化学化，使机制纸的生产具备了现代化工业规模。中国传统手工抄纸技术与产能已经无力抗衡，新闻、出版等商用市场逐渐被进口机制纸张与技术取代。

我国传统邸报用纸，直到清后期民间报房的京报，还是使用质量较差的薄川连纸或薄竹纸，纸质泛黄，纸中纤维含量少，不易保存。即使是清末国人所创办的近代报纸，选择的印刷纸张也多为国产的毛边、毛太纸、连史纸、赛连纸等。传统造纸业还长期"沿袭利用原始的上产工艺和简陋工具设备，生产效率低，作业周期长，费工费时，产量低，成本高，这是比较普遍存在的一般现象"[1]。同时，开幅小，不宜双面印刷，这直接导致报刊生产成本高，渠道无法有规模化的突破。清中期以后，国内市场的一般书刊、报纸多用毛边或者毛太纸印刷。如清同治、光绪年间印刷多用这种纸。[2]1872年《申报》创刊伊始，用的就是"毛太纸单面铅印"；1896年创办的《苏报》，以及《沪报》《文汇报》《新报》《益世报》等最初也用毛太纸印刷，但不久就改用了日本产的光纸单面印刷。比较讲究的书刊会选用连史纸印刷，上海《孟闻录》《格致新报》等书报都用国产连史纸单面印的线装本。日本针对中国纸张特制的单面光无帘纹的薄"洋毛边"纸，即今通称的有光纸或油光纸，因为"售价低廉，各报刊和书籍出版商为了降低成本，以图生存，竞相采用"。

日本的倾销纸张还只是来华洋纸的一个部分，更多种类是西方机械造纸产品，其中最典型的就是"白报纸"。进口白报纸最早是由在华办报的外国人引入。欧洲各国在华设立的洋行有不少兼营或专营机制纸，其中白报纸在中国的销量很大。最开始在中国使用白报纸的新闻媒体之一是"North-China Herald"，一般译为《北华捷报》，它创刊于1850年，是英国人在上海创办的第一份英文周报。1861年创刊的上海第一份中文报刊《上海新闻报》是中国最早采用白报纸印刷的报纸。光绪二年（1876）上海点石斋石印局创立，光绪十五年（1889）商务印书馆创立，他们开始时全部采用国产纸印刷，但不久除复印古书外全部使用洋纸。1896年，《苏报》开始改用白报纸，1901年1月25日，《申报》改用白报纸。[3]

1882年，由民族工商业者曹子抡集资筹建中国第一家造纸局——上海机器造纸局，1884年建成投产；1891年，李鸿章在上海树浦创建伦章造纸局，成为中国机器造纸业发展的开端。

传统雕版印刷油墨主要是矿物与植物原料制成，为了节省开支，部分报房会用锅煤灰加胶水调和，或者用烟墨加上菜籽油混合而成，并不适合机制纸与机械印刷的需要。随着欧美机械印刷技术的引入，依据化学配方制作的印刷油

---

① 参见并引用戴家璋：《中国造纸技术简史》，北京：中国轻工业出版社，1994年，第196—203页。
② 引自周文骏：《图书馆学情报学词典》，北京：书目文献出版社，1991年，第281页。
③ 引自时璇：《视觉·中国近现代平面设计发展研究》，北京：文化艺术出版社，2012年，第49—50页。

墨也引入中国。清中后期几乎完全依赖进口，到民国时期才开始形成本土化的生产（图9-33）。

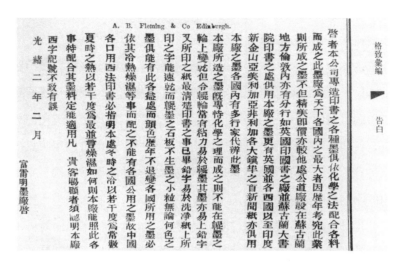

图 9-33 《格致汇编》告白栏刊登的光绪二年（1876）富雷明墨厂印刷油墨广告

在字体设计领域，商务印书馆自1897年成立以来，模仿古代书法体共设计了三种字体，以代替传教士字体。楷书由江湾人徐锡祥在1908年使用照相制版和电铸版技术创造而成，是第一个获得高度评价的字体；丁福保创制的正楷也是首先由商务印书馆在1909年推出，但直到20世纪20年代才渐渐流行。

1909年，在张元济先生主持下，商务印书馆采用照相铜版刻模及电镀法开发"二号楷书体"，标志着国人已经自行开发字体设计。不过"二号楷书体"存在字形不统一、字数字号少、技术不成熟等问题，最终未能在市场上推广。几乎与此同时，黑体由日本学习欧洲等线字体，并结合中国传统字形风格创制，经日中文化交流辗转影响、传入中国，成为此后汉字印刷字体的新军。20世纪初期，由于民族企业逐渐占据印刷出版市场的主导地位，虽然日本制宋体字独占出版印刷领域的状况并没有得到根本改变，但是到20年代中期，宋体、黑体、楷体与仿宋体逐渐在中文印刷中占据主导地位。

三、机械复制印刷

尽管清朝前中期的报纸普遍使用的印刷方式已经较以往有了巨大进步，但这种传统手工印刷技术在18世纪初开始受到来自欧洲机械印刷的巨大挑战。真正意义上的机械印刷机是1814年欧洲投入使用的滚筒式平台铅印机。该机以蒸汽为动力，全铁质圆压平结构，除续纸和收纸外，全部作业由机器完成。1876年《格致汇编》第三卷中，《印刷机器图说》专门介绍了这一历史进程。1814年，英国伦敦开始使用辊轮印刷机与新闻纸进行印刷，可以用人力、牛马之力，也可以用蒸汽动力，速度与印量大幅提升（图9-34）。为了满足不同要求，各种圆压平结构、平压平结构及圆压圆结构的印刷机陆续被发明出来，推动了文字排版从制作铜模、铸造铅字到排版作业的机械化。英、美、法、德等欧美国家的印刷铸字技术，同时伴随着印刷方式、印刷机及其各种器材传入中国，最终推动了中国现代信息与新闻传播的革命性转型。

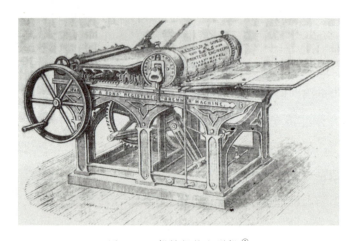

图 9-34 机械辊轮印刷机 [1]

1.清早中期传统印刷形式

清早中期印刷延续了明朝的工艺与技术。与前代不同的是，朝廷内的印刷管理机构不再是国子监，而是武英殿，雕版印刷依然占据主导的地位。活字印刷以及石版、

---

[1] 引自［英］傅兰雅：《格致汇编：李俨藏本》（1），南京：凤凰出版社，2016年，第65页。

铜版逐渐成熟，及至清代晚期，传统印刷方式在西方现代印刷技术冲击下逐渐转衰。

木活字、铜活字在清代都比较流行，技术上也发展到了较成熟的阶段，泥活字也再次兴起。清代的京报多用活字排印。根据现有史料记载和实物显示，在雍正以后已普遍采用印刷技术来完成报纸的复制工作。所使用技术既有比较古老的雕版印刷，也有活字印刷、蜡印，以及比较先进的石印等。清袁栋《书隐丛说》中记载："近日邸报往往用活字版配印，以便屡印屡换，乃出于不得已，即有讹谬，可以情恕也。"因为赶工，多采用木活字印制，经常出现刻字粗糙、错别字等品质不佳现象，还会出现墨色漫漶的质量问题。但因内容新也能被普遍接受。随着西方近代印刷术的传入和发展，清末京报已经改用铅字印刷，大大降低了报纸的成本，也促进了报刊的广泛发行。

通常，辕门钞也是印刷的，多为白色连史纸单页印制。各地辕门钞所使用的印刷技术也有所不同。木活字印刷最普遍，但也有选择其他印刷技术。例如，山东的一份辕门钞就采用了西方传入的石印技术。还有记载称："每日下午阁钞既出，有老于刻字者不必书写，随可刻于一种石膏类容易受刀之泥板上，俗称豆干儿版，以火烙之则立坚，墨色黯淡。又一种用活字印的，字体比泥版小，而较整齐。"[①] 使用泥版的"豆干儿版"工艺应是为赶工，因为可免去木版雕刻中字样的制作过程，直接在泥板上快速刻字印刷。

蜡版印刷[②]作为中国古代印刷术中最简便快捷的一种，也是辕门钞中可能的较流行的方式（图9-35）。蜡印的办法是先用热蜡涂在木制蜡版上，等蜡冷却变坚硬后再在蜡上刻字印刷。"清代使用了蜡版分版技术，制版速度更加迅速。当发生紧急的事情又需要迅速印刷公布出来时，整块蜡版可以根据需要分拆成许多块小版，由每名刻工分刻一二行或更多行，刻完之后再通过小木楣拼合起来。如每日发行的广东省报'辕门抄'就是用蜡版印刷而成。后来不仅辕门钞采用蜡版印刷，各省重印京报时，也采用了蜡版印刷术。"[③]（图9-36）

---

① 许瀛鉴：《中国印刷史论丛·史篇》，台北："台湾中国印刷学会"，1997年，第227页。
② 蜡版板刷是中国古代印刷术中最简便快捷的一种。是将蜡烛与松香的混合物熔化之后浇到木板上，摊成一定厚度，从而制成一块蜡版，在蜡版上进行刊刻、刷墨、印刷。蜡版印刷源于北宋，昌盛于清代。
③ 张树栋、庞多益、郑如斯：《中华印刷通史》，北京：印刷工业出版社，1999年，第374页。

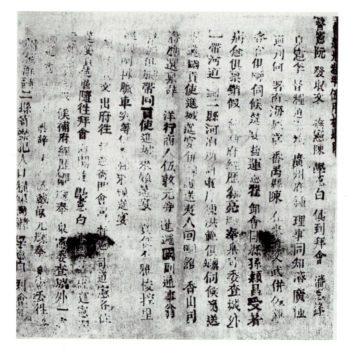

图9-35　清道光三年（1823）广东蜡版刻印的辕门钞

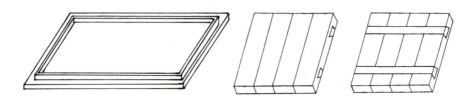

图9-36　蜡印的蜡版与供印刷用可分解的木制底版（正反面）示意图

3. 印刷方式的发展

随着西方机械印刷的引进，新的印刷技术迅速进入国内。在中国的西方印刷方式，包括凸版印刷中的泥版、石膏版、电铸版、纸版纸型、照相铜锌版、黄杨版、三色版，平版印刷中的石印、珂罗版、玻璃版、照相石印、彩色石印等，凹版印刷主要有雕刻铜版（表9-2）。

① 凸版印刷　最初的中文凸版印刷是泥版，1845年由理查德·科尔使用。光绪年间有日本人开设修文印书局于上海，专事铅印，其版多用纸型铸。1846年，欧洲

表9-2　在中国的西方印刷方式（1700—1931）[①]

印刷种类	印刷方式名称	第一次有记载的中文印刷时间	第一次有记载的使用者
凸版印刷	雕刻活字	1814	马六甲英国伦敦传道会的蔡高，澳门东印度公司的汤姆斯
	字模/活字	（1）1838	槟榔屿英国伦敦传道会的塞缪尔·戴尔
		（2）1845	宁波美华书馆的理查德·科尔
	泥版	1845	宁波美华书馆的理查德·科尔
	石膏版	约19世纪60年代	上海清心堂学校的范约翰
	电铸版	1860	宁波美华书馆的威廉·姜别利
	纸版纸型	1885—1895	修文印书局
	照相铜锌版	1900	上海土山湾印刷所
	黄杨版	1904	上海商务印书馆
	三色版	1908—1912	上海商务印书馆
平版印刷	石印	（1）1832	广东英国伦敦传道会的屈亚昂
		（2）1876	上海土山湾印刷所
	珂罗版、玻璃版	1875—1885	上海土山湾印刷所
	照相石印	不迟于1882	上海点石斋
	彩色石印	1904	上海文明书局
	马口铁	1918	上海商务印书馆
	橡皮版、胶版	1921	上海商务印书馆
	传真版	1931	上海商务印书馆
凹版印刷	雕刻铜版	（1）1680	北京，康熙朝武英殿修书处
		（2）1885—1895	上海江海关印务处
	影写版	1923	上海商务印书馆
	彩色影写版	1925	上海商务印书馆

[①] 引自［美］芮哲非：《古腾堡在上海：中国印刷资本业的发展（1876—1937）》，张志强等译，北京：商务印务馆，2014年，第33页。

研发了一种被称为电铸版的新型印版，用来取代铅版，它比铅版印刷质量更精美，使用时间更长。黄杨版取材于等密度的木材，姜别利曾经用它制作电铸版字模。1904年，商务印书馆采用了这种印版。商务印书馆雇用了一名叫柴田（Shiba Den）的日本人来上海，由其负责把这项新工艺教给公司里的中国印刷工。柴田使用一种感光乳剂把原版影像显现在木板上，然后按照影像雕刻木版。

1870年，经过美国长老会传教士范约翰（J.M.W.Famham 1829—1917）的努力，石膏版被引进上海。他改进了石膏版技术，首先在一块石膏板上雕刻阴文或者插图，然后这种反体的凹版模具被用来制作可以在标准印刷机上使用的正面凸版。

照相制版（照相铜锌版）于1855年由法国人稽禄脱（M. Cillot）发明，并由德国人乔治·麦森巴赫（Georg Meisenbach）1882年加以改进，创制照相网目版。照相制版技术是由上海徐家汇土山湾印刷所引进，1900—1901年由夏相公等人试制成功。

铜锌版为照相印刷技术。照相锌版和照相铜版的制作工艺大致相同，都是首先将原稿拍摄成负像底片，覆在涂有感光层膜的锌版或铜版之上，在强光下曝光，使感光部分成为不具有可溶性但具有抗酸能力的硬化膜，然后经过水洗显影及版面处理，溶去不感光部分胶膜，经过腐蚀后，空白部分凹下，图文部分保存，即成印版。锌版一般用于单色线条印制，铜版则多用来制作带有浓淡层次的图画，故需在拍摄底片时加上网目版，用网点来反映原图的浓淡层次。如需制作彩色图稿，则需采用三色照相铜版法，即在拍摄照相阴像底片时，在镜头前面（或后面）分次插入红、绿、篮三原色滤色镜，并改变网目角度，拍摄出黄、品红、青三种分色底片。再用三张分色底片分别晒制三块分色铜版，作为分色印版，逐版套色印刷。1909—1911年，商务印书馆聘请的美国技师施塔福在改良照相铜锌版之余，试制三色版成功。

② 平版印刷　最早的平版印刷是石版石印技术（Stone-based lithography），特别适用于精致图像表现和批量复制。1829年，英国伦敦传道会的麦都思（也是马六甲印刷业务的主管）在巴达维亚开始石印中文书籍。1850年，宁波美华书馆得到一台石印机。1876年，上海徐家汇的土家湾印刷所，首用木制机架的石印机，用珂罗版印刷工艺，印刷《圣母》等教会图画。

　　石印法于1795年由德国人塞内菲尔德（Alois Senefelder）发明，1850年左右，欧洲人研发了彩色石印术。彩色石印是以石板为版材，按彩色原稿设色、分版，套版印刷的工艺技术。同治十三年（1874）上海"点石斋石印书局"和"图书集成铅印书局"创立。点石斋印书局引进手摇石印机印刷图书。光绪七年（1881）国人自办的"同文书局""拜石山房"两石印书局创立。此后十五年内，中西五彩书局、鸿文书局、彩文书局、崇文书局，以及遍布宁波、广东、苏州、杭州、武汉等地的石印书局和工厂相继建立，石印术迅速发展普及。1904年，上海文明书局获得彩色石印机，据贺圣鼐《三十五年来中国之印刷术》记载："文明书局始办彩色石印，雇用日本技师，教授学生，始有浓淡色版。其印刷图画，色彩能分明暗，深淡各如其度，终与实物仿佛。"清政府军咨府所属"京师测绘学堂"开设了中国历史上第一个从事印刷教育的制版印刷班。1905年，商务印书馆聘日本技师来华从事凹版印刷与彩色石印技术之改进（图9-37）。

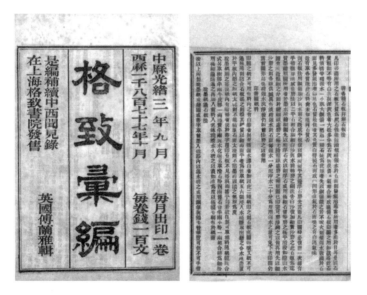

图9-37　傅兰雅主编的《格致汇编》扉页，关于石印法的介绍

　　照相原理与技术的发明引发制版工艺巨变。达盖尔银版摄影术每次拍摄只能得到一张金属相片，法国化学工程师普瓦特（Alphonse Louis Poictctevin）经过多次试验，尝试使用明胶从一幅达盖尔的金属版照片上复制出一幅玻璃版的负片，他的这一发明也是从金属版照片到复制出多张纸质照片的过渡，工艺过程的关键是使用重

铬酸盐浸润在明胶里制成涂层，从而可以在石膏或铜版上复制出具备凹凸效果的印版。这种摄影印刷术，可以说是一种结合了传统的石版印刷术和重铬酸盐的明胶涂层方法，是一种"摄影石印术"。

珂罗版印刷是德国摄影师阿尔贝特（Joseph Albert）于1869年前后发明。1902年，文明书局的赵鸿雪（1870—1915）成功地使用珂罗版进行印刷。平版印刷中的石版和珂罗版，一是以石板为版材，一是以玻璃板为版材；石板笨重、玻璃易碎，从而推动了以金属板为版材的印刷方式的发明。早期的金属版多以铜、铅、锌版材为原料，又分为直接印刷和间接印刷两种工艺。

金属版直接印刷，一般均以铅板或锌板为版材，将图文落于金属板面上，制成印版进行印刷。1900年，铜板制版技术传入我国，1901年，徐家汇土山湾印刷所试制照相铜锌版获得成功。1905年，同盟会在日本出版《民报》，刊登革命先驱孙中山、邹容、秋瑾的肖像和时事照片；1906年3月29日，中法"南昌教案"交涉过程中，北京《京话日报》发表南昌知县江召棠被法国传教士杀害后的照片，揭穿了法方推卸罪责的谎言，显示出摄影新闻的巨大威力。

③ 凹版印刷　它起源于15世纪欧洲的铜版雕刻和蚀刻绘画，对凹版制版技术发明产生了深刻影响。1864—1879年，英国人斯旺（Joseph W. Swan）发明了明胶图像转移术，捷克人卡尔（KareI Klic）发明了颗粒凹版印刷术；1826年夏天第一张摄影成像的图片，由法国人涅普斯（Nicephore Niepce）在实验室中制成。1882年，德国麦森巴赫（Georg Meisenbach）发明了线条网屏加网技术，1886年，美国人埃尔维斯（Ives）和艾维（Ievy）将线条网目旋转90度，制成了十字线的玻璃照相网屏，将图像分解为大小不同且密度均匀的网点，[①]开启了照相加网制版的历史。1893年，美国人库尔兹（W Kurtz）等发明了三色分色铜版，为彩色印刷奠定了基础。1891—1893年，英国Autotype公司发明的碳素纸成为彩色照相凹版影写长期使用的技术手段。

4. 机械印刷机

机械印刷设备也可分为三种类型：凸版印刷、平版印刷和凹版印刷。凸版印刷

---

① 刘宁俊：《印刷美学再探讨（下）》，《印刷杂志》，2000年，第12期。

机是一种欧洲早期的机器，共有三种基本类型：一是平压印刷机，最初作为螺旋压印机为人所知，从谷登堡时代开始才成为普通印刷机；二是平床印刷机或者滚筒印刷机（1812）；三是轮转印刷机（1847—1848）。后两种印刷机的发展与蒸汽时代一致，但是只有轮转印刷机必须使用非手工动力（表9-3）。

①凸版印刷设备　凸版印刷设备包括制版机械设备和印刷机械设备。凸版设备于1590年欧洲耶稣会士在澳门出版印刷拉丁文《日本派赴罗马之使节》而传入我国。最早传入我国的铅活字制版设备是手板架，由传教士最先带入中国，该机器效率还比较低，每日印数只有数百张（图9-38），后来有自动墨架，不必手工上墨，印刷数量开始增多。1872年，上海申报馆开始使用手摇轮转机，每小时可出数百张。

直到1789年，古登堡木制螺旋压印机才让位于新的机械印刷工艺。大约1800年，斯坦厄普伯爵马洪（Charles Mahon Stanhope，1753—1816）发明了第一台铁制现代平压印刷机。1814年，美国版斯坦厄普铁制平压印刷机投入生产，英国版的哥伦比亚印刷机是1820年出现的阿尔比恩印刷机。在中国，第一台阿尔比恩印刷机于1833年出现在澳门，随后运到广州，哥伦比亚印刷机在19世纪中叶由广州美都会引入中国。1821年研发的华盛顿印刷机也是这一时期传到中国。[①]

凸版制版设备技术的进一步发展，是铸字和排版合一的排铸机的出现。我国最早使用的排铸机是美国兰诺顿（Tolbert Lanston）发明的摩诺活版自动排铸机（图9-39）和英国人发明的立诺自动排铸机。

1812年，德国弗里德里希·柯里希（Friedrich koenig）与安德里亚·鲍尔（Andreas Bauer）研制成功滚筒印刷机。与平压印刷机需要两个平坦表面压印不同，它是使用一个平坦表面和一个弯曲表面。因为接触滚筒的圆柱体边缘十分细薄，同时两个表面的接触十分紧密，所以，将墨从平面印版印到支撑纸张的弯曲圆筒上所需压力也随之减少。打破了之前印刷机1小时印刷800页的记录。1816年，柯里希和鲍尔研制出世界上第一台双面印刷机，每小时可以双面印刷900份到1000份。[②]

---

① ［美］芮哲非：《古腾堡在上海：中国印刷资本业的发展（1876—1937）》，张志强 等译，北京：商务印书馆，2014年，第85-88页。

② ［美］芮哲非：《古腾堡在上海：中国印刷资本业的发展（1876—1937）》，张志强 等译，北京：商务印书馆 2014年，第90页。

表9-3　在中国的西方印刷机（1830—1925）[①]

印刷机种类		印刷机名称	第一次有记载的印刷中文时间	在中国第一次有记载的使用者
凸版印刷机	平转印刷机	华盛顿（Washingto）	（1）1830—1831？	广州美都会
			（1）1861	福州的美以美教会
		阿尔比恩（Albion）	1833	澳门和广州，不知名者
		哥伦比亚（Columbian）	1850—1856	广州美都会
		自来墨华盛顿（Self-inking Washington）	1878—1879	福州的美以美教会
	滚筒印刷机	不知名	1862	上海美华书馆
		不知名	1860—1867	上海英国伦敦传道会
		夏儿意平台印刷机（Harrild & Sons bed-and-platen）	1872	上海《申报》
		双王滚筒印刷机（Double Royal Cylinder）	1895	福州的美以美教会
		沃夫德尔印刷机（Wharfedale）	1906	上海沪上书局
		沃尔特印刷机（Walter press）	1911	上海商务印书馆
		米利印刷机（Miehle）	1919	上海商务印书馆
	轮转印刷机	沃尔特印刷机（Walter press）	约1900	上海沪上书局
石印机		米特雷尔星轮印刷机（Mitterer's star-wheel）	（1）1832	广州英国伦敦传道会的屈亚昂
			（2）1850	宁波美华书馆
			（2）1876	上海土山湾印刷所
		铅版印刷机	1908	上海商务印书馆

[①] 引自［美］芮哲非：《古腾堡在上海：中国印刷资本业的发展（1876—1937）》，张志强等译，北京：商务印书馆，2014年，第34页。

图 9-38　1865 年英国伦敦手扳架，中国印刷博物馆藏

图 9-39　美国传入的摩诺排铸机

　　1843年，英国传教士麦都思在上海创办"墨海书馆"，开始出现牛拉、蒸气引擎、自来火引擎动力的印刷机，效率也有所提高。据曾参加"墨海书馆"的编辑工作的王韬记述，他最初见到的印刷机是"车床以牛曳之，车轴旋转如飞，云一日可印数千番，诚巧而捷也"。[①]咸丰六年（1856），郭嵩焘（1818—1891）第一次参观墨海书馆，他赞叹说："刷书用牛车，范铜为轮，大小八九事。书板置车箱平处，而出入以机推动之，其车前外方小轮，则机之所以发也，以皮条套之。皮条从墙隙拽出，安车处不见牛也。"[②]（图9-40、图9-41）。

　　《申报》1872年4月创刊，是近代中国发行时间最久、最具影响力的报纸，开业后就采用英国斯坦荷普（Earl of Stenhope）发明的泥版翻铸铅版，引进手摇轮转印刷机，还安装了一台手动滚筒印刷机，并成为夏尔意的上海代理商。这台手动滚筒印刷机每小时大约可以印刷100页书或报纸（图9-42）。这种机器落户上海

① （清）王韬、李圭、黎庶昌等：《漫游随录．环游地球新录．西洋杂志．欧游杂录》，长沙：岳麓书社，1985 年，第 59 页。
② （清）郭嵩焘：《郭嵩焘日记》（第 1 卷），长沙：湖南人民出版社，1980 年，第 33 页。

图 9-40　晚清的牛力印刷机

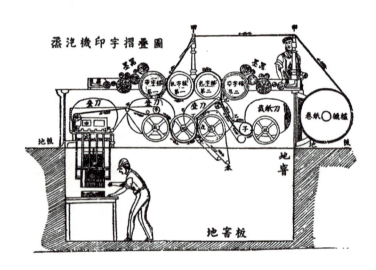

图 9-41　蒸汽动力印刷折页机，原载于 1872 年《中西见闻录》①

不久，与其类似的由蒸汽机或者煤气引擎带动的印刷机相继出现，逐渐代替了人工，印刷速度也增加了一倍。1906年，电动的沃夫德尔印刷机（被称为华富泰滚筒机）进入上海。沪上书局购买了一台，由于它来自英国，上海的印刷界人士也称它为"大英机"，每小时可以印刷1000页。1911年，《申报》购买了一台沃尔特（Walter）公司的双滚筒印刷机，每小时印刷量达2000页。②

① 引自张静庐：《中国近代出版史料·二编》，上海：上海群联出版社，1953 年，第 393 页。
② ［美］芮哲非：《古腾堡在上海：中国印刷资本业的发展（1876—1937）》，张志强等译，北京：商务印书馆，2014 年，第 93 页。

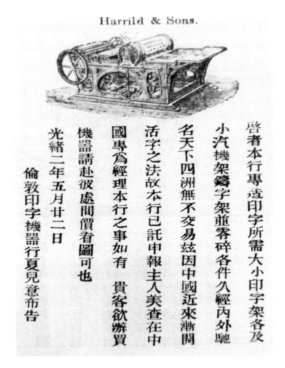

Harrild & Sons.

光绪二年五月廿二日　伦敦印字機器行夏兒意布告

機器請赴彼處間價看圖可也

國專為經理本行之事如有　貴客欲辦買

活字之法故本行已託申報主人美查在中

名天下四洲無不交易兹因中國近來漸開

小汽機架鑄字架並零碎各件久經內外馳

啟者本行專造印字所需大小印字架各及

图 9-42　1877 年《格致汇编》刊载伦敦夏尔意印刷机广告[1]

②　平版印刷设备　平版印刷技术包括石版印、珂罗版印和胶版印三种。平版印刷的制版设备主要是照相机和晒版机。印刷机则有平压平、圆压平和圆压圆三种印刷形式。光绪初年，上海徐家汇土山湾印刷厂曾用引进的石印发明人塞内菲尔德自己研制的手摇木制石印架印刷。后来，又有手摇铁制石印机、电动石印机等[2]（图9-43）。

1876年，上海土山湾印刷所引进了石版石印术。1877年，英国人美查开设的点石斋石印书局成为上海第一家私人经营的石印书局，购买了12台手动曲柄石印机。其生产主要以人力手摇，每架八人分两班轮流摇机，一人添纸，两人收纸，每小时数百张。图9-44中可见2台手动石印机、5台手动曲柄平床滚筒印刷机和影印石印机。到了光绪中叶，因为改用蒸汽或煤气引擎代替人力，印刷数量有了明显增长。光绪三十四年（1908）商务印书馆有了铅版印刷机，并聘请日本人木村今朝担任技

---

① ［英］傅兰雅：《格致汇编》第 2 卷第 8 期，上海：格致书院，1877 年，第 444 页。
② 齐福斌：《中国印刷设备的发展与变迁》，《今日印刷》，2013 年，第 11 期。

图 9-43　塞纳菲尔德木质石印架，张树栋 制

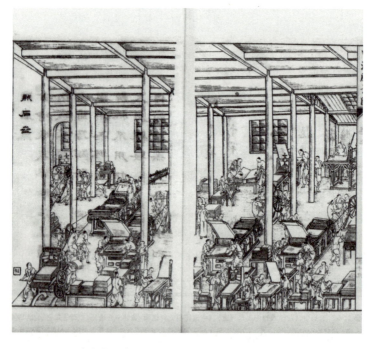

图 9-44　清光绪十年（1884）上海点石斋石印厂，清吴友如 绘

术指导，"以轻薄之铅版，代替重厚之石版，用轮转之理，增加速率，每小时能印一千五百张"①。

照相石印术需要将书页的照相底片投影到用感光乳剂处理过的石头上。照相锌版印刷术和照相石印术由英国人詹姆斯和斯科特在1859年发明，早在1876年就通过《测地绘图》中所附的《照印法》首次介绍到我国。②1892年，傅兰雅（John Fryer，1839—1928）在《格致汇编》发表的《石印新法》中详细介绍了这一技术："凡石版所能印之画图，不能用平常所照之像落于石面印之，须有浓墨画成之样，或木板铜板印出之稿，画之工全用大小点法，或粗细线法为之。画成之稿连于平板，以常法照成玻璃片，为原稿之反形，即玻璃面之明处，为原稿之黑处；玻璃面之暗而不通光处，为原稿之白处。此片置晒框内，胶面向上，覆以药料纸，照常法晒之。晒毕，置暗处，辊以脱墨，入水洗之。未见光处洗之墨去，见光处墨粘不脱，洗净则花样清晰与原稿无异。将此纸样覆于石板或锌板面，压之，则墨迹脱下，此谓之落石。照常法置石于印架，辊墨印之。"《格致汇编》（图9-18）刊载的徐寿像就是照相石印制作的。在上海盛行的另一种印刷工艺是1869年德国人发明的珂罗版。珂罗版印刷品以良好的色调、精致的外观引起人们的广泛关注。

③ 凹版印刷设备　凹版印刷技术包括雕刻凹版和照相凹版。雕刻凹版产生于15世纪中叶，由意大利人发明。直到19世纪初，欧洲人开始用雕刻凹版印刷名画。③康熙皇帝在位期间（1662—1722），耶稣会的地图技师第一次将西方的铜版凹版雕刻引入北京。1906年，清廷派度支部郎中和工部主事赴日本考察纸币印刷。回国后，呈交的建立官办印刷局奏折就提出，新印刷局采用铜凹版雕刻技术："……其印刷也，以机器精铸铜版，极求工细，炼制印色，倍极鲜明，又益以电镀铜版，镀出分印，虽累万亿，而毫厘不爽，务使制作精工，人人能辨真伪，是皆欲求立于不败之地，而无作伪之处。"④光绪三十四年（1908）北平度支部印刷局成立，决定引进当时世界上最先进的钢凹版雕刻技术，并聘请美国雕刻家海趣

---

① 贺圣鼎、赖彦于：《近代印刷术》，上海：商务印书馆，1933年，第22页。
② 吕道恩：《照相锌版印刷术和照相石印术的发明及传华时间新考》，《中国科技史杂志》，2013年，第1期。
③ 齐福斌：《中国印刷设备的发展与变迁》，《今日印刷》，2013年，第11期。
④ 梁建：《手工钢凹版雕刻在中国》，《中国金融》，2015年，第10期。

（Lorenzo J. Hatch，1856—1914）来华教授技术，开始雕刻邮票、印花等，并印制了精美的大清银行兑换券。

第四节　新闻传播技术

清代不仅继承与完善了邸报的发行与传播，也催生出报房京报、小报、辕门钞、单张新闻纸等多种新闻传播手段，这是清前中期新闻传播的重大变化；同时，面对西方先进科技与新闻事业的强劲渗透与影响，其传统的社会观念、新闻思想与传播方式也受到严重冲击。19世纪初以后，西方新闻传播方法与技术全面影响我国，持续推动了中国新闻传播活动的迅速发展。应该说，正是内生的中国传统新闻传播技术基础，在中西交流的历史大格局中与西学东渐技术一起，共同孕育了中国近现代新闻传播技术的现代转型。

一、交通与邮驿

清朝的邮驿由兵部车驾吏司主管，在地方归各省按察使司。同时设置两个专门机构，由满汉两大臣会同管理京师和各地驿务，还设置了捷报处，收发来往公文和军事情报。清朝将邮和驿两种职能合一，驿站成为直接办理邮驿通信事务的机构。

清朝驿站比明朝更普遍，尤其在一些边远的县级地区新设了"县递"，弥补了干线驿站的不足。县递不是正规的驿站，但备有号为"递马"的通信马匹，起着驿站的作用。[1]图9-45为横塘驿站建于1874年，同治十三年，这里水陆交通便捷，是国内唯一保存完好的古代交通驿站。

清政府在东北、北部、西北和西南边疆地区，开辟了新的驿道，新设了若干邮驿机构。例如，康熙帝在位时，在黑龙江省共设立驿站20个，雍正时又增设10站。黑龙江通往北京的直达驿道共有五条，都长达3000里左右。从齐齐哈尔直通京师的驿道，被称为"御道"。青海地区到乾隆时，已建成五条主要驿道，全青海共有驿

---

[1] 臧嵘：《中国古代驿站与邮传》，北京：商务印书馆，2007年，第178页。

图 9-45　苏州横塘驿站 [1]

站24个，递运所3个。清朝在蒙古地区的邮驿机构称作"台"，新疆、甘肃、西藏的邮驿机构称作"塘"，都分布众多的驿站。[2]

清末和北洋政府时期是中国现代公路发展的萌芽阶段，我国第一条公路是1908年在广西南部边防兴建的龙州至那堪公路，长30公里。1876年，由英国人修建的吴淞铁路长14.5公里，是我国第一条营运铁路。当时，火车还被称为火轮车。《格致汇编》1877年第二卷、第四卷与第十卷专文介绍了铁路火车、西船、汽车等现代交通工具的发展。1881年11月8日，由开平矿务局出资修建的唐山—胥各庄铁路为我国自建的第一条铁路。1905年，詹天佑（1861—1919）领衔修筑的京张铁路长约200公里，跨越长城内外，开启了中国现代铁路运输的序幕。到1911年清政府灭亡前，我国共修建铁路9100公里。尽管其中除京张铁路外多数为帝国殖民目的所修建和经营，但客观上推进了现代交通系统的迅速发展，为新闻与信息传播活动提供了重要基础（图9-46）。1903年，美国莱特兄弟（Wilbur Wright，1867—1912；Orville Wright，1871—1948）发明飞机。1911年中国就拥有了自己制造的飞机。发明人冯如（1884—1912）出生于广东恩平，12岁随父到美国。目睹美国先进的工业发展，他心怀祖国，提出航空救国的主张，并在1909年、1911年两次研制成功飞

---

① 引自臧嵘：《中国古代驿站与邮传》北京：商务印书馆，1997年，彩页。
② 参见臧嵘：《中国古代驿站与邮传》，北京：商务印书馆，1997年，第180—183页。

图 9-46　《星期画报》（1906 年第二期）京张铁路开车

机。比俄、德等国都早，仅在美、英、法三国之后。

清朝邮驿达到了历史上最快的速度。过去一昼夜最多跑 400 里、500 里，清朝的马递传送公文，最快可达一昼夜 600 至 800 里。中国的道路建设发展至清朝末年，已是驿道时代的尾声，随着大车、马匹、小船为火车、汽车、轮船所代替，通信效率得到更快速的提升。

清朝末年已有多种邮驿传递机构，包括驿站、民信局、文报局、邮政局，还有列强租借的邮政、客邮局、书信馆（商埠邮局）等。除了传统驿站，还有在四川与浙江等地兴起的新民信机构。这是一种从明朝永乐年间出现的民间通信组织。上海、宁波等地开始把这种组织称为"民信局"。清朝中叶以后，民信局逐渐出现在沿海各通商口岸和内地各大商业城市，业务还扩大到东南亚、澳大利亚、檀香山等华侨聚集地，代人寄递信件、包裹与汇款，并收取一定的费用。还有一种"侨批局"，经营范围遍及南洋各地，专门承寄信件、汇兑等业务，清朝末年，仅新加坡一地就达 49 家。报纸刊物等各类新闻信息资讯，通过这些通信组织与机构得到更便捷迅速的传递。

罗伯特·赫德（Robert Hart，1835—1911），英国爱尔兰人，1861年起在上海担任海关总税务司，1863年接任清政府海关总税务司。他早在1861年就曾向恭亲王奕䜣等人陈说开办全国性的新式邮政的重要性，认为它可维护邮政主权，开辟新的税收来源，并建议按西方的模式设置邮政。1867年3月，总税务司署邮务办事处公布邮件封发时刻表，海关开始兼办中国近代邮政。1877年，九江关税务司葛显礼提出："中国虽然久已有了很好的驿递制度，但是不替商人带信件，因此商人只好通过私营企业传递信件，这种传递信件的方法迟缓、不经常，花钱而且不可靠……在这种情形之下，中国过去已经仿行了西方的许多新政，例如造船厂和兵工厂等，现在继续仿照西法设立像邮政局这样的机构，也已经是时候。"1878年，总理衙门统一在海关交办事务单内列出，"通商口岸及就近地方，设立送信官局，由税务司管理"。1878年3月，赫德指派以天津为中心，在北京、天津、烟台、牛庄（营口）、上海试办邮政，同年12月，海关发行了中国历史上第一套邮票：大龙邮票。

1896年3月，光绪批准开办大清邮政局。1897年2月20日，大清邮政局在北京开办，海关邮政局正式改称"大清邮政局"，凡铁路设站、电报设局之处，均添设邮政局。1897年与1906年清政府还参加了万国邮政第五届及第六届大会。1906年，清政府改革官制设邮传部。宣统元年（1909），大清邮政局控制了民信局。1911年，邮传部成立邮政总局，接管全国邮政事务。① 从海关兼办、试办邮政，到大清邮政正式创建，标志着中国近代邮政的开始。

因应现代交通运输的发展，光绪二年（1876）还创办文报局，负责传递各驻外使节、钦差大臣和总理衙门的来往公文。光绪四年（1878），沿海岸诸海关邮务处跨出专收送出使外国钦差文界限，也开始经营民间私函业务，逐渐形成完善的传递系统。1889年在台湾设立特别文报局，既照驿站旧制，又仿西方邮政传递公文，经营民信。过去依靠"驿马飞递"或"提搪走递"于京省间之文件，或铺递于地方之公义，渐改由文报局通过轮船、火车转送。1911年10月，清政府下令"裁

---

① 哈恩忠：《大清邮政崛起之路》，《中国档案报》，2016年2月19日。

撤驿站",并"裁驿归邮"。这一时期的文报局,因电报技术传入中国,对外紧要公文由电报传递。文报局机构遍及全国,构成与邮政官局相互依存的格局。

有学者指出,邮政业是清末交通业中的重要组成部分,而交通部门乃晚清中国"增长的引擎"。[①]具有近代意义的清末邮政的兴起与建立,直接推动了中国交通与信息、新闻传播的迅速发展。在这一过程中,信息空间转换的速度、规模由于新的工具、技术的应用而急剧提升,交通、成为现代社会发展所必然依赖的重要基础产业、基础结构和基础环境。

二、传媒产业

从1609年诞生于德国的第一张新闻纸《报道或新闻报》,到20世纪初电话电报媒体的广泛使用,经历300余年,世界新闻传播活动发展,新闻媒介及其社会角色都经历了深刻的变化,对中国新闻传播转型发展也产生了深远影响。从19世纪初到20世纪初近一百年时间,中国新闻传播技术、媒体结构与产业基础也都发生了重大变化。

1. 传统新闻传播方式的延续

清官方新闻发布还是传统的方式。驻京提塘官的主要任务之一,就是"凡事件传钞者则刊发"。从京城到省城,沿途传递文书、邸报的,是散处于重要邮路干线上的京拨塘兵,或称"塘拨"。清初塘拨,由协营兵丁充当,其任务仅是"沿途传递京报公文"。[②]京塘拨兵所负责的是自京师到省城的文书、邸报的传递。邸报到达省城后,由省塘接收,并转发省内各官员。

邸报由各省驻京提塘官负责采编,并发递给地方各级官员阅读。邸报在传递过程中,往往是与公文一起封包。一般是"将各部咨文编列号数,外加总封,同邸报用布包裹严密。钤盖戳记","以防诈伪"。[③]自清初到清末,始终如此。

---

① 柯武刚、史漫飞:《制度经济学——社会秩序与公共政策》,北京:商务印书馆,2000年,第417页。
② 《官中档雍正朝奏折》第九辑,台北:"故官博物院",1977年,第206页。
③ 《官中档雍正朝奏折》第二十六辑,台北:"故官博物院",1979年,第871页。

清朝与宋元明时期邸报的发行一样没有固定的时间，地方民间的辕门钞一般也是一日一发，也有两三天或四五天一期。在北京，《京报》主要是由送报人直接投送到订户家里。每家号铺雇佣数多名，尽为山东壮汉。[①]据齐如山（1876—1962）《清末京报琐谈》记载，当时，北京城内负责送报的山东汉子，都会背着一个两头有兜的报囊，约五尺长，五寸宽，用蓝布做成，囊上缝有白布，写着"京报"二字。城外的订户因为数量有限及路途偏远，会隔几天送一次，这还是非常简陋的人工投送方式。所以，"一个送报人最初不过自己背着一个小褡裢，内装报之外，便是自己的行李，慢慢生意越做越发达，物品自然越多，一个人背不了，就雇驴，再多就雇车，甚至有特别用一伙计作为帮手的"。[②]

邸报的第一读者群除了宫廷官员，就是各省文武大吏以及一些士林文人。《清会典事例》卷七就有"令该省提塘赴科钞录，封发各将军、督抚、提镇"之说，以及"夫京报本有专司，各省大宪衙门，文自督抚至于道，武则将军都统至于镇，皆由驻京提塘刊发，排日专递。自京师至省设有塘兵沿途接替"。例如，北京例发各省的《京报》，东路由通州、西路由良乡县承担转发下站的责任。《京报》出京后，西路传至第一站良乡县。当时，南方之信局特设于良乡，负责贩运《京报》于南方各省。这种经信局由良乡发出的《京报》，比经由塘务系统下达的《京报》，传递速度快;比北京报房中人直接送阅的《京报》，发行范围广。因而曾经风行一时，被称为"良乡报"。上海《申报》曾刊社论介绍道光咸丰年间（1821—1860），"有所谓良乡报者，盖有信局特设于顺天之良乡，例发之京报出京后，由良乡按站雇人接递，省中官宪自出资以购之，而塘饷或裁或减各省不同，要之恶其迟延以示惩罚耳。然良乡报价贵，不易得阅，至有月需三五千钱者，于是省中之提塘又买良乡报而翻印售卖矣"。[③]也就是说，良乡成了《京报》在直隶的翻印中心。各省提塘在当地所售《京报》，有不少就是以此为母本翻印出版的。

报房《京报》在社会上公开销售，由送报人投送，以北京地区为主，任何人都可以购买。根据参观过清末报房的人估计，报房每日所出《京报》总计"有数千

---

① 管翼贤:《北京报纸小史》《新闻学集成》第六辑，北平:"中华新闻学院"，1943 年，第 281 页。
② 齐如山:《清末京报琐谈》，（台北）《报学》，第一卷，第三期。
③ 引自社论:《论京报贵速不贵迟》，《申报》，1882 年 3 月 4 日。

份"。①以官僚、士大夫及知识分子为主。管翼贤《北京报纸小史》中提及：当年东华门外设有白本报房，会专门"派人送投各衙门，各大员邸第"②。其读者对象就是在朝官员，以满足他们了解朝廷政事的需要。《京报》比较固定的读者还有"大商家"，以及个别市井贾儿之流，还有一类特殊的读者是清代来华的外国人，为及时了解中国时政。

2. 传媒产业新发展

清朝官方对新闻报纸有严格的管控，官报发行经由通政使司、六科、提塘三个环节，始终没有形成规模化的运作。但是，由于清政府允许半官方性质期刊《京报》通过特许的民间报房发行，推动了民间新闻传播的成长。

清代各种民间报房在全国普遍设立。报房增多、职业群体壮大。这些报房报刊公开发售，已经具有了商业性质，其受众范围越来越广泛，同时，报纸传递速度更快，内容更加丰富多样。由于报房可以自主经营与发行，能够根据市场情况灵活决定销售方式，不仅可以自由订阅，还可以送报上门，也可以通过报贩在市场直接销售，还能异地邮递，甚至可以异地翻印出版，时效性迅速提升。民间报房迅速发展壮大。清袁栋在《书隐丛说》中谈到《京报》时说，当时的印数超过一万份。到光绪二十三年（1897）已出版六千零七十七期。

受国外报刊影响，《京报》开始有了稳定的发行时间，有固定的报头与发行报房，通过印刷出版。《京报》与邸报相比的最大进步是扩大了发行范围，并成为具有商业性质的大众化传播载体，只要付钱便可订阅。

但是，《京报》还只是民营官报，在新闻发布的内容上没有自主权，不得自行采编与评论，只是从政府专设机构中的官方誊抄转向面对公众的传递资讯，清末逐渐被《政治官报》（1907）及《内阁公报》（1911）所取代。1906年，清政府制定了第一部有关报刊出版的专门法律《大清印刷物件专律》，成为我国最早出台的新闻出版专门法律。1908年，参考日本的新闻纸法颁布《大清报律》。

基督教士在中国开设的印刷机构不下60所，包括墨海书馆、美华书馆，美华书

---

① 转引自潘贤模：《清初的舆论与钞报》，《新闻研究资料》，1981年，第三辑，第255页。
② 管翼贤：《北京报纸小史》，《新闻学集成》第六辑，北平："中华新闻学院"，1943年，第280页。

馆是当时规模最大、设备最齐全的印刷机构，前身是"华花圣经书房"。天主教士最负盛名的印刷机构包括1850年上海徐家汇土山湾印书馆、北京北堂印书馆。外国商人建立的印刷机构包括上海申报开设的点石斋印书局、图书集成铅印书局、申昌书局，1902年英美烟公司下设六个印刷厂，还有天津印刷公司、青岛印刷公司、修文书局、乐善堂等也较出名。

从19世纪后半叶开始，官办机构的一些部门开始使用西方传入的近代印刷技术，如京师同文馆印书处、江南制造局印书处、度支部（原清廷户部）印刷局等，民办的印刷机构包括中华印务总局、同文书局、商务印书馆、中华书局、文明书局、大东书局、世界书局等。光绪八年（1882），曹子拱在上海创办中国历史上第一家机器造纸厂——上海机器造纸厂。光绪二十一年（1895），中国历史上首家印刷机械修造厂李涌昌机器厂在上海创立。1895到1912年前后，上海相聚出现了公义昌、曹兴昌、协大、姚兴昌、姚兴昌、姚金记和华荣泰等印刷机修配厂，开始仿制各类简单的印刷机。1907年贻来牟铁工厂是北京第一家印刷机械厂，专门从事印刷机械的生产，是我国印刷机械制造业的开端。

1807年，马礼逊来到中国创办了世界上第一份中文近代报刊，到19世纪末，外国人在中国创办的中文报刊如《蜜蜂华报》《中国丛报》《香港电讯报》《文

图 9-47　1906 年《赏奇画报》第一期报社广告

汇报》《京津泰晤士报》《香港中外新报》《万国公报》《中国教会新报》《申报》《新闻报》等80多种，外文报刊130多种，占当时报刊总数的80%以上（图9-47）。国人自办近代报刊，以林则徐、魏源为代表最先从译报、摘报开始，此后部分仁人志士开创自己的报纸刊物，掀起国人办报的高潮，不仅推进了中国新闻传播事业的发展，也夯实了中国现代新闻产业发展的基础。

目前已知较早的有关广播的报道，是晚清以政治、历史、技艺等为主要内容的《政艺通报》，1907年6月号刊登《美国传声机之新发明》介绍美国正在试验的有线广播。[1]关于电影，据考证，"清末时，大栅栏大观楼即有电影映演"[2]。1896年8月11日，上海徐园"又一村"的杂耍游乐场中推出了"西洋影戏"。1905年，《时事画报》第9期刊载国耻须知图，记录了电影在中国境内的播放情况，当时的电影被称为电戏（图9-48）。1905年，北京丰泰照相馆老板任庆泰（1850—1932）拍摄中国第一部纪录电影《定军山》中的"请缨""舞刀""交锋"等场面，成为中国新闻电影发端的重要历史见证（图9-49）。

清朝晚期广播与电影在中国市场的出现，意味着新兴传播媒体已经开始纳入中国新闻传播发展的历史进程，虽然还仅是萌芽状态，但为民国时期的大发展奠定了重要基础。中国新闻传播由传统手工抄写、复制，到机械化印刷生产，从单一纸媒到现代声光电媒体的引入，逐渐完成了中国古代新闻传播技术的现代转型。

小　结

从西汉"邸报"到唐代"进奏院状"，再到清末具有现代意义的新闻报纸产生，中国古代书写、图像复制传播技术不断地推动着中华文明的进步与发展。清时期是中国古代新闻传播的最后历史阶段，不仅形成成熟的官报发行制度，雕版与活字印刷也成为常态，民间新闻传播日渐成熟，是中国近现代新闻产生发展的前奏。报房《京报》已经有了报头，并标注出版日期，自采自编新闻开始出现，都是中国

---

[1] 佚名：《美国传声机之新发明》，《政艺通报》，1907年6月。
[2] 黄德泉：《清末民初北京大观楼考辨》，《当代电影》，2007年，第5期。

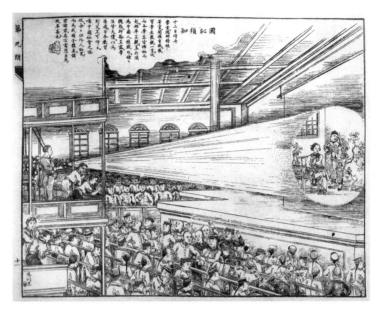

图 9-48　《时事画报》第 9 期刊载的《国耻须知》[1]

图 9-49　1905 年，中国第一部纪录电影《定军山》

① 程存洁、倪俊明：《时事画报》第 9 期，广州：广东人民出版社，2014 年，第 352 页。

古代报纸向近代化转型的重要标志。清代新闻传播发展是我国古代新闻传播极为特别的时期，也是近代新闻传播与技术转型的关键时期。因为处于封建社会的末期，新闻还以报道官府提供的信息为主。新闻采集一直停留在抄录官方信息的层面，但在新闻编辑与制作方面已经受到西方现代新闻观念与机械制作技术的深刻影响，呈现出崭新的面貌。

信息承载与技术发展发生于特定的历史环境与条件下，依托着丰富的人文背景与场域，也涵盖了往昔历史延续下的物质生产技术、构成技艺与传播样态，这些都会形塑新闻信息组构的整体样貌与意义系统，其对社会政治、经济、文化与社会生活形成越来越深刻的影响。从刻绘、描画到印制，从电报电话到摄影影像，从铁路到航空、从海底电缆到通信卫星的使用，新闻传播的网络迅速扩展，已经从物理载体到虚拟空间，从模拟信号到数字通信，从异地交流到星际传播。媒体技术的每一次进步，都会推进新闻生产与传播样态的巨大变化，不断衍生出新的新闻媒介与传播方式。以文图为主导，多感官、综合性的新闻传播载体与技术发展已是大势所趋。

第十章
社会发展形态与古代新闻传播技术

Chapter 10
Landscapes of Societal Development and Technologies of Information and Journalistic Communication in Ancient Times

　　如果试图深入探讨中国新闻传播技术历史脉络与问题，就需要对其存在的历史场域与土壤进行更为深度的考察与认识。任何的技术形态都是在政治、经济、文化多重因素的交织下对社会变迁产生影响的。因为"新闻传播事业总是烙印着它所属的社会形态的痕迹和政治结构的色彩，以及在此基础上所产生的那一个时期个人之间、个人与社会之间的信息传播的交换方式和社会控制的能力范畴"[①]。正因为如此，我们可以从社会发展形态与技术关系入手，思考中国古代新闻传播技术发展的深层原因。

[①] 尹韵公：《中国明代新闻传播史》，重庆：重庆出版社，1990年，第7页。

第一节　科技发展的促进

毫无疑问，技术改变世界。历史证明，每一次技术的重要变革都会带来社会形态，乃至人类思想的深刻变化，是导致社会发展与变迁的重要因素。正如美国传播学者尼尔·波兹曼（Neil Postman，1931—2003）所言，技术的变迁所带来的不单是工具数量增减的问题，而是引发了一种生态性的、整体性的变迁。技术变革不是数量上的增减损益，它改变一切。[①]

技术是对问题解决的认知、经验与方法的具体应用。在人类文明进程中，是先有术而后有学。如果追溯原始人类使用工具的历史，技术的存在可以延伸到上百万年以前。而现代意义上的科学仅仅300年左右的历史。古代信息（新闻）传播技术的发展也经历了漫长的演进过程，尤其是远古时期，信息传播还只能局限于人的视觉、听觉所能感知的空间范围内。直到符号信息及其载体的出现，才真正带来根本性突破，这恰是技术推动的结果。

一、信息载体与工具

语言对于人类而言，不仅是信息的编码和传递，更是思考与意义创造的工具。它只有通过信息载体被显现与使用，才可能实现其交流与传播的核心价值。尽管我们难以考证语言发生的确切历史与因由，但正如施拉姆所言，"真正重要的是在人类百万年来攀爬传播山头的过程中，语言是我们所跨出效果最深远的一步。语言给了我们更好地接收、处理、修正及传播资讯的方法；在百万年来人类与时空、自然力及飞禽走兽竞争的历程中，语言让我们能据以思考并占尽上风。事实上，语言的历史就传播角度观之，在人类社会发展史上的意义远甚于其对科技发展的意义"[②]。建立在口头传播基础之上的口语社会支持并延展着人类的群体性接触与交往，人类曾经单一封闭的生存边界不断被突破，并成功演绎了"社会"的构造与变

---

① ［美］尼尔·波兹曼：《技术垄断：文化向技术投降》，何道宽译，北京：北京大学出版社，2007年，第134页。
② ［美］施拉姆：《人类传播史》，游梓翔、吴韵仪译，台北：远流出版事业有限公司，1994年，第70—71页。

迁。这时候的历史记忆与传承，是通过脑记心存、口耳相传实现的。

　　具有技术意义的语言的形态创造，就是信息符号的发明与使用。它的构建不是单一语音要素的物理组合，而是真正意义地创建了人类文化的生产、构成与传播的社会性场域。也就是说，图像、文字符号系统已经超越人类个体的生理局限与极限，可以将大脑思维认知与信息储存在身体以外的物理媒介中，并通过社会化的系统使人类的知识与经验可以在不断储存、使用、修正与迭代发展中无限积累与深化。因为信息载体的发明，知识的传授、历史的书写与记录，各具特质的文字与图像终于超越个人记忆的局限，使人类经验和智慧跨时空传播与留存成为可能。

　　文字与图像作为新闻信息载体，构成信息符号体系的核心组成部分。文图的物质载体、制作工具与技术，以及符号构成与表现技术在漫长的历史过程中不断发展演变，突破了一个又一个物质与功能的障碍，才成就我们今天新闻信息传播的核心价值。其中，文图的重要性是毋庸置疑的。

　　信息的物理载体、呈现方式与传播通道，不仅建构了人类文明发展的核心基础，也催生了新型的社会生态与世界景象，这是一个以往生命世界不曾有过的符号文化的世界。无论是信息掌控者、使用者，还是被动接受者，都在隐性的技术与工具的驱使下，成为社会变迁发展的重要推手，一次又一次地分化与重塑着人类社会形态与社会关系。正如伊丽莎白·爱森斯坦对印刷技术影响的论述：在15世纪末和16世纪，印刷术的扩散撕裂了西欧的社会生活结构，并用新的方式将它重新组合，从而形成了近现代模式的雏形。印刷材料的使用促成了社会、文化家庭和工业的变革，从而推动了文艺复兴、宗教改革和科学革命。[①]

　　人类符号语言载体在漫长的发展历史中经历了由笨拙、昂贵、制作困难向价廉质轻、易于制作表现方向的演变。就如同蔡伦造纸术发明的重要意义，在于极大地降低了文图载体的制作与使用成本。因为汉魏早期的纸较厚（0.2—0.3毫米），且表面平滑度较低，只能适于手抄，不堪供印刷用。因而魏晋时期虽然纸写本盛行，还不足以引发印刷术出现，南北朝以后才有了产生印刷术的各种条件，因为从这时

---

① ［美］伊丽莎白·爱森斯坦：《作为变革动因的印刷机：早期近代欧洲的传播与文化变革》，何道宽译，北京：北京大学出版社，2010年。

起生产的纸达到印刷用纸的技术指标。[1]我国主要使用烟墨，没有油墨，这就是直到清代还是木刻印刷盛行的一个原因。[2]

中国古代社会信息载体与工具技术的发展推动了笔墨纸张与印刷技术的革命，也推动了信息与新闻传播的世俗化发展，明清时期民间报房的日益壮大与成熟，就与此有紧密的关系。但出于种种原因，明清以后中国印刷技术迟迟未有根本性突破，信息与新闻传播发展迟缓也是重要的制约因素，其逐渐失去了与欧洲社会竞争的条件。

15世纪古登堡时代以来的印刷技术的创新与发展，带动了整个欧洲社会信息与新闻传播事业的根本性变革，现代意义的专业媒体机构与报纸的出现，归根到底是信息载体与工具技术发展的必然产物。因为新闻传播技术的革命性推进，几乎改变了欧洲与整个世界的历史进程。而中国在面对更为先进的文明与技术时，曾经陷入深深的迷茫与困顿，也付出了惨重的代价，最终在19世纪中后期向西方学习后，才逐渐完成了现代信息与新闻传播技术的转型。

二、信息构成与编辑制作

尽管社会性因素相对复杂，但信息与新闻传播中最具革命性的印刷术所需要的物质条件与技术条件是明确的。物质条件主要是纸和墨，纸是承印材料，墨是转印色料；技艺条件主要是图文雕刻与印制技术。如前所述，只有到了信息符号的使用阶段，才产生相应的符号物质载体、工具技术，出现符号信息构成与编辑制作的专门技术。

潘吉星先生认为，只有社会对纸写本读物需要量越来越大时，人们才对手抄读物的繁重劳动感到厌倦，因而产生用机械复制方法代替手抄的念头，印刷术应当在造纸术经历较长时期发展和写本阶段达到高潮之后才能出现。[3]在中国古代社会，由于政治制度与生产力条件的制约，信息和新闻的编辑与传播活动受到很大限制，

① 潘吉星：《论印刷物质载体纸的起源》，《中国印刷》，1996年，第2期。
② 杜石然等：《中国科学技术史稿》（上），北京：科学出版社，1982年，第335页。
③ 潘吉星：《论印刷物质载体纸的起源》，《中国印刷》，1996年，第2期。

难以建立稳定性、系统化的新闻信息传播机制。因此，新闻信息编辑基本限于履行部门官吏的职守，辑录的文档内容也仅为有限传播，尚不具备相对独立的新闻信息采集条件。但是，史官、文人学士的审选校勘已经具备编辑活动的基本特性，并探索形成特定的编辑方法。[①]

一套延续数千年、少有变化的采集与编辑系统，在现代媒体运作方式与印刷技术输入后开始发生急遽的变化。特别是具有近代意义的出版机构以及新式传媒报刊传入中国，不仅改变了我国古代编辑出版的传统格局，也根本上改变了新闻采集、编辑的基本条件与方式。

活字印刷虽发明于宋，但直到清代中期，我国印刷业依然是以雕版为主。这种现象并非某人或某阶层不接受新事物，而是由我国国情、技术条件和汉字本身结构决定的。源自汉字结构上的特殊性，导致活字印刷需要大量人力、物力才可以建成一个相对健全的活字印刷系统。元代王祯在任宣州旌德县尹时，利用地方政府的财政力量制木活字，历时"二年而工毕"。清代翟金生为了复活泥活字技术，竭尽家财，制造了一整副活字居然费时30年。只有清朝的武英殿铜活字和武英殿聚珍版木活字，动用国家的财政力量，才能在较短时间内完工。从另一个角度来说，雕版印书量较大，一次印刷过后，将印版保存起来，下次还可以再用，更符合当时国情，我国人口众多，印本很快便会脱销，再版机会是较多的。但若要保存活字版，就有些不符合经济原则。常用汉字2万—3万个，若以活字印书，则需10万—20万个或更多，是一个巨大工程，倒不如雕木方便。现代金属活字生产技术引入后，此状况才得以根本改变。[②]

中国原生性印刷技术手段长期以来均为手工器械操作，是"刷"墨至版，没有专门的印刷机，不是通过"压"墨至版的印刷工艺解决问题，不仅妨碍了中国金属活字的推广使用，也影响了新的技术性创业和突破。

我国近代新闻传播活动的转变是在西方文化直接影响和作用下完成的。欧美国家的新闻采编与媒体传播在16世纪获得独立的发展地位，新闻采集、编辑工作与媒

① 李静：《编辑活动的近代转型及其文化意义》，《青海师范大学学报（哲学社会科学版）》，2006年，第6期。
② 潘吉星：《中国科学技术史·造纸与印刷卷》，北京：科学出版社，1998年，第412页。

体运作逐渐走向职业化、专业化。我国则是始于19世纪初，在西方媒体运作对国内的逐渐渗透与影响下，至20世纪初期基本完成。

现代印刷技术的输入与出版机构的出现是决定性的因素，不仅催生了新式印刷企业与报刊的产生，也迅速改造了我国传统采编、出版与新闻传播的模式，对推进社会的近代化发挥了重要作用。正如吉尔伯特·罗兹曼所言："我们把现代化视作各社会在科学技术革命的冲击下，业已经历或正在进行的转变过程，某些社会因素径直被改变，另外一些因素则可能发生意义更为深远的变化。"①

整个19世纪，西方印刷方式包括凸版印刷、平版印刷和凹版印刷。这三种使用油墨的印刷方式应用于不同的印刷机。每种印刷方式和印刷机都用到了"压力"，不管是双平面式印刷机（一个印刷台和一个印刷滚筒），或者双曲面式印刷机（一个印刷台和一个压印滚筒），都是把油墨从版上压印到纸张上。这是与中国传统印刷不同的技术条件，其多样的印刷工艺与品质给了中国印刷业很大的选择空间。延续一千多年的雕版印刷，以及传统官营、私营印刷出版模式开始凋谢，近代意义的新闻传播正式登上历史舞台。

三、信息渠道与传播

古代信息新闻传播途径相对单一。一种是口耳相传的声音传播，一种是借助实物（包括肢体）、文图、声光以及复制文本的媒介传播。除了复制性文本的传播形式，其他传播渠道与方式都是高度重合的。也就是说，在场的信息传播渠道与方式是合一的，不在场的信息传播则是分离的。而不在场信息传播的首要条件是，信息可以复制而得以跨时空传播。

筚路蓝缕，以启山林。人类开山辟路，从蛮荒逐渐走向开智。信息传播的通途，最初固然是身体本身，但其革命性的发展，首先发生在道路的开拓与延伸上。信息随着人类开辟的水陆道路，传送到越来越远的地方。道路的修建与拓展对于国家而言，就如同人的血脉，成为身体的生命线，故古人设邮驿均自首都向四方辐射

---

① ［美］吉尔伯特·罗兹曼：《中国的现代化》，国家社会科学基金"比较现代化"课题组译，南京：江苏人民出版社，1998。

至边疆。道路交通的开拓，带动运输工具的需求与发展，从陆路到水路，从河运到海运，不断拓展着人类生存的空间与信息传播的维度。

最原始的传播方式就是口耳相传，包括通过器物工具进行辅助传播，比如鼓、铃或具有传声作用的扩音装置。但这样的传播受制于现场与身体，仍会严重地受限于空间、场地与环境条件。因此，才会催生出可以脱离个体生理制约的符号信息的发明与应用。

符号信息的使用需要具体的物质载体，需要传输信息的工具与方法，这就涉及信息渠道与媒介传播的问题。最初的符号信息使用是通过刻绘的方式进行的，由固定的天然实体如坚石、洞穴岩壁到可移动的龟甲兽骨与各种陶土金属器具，再到竹简木牍等易于移动与流动交换的载体，信息渠道的选择和传输越来越便捷，可以移动散布的空间不断扩大，还可以超越时间的限制，长时间流动及保存。

纸张与印刷术发明对于信息传播的意义，在于信息生产、存储与传播量的迅速扩大，不断推动信息新闻传播渠道与传播技术的革新发展，以及对社会的全面渗透与影响。从雕版到泥、木活字，再到铅字，从手工刀机械铸字、作坊式手工印制，到规模化机器批量生产；从纸媒到广播、影视，再到今天的数字化互联世界，人类信息传播的媒体方式、传播渠道与传播能力达到空前的高度，正是数千年来人类信息与新闻传播实践中不断探索创新的结果。

第二节　社会环境的规制

在人类发展历史中，一旦某种新的信息传播技术出现，就必然会产生新的信息传播形态与方式，也必然会形成新的传播影响，并为特定社会或特定时期内人类的思想与实践带来深刻的变化。但这种变化并不一定导致某种必然的结果，技术与社会、技术与文化、技术与人之间存在着一种复杂的场域与互动关系，而且一定是在历史的演变中形成，它不可能是单一的或单向的因素影响的。也就是说，"一种新的技术仅仅只是为人们打开了一扇门，但它并不强迫人们必须进入"①。

---

① White L. Jr. Medieval Technology and Social Change. New York：Oxford University Press，1978.

信息与新闻传播技术并不是单纯的技术与工具，其自身及其发展蕴含着复杂的思想观念、社会政治经济环境、信息形态、媒体组织等综合因素，体现出复杂的社会文化的演化与发展过程。显然，"进入的条件"受社会环境的影响与左右，在人类生存需求的推动下，在社会的、文化的大背景中，在政治、经济、宗教与地域等各种因素的相互交织里，共同规制着信息新闻传播技术的发展与走向。

一、社会需求的强劲动力

人的社会关系的集合，从最初的个体，联合的族群、部落，再到城邦与国家，经历了漫长的演变过程。其根本动力都是个体生存与发展的需要。这一由个体投入群体的社会性需求，不断激励先民寻找拓展自己生存空间的可能。技术活动及其结果就是这一本质需求的产物。这是"人类实现有目的地改造自然的本质力量，并不断在这种活动中走向体力解放和脑力解放，从而争取更多自由的途径、方法或手段"[1]。

技术的功能需要是以社会价值与人性的需求为尺度的，而不能仅以实用的功能为依据。技术的本质是人的身体能力的延伸与拓展。商周时期，为了了解民情，官府设立了采诗官。以便王者"以观风俗，知得失，自考正也"。《汉书·食货志》记载："孟春之月，群居者将散，行人振木铎徇于路以采诗，献之大师，比其音律，以闻于天子。"

可以说，技术无论作为实物（如工具、机器、装置等），还是作为观念（如技能、技巧、经验、知识等），或是作为过程（如发明、设计、制造、使用等），都是被社会性介入的。当生存的个体通过全体力量的连接，开疆辟土、守护安全的时候，社会性沟通与交流需求就会迅速扩展。从某种意义上，技术与社会的需求越相吻合，就越有价值，就越是一种准确反映了社会需求的社会性产物。[2]我们在对技术的外在构造进行审视的时候会发现，不论是技术本身还是其制成品，

---

[1] 肖峰：《论技术的社会形成》，《中国社会科学》，2002 年，第 6 期。
[2] 肖峰：《论技术的社会形成》，《中国社会科学》，2002 年，第 6 期。

人并非仅有功能性解决具体问题的需要，而无视心理的愉悦与满足。这就促进了人类不断尝试悦目感心的技术手段来构造技术产品的外在形态，这种今天被称为"美"的价值取向，是"艺"之术产生与发展的根本动力。这不是技术本身的要求，而是使用者与消费者内在需求的推动。这一特点，在信息与新闻传播技术发展中也是显性的。无论是驿道烽燧的工程规划、传播器具的器物造型，还是印刷字体的精细优化、印刷工艺质量的精益求精，都是"美"的需求与规则的催生物。

只有被赋予了"工具"和"手段"的意义，这样的物、观念或者过程才可能称其为技术。当烽火在边境线熊熊燃起的时候，一定是守卫的疆土遇到掠夺者侵犯后的信号；当飞舞的露布、旗报在通往都城或各个城乡的驿道时，那是在传送重要的战况或捷报。书写的文字、印刷的文告，还有传播的图像，不仅有自然属性的物质技术特征，还有信息技术的构成，同时也必然有社会属性、特征的渗透与构建，这是社会对技术的一种"型塑"，只有符合了社会对技术性的要求，技术的物性功能才可以为社会解决问题，才会成为应用和推广的对象。

可以说，当需求转化为技术发明并在社会扩散之后，这一技术便进入成熟期，但媒介技术仍然要受到社会权力因素的制约。不过，这一时期媒介技术的内在能量得到了大幅度的释放，其对社会的作用也从隐性转为显性，并逐渐在与社会的互动中占据主导地位。①在这一过程中，技术对社会的影响逐渐增加，并会深刻影响社会形态的塑造与社会变迁。不过，社会对技术的影响始终是存在的，并主要体现在能动的反作用上，也就是"通过社会压制因素对技术的激进潜力进行限制"。就如书同文、车同轨，是秦统一六国之初制定的重大国策，是其政治因素对技术的规范与限定，而汉代的邮驿制度、烽燧信息传播中边防严格的管理与规则显然是延续秦代继承下来的法治精神。②

技术成为社会变迁的主要推动力，在两个层面上导致社会变迁。宏观层面上，技术是社会历史演变的重要原因，例如，道路、空间的打通与延伸不断拓展人的生存世界与视野，使人类最终突破封闭的地域局限，走向全球化融合；雕版印刷与活

① 吴廷俊：《传播技术的演进模式及其与社会的互动关系》，《河南社会科学》，2008 年，第 1 期。
② 参见［日］藤枝晃：《汉字文化史》，李运博译，北京：新星出版社，2005 年，第 62—63 页。

字印刷技术几乎改变了整个世界的文化与社会发展走向，推动人类社会迅速走向信息化的社会形态。微观层面上，具体的技术形态与助力，深刻影响并塑造着日常生活样态、社会与人心理的变化，媒介技术拓展了人类信息生产、储存与传播的基本方式，也成为人类自身能力的延伸。

媒介技术对社会的影响，特别是宏观层面的影响，与技术的不断扩散有直接关系，其程度与技术塑造社会的力量有千丝万缕的联系。当技术能够在社会中扩散并辐射到一定的范围与程度时，其塑造社会的能量也就显现出来了。

二、社会因素的反向影响

技术的产生与发展，本质上是源于社会的需求。社会的需求也会反向影响技术的生存状态与发展趋向。如果说对技术直接的社会选择是一种社会塑造的话，那么，对选择的改变就是另一种社会塑造，是从根本上改变技术在社会中的命运。[①]这种塑造来自古代社会关系中政治、经济、文化、地域等各种因素的制约力量。

尼尔·波兹曼（Neil Postman，1931—2003）指出，每一种工具都内嵌了意识形态的偏向性：某一种而不是其他种方式构建世界的倾向，赋予某类事物更高价值的倾向，放大某种感官或技能的倾向。每一种工具都内嵌了意识形态的偏向性，也就是它用一种方式而不是用另一种方式构建世界的倾向，或者说它给一种事物赋予更高价值的倾向；也就是放大一种感官、技能或能力，使之超过其他感官、技能或能力的倾向。因而技术变革带来的是整个社会环境的生态变革。[②]技术一开始被构想之时就是有针对性的，它总是源自个体与社会关系中问题的解决，也成为特定政治关系中确立权力和权威的手段。历史上每一种传播技术的出现与推广，几乎都是因社会关系的政治需求而存在，甚至本身就是特权与利益的体现。

技术与社会之间是一种动态的互动关系与过程，充满了变化与不确定性。因为信息与新闻的媒介发展到一定程度必然需要技术的支撑与推进，也必然有其特定的

① 肖峰：《论技术的社会形成》，《中国社会科学》，2002 年，第 6 期。
② ［美］尼尔·波兹曼：《技术垄断：文化向技术投降》，何道宽译，北京：北京大学出版社，2007 年。

政治、经济与社会需求，尤其是社会中占主导地位的权力阶层利益，当然，文化态度与价值判断的影响也不能忽略。

显然，具有权利意志的特定群体及其价值取向决定了社会主流的价值形态，因而在控制和塑造媒介技术的过程中，一旦权力阶层介入，就会比那些非主导群体享有更大的决定权。一个社会实际采用的技术并不一定是最高效、最合理的，但一定是能够最好地反映主导群体价值和利益。芬博格将这种社会主导群体决定技术塑造的特点称为"技术规范"（technical codes）。由于社会文化的多样性，媒介技术的社会塑造在不同的社会可能会有迥然不同的形式和结果。①

我们可以举例印刷技术产生与发展漫长的历史演变过程，是在已有模印技术、印花与漏花、碑印与拓印等基础上不断探索与实践创造出来的。它首先是在民间成长，最终催生了印刷术的发明，一经出现很快形成影响巨大的社会力量。它的组织者、推行者开始转变为权利的控制者，形成政府与民间两大力量，它们互相影响，彼此促进。从国子监到武英殿，从官方抄录版印信息新闻，到民间报房的大量发行，社会政治与经济因素都起到关键性作用。可以说，出于政治需要而推动的技术，其导致的某种政治后果是先在地被植入的，因此也就是被社会所规定的，常常是受制于一定时期社会上占支配地位的价值观念和社会目标的。国家的意志、社会统治群体的愿望由此融入技术的体系与规范之中，从而使技术包含特定的价值和意义。②我们通过历史的回顾可以发现，从鼓乐到木铎，从公告到报纸，从雕版到活字印刷，人类众多信息与新闻传播技术的发展，都是与国家政治、军事活动及经济发展有着密切的联系。国家的力量可以决定信息与新闻传播的控制、管理与生产，并对其传播活动与行为制定政策和制度化的规约。再如，军事活动也是信息与新闻传播发展的重要推动力量，因为战场急迫的信息控制与争夺，许多信息与新闻传送技术发明与实践常常出现在军事领域，从道路开拓、烽燧城堡，到军鼓、旗幡与露布等信息传播技术的广泛应用，就是典型例证。

作为经济状况的组成部分，技术是在社会诸因素的制约下对人们自己创造历史

---

① 吴廷俊、韦路：《传播技术的演进模式及其与社会的互动关系》，《河南社会科学》，2008 年，第 1 期。
② 肖峰：《论技术的社会形成》，《中国社会科学》，2002 年，第 6 期。

的活动发挥决定性作用的。然而，社会其他因素对技术的发展也起着巨大的制约作用，但这种作用只是能动的反作用。[①]清乾隆三十八年（1773），总管内务府大臣金简奉命主持武英殿监刻各项事宜，他选择用活字取代雕版印书，主要是考虑到活字印刷省时、省力、省钱。然而，制造木活字及其配套设备的巨资对于武英殿是不算什么，但对其他官府机构与民间作坊而言就很困难了。

信息与新闻传播技术在诞生之初，一定为巨大的社会需求所驱使。例如，口耳相传时代的扩音器具、地域性交往的交通设施、信息交流的符号载体与构建方式等，当这些技术需要向技术发明的方向转化时，社会因素对技术的影响会大于技术对社会的影响。但是，当某种技术已经难以满足社会需要时，或者有新的社会需求产生，社会的力量将会驱动过时技术做出适时的改进，或者用新的技术替代旧的技术，以适应新的生产力与社会的发展需要。中国活字印刷术的发明、应用与停滞，以及近现代传播技术的西向与转型都反映了这一规律。因为落后或者不适应新发展的技术就会逐渐步入社会的边缘，对社会的影响也大大减弱。社会力量会因自身处境回应技术的选择。

新旧技术的交替是一种逐渐的进化的过程，而且，旧技术更多地是以新的形式继续存在而不是被彻底代替。事实上，无论技术本身，还是它们的社会影响，都不可能与过去彻底分割，它们是现存社会形态和力量的一种延续。[②]

随着人类社会与经济不断成长，物质资源与生活质量不断提升，对信息与新闻传播的需求有了更高的要求。随着社会交流的不断扩大，人们对信息需求的逐渐增加，手书笔绘的信息生产与复制效率低，已经无法满足大规模的交流与传播要求。持续繁荣的社会政治、经济、文化不断推动信息传播的社会实践，特别是经历秦汉到隋唐持续的发展，国力剧增，各种政治、经济、文化与社会交往活动迅速增加，为印刷技术的出现与发展奠定了重要的社会基础。

历史上，地域之间的相互隔绝、流动与交融都会影响其文明形态的走向与技术的发展。封闭的自然生存条件下，原生性的文明萌芽与技术探索，会逐渐形成与其他文明形态所不同的独特的体系。同时，古代人类社会形态固然相对封闭，但又有

---

① 牟焕森：《存在"马克思主义的技术决定论"吗？》，《自然辩证法研究》，2000 年，第 91 期。
② 吴廷俊、韦路：《传播技术的演进模式及其与社会的互动关系》，《河南社会科学》，2008 年，第 1 期。

着千丝万缕的联系，在特殊的历史时期甚至会形成规模化的相互影响、渗透与融合。人类不同地域与文化下形成的技术在这种流动性迁移中被不断学习、吸收、融会与改进，例如，源自古埃及的莎草纸，影响可以遍及古希腊等古代地中海文明地区，甚至遥远的欧洲内陆和西亚，成为漫长历史中重要的书写工具。它在干燥的环境下可以千年不腐，但由于潮湿环境下容易霉变毁坏，原料单一成本高，难以大规模生产，最终为中国造纸技术所影响和取代。再如，佛教的东传促进了印刷术的发展，而近代西方传教士来华又带来先进的印刷材料与技术，推进了中国信息复制技术的现代转型。我们可以看到，技术的发展与进步可能萌芽并原生于某个地域与时期，但不会始终处于封闭的状态，尤其是其产生足够的社会效益与影响的时候，就因为迁移、战争，或者相互的接触乃至融会，不断改进与扩散，这恰是早期社会信息与新闻传播技术发展的基本生态。

环境因素既为新闻传播技术发展提供了动力，也提供了激励其发展的条件，但也同样会反向制约与限制其自身的走向。也因此，新闻传播技术的发展实际已经被纳入一个社会的系统之中，社会网络与社会关系塑造着信息与新闻传播技术的基本形态与发展。因为，社会对技术的选择源自社会对技术的需要与认同，它决定了技术的命运与走向。只有被社会需要，才可能被社会选择，才能实现技术的有用价值。而社会对技术的选择，就是对技术的社会属性的再塑造，为何选用、如何选用取决于技术是否满足社会要求，而个人、群体乃至国家意志之所以选用某种技术，也集中体现了社会的价值观。当然，也体现出国家集团的意志和民众对待技术的态度。这些社会因素的反向影响同样也是推动社会文明的重要力量。

第三节　文化模式的形塑

广义上，文化是指一定时期某个社会或社会群体的全部生活方式的总和，主要是建筑在具体现实生活与物质条件基础上的制度形态与观念形态。既包括价值观、态度、信念、行为规范与思想，也包括与之相适应的社会体制与制度。文化的核心是由观念与价值体系构成的。①这是一种多样性发展的不同选择，是自身特定历史与特定生活环境的价值趋向与影响，并通过形式化的方式，演绎成风俗、礼仪与思想行为，从而结合成一种特定的文化模式。这种文化构造的系统性与延续性，会作用于任何一个社会的文化形态与发展。

中国古代是以农业社会为主体，并由农业社会基础建构起城市与市民社会生态。其中的社会秩序、产业形态、家族结构、伦理信仰，与对自然、祖宗及传统权威的遵从等互相联系，共同造就了中国传统的文化模型。其中隐含着千万年来逐渐形成的统一的社会价值取向与标准，反映了先民共有的潜在精神信仰与文化特质。

一、文化伦理与传统

中国古代社会属于伦理性思想、文化与社会体系，涉及政治、哲学、艺术、宗教、道德等各个层面。伦理价值是关于社会性关系中利益价值的取向。远古时期，因为对自然世界的好奇、对自然力的高度依赖，以及来自生命意识的萌芽与困扰，先民们首先把目光投向对自然的敬畏与崇拜。这种崇拜是对象的选择，如以日月星辰、风雷雨电、河海土地、灵异生物等为对象，这种鬼神观念逐渐发展为相对集中于固定对象的图腾崇拜，与祖先崇拜结合在一起。例如，殷人就认为天帝具有产生雷电的力量，日月风雨云雷诸神也对农业生产有巨大影响。神圣的超能力与先辈相结合，与英雄崇拜相结合，就有了价值观的判断与选择，出现神人与圣人的崇拜思想。

古人相信，圣人往往有神力的相授，并有着不同凡人的智慧与超能力，能够拯救众生，给族群与个体带来福祉。从鬼神到圣贤英雄崇拜，在中国历史长河中一直是在相互影响中不断发展的，寄托了人们对超能力的敬畏、崇拜与向往。

崇拜的另一面就是禁忌，禁忌因超自然神力的想象，而影响人与人之间的社会关系，继而形成具有约束力的行为规范。随着农业社会的形成与发展，祭祀活动成为农耕时代重要的活动，并成为宗教仪式与礼教形成的基础。卡西尔指出："社会

---

① 汝信、李惠国：《中国古代科技文化及其现代启示》（上册），北京：中国社会科学出版社，2016 年，第 1 页。

体系中没有哪个方面不是靠特殊的禁忌来调节和管理的。统治者和臣民的关系，政治生活、性生活、家庭生活，无不具有神圣的契约。"①肖峰认为，一种技术的特质和形式是技术的形成过程中多种社会前提条件的结果。这些社会性的前提条件，包括我们的体制、习惯、价值、组织、思想和风俗等，都是强有力的力量，它们以独特的方式塑造了我们的技术。②在国家与社会的权力政治建构中，通常是通过某种具有伦理性质的信仰与价值秩序来维系的。尽管技术在本质上是中性的，但它存在的价值是什么，可以服务于什么需求和目的，会产生什么影响，并不是技术本身可以决定的，起决定作用的是使用技术的人，决定如何使用技术的人，以及技术存在的社会结构与社会关系。我们所看到的善的或是恶的科学技术现象，看到的兼具正面和负面效应的科学技术双刃性问题，实际上是人类对科学技术的选择和运用的结果。它负载着价值的、伦理的、社会的和文化的诸多因素，但已非科学技术本身。③

宗教文化对中国古代信息与新闻传播的影响，至少可以追溯到原始文化早期，巫祝占卜祭祀文化对早期人类符号与文字使用的促进作用。商周时期的甲骨文字，即祭祀占卜时刀刻的符号，而金石铭文也多有基于神秘信仰的礼器祭祀文本。

中国古代长期处在帝王集权统治之下，汉朝以后又基本是以儒学为治国之本；同时，在易经传统和老庄哲学滋养下的道教形成于东汉的中、后期，倡导觉悟修行的佛教传入至少可以追溯到西汉，它们与长期占据国家正统地位的儒家伦理思想，在不断冲突与融合中长期共存。至隋唐两宋，不仅三教鼎立格局形成，三教理念的融汇、交流也空前频繁。禅宗的出现就是一个典型的儒、释、道三教思想融合的宗教派别。明代三教完成合流，并渗透于明代主流思想的理学、心学与禅学之中，对此后中国社会产生了深刻的影响。也因此逐渐形成了中国特有的长达数千年的文化传统，成为中国传统文化延续和技术发展的重要影响因素。

隋唐推行科举制度后，极大地刺激了中下层子弟读书的风气，带动了文化传播在基层的流动，民间对书写与阅读的需要量大增，这导致从两汉以来积累的社会需

---

① ［德］恩斯特·卡西尔：《人论》，甘阳译，上海：上海译文出版社，1985年，第138页。
② 肖峰：《论技术的社会形成》，《中国社会科学》，2002年，第6期。
③ 张兵：《科学技术负面效应的主体根源探析》，《石家庄学院学报》，2007年，第1期。

求，到了唐朝更迫切。当然，科举制度的推行、文教的发展，印刷行业的兴盛，必然需要统治者的重视和支持。五代时期的四朝元老冯道，在官府的大力支持下，首开儒家经典《九经》刻印工程。西夏专门设立刻字司，负责文本书籍的雕刻刊印。《天盛律令》中记载刻字司属于五等司之末等司，属于工匠管理部门，设两名头监，负责具体事宜。到了宋元明清，各朝各代对出版印刷都高度重视，这种来自统治者的重视与推动，成为中国印刷产业得以持续发展的重要因素。

宋朝重文轻武，至元明清三代都沿用唐代确立的科举取士制度，全国从中央到地方官学与民间私学比比皆是，正是各地学校与书院的发展，服务于教育事业的官私机构的建立，带动了对教材课本以及其他各类书籍的广泛需求，是促进印刷出版产业持续发展的重要因素。

秦汉以后，随着政府统治与日常管理的需要扩大，读文识字逐渐从精英阶层扩散到民间社会，极大地刺激了民间对信息资源的需要。有关资料显示，明代印刷复制领域已经极为繁荣，如官刻就包括内府本、监本、部院本、藩府本和书帕本。还有各省布政司、按察司及各地儒学、书院等机构所刻书。仅明内府本，始于洪武，迄于万历，所刻数就不下十万版。隋唐崇尚佛教，僧侣信众迅速增加，抄经读经成为基本的社会需求，这进一步促进了汉字书写的传播与普及，对书写字体的规范性发展也有重要贡献。自唐迄清，历朝政府多崇信佛教，且在宗教信仰方面能够兼收并蓄，使得以佛教为主的宗教文化得以持续发展和普及。印刷术的推广应用，得力于佛教徒大量复制佛学经典的需要，现存唐代早期印刷品，大都就是出自佛教传播者之手。除佛教经典、道教文化的大量印刷，还有儒家经典的刻印。历史上大规模的印刷工程，一千多年来从未间断。

刘若愚《酌中志》卷十八《内板经书纪略》所载书目约有一百七十二种。仅佛经一藏就计六百七十八函、十八万八十二页。共用白连纸四万五千二十三张，蓝绢二百五十三匹七尺四寸，黄绢廿六匹二丈四尺一寸，每匹长三丈二尺，黄毛边纸五百七十张，蓝毛边纸四千九百十二张，黄连四纸三百四十七张，白户油纸一万八千九十五张，黑墨二百八十六斤八两，白面一千二百二十五斤，白矾四十五斤。道经一藏计五百十二函、十二万二千五百八十九页。共用白连四纸三万八百九十七张，黄连四纸一百七十六张，蓝毛边纸三千十八张，黄毛边纸五百二张，蓝绢一百八十二匹一丈八尺六寸，黄绢二十匹一丈六尺，白户油纸八千三百七张，黑墨一百六十斤八两，白面七百五十斤，明矾二十五斤。活字印刷术在西夏兴盛，也是宗教文化的广泛需求所推动的。

近代西方传教士对中国现代新闻传播发展的影响也是巨大的。他们在中国进行宗教活动与办报实践中，带来了先进的印刷技术、传播思想，以及声光电学的知识，是开启中国现代传播技术发展的推手，也是引发中国传播媒介与新闻编辑从内容到性质巨大变革的重要因素，不仅为中国印刷资本主义的兴起创造了社会环境，而且根本上改变了中国新闻传播发展的格局。从长远来看，传教士的印刷技术带给中国的影响远远超出了他们宣传的福音。

印刷术正是在这一历史进程中得以迅速推广。但是由于在新闻信息的观念与社会需求，由于受统治者政治体制的影响，中国古代新闻信息传播始终被局限于政府治理需求与少数精英阶层的知识垄断上，因此，作为新闻信息的载体也被长期局限于政府管控的部门与渠道，主要用于政府内信息发布，内容少、数量小，因此，长期使用抄写的主要方式来解决，印刷术不是主流，甚至处于边缘的地位。同时，在更广泛的社会信息传播领域，中国古代新闻传播发展一方面得益于自身政治、经济、文化、社会结构的推动，但也因为在近一千年来政治、经济与科技文化发展上的各种不利因素影响，没有如欧洲社会获得持续的推进。这也是印刷术发明一千多年来，中国新闻传播没有发生革命性的变革与影响的重要原因。

19世纪初以后，西方现代传播技术与新闻理念无疑对中国传统文化形态与观念产生巨大的冲击与影响。从死守王道天下的自我沉醉，到被西方坚船利炮威逼下的几经崩溃，从嘲笑蔑视西方先进科技，到师夷长技以制夷，经历了痛苦的挣扎与过程。

1860年第二次鸦片战争之后，列强就纷纷要求在中国架设有线电报机，但朝中保守派大臣反对在中国开设电报。1875年9月，工科给事中陈彝在一份奏折中声称："夫华洋风俗不同，天为之也。洋人知有天主、耶稣，不知有祖先，故凡入其教者，必先自毁其家木主。中国视死如生，千万年未之有改，而体魄所藏为尤重。电线之设，深入地底，横冲直贯，四通八达，地脉既绝，风侵水灌，势所必至，为子孙者心何以安？"[①]

1833年，西人在华发行的《东西洋考每月统计传》12月号刊出了《新闻纸略论》，这是最早用中文刊出的新闻学短文，介绍西方报纸的起源、发行和出版概况，这被视为中国新闻思想启蒙阶段的开始。此后，林则徐、魏源等人关于译报的论说，太平天国干王洪仁玕在《资政新篇》中的"新闻提案"等，王韬《论日报渐行于中土》进一步促成了中国新闻思想之发轫。中国报刊新闻编辑被当时具有改良思想的部分精英、知识分子赋予宣传变革、引导舆论、开启民智的明确目的。因此新闻传媒与技术得到高度重视，在清末民国初年掀起新闻传播技术革新发展的浪潮，并在较短的时间内，完成了现代新闻传播观念与技术的转型。

不可否认，中国传统上特别重视伦理思想与价值，重道轻器，也就是重学识、轻技术，所谓"形而上者谓之道，形而下者谓之器"。所谓"器""形而下者"，是自然宇宙万物，是有利于物质发明和实际生活之用，对技术发展影响深远。但《论语·子张》有"虽小道，必有可观者焉，致远恐泥，是以君子不为也"。就是说，虽然是小道（包括百工技艺），必然有可认同之处，但长远下去恐怕会停滞不通，因此君子不会去做这个事情。又说："百工居肆以成其事，君子学以致其道。"《汉书·董仲舒传》有："正其谊不谋其利，明其道不计其功。"还有"以道御器"的思想，认为以器从道，服务于道，都是基于"道"的伦理价值判断。

因为国家治理与阶层等级的分化，从事应用技术研究者社会地位得不到保障，而基于技术能力生存的"工匠"群体更是处于底层社会。尽管技术水平造就的工程、器物、产品与工艺为社会提供了重要的基础，但是，技术并未获得应有的地位与尊重，甚至衍生出"奇技淫巧"说等严重的偏见。在道家思想中，还有"有机械者必有机事，有机事者必有机心"的消极认识，同样是对技术负面因素的过度担忧。传统思想与文化中根深蒂固的技术偏见在今天已经得到部分反思与批判，但影响犹在，对于我们今天的科技兴国战略，以及国家倡导"工匠精神"重建来说无疑需要高度警惕。培养新时代的科学技术思想与理念，重塑发展的科技文化伦理无疑是我们现代社会发展所必需的基本价值。

[①] 引自雷颐：《晚清电报与铁路的性质之争》，《炎黄春秋》，2007年，第10期。

二、科学与技术的观念

现代意义上的科学知识体系是借助于一定的方法论获得的，以概念、定理、假说等理论形式加以表述的；作为知识形态存在的自然科学，具有客观性、系统性、普遍性、精确性、预见性和探索性等特征。它是以逻辑推理、数学描述和实验检验为特征的知识体系，诞生于17世纪的欧洲。而现代"技术"（technology）的概念也是17世纪出现在英国的，当时仅指各种应用技艺，到了20世纪初，扩展到工具及其使用方法与过程。[①]

中国最早是在《史记·货殖列传》中出现"技术"一词，意为"技艺方术"。技艺的技术观念一直延续到清朝末年。

中国古代伦理思想与文化，并不排斥具有科学意义的技术的探索与应用，但主体上引向了道器之间的价值判断与悖论，因为伦理的道德价值取向，不利于科学思想的培育，也不利于科学逻辑思维的发展与实践，进而深刻影响了近代我国新闻传播技术的自我革新与发展。中国科学的近代化进程，源自欧洲近代科学在中国的传播。其实质无非是近代科学知识、科学思想、科学精神、科学方法为中国士人和民众所理解与接受的过程。在此之前，中国古代技术发展多是从感性经验与实用的需要出发而进行的探索，尚没有形成现代意义上的科学观念与思想。

中国古代神秘文化及其崇拜，构筑了人神之间、人与自然之间朴素的生态伦理。农耕社会的先民已经意识到人类与自然之间同属一个整体，有着不可分割的联系，只有节制与和谐相处才能延续人类的平安与发展。在历史上，先民每一次探索改造自然的技术突破，都在拓展着自己的生存空间与能力，因此他们往往以神话为载体代代传颂技术发明的重要历史，借此宣示他们崇尚与自己生存和发展息息相关的知识和技术的价值取向。例如，燧人氏钻木取火，伏羲结网以渔，巧倕被誉为"工匠之神"，后稷成为农业生产的始祖。

远古时期的政治、经济与社会传播活动，主体上就是以耳听口传为基础，也就

[①] 汝信、李惠国：《中国古代科技文化及其现代启示》（上册），北京：中国社会科学出版社，2016年，第2页。

是所谓"古人出一号，发一令，皆声以警之"①。因此木铎用得很广，不仅限于宫廷府院，也广泛应用于市井民间、乡里村落。其作用都是发声作响、警醒他人。《伪古文尚书》的《胤征》中有"每岁孟春，遒人以木铎徇于路"的说法。遒，指聚集众人、发号施令。也就是每年的正月，宣令官用木铎在路上宣布教令。

如果说神人的价值取向赋予先辈在技术认知上的圣人观，就是伦理与道德层面的思考与判断。孔子说："德之流行，速于置邮而传命。"②就是说，德政的流行普及比邮驿系统传达政令还要迅速快捷。由于木铎的使用常常与颁布通告、道德教化相联系，因此木铎常常被视为宣扬上天旨意的权威的象征。如《论语·八佾》曰："天下之无道也久矣，天将以夫子为木铎。"③意思是天下黑暗的日子已经很久了，老天将要让孔子出来做导师。刘勰《文心雕龙·原道》对木铎的作用阐释得更为明确："木铎启而千里应，席珍流而万世响。写天地之辉光，晓生民之耳目矣。"④

在中国古代社会，尤其是春秋以后，一方面有对技近乎道的肯定与颂扬，如《周礼·考工记》直接把百工视为圣人之作："知者创物，巧者述之。守之世，谓之工。百工之事，皆圣人之作也。烁金以为刃，凝土以为器，作车以行陆，作舟行水，此皆圣人之所作也。"另一方面又有"君子不器"，重道轻器之风盛行，尤其是实用技术，常常被视为"奇技淫巧"遭到上层社会的轻视，甚至被认为是国弱民穷的诱因。墨家已经注意到技术在实际应用中的两面性问题，如墨子所言："女子废其纺织而修文采，故民寒；男子离其耕稼而修刻镂，故民饥。"⑤他提出以"兴天下利"为己任，关注技术的负面影响，认为"足以奉给民用，则止"；主张"非乐""节用"，倡导"非攻"的和平主义技术发展观。道家则忧虑技术异化造成的社会问题，如老子担忧"人多利器，国家滋昏；人多伎巧，奇物滋起"；而庄子则认为，"有机械者必有机事，有机事者必有机心""丧己于物"。不过在现实

---

① （宋）卫湜：《礼记集说》卷七十九，北京：国家图书馆出版社，2003年。

② 杨伯峻：《孟子译注》，北京：中华书局，1960年，第57页。

③ 杨伯峻：《论语译注》，北京：中华书局，1980年，第33页。

④ 王运熙、周锋：《文心雕龙译注》，上海：上海古籍出版社，1998年，第4页。

⑤ 吴毓江：《墨子校注》，北京：中华书局，1993年，第47页。

社会中，这两种思想，也转化为两种截然不同的价值观。所谓"功致为上，毋作淫巧"，恰是中和这两种思想的产物，也反映出中国古代社会对于技术的矛盾心态。

"格物致知"是源于《礼记·大学》中的重要思想，所谓"欲诚其意者，先致其知；致知在格物。物格而后知至，知至而后意诚"。朱熹将之理解为穷究事物道理，致使知性通达至极："格，至也。物，犹事也。穷推至事物之理，欲其极处无不到也。"阳明心学则将其上升到"仁"的精神信念与境界。这是中国古代社会认识世界的重要观念与态度，也隐含了伦理价值取向的科学探索精神。在新闻传播观念上也是如此。例如，《吕氏春秋·察传》："夫传言不可以不察。数传而白为黑，黑为白……闻而审，则为福矣；闻而不审，不若无闻矣。"

自唐初雕版文字发展到明代万历年间的印刷宋体，前后有八九百年的历史。其中既有工艺技术的探索与推进，也有观念因素的深刻影响。正如张道一先生指出的，实际上从笔墨到印版，"作为古代的木版刻书，不论'写刻'（软体）还是'匠刻'（硬体）；作为近代铅字的制作，不论老宋还是仿宋，公平地说，只要布列得体，是各有千秋的。问题在于，我们现在讨论的不是书法（书艺），而是印刷书版的字体，当近代铅印术兴起之后，因为能够适应印刷出版的要求，被文人视为肤廓字样的老宋体被定为我国印刷的基本字体。如果我们从美学的角度，分析一下老宋体字的形式特点，便不难看出，它不仅是在工匠的刻刀下完成的，而且是在'楷书、仿宋体、老宋体'的精炼中升华的。换句话说，没有中国书法（楷书：欧、柳、颜、赵）的成就，就不可能有宋代书版字体的出现，而没有仿宋体的规范和木版镌刻的刀工，也不可能有老宋体的形成"①。

对于中国古代印刷字体形成以及活字版印刷何以发展缓慢的问题，实际也有观念选择的因素。因为古代雕版印刷习惯模拟手写书体制版，且都是当时社会所崇尚的不同名家的风格，这一度被视为印刷文本的重要品质，在人们的头脑中已根深蒂固，甚至成为一种影响广泛的传统，以至于逐渐规范化、工艺化的宋体在形成之时，长期遭到部分人的抵制与轻视。活字印刷对字体的规范性、工艺性要求更高，

---

① 张道一：《美哉汉字》，台北：台湾汉声杂志社，1997年，第63—64页。

独立成字的印模在排版时已经没有雕版刻字时相互呼应、笔韵贯通的意趣，到底是选择更有效的印刷方式而放弃传统习惯，选择成本更高的技术，还是墨守成规中小富即安的作坊式经营，都是影响活字开发的动力和社会需求的潜在因素。

中国长期处于农业性社会结构，城市居民生活形态还不足以改变小农经济固有的分散性和自给自足的基本社会结构，这影响了有别于农业社会生产的信息技术的研究与推广，也缺少迫切规模化应用的社会需求，使近现代以来科学思想形成与发展缺乏生长的土壤。从国家与政治层面来说，集权专制制度和重农抑商政策阻碍了生产力发展，难以孕育更具推动力的社会生产关系，以儒学思想为内容的统治秩序，更重视天地人伦思想教育与管理，很少涉及科学知识与应用领域，甚至是重文轻技的重要源头。社会崇尚儒学与古代圣贤的教诲，缺少科学技术研究的氛围，科技的发展更多是在伦理的框架下满足于实际的应用，没有形成理论上探讨和深究的风气，甚至"述而不作"。由于贫富差距大，资源控制在极少数人手中，国内市场狭小、重农抑商，严重束缚了手工业扩大再生产，也使科学技术的发展缺乏物质基础和动力。

与此相反，十五六世纪欧洲发生了宗教革命和文艺复兴运动，冲破了欧洲民众探索世界的禁区，天文学、地理学、物理学、航海技术突飞猛进；而海外贸易和殖民掠夺的开始，又刺激了制造产业的快速进步，也为商品生产与交易提供了雄厚的资金，促进了规模化生产与贸易，推动了工业革命的发生，为推进科学技术提供了雄厚的物质基础。近现代的科学思想与科技革命，使西方文明发生巨大变化，很快超越东方，进而在全球化浪潮中影响与促进了全球科技与文化的进步，这在新闻传播技术领域同样如此，中国印刷术曾经傲首世界，但最终为西方社会超越。钱存训先生指出，在两个不同的社会印刷术是以不同的程序，向不同方向发展的："在西方，印刷工具逐渐机械化和自动化，大规模生产和发行，形成一个强大的出版工业；在中国，自印刷术发明以来约有一千年的时间内，印刷并没有发生重大的技术性改革，始终保持以一种传统的手工业方式进行。一直到19世纪末20世纪初，西方活字印刷术反哺中国，才带进了西方思想制度和科学技术，因此引起现代中国在政治、经济、社会、学术和文化各方面的改革和变动。"①这无疑是值得我们反思的。

三、专业化技术与素养

从历史上看，所谓"专业"至少需要具备四个基本条件：一是范围明确；二是具有成熟的专门技术；三是需要长期的专门教育；四是具有自律性的规范与责任。在信息与新闻传播技术领域，这种专业化过程以及专业化技术的形成，经过了漫长的历史周期与演变，在不同历史时期，也呈现了不同的特点。

尽管中国古代信息与新闻传播技术还没有孕育出现代意义的专业化技术体系与技能素养培训，但同样也有着专业化的技术发展历史，有着专业化的技术程序和方法，对从事的专业人员有着各种专业素养的要求。"专业化"通常是指在不同的行业领域内从事相关工作的职业群体，能够在一定时期内，逐渐获得相关专业技能，达到专业标准，并因此具备相应专业地位的过程。就新闻传播技术发展历史而言，尽管这一过程是渐进发展形成的，但在不同历史时期，相关产业部门或专业领域中，确实存在着逐渐细化的专业分工，进而形成职业性的专门人员。随着技术能力的深化，程序与工种会细化，并会因为产品生产与流程的不同特性而分成的各种更具体的业务部分，这个过程就是专业化。在先秦社会就有"如切如磋，如琢如磨"（《诗经·卫风·淇奥》）的手工技术要求，以及如"良冶之子，必学为裘；良弓之子，必学为箕"（《礼记·学记》）的技术训练，逐渐形成规范性制度。《礼记·王制》即言："用器不中度，不鬻于市。"这种适度的、经过多道技术工序与要求的行为准则，是历史上专业化技术的雏形。

先秦时期，从事手工业技术活动的主要群体，有工师监管制度，已经形成具有系统意义的技术规范与伦理规范。从智者创物，工致为上，到反对奇技淫巧，从儒家"以礼制器""藏礼于器"，到墨家"兴天下之利"及道家"道进乎技""道技合一"。

---

① 钱存训：《中国纸和印刷文化史》，南宁：广西师范大学出版社，2004 年，第 360 页。

工欲善其事，必先利其器，这是中国古代工艺制造优良的技术传统。先秦时期，制造行业已经成为国家重要的经济社会支柱，对于技术的要求和责任愈加重视。西周时期，"百工"被列为"六职"之一。《考工记》原本是春秋末年齐国人整理的手工业技术官书，后由西汉河间献王刘德用以替代《周礼》中散佚的《冬官》，是我国古代社会早期最重要的工程技术典籍。书中开篇即言"国有六职，百工与居一焉"。显示西周时期官府聚集了全国各类专业技匠，并已经具有很大的规模。无论是官营还是私营制造领域，都将"工致为上"奉为技术活动的重要规范。正如《说文解字》工部言："工，巧饰也，象人有规矩也。"墨子提出："天下从事者，不可以无法仪。无法仪而其事能成者，无有也。虽至士之为将相者，皆有法。虽至百工从事者，亦皆有法。百工为方以矩，为圆以规，直以绳，正以县。无巧工、不巧工，皆以此五者为法。巧者能中之，不巧者虽不能中，放依以从事，犹逾已。故百工从事，皆有法所度。"[1]

《考工记》详细记录了木工、金工、皮革、染色、刮磨（器物磨光）、陶瓷（以黏土制陶坯）六个工种、三十个专门生产部门和车舆等制作规范，涉及轮人、舆人、筑氏、冶氏、桃氏、玉人、榔人、雕人、梓人、陶人、旊人、车人等数十种工匠工程技术知识。官营手工作坊规模较大，往往可以开展小规模批量化生产，这为制造同一类器物时的生产细化创造了条件，可以按照专业需要进行施工与培训，如制造车舆就可以分为制轮与制舆程序。《考工记》在论述车辆设计制造时指出："凡察车之道，欲其朴属而微至，不朴属。无以为完久也，不微至。无以为戚速也。"就是说，除了要力求坚致牢固的"朴属"外，还应追求"微至"的技术境界。

官营手工作坊设有"工师"职位，是各种手工业制造的主管，也是学徒培训的师傅。孙诒让（1848—1908）《周礼正义》卷七十四中指出："工师，工官之长也。"《荀子·王制》"序官"指出："论百工，审时事，辨功苦，尚完利，便备用，使雕琢，文采不敢专造于家，工师之事也。""工师"依据总体设计的要求对每道工序都制定了一定的操作程序和规程，以此为依据对艺徒进行生产管理和

---

① 吴毓江：《墨子校注》，北京：中华书局，1993 年，第 29 页。

训练。[1]1975年，湖北云梦睡虎地秦墓出土秦简律文，包括均工三条，后来称其为《均工律》，其中之一记有"工师善教之，故工一岁而成，新工二岁而成。能先期成学者谒上，上且有以赏之。盈期不成学者，籍书而上内史"。意思是，作为工师应善于教导学徒，以往做过工的要求一年学成，新学的要求两年学成。能提前学成的要上报，上级部门会有奖赏。超期没有学成的，应记录下来上报内史。

先秦时期，因为分工协作的需要，已经是"一器而工聚焉者"。这时候，一些手工技术规范已经形成。以《考工记》中制造车舆为例，"乘车之轮六尺有六寸，田车之轮，六尺有三寸，乘车之轮，六尺有六寸，六尺有六寸之轮，轵崇（车轴端）三尺有三寸也，加轸（车厢底部的横木）与蒦（车厢与车轴间的木块）焉，四尺也，人长八尺，登下以为节"。不仅规范严格，也适应了人体工程的基本需要。《礼记·月令》有农历十月（孟冬之月）"命工师效功，陈祭器，按度程。毋或作为淫巧以荡上心，必功致为上。物勒工名，以考其诚。功有不当，必行其罪，以穷其情"。"按度程"就是重要的技术规范，功致为上后物勒工名，以承担具体的责任。

秦汉以后，官营手工制造业已经成为政府机构的重要组成部分。官营手工业管理机构负责制定有关手工业生产的政令，并对手工业生产进行监督、检验与考核。信息与新闻传播涉及的工具、材料、印刷与传播介质制作基本属于手工业的范畴。古代政府对于产品质量要求、生产的组织、产品的验收等有具体的规定。不论官府还是民间手工匠作，一旦违背规定就可能遭受严厉的处罚。手工业产品的技术标准，不仅成为官营手工业生产和对工匠考核的依据，对民营手工业征税产品也会依次验收，甚至在市场交易过程中，买卖双方也以此作为衡量质量优劣的标准。宋曾公亮《武经总要》对几十种冷兵器式样进行规范，并绘制器图；李诫（？－1110）《营造法式》是我国最完备的一部建筑设计、施工的规范专著。王祯将木活字的制作过程与印刷工艺详细整理，写成《造活字印书法》，较完整详细地记录了木活字印刷工艺技术，是历史上最早、最系统、最详细记录木活字制作与印刷工艺中的刻字、修字、选字、排字、印刷等方法的著作。《天工开物》从造

---

① 郭齐家、乔卫平：《中国远古暨三代教育史》，《中国全史2》，北京：人民出版社，1994年，第113页。

纸、制墨到印刷都有详细的程序与规范的整理记录。

从事手工业生产的专业人户，元代已经被纳入政府的户籍管理，世代承袭，不得脱籍改业。明代工匠服役政策继承于元代工匠世袭制度，延续了前代官手工业的传统组织形式，所有工匠每年要完成宫廷官府的征调。明代有匠籍的工匠一般维持在30万人左右，包括工部和内府各监局控制下的民匠，这是具有专业造作技术的劳动者，是专业骨干力量。

明代工匠管理最高机构是工部，所有工匠隶属于工部和内官监管理。为了稳定与完善工匠体制，明政府通过匠籍编定、轮班制、坐匠役以及班匠征银等措施多次对工匠制度进行了改革。但"轮班者隶工部，住坐者隶内府内官监"[1]。这些工匠因其所属系统、服役时间、服役地点和待遇的不同，可分为轮班匠、住坐匠。根据《大明会典》记载，朝廷规定每年征调6000多名工匠，其中就包括各类印刷制版匠与其他艺匠，兼工者数量最多，这些人多身兼数种技能，可以同时参与多种工艺技术流程，包括可以完整地生产一件工艺技术流程复杂的器物、装饰品与版刻用品。

明代从中央到地方，官营出版印刷业十分发达。嘉靖十年（1531），宫廷曾清理过一次内府工匠额数，革去老弱残疾、有名无人者15167名，实留12255名，并著为定额。其中，司礼监就占有1583名，而专事刻书出版者有笺纸匠62名，裱褙匠293名，摺配匠189名，裁历匠80名，刷印匠134名，黑墨匠77名，笔匠48名，画匠76名，刊字匠315名，总1274名。

正是古代社会对技术专业化的基本要求，明确设定了不同专业领域的分工与规范，才可能细化专业要求与技能，保证与推进社会化生产中高品质产品的生产与流通。

现代技术发展的一大典型特征就是与科学的结合。晚清时期，当西方科学与技术强势东来，中国在屡次挫败以后，兴起了一种专业主义思想，当然是希望可以"师夷长技以制夷"。正如许纪霖先生认为的，这一方面是强调追求应用性知识技能，另一方面是分工、专精理念的兴起，取代原来"通"儒的理想，或君子不

---

① （明）申时行等：《大明会典》，上海：上海古籍出版社，1995年，第268页。

"器"的观念。①在传统"格物致知"与"工致为上"的传统基础上，专业化与追求科学精神的技术思想与素养开始融入中国现代发展进程，并在20世纪初期，加速新闻传播领域的全面革新与转型，为今天中国新闻传播事业发展奠定了重要基础。

小　结

技术对于我们社会生活的影响是显而易见的。"技术变革不只是改变生活习惯，而且要改变思维模式和评价模式。"②技术的发明与应用是社会变革发展的基础动能，不断推动着人类社会的文明与进步。信息与新闻传播技术领域同样如此，这一过程交织着复杂的社会与历史因素，深刻影响了中国古代新闻传播技术发展的基本形态与走向。

本章从科学技术、社会环境与文化模式三个视角探讨了古代信息新闻传播技术的促进、规制与形塑问题，思考人类信息与新闻传播波澜壮阔的历史演变中技术与社会的互动关系。毫无疑问，古往今来，新闻传播技术日新月异的发展正在不断改变我们生活的世界，也不断改变着我们对世界的观念与理解。

科学与技术的紧密结合是推动现代工业革命发展的重要因素。现代技术发明已经越来越依靠科学的支持，科学与技术的关系已经难以分割，并在相互促进中融汇发展。特别是其中的科学精神、认知方式、行为规范与价值取向，包含了科学态度、科学方法、设计方法与科学作风等诸因素，已经区别于传统意义上的技术形态与专业素养。可以说，现代技术的发展与进步是建立在科学思想与观念基础之上的，正是因为科学理论的总结与指导，才真正促成了现代技术，包括现代新闻传播技术的突飞猛进。

---

① 许纪霖：《20世纪中国知识分子史论》．北京：新星出版社，2005年，第109页。
② 马歇尔·麦克卢汉：《理解媒介：论人的延伸》，何道宽译，南京：译林出版社，2011年，第83页。

本卷结语
Conclusion

传播的历史就是社会发展的历史，传播技术的历史更是人类社会发展历史内在的核心动力之一。中国古代新闻传播技术涉及中华文明上万年历史演变过程，集中体现了中华民族卓越的才智与创造力，具有科技史、文化史和思想史的重大意义与价值。

在中国新闻传播技术史古代卷研究中，我们首先要厘清的是如何清晰界定新闻传播的概念内涵，也就是如何客观认识长期以来"新闻"的观念演变与源流问题，理解人类社会性活动中新闻信息需求的本质以及悠久历史，从而科学评估中国古代新闻传播技术史的纵深与维度；其次，我们还需要了解，现有新闻史研究多是在"新闻媒介史"的基础上形成的，有着专业化媒体的基本限定。因此，新闻信息载体、工具与技术更多被指向以新闻纸出现为代表的近现代规模化媒体信息运作与生产，对于之前古代社会信息与新闻传播活动的悠远历史，以及对于现代新闻事业发展的意义远未得到深入的研究与探讨。显然，新闻传播技术的缘起、萌芽与发展，是人类信息与新闻传播活动不能隔断的链条，是现代新闻与传播研究的重要基础，这构成本卷写作的核心理念与思路。

严格意义上说，古代新闻传播技术形态几乎都是来自信息传播技术的直接应用，都是首先源自信息传播需要的发明与实践。这其中有直接的信息生产、制作与传播技术，也有间接的信息传播物质基础与技术，如载体与传播渠道。可以确定，人类信息与新闻传播技术发展，实际上是两大部分组构的：一部分是基础物质条件与技术准备，另一部分属于信息生产与传播的专门技术。在基础物质技术部分，基础载体与材料工具的技术，道路交通的开拓与运行，为信息与新闻传播奠定了坚实的基础条件，是古代信息新闻传播技术的重要组成部分。因此，在本书中，将道路、交通、邮驿，以及涉及相关信息载体与传播的基础技术都纳入其中，希望可以建构起一个更宏观、系统的中国新闻传播技术萌生、发展的历史过程，以及在波澜壮阔的历史演变中技术与社会的多元互动关系。

在人类进化史上，信息媒介技术的进化是借助于外界的空间与通道，从实物的、图文的到复合媒体传播的进化过程，是从在场的时空传播向不在场的时空传播过渡。原生性的中国古代信息传播技术，不仅主体性地孕育了中国古代新闻信息传播的发展与成熟，也为近现代人类全球化信息传播与新闻发展做出卓越的贡献。这一历史壮阔而恢宏，是中华民族对世界的巨大贡献。

传播可以通过声音、肢体、文字、图像等多种信息载体实现。信息传播技术的发明与使用，信息的传递、分享与传承发展，是人类文化史、思想史上的光辉一页。中国古文字的诞生标志着"文"化符号语言体系的建立，中国线条化的笔墨图像传统以及复制技术的连绵发展奠定了中华符号文明的核心基础。其中，笔墨纸张与复制技术手段是古代文图传播借助的核心载体，是持续推进人类文明的圣火，也是持续推进人类新闻传播与科学发展的重要介质，建构了中国古代新闻传播的基本模式。印刷复制技术为中国古代四大发明之一，是媒介信息社会的现代性开端。从纸、笔、刀、版、墨、砚、字、刷的工具技术使用，到活字印刷的发明，无不凝聚着中华民族的科学智慧和技术理想，见证了整个中华文明的进步与发展，也体现了中国古代文字新闻传播的核心科技思想。

人类新闻传播技术发展虽然次生于人类更宏大的信息传播活动与技术推进，但这些信息活动与技术一旦转化为新闻信息传播实践，就会带来急遽的社会变革与发展，引发巨大的文明浪潮与社会进步。中国新闻传播技术史的历史价值，首先体现在原生性的伟大创造，这是至少延绵数千年的探索实践的历史过程，体现了中华民族无与伦比的智慧与创造力，缔造了中华信息与新闻传播技术发展的辉煌历史。同时，它还体现在其世界性的传承与扩散的文化辐射中，影响与启迪了欧洲近现代印刷技术的产生与飞速发展，极大地推动了世界历史与文明的发展进程，成为人类信息与新闻传播技术发展最重要的动力源。

必须承认，自15世纪古登堡时代以来，欧美国家以机械活字印刷技术为代表的信息传播技术大发展，不仅推动了文艺与科技的全面振兴，也很快超越中国，引领了近现代全球新闻传播的发展方向。在这一历史变局下，曾经傲首世界的华夏中国一度处于迅速衰退之中，甚至在各个领域远远落后于世界的发展，只有到了中华人民共和国成立，特别是改革开放以后的几十年，这一局面才有了根本性改变。其中涉及的历史、政治、经济、文化与社会的深层原因都值得我们深深反思，而历史场域中中国科学技术的思想、观念与实践问题同样如此。唯有此，才能更好地激发我们新时代国家与民族复兴的强大动能。

按照丛书体例要求，我们将古代卷分为十章，导论与第一章，主要紧紧围绕"中国古代""技术""信息""新闻""传播"等关键词，围绕技术史的主体与主线探讨信息、媒介与传播技术，信息生成与传播技术，以及古代信息技术与新闻性信息传播的产生相关问题，特别着重厘清相关新闻与新闻传播技术等关键概念，论述古代信息（新闻）传播的物质基础与技术条件、萌芽、传播形态与演变，以此展现中国古代新闻传播技术的总貌。第二章、第三章、第四章、第五章、第七章与第九章是以编年史的方法在宏观历史描述的背景下，分阶段论述先秦、秦汉南北朝、隋唐到明清时期中国古代先民信息与新闻传播活动的基本形态、相关信息与新闻的载体、制作与传播技术，在集中展现古代文字、图像信息与新闻相关技术的同时，专门探讨了具有新闻性商业信息传播技术问题。我们特别设置了第六与第八两大章节的专题，以突出雕版印刷与活字印刷技术在中国古代新闻信息内生性技术发展的原创性意义与价值，在横向的考察与比较的基础上展现中华复制印刷技术对世界文明的伟大贡献。第十章具有综述性质，主要探讨了社会发展形态与古代新闻传播技术的关系，如科学技术、社会环境、文化模式以及从业人员对古代信息（新闻）传播技术的深刻影响，希望从思想史、科技史的视角，从社会、文化与技术的互动关系上，探讨中华科学技术发展对人类信息（新闻）传播所产生的巨大推进作用，以及对整个民族文化形态与精神世界的形塑。

本卷的研究撰写得到课题组成员董粉和、马俊伟与梁建飞大力支持。其中，马俊伟精心绘制了书中部分插图，还参与了第六与第八章有关雕版与活字印刷技术内容的撰写；董粉和、梁建飞参与了第三、第四章与第五章部分内容写作，在此，特别致以深深的感谢！

图像索引
Illustrations

第三章　夏商周时期信息与新闻传播技术

第五章　隋唐时期信息与新闻传播技术

第七章　宋元明时期新闻信息传播技术

第八章　活字印刷术的产生与发展

第九章　清朝时期新闻信息传播技术

参考文献
Bibliography

著　作

［1］（汉）刘熙：《释名》，上海：上海古籍出版社，1987年。

［2］（汉）司马迁：《史记》，北京：中华书局，1959年。

［3］（汉）孔安国：《尚书》，《四部备要汉魏古注十三经》，北京：中华书局，1998年。

［4］（汉）董仲舒：《春秋繁露》，北京：中华书局，1975年。

［5］（汉）许慎：《说文解字》，北京：中华书局，1985年。

［6］（汉）赵岐等：《三辅决录、三辅故事、三辅旧事》，西安：三秦出版社，2006年。

［7］（东晋）葛洪：《西京杂记》，西安：三秦出版社，2006年。

［8］（唐）元稹：《元氏长庆集》，上海：上海古籍出版社，1994年。

［9］（唐）李林甫：《唐六典》，北京：中华书局，2012年。

［10］（唐）虞世南：《北堂书钞》，《钦定四库全书》子部。

［11］（唐）杜佑：《通典》，北京：中华书局，1998年。

［12］（五代）王仁裕：《开元天宝遗事》，北京：中华书局，2006年。

［13］（南朝宋）裴骃：《史记集解》卷一百十六，《四库全书》史部，正史类。

［14］（宋）陈师道、朱彧：《后山谈丛、萍洲可谈》，北京：中华书局，2007年。

［15］（宋）高承：《事物纪原》，北京：中华书局，1989年。

［16］（宋）李昉、李穆、徐铉：《太平御览》，上海涵芬楼《四部丛刊》影印本，1935年。

［17］（宋）张邦基等：《墨庄漫录 过庭录 可书》，北京：中华书局，2002年。

［18］（宋）苏易简等：《文房四谱（外十七种）》，上海：上海书店出版社，2015年。

［19］（宋）宋祁、欧阳修等：《新唐书》，北京：中华书局，1975年。

［20］（宋）王溥：《唐会要》，京都：中文出版社，1978年。

［21］（宋）沈括：《梦溪笔谈》，北京：中华书局，2009年。

［22］（宋）何薳：《春渚纪闻》，北京：中华书局，1983年。

［23］（宋）孟元老等：《东京梦华录（外四种）》，上海：上海文学出版社，1956年。

［24］（宋）吴自牧：《梦粱录》卷十六，《东京梦华录（外四种）》，上海：古典文学出版社，1956年。

［25］（宋）袁说友：《笺纸谱》，谢元鲁，校释，《巴蜀丛书》第一辑，成都：巴蜀书社，1988年。

［26］（宋）周必大：《周益文忠公集》，静嘉堂宋本。

［27］（宋）周密：《武林旧事》，杭州：西湖书社，1981年。

［28］（宋）周密：《癸辛杂识》，北京：中华书局，1988年。

［29］（宋）周麟之：《海陵集》卷三《论禁小报》，钦定四库全书集部。

［30］（宋）晁季一：《墨经》，文渊阁《钦定四库全书》子部。

［31］（元）陶宗仪：《南村辍耕录》，沈阳：辽宁教育出版社，1998年。

［32］（元）脱脱等撰：《宋史》，北京：中华书局，1977年。

［33］（元）熊梦祥：《析津志辑佚》，北京：北京古籍出版社，1983年。

［34］（明）陈燕翼：《思文大记》，《偏安排日事迹/思文大纪/岭海焚馀（合订本）》，台北：台湾大通书局，1987年。

［35］（明）曹学佺《蜀中广记》，台北：台湾商务印书馆，1982年。

［36］（明）陆容：《菽园杂记》，北京：中华书局，1985年。

［37］（明）申时行等：《大明会典》，上海：上海古籍出版社，1995年。

［38］（明）李诩：《戒庵老人漫笔》，北京：中华书局，1982年。

［39］（明）李昭祥：《龙江船厂志》，南京：江苏古籍出版社，1999年。

［40］（明）茅元仪：《武备志》，明天启元年刻，清初莲溪草堂修补本。

［41］（明）沈榜：《宛署杂记》，北京：北京古籍出版社，1980年。

［42］（明）史玄、（清）夏仁虎、（清）阙名：《旧京遗事 旧京琐记 燕京杂记》，北京：北京古籍出版社，1986年。

［43］（明）宋濂等：《元史》，北京：中华书局，1976年。

［44］（明）宋应星：《天工开物》，崇祯十年涂绍煃刊本。

［45］（明）沈继孙：《墨法集要》，清乾隆时期，武英殿聚珍版。

［46］（明）孙承泽：《春明梦余录》，北京：北京古籍出版社，1992年。

［47］（明）屠隆：《考槃馀事》，《新文丰丛书集成新编》，台北：新文丰出版公司，1985年。

［48］（明）王廷玉等：《明史》，北京：中华书局，1977年。

［49］（明）王在晋《三朝辽事实录》，上海：上海古籍出版社，1994年。

［50］（明）王锜、于慎行：《寓圃杂记 谷山笔麈》，北京：中华书局，1997年。

［51］（清）顾炎武：《顾亭林诗文集》，北京：中华书局，1983年。

［52］（清）顾张思：《土风录》，上海：上海古籍出版社，2015年。

［53］（清）葛元煦、黄式权、池志澂：《沪游杂记·淞南梦影录·沪游梦影》，上海：上海古籍出版社，1989年。

［54］（清）郭嵩焘：《郭嵩焘日记》，长沙：湖南人民出版社，1980年。

［55］（清）金简：《钦定武英殿聚珍版程式》，清乾隆时期浙江重刊。

［56］（清）阮元：《揅经室集》，北京：中华书局，1993年。

［57］（清）《清会典事例》，北京：中华书局，2012年。

［58］（清）《清会典》，北京：中华书局，2013年。

［59］（清）孙宝瑄：《忘山庐日记》，上海：上海古籍出版社，1983年。

［60］（清）王士祯：《池北偶谈》，北京：中华书局，1982年。

［61］（清）王韬、李圭、黎庶昌、徐建寅：《漫游随录》《环游地球新录》

《西洋杂志》《欧游杂录》，长沙：岳麓书社，1985年。

　　［62］（清）王维德等：《林屋民风（外三种）》，上海：上海古籍出版社，
2018年。

　　［63］（清）徐松辑：《宋会要辑稿》，北京：中华书局，1957年。

　　［64］（清）吴长元：《宸垣识略》，《续修四库全书》，上海：上海古籍出版社，2002年。

　　［65］（清）网蛛生：《人海潮》，上海：上海古籍出版社，1991年。

　　［66］（清）永瑢、纪昀：《四库全书总目提要》，北京：中华书局，1965年。

　　［67］（清）张庆长：《黎岐纪闻》，广州：广东高等教育出版社，1992年。

　　［68］（明）张瀚：《松窗梦语》，上海：上海古籍出版社，1986年。

　　［69］［日］藤枝晃：《汉字的文化史》，李运博 译，北京：新星出版社，
2005年。

　　［70］［日］庄司浅水：《世界印刷文化史年表》，《出版周刊》，陈啸仙译，上海：商务印书馆，1938年。

　　［71］［苏联］柯斯文：《原始文化史纲》，张锡彤 译，北京：人民出版社，
1955年。

　　［72］［英］李约瑟：《中国科学技术史（第一卷）导论》，袁翰青 等译，北京：科学出版社，2003年。

　　［73］［英］利玛窦、金尼阁：《利玛窦中国札记》，何高济、王遵仲、李申译，北京：中华书局，1983年。

　　［74］［英］傅兰雅：《格致汇编：李俨藏本》壹，南京：凤凰出版社，2016年。

　　［75］［英］傅兰雅：《格致汇编》第1卷，上海：格致书院，1876年。

　　［76］［美］吉尔伯特·罗兹曼：《中国的现代化》，南京：江苏人民出版社，1998年。

　　［77］［美］尼尔·波兹曼：《技术垄断：文化向技术投降》，何道宽译，北京：北京大学出版社，2007年。

　　［78］［美］梅尔文·L.德弗勒、埃弗雷特·E.丹尼斯：《大众传播学通论》，颜建军、王怡红、张跃宏、刘洇文译，北京：华夏出版社，1989年。

［79］［美］T.F.卡特：《中国印刷术的发明和它的西传》，吴译炎译，北京：商务印书馆，1957年。

［80］［美］费正清：《中国：传统与变迁》，张沛译，北京：世界知识出版社，2002年。

［81］［美］芮哲非：《古腾堡在上海：中国印刷资本业的发展（1876—1937）》，张志强等译，北京：商务印书馆，2014年。

［82］［美］施拉姆：《人类传播史》，游梓翔、吴韵仪译，台北：远流出版事业有限公司，1994年。

［83］［美］摩尔根：《古代社会》，杨东莼、马雍、马巨译，北京：商务印书馆，1977年。

［84］［美］罗伯特·西格勒、玛莎·阿利巴利：《儿童思维发展》，刘电芝译，北京：世界图书出版公司，2006年。

［85］［美］伊丽莎白·爱森斯坦：《作为变革动因的印刷机：早期近代欧洲的传播与文化变革》，何道宽 译，北京：北京大学出版社，2010年。

［86］［美］迈克尔·伍兹、玛丽·B.伍兹：《古代传播技术》，蔡林翰译，上海：上海科学技术文献出版社，2015年。

［87］［美］埃默里等：《美国新闻史：大众传播媒介解释史》，展江、殷文等译，北京：新华出版社，2001年。

［88］［加］戴维·克劳利、保罗·海尔：《传播的历史：技术、文化和社会》，董璐、何道宽、王树国译，北京：北京大学出版社，2011年。

［89］［加］马歇尔·马克卢汉：《麦克卢汉如是说：理解我》，何道宽译，北京：中国人民大学出版社，2006年。

［90］［加］马歇尔·麦克卢汉：《古登堡星汉璀璨》，杨晨光译，北京：北京理工大学出版社，2014年。

［91］［加］埃里克·麦克卢汉等：《麦克卢汉精粹》，何道宽译，南京：南京大学出版社，2000年。

［92］［德］G.克劳斯：《从哲学看控制论》，梁志学译，北京：中国社会科学出版社，1981年。

［93］［德］哈贝马斯：《公共领域的结构转型》，曹卫东、王晓珏、刘北城等译，上海：学林出版社，1999年

［94］［德］马克斯·韦伯：《新教伦理与资本主义精神》，彭强、黄晓京译，西安：陕西师范大学出版社，2002年。

［95］［德］卡西尔：《人论》，甘阳译，上海：上海译文出版社，1985年。

［96］［意］马可·波罗：《马可·波罗游记》，梁生智译，北京：中国文史出版社，1998年。

［97］［法］德里达：《文字学》，汪家堂译，上海：上海译文出版社，1999年。

［98］［法］费夫贺、马尔坦：《印刷书的诞生》，李鸿志译，桂林：广西师范大学出版社，2006年。

［99］［法］布罗代尔：《15至18世纪的物质文明、经济和资本主义》，施康强、顾良译，北京：生活·读书·新知三联书店，1992年。

［100］［西班牙］门多萨：《中华大帝国史》，孙家堃译，南京：译林出版社，2011年。

［101］北京历史博物馆河北省文物管理委员会：《望都汉墓壁画》，北京：古典艺术出版社，1955年。

［102］陈广宏、侯荣川：《稀见明人诗话十六种》，上海：上海古籍出版社，2014年。

［103］陈力丹：《世界新闻传播史》，上海：上海交通大学，2002年。

［104］陈鸿彝：《中华交通史话》，北京：中华书局，1992年。

［105］陈梦家：《殷墟卜辞综述》，北京：中华书局，1956年。

［106］陈全方：《商周文化》，上海：上海科技教育出版社，2008年。

［107］陈平原：《点石斋画报选》，贵阳：贵州教育出版社，2000年。

［108］陈兆复：《中国岩画发现史》，上海：上海人民出版社，2008年。

［109］陈兆复：《古代岩画》，北京：文物出版社，2002年。

［110］程喜霖：《汉唐烽堠制度研究》，西安：三秦出版社，1996年。

［111］陈引驰、周兴陆：《民国诗歌史著集成》，天津：南开大学出版社，

2015年。

　　［112］戴家璋：《中国造纸技术简史》，北京：中国轻工业出版社，1994年。

　　［113］董作宾：《甲骨文断代研究例》《中央研究院历史语言研究所集刊》外编第1种，《庆祝蔡元培先生六十五岁论文集》，南京：国立中央研究院，1933年。

　　［114］董天策：《传播学导论》，成都：四川大学出版社，1995年。

　　［115］邓广铭、程应镠：《中国历史大辞典·宋史卷》，上海：上海辞书出版社，1984年。

　　［116］丁淦林：《中国新闻事业史新编》，成都：四川人民出版社，1998年。

　　［117］杜石然等：《中国科学技术史稿》，北京：北京大学出版社，2012年。

　　［118］敦煌研究院：《敦煌石窟全集——科学技术画卷》，北京：商务印书馆，2001年。

　　［119］方汉奇：《中国新闻事业通史》，北京：中国人民大学出版社，1996年。

　　［120］方汉奇：《中国古代的报纸》，北京：中国人民大学出版社，1979年。

　　［121］方汉奇：《中国新闻传播史》，北京：中国人民大学出版社，2002年。

　　［122］方晓阳、韩琦：《中国古代印刷工程技术史》，太原：山西教育出版社，2013年。

　　［123］范文澜：《中国通史简编》，上海：华东师范大学出版社，2014年。

　　［124］范毓周：《甲骨文》，北京：人民出版社，1986年。

　　［125］复旦大学新闻系教研室：《简明中国新闻史》，福州：福建人民出版社，1986年。

　　［126］傅修延：《先秦叙事研究——关于中国叙事传统的形成》，北京：东方出版社，1999年。

　　［127］郭齐家、乔卫平：《中国远古暨二代教育史》，《中国全史2》，北京：人民出版社，1994年。

　　［128］戈公振：《中国报学史》，北京：中国文史出版社，2015年。

　　［129］管翼贤：《新闻学集成》第六辑，民国丛书第四编，北京：中华新闻学院，1943年。

　　［130］韩丛耀：《1840—1919中国近代图像新闻史》，南京：南京大学出版

社，1912年。

［131］何坤堂：《中国古代手工业工程技术史》，太原：山西教育出版社，2012年。

［132］贺圣鼎、赖彦于：《近代印刷术》，上海：商务印书馆，1933年。

［133］《汉字五千年》编委会：《汉字五千年》，北京：新星出版社，2009年。

［134］胡志川、陈申：《中国早期摄影作品选（1840—1919）》，北京：中国摄影出版社，1987年。

［135］黄时鉴点校：《通制条格》卷三十，杭州：浙江古籍出版社，1986年。

［136］黄彰健：《明清史研究丛稿》，台北：商务印书馆，1977年。

［137］黄瑚：《中国新闻事业发展史》，上海：复旦大学出版社，2001年。

［138］黄卓明：《中国古代报纸探源》，北京：人民日报出版社，1983年。

［139］江苏广陵古籍刻印社：《笔记小说大观》第十册，扬州：江苏广陵古籍刻印社，1983年。

［140］金秋鹏：《中国科学技术史·图录卷》，北京：科学出版社，2008年。

［141］李彬：《唐代文明与新闻传播》，北京：中国人民大学出版社，2014年。

［142］李万键：《中国古代印刷术》，郑州：大象出版社，2009年。

［143］李学勤：《简帛佚籍与学术史》，南昌：江西教育出版社，2001年。

［144］李学勤、李明君：《中国汉字美学史》，深圳：海天出版社，2019年。

［145］李焱胜：《中国报刊图史》，武汉：湖北人民出版社，2005年。

［146］李最雄：《李最雄石窟保护论文集》，兰州：甘肃民族出版社，1994年。

［147］李万福、杨海明：《图说文字起源》，重庆：重庆出版社，2002年。

［148］林语堂：《中国新闻舆论史》，刘小磊 译，上海：上海人民出版社，2008年。

［149］刘永华：《中国古代车舆马具》，北京：清华大学出版社，2013年。

［150］刘五一：《中原岩画》，郑州：中州古籍出版社，2012年。

［151］刘仁庆：《中国古代造纸史话》，北京：中国轻工业出版社，1978年。

［152］刘峻骧：《中国艺术通史·原始卷》，北京：北京师范大学出版社，2006年。

［153］罗树宝：《中国古代印刷史图册》，北京：文物出版社，1998年。

［154］吕思勉：《隋唐五代史》，南京：江苏人民出版社，2014年。

［155］吕思勉：《先秦史》，上海：上海古籍出版社，1982年。

［156］卢嘉锡、戴念祖：《中国科学技术史（物理学卷）》，北京：科学出版社，2001年。

［157］马楚坚：《中国古代邮驿》，台北：台湾商务印书馆股份有限公司，1999年。

［158］洛阳市文物工作队：《洛阳北窑西周墓》，北京：文物出版社，1999年。

［159］王慕民、管敏义：《河姆渡文化新论：海峡两岸河姆渡文化学术研讨会论文集》，北京：海洋出版社，2002年。

［160］汝信、李惠国：《中国古代科技文化及其现代启示》，北京：中国社会科学出版社，2016年。

［161］潘吉星：《中国造纸技术史稿》，北京：文物出版社，1979年。

［162］潘吉星：《中国科学技术史·造纸与印刷卷》，北京：科学出版社，1998年。

［163］潘吉星：《中国造纸史》，上海：上海人民出版社，2009年。

［164］彭适凡：《中国南方古代印纹陶》，北京：文物出版社，1987年。

［165］钱存训：《中国纸和印刷文化史》，桂林：广西师范大学出版社，2004年。

［166］钱存训：《书于竹帛：中国古代的文字记录》，上海：上海书店出版社，2006年。

［167］钱存训：《中国科学技术史》第五卷，第一分册，北京：科学出版社 上海古籍出版社，1990年。

［168］秦始皇兵马俑博物馆、陕西省考古研究所：《秦始皇陵铜车马发掘报告》，北京：文物出版社，1998年。

［169］仇润喜、刘广生：《中国邮驿史料》，北京：北京航空航天大学出版社，1999年。

［170］曲德森：《中国印刷发展史图鉴》，太原：山西教育出版社，2013年。

［171］《上海电信史》编委会：《上海电信史》，上海：上海人民出版社，2013年。

［172］邵培仁：《传播学》，北京：高等教育出版社，2000年。

［173］史媛媛：《清代前中期新闻传播史》，福州：福建人民出版社，2008年。

［174］宋兆麟、黎家芳、杜耀西：《中国原始社会史》，北京：文物出版社，1983年。

［175］沈之瑜：《甲骨学基础讲义》，上海：上海古籍出版社，2011年。

［176］时璇：《视觉·中国近现代平面设计发展研究》，北京：文化艺术出版社，2012年。

［177］孙光圻：《中国古代航海史》，北京：海洋出版社，1989年。

［178］孙宝明等：《中国造纸植物原料志》，北京：轻工业出版社，1959年。

［179］孙毓修等：《中国雕版源流考 中国书史》，上海：上海古籍出版社，2008年。

［180］汪宁生：《云南沧源崖画的发现与研究》，北京：文物出版社，1985年。

［181］王崇焕：《中国古代交通》，北京：商务印书馆，1996年。

［182］王鹤鸣：《西方人笔下的中国风情画》，上海：上海画报出版社，1999年。

［183］王子今：《秦汉交通史稿》，北京：中国人民大学出版社，2013年。

［184］王子今：《邮传万里——驿站与邮递》，长春：长春出版社，2004年。

［185］王仁波：《秦汉文化》，上海：学林出版社，2001年。

［186］王俊：《中国古代邮驿》，北京：中国商业出版社，2015年。

［187］王润泽：《中国新闻媒介史（1949年前）》，北京：北京大学出版社，2011年。

［188］王学雷：《古笔考：汉唐古笔文献与文物》，苏州：苏州大学出版社，2013年。

［189］王运熙、周锋：《文心雕龙译注》，上海：上海古籍出版社，1998年。

［190］王慕民、管敏义：《河姆渡文化新论》，北京：海洋出版社，2002年。

［191］吴钢：《摄影史话》，北京：中国摄影出版社，2006年。

［192］吴毓江：《墨子校注》，北京：中华书局，1993年。

［193］吴诗池：《中国原始艺术》，北京：紫禁城出版社，1996年。

［194］徐朝旭：《中国古代科技伦理思想》，北京：科学出版社，2010年。

［195］许纪霖：《20世纪中国知识分子史论》，北京：新星出版社，2005年。

［196］许瀛鉴：《中国印刷史论丛·史篇》，台北：台湾中国印刷学会，1997年。

［197］许虹、范大鹏：《最新中国考古大发现——中国最近20年32次考古新发现》，济南：山东画报出版社，2002年。

［198］童兵：《中西新闻比较论纲》，北京：新华出版社，1999年。

［199］杨绳信：《中国版刻综录》，西安：陕西人民出版社，1987年。

［200］时璇：《视觉·中国近现代平面设计发展研究》，北京：文化艺术出版社，2012年。

［201］由国庆：《与古人一起读广告》，北京：新星出版社，2006年。

［202］尹润生：《墨林史话》，北京：紫禁城出版社，1993年。

［203］尹韵公：《中国明代新闻传播史》，重庆：重庆出版社，1990年。

［204］于省吾：《甲骨文字释林》，北京：中华书局，1979年。

［205］余辉：《隐忧与曲谏：〈清明上河图〉解码录》，北京：北京大学出版社，2015年。

［206］张树栋、庞多益、郑如斯：《中华印刷通史》，北京：印刷工业出版社，1999年。

［207］张道一：《美哉汉字》，台北：台湾《汉声》杂志社，1997年。

［208］张德彝：《航海述奇》，长沙：湖南人民出版社，1981年。

［209］张静庐：《中国近代出版史料·初编》，上海：群联出版社，1953年。

［210］张静庐：《中国近代出版史料·二编》，上海：群联出版社，1953年。

［211］张挺：《老东北报纸图录》，北京：中国文史出版社，2009年。

［212］张秀民：《中国印刷史》，杭州：浙江古籍出版社，2006年。

［213］张秀民：《中国活字印刷简史》《活字印刷源流》，北京：印刷工业出版社，1990年。

［214］张秀民、韩琦：《中国活字印刷史》，北京：中国书籍出版社，1989年。

［215］张秀民：《中国印刷术的发明及其影响》，上海：上海人民出版社，2009年，

［216］张秀民、韩琦：《中国活字印刷史》，北京：中国书籍出版社，1998年。

［217］张秉伦、方晓阳、樊嘉禄等：《中国传统工艺全集造纸与印刷卷》，郑州：大象出版社，2005年。

［218］张颂：《朗读美学》（修订版），北京：中国传媒大学出版社，2010年。

［219］臧嵘：《中国古代驿站与邮传》，北京：商务印书馆，2007年。

［220］郑若葵：《交通工具史话》，北京：社会科学文献出版社，2012年。

［221］郑振铎：《中国古代版画丛刊（一）》，上海：上海古籍出版社，1988年。

［222］赵效宣：《宋代驿站制度》，台北：联经出版事业公司，1983年。

［223］赵贞信：《封氏闻见记校注》，北京：中华书局，2005年。

［224］朱传誉：《先秦唐宋明清传播事业论集》，台北：商务印书馆，1988年。

［225］朱永明：《视觉语言探析：符号化的图像形态与意义》，南京：南京大学出版社。2011年。

［226］朱永明：《中华图像文化史·文字图像卷》，北京：中国摄影出版社，2018年。

［227］周世德：《雕虫集》，北京：地震出版社，1994年。

［228］中国科学院考古研究所：《新中国考古收获》，北京：文物出版社，1961年。

［229］中国第一历史档案馆：《鸦片战争档案史料》第五册，上海：上海人民出版社，1978年。

［230］中国历史博物馆：《中国古代史·参考图录：原始社会》，上海：上海

教育出版社，1989年。

［231］中国社会科学院考古研究所：《中国考古学·新石器时代》，北京：中国社会科学出版社，2010年。

［232］中国社会科学院考古研究所：《殷墟发掘报告（1958—1961）》，北京：文物出版社，1987年。

［233］中国戏曲研究院：《中国古典戏曲论著集成（九）》，北京：中国戏剧出版社，1982年。

［234］中国印刷博物馆：《中国古代印刷史图册》，北京：文物出版社，1998年。

［235］Michael Clapham. "Printing"，A History of Technology Vol.3. New York：Oxford University Press，1957.

［236］W.Turner Berry. "Printing and Related Trades"，A History of Technology Vol.5. New York：Oxford University Press，1959.

［237］Donald F.Lach. Asia in the Making of Europe. Chicago：The University of Chicago Press，1965.

［238］Elijah Coleman Bridgman，Samuel Wells Williams. "Article IV，Literary Notice"，The Chinese Repository Vol.20. Tokyo：Maruzen Kabushiki Kaisha，1851.

［239］Gilbert McIntosh. The Mission Press in China.Shanghai：The American Presbyterian Mission Press，1895.

［240］White Jr，L. Medieval Technology and Social Change. New York：Oxford University Press，1978.

［241］Stuart Robinson. A History of Printed Textiles：block，roller，screen，design，dyes，fibres，discharge，resist，further sources for research. London：Studio Vista，1969.

论 文

［1］昌彼得：《中国书的渊源——谈简册》，《文物光华》，台北"故宫博物院"，1995年。

［2］蔡运章：《洛阳北窑西周墓墨书文字略论》，《文物》，1994年，第7期。

［3］陈涛：《秦汉魏晋南北朝时期制墨业考述》，《石家庄学院学报》，2013年，第1期。

［4］邓绍根：《论晚清电报兴起与近代中国新闻业的发展》，《安徽大学学报（哲学社会科学版）》，2013年，第4期。

［5］董粉和、吴慧慧：《邸报研究综述》，《新闻界》，2016年，第20期。

［6］董亚巍：《商晚期圆形鼎的范铸模拟实验研究》，《四川文物》，2010年第5期。

［7］方晓阳：《饾版印刷术之研究》，《中国印刷史学术研讨会文集》，北京：印刷工业出版社，1996年。

［8］范文霈：《中国近代摄影新闻的兴起》，《新闻记者》，2008年，第11期。

［9］高荣：《简牍所见秦汉邮书传递方式考辨》，《中国历史文物》，2007年，第6期。

［10］龚新琼：《传播技术与社会变迁的历史考察：一种社会文化的视角》，《淮北煤炭师范学院学报（哲学社会科学版）》，2008年，第1期。

［11］郭沫若：《古文字之辩证的发展》，《考古》，1972年，第3期。

［12］矩斋：《古尺考》，《文物参考资料》，1957年，第3期。

［13］阙绪杭等：《隋唐运河柳孜唐朝船及其拖舵的研究》，《技术史研究》（论文集），哈尔滨：哈尔滨工业大学出版社，2002年。

［14］韩丛耀：《中国近代图像新闻传播的兴起与发展》，《江海学刊》，2010年，第3期。

［15］韩丛耀：《清末民初"图像新闻"研究》，《江苏社会科学》，2007年，第S2期。

［16］贺圣鼐：《三十五年来中国之印刷术》，张静庐：《中国近代出版史料.初编》，上海：群联出版社，1954年。

［17］胡平生：《简牍制度新探》，《文物》，2000年，第5期。

［18］黄槐武，唐剑玲，郭宏：《广西左江岩画及其保护研究》，《文博》，2009年，第6期。

［19］蒋瑜洁：《日本活字印刷技术起源考》，《西部学刊》，2018年，第1期。

［20］雷颐：《晚清电报与铁路的性质之争》，《炎黄春秋》，2007年，第10期。

［21］李拜石：《敦煌说唱文学与新闻传播》，《宁夏师范学院学报》，2007年，第9期。

［22］李曦珍、楚雪、胡辰：《传播之"路"上的媒介技术进化与媒介形态演变》，《新闻与传播研究》，2012年，第1期。

［23］李静：《编辑活动的近代转型及其文化意义》，《青海师范大学学报（哲学社会科学版）》，2006年，第6期。

［24］李润波：《明清的"邸报"〈急选报〉为世界上最早雕版印刷刊物》，《新闻春秋》，2014年，第1期。

［25］李四明：《"邸报制度"与宋代新闻管制》，《新闻爱好者》，2009年，第16期。

［26］梁建：《手工钢凹版雕刻在中国》，《中国金融》，2015年，第10期。

［27］刘龙光：《中国印刷术的沿革·下》，《艺文印刷月刊》第1卷，1937年，第2期。

［28］刘云、林碧霞：《翟氏泥活字制造工艺研究及泥活字印刷术模拟实验》，《文物》，1990年，第11期。

［29］吕道恩：《照相锌版印刷术和照相石印术的发明及传华时间新考》，《中国科技史杂志》，2013年第1期。

［30］吕烈丹：《南越王墓出土的青铜印花凸版》，《考古》，1989年，第2期。

［31］罗树宝：《关于中国印刷术传入欧洲几个问题的探讨》，《中国印刷史

学术研讨会文集》，北京：印刷工业出版社，1996年。

［32］孟庆鸿：《从唐诗看唐代军事传播》，《军事历史研究》，2003年，第1期。

［33］宁树藩：《新闻定义新探》，《复旦学报（社会科学版）》，1987年，第5期。

［34］牛达生、王菊华：《从贺兰拜寺沟方塔西夏文献纸样分析看西夏造纸业状况》，《中国历史博物馆馆刊》，1999年，第2期。

［35］庞多益：《中国古代科技史中印刷科技史探源》，《中国印刷》，1994年，第2期。

［36］潘吉星：《从考古发现和出土古纸的化验看造纸术起源》，《化学通报》，1999年，第1期。

［37］潘吉星：《谈世界上最早的植物纤维纸》，《化学通报》，1974年，第5期。

［38］潘吉星：《论印刷物物质载体纸的起源》，《中国印刷》，1996年，第2期。

［39］潘贤模：《清初的舆论与钞报》，《新闻研究资料》第三辑，北京：新华出版社，1981年。

［40］彭邦炯：《书契缺刻笔画再探索》，《甲骨文发现一百周年学术研讨会论文集》，台湾师范大学中文系"中央研究院"历史语言研究所，1998年。

［41］邱钟仑等：《花山岩画颜料和黏合剂初探》，《文物》，1990年，第1期。

［42］齐福斌：《中国印刷设备的发展与变迁》，《今日印刷》，2013年，第11期。

［43］齐如山：《清末京报琐谈》，台北《报学》杂志第1卷，第3期。

［44］荣元恺：《纸药——发明造纸术中决定性的关键》，《中国造纸》，1988年，第6期。

［45］唐际根：《洹北商城与殷墟的路网水网》，《考古学报》，2016年，第3期。

［46］向功晏：《武英殿聚珍版丛书刊印经过》，《图书馆杂志》，1986年，第2期。

［47］佘玲珠、董亚巍、秦颖等：《商末周初青铜礼器纹饰制作技术初探》，《湖南省博物馆馆刊》，2010年，第七辑。

［48］山西省文物工作委员会：《山西浑源毕村西汉木椁墓》，《文物》，1980年，第6期。

〔49〕沈晓莜等：《从"研"到"砚"——论砚台形制的最初演变》，《东南文化》，2011年，第3期。

〔50〕孙宝国：《古代罗马会新闻史简论》，《东北师范大学学报（哲学社会科学版）》，2004年，第3期。

〔51〕许树安：《从历史文献看汉代的烽燧制度和候望系统》，《文献》，1982年，第2期。

〔52〕徐元邦、曹延尊：《居延出土的"候史广德坐不循行部"檄》，《考古》，1979年，第2期。

〔53〕萧平汉：《我国古代制墨》，《衡阳师专学报（社会科学版）》，1998年，第4期。

〔54〕香冰：《中国印刷术与谷登堡》，《科学的中国》第4卷，1934年，第5期。

〔55〕郗文倩：《古代的木铎及其想象》，《文史博览》，2010年，第9期。

〔56〕谢元鲁：《宋代四川造纸印刷技术的发展与交子的产生》，《中国钱币》，1996年，第3期。

〔57〕肖峰：《论技术的社会形成》，《中国社会科学》，2002年，第6期。

〔58〕肖三、王德胜：《从传播技术视角解读文化的发展——兼论李约瑟难题》，《科学技术哲学研究》，2005年，第2期。

〔59〕徐阔、曹伟：《浅探中国古代邮驿建筑的特征——以厦门市深青驿站为例》，《中外建筑》，2013年，第10期。

〔60〕徐燕秋：《道路权利的冲突与互利》，《前沿》，2013年，第19期。

〔61〕时永乐、荣国庆：《雕版印刷术发明于东汉新证》，《图书馆工作与研究》，2006年，第4期。

〔62〕史怀秦：《尸乡沟商城遗址》，《中原文物》，1988年，第4期。

〔63〕宋轶文：《晚清民初无线电报技术经由期刊在中国的传播》，西北大学2011年科学技术史硕士论文。

〔64〕宋兆麟：《摩梭人的象形文字》，《东南文化》，2003年，第4期。

〔65〕王长丰：《山东邹平丁公出土"上古陶片文字"考释与相关问题阐述》，《古文字研究》第22辑，北京：中华书局，2000年。

［66］王冠倬：《从文物资料看中国古代造船技术的发展》，《中国历史博物馆馆刊》，1983年，第5期。

［67］王君：《中国的幌子广告》，《新闻爱好者》，2010年，第2期。

［68］王明亮：《传真技术传入中国考——兼述其在新闻事业中的应用》，《国际新闻界》，2013年，第9期。

［69］王伟、方晓阳：《中国古代松烟墨制作工艺源流》，《出版与印刷》，2010年，第1期。

［70］王伟：《中国传统制墨工艺研究》，中国科学技术大学2010年博士论文。

［71］王㐨：《马王堆汉墓的丝织物印花》，《考古》，1979年，第5期。

［72］汪宁生：《从原始记事到文字发明》，《考古学报》，1981年，第1期。

［73］吴春浩：《墨史浅说》，《江苏教育学院学报（社会科学版）》，2005年，第4期。

［74］吴廷俊：《传播技术的演进模式及其与社会的互动关系》，《河南社会科学》，2008年，第1期。

［75］吴白匋：《从出土秦简帛书看秦汉早期隶书》，《文物》，1978年，第2期。

［76］杨海军：《论中国古代的广告传播媒介》，《史学月刊》，2006年，第12期。

［77］尤玉柱：《旧石器时代的艺术》，《文物天地》，1989年，第5期。

［78］尹韵公：《论明代告示》，《新闻研究资料》，1989年，第3期。

［79］尹韵公：《急选报：明代雕版印刷报纸》，《新闻与传播研究》，1994年，第1期。

［80］尹韵公：《论明代邸报的传递、发行和印刷》，《新闻研究资料》，1989年，第4期。

［81］尹韵公：《略论明代的民间报纸》，《新闻大学》，1989年，第3期。

［82］张兵：《科学技术负面效应的主体根源探析》，《石家庄学院学报》，2007年，第1期。

［83］张德芳：《悬泉汉简中的中西文化交流》，《光明日报》，2016年10月13日第11版。

［84］张树栋：《社会文化发展是印刷术起源和发展的基础和动力（二）》

《广东印刷》，1998年，第4期。

［85］张炜等：《古墨的制作工艺及保存问题的探讨》，《文物保护与考古科学》，1995年，第1期。

［86］翟边：《中国最早的"新闻记者"》，《新闻采编》，1997年，第4期。

［87］赵琳：《论新闻播报"字正腔圆"的文化传承价值》，《现代传播（中国传媒大学学报）》，2012年，第5期。

［88］赵春英：《清代"蜡版印刷"实证综述》，《中国印刷》，2013年，第7期。

［89］赵芝荃：《偃师尸乡沟商城的发现与研究》，《中国古都研究》，杭州：浙江人民出版社，1987年。

［90］郑保卫：《论传播科技与世界传媒业的发展》，《中国传媒科技》，2004年，第7期。

［91］郑也夫：《活字印刷的起源》，《北京社会科学》，2015年，第9期。

［92］周侃：《古代书手起源考证》，《艺术百家》，2007年，第1期。

［93］朱瑞熙：《宋代商人的社会地位及其历史作用》，《历史研究》，1986年，第2期。

［94］Florence Chien. "The Commercial Press and Modern Chinese Publishing 1897-1949" MA thesis. Chicago：The University of Chicago，1970.

图书在版编目（CIP）数据

中国新闻传播技术史.古代卷／韩丛耀主编；朱永明编著. —南京：南京大学出版社，2024.3

ISBN 978-7-305-26129-9

Ⅰ.①中… Ⅱ.①韩… ②朱… Ⅲ.①新闻事业史—中国—古代 Ⅳ.①G219.29

中国版本图书馆CIP数据核字（2022）第164200号

出版发行 南京大学出版社
社　　址 南京市汉口路22号　　邮编 210093

ZHONGGUO XINWEN CHUANBO JISHU SHI GUDAI JUAN

书　　名 中国新闻传播技术史·古代卷
主　　编 韩丛耀
编　　著 朱永明
责任编辑 谭　天

照　　排 南京紫藤制版印务中心
印　　刷 南京新世纪联盟印务有限公司
开　　本 787 mm×1092 mm　1/16开　印张 31.75　字数 515 千
版　　次 2024年3月第1版
印　　次 2024年3月第1次印刷
ISBN　978-7-305-26129-9
定　　价 198.00元

网　　址 http://www.njupco.com
官方微博 http://weibo.com/njupco
官方微信 njupress
销售热线 （025）83594756